兴宁年鉴

XINGNING NIANJIAN

2023

兴宁年鉴编纂委员会 编

方志出版社
Publishing House of Local Records

图书在版编目（CIP）数据

兴宁年鉴.2023 / 兴宁年鉴编纂委员会编. —北京：方志出版社，2023.12
ISBN 978-7-5144-5868-8

Ⅰ.①兴… Ⅱ.①兴… Ⅲ.①兴宁-2023-年鉴
Ⅳ.①Z526.53

中国国家版本馆CIP数据核字（2023）第216055号

责任编辑：罗滔
责任校对：张玉霞
责任印制：梅中英
出 版 者：方志出版社
地　　址：北京市朝阳区潘家园东里9号（国家方志馆4层）
邮　　编：100021
网　　址：http://www.zgfzcb.cn
发　　行：方志出版社图书营销中心（010-67110500）
印　　刷：深圳市粤之彩印刷有限公司
开　　本：889毫米×1194毫米　1/16
印　　张：19.5
字　　数：603千字
版　　次：2023年12月第1版
印　　次：2023年12月第1次印刷
定　　价：180.00元

兴宁年鉴编纂委员会

顾　问： 宋才华

主　任： 洪国华

副主任： 刘小容

委　员： 叶小雄　刘导文　刘学伟　李淡宗　杨洪亮
肖浩文　吴尚华　孙伟权　邹燕锋　张小海
张奎宏　陈伟东　陈思忠　陈媛媛　罗　平
罗卫星　罗光清　罗国强　郭远林　黄伟平
黄佑鹏　温会权

兴宁年鉴编辑部

主　　编： 刘小容

常务副主编： 陈媛媛

副 主 编： 沈远东

特约编审： 梁晓君

统　　编： 何伟婷

编　　辑： 秦建浩　曾永宏　郑桂元
李晨阳　何伟婷

校　　对： 李　润　肖泓宇

编辑说明

一、《兴宁年鉴》是中共兴宁市委、兴宁市人民政府主管，兴宁市地方志办公室主办的地方综合年鉴。《兴宁年鉴（2023）》以马克思列宁主义、毛泽东思想、邓小平理论、“三个代表”重要思想、科学发展观、习近平新时代中国特色社会主义思想为指导，坚持辩证唯物主义和历史唯物主义的立场、观点和方法。全面、系统、客观地记述2022年兴宁市政治、经济、文化、社会、生态环境等方面的发展情况。

二、《兴宁年鉴（2023）》记述时限为2022年1月1日至12月31日。部分内容根据实际情况，时限略有前后延伸。

三、《兴宁年鉴（2023）》采用分类编辑法。主体内容设类目、分目、条目3个结构层次。不同层次的标题在字体、字号和版式上都有明显的区别。有些分目增设次分目层次。条目为表现内容的基本形式，条目标题统一加【】表示。少数包含多方面资料的条目则在段首加插楷体标题提示。

四、《兴宁年鉴（2023）》增设“人物·荣誉”“名录”类目，将“兴宁概貌”中的领导名录放在“名录”中。将“年度关注”栏目调至“2022年兴宁大事记”前面，除对“经济”部分的个别分目进行位置调整外，框架结构基本保持稳定。全书卷前收录兴宁市行政区划图、兴宁名片、数字兴宁·2022、专题图片，主体内容设兴宁概貌、年度关注、2022年兴宁大事记、政治、经济、文化、社会生活、生态环境、镇（街道）、人物·荣誉、名录、附录等类目，约60万字，随文图片109幅。

五、《兴宁年鉴（2023）》所用资料均由各镇（街道）、市直各单位提供，并经所在单位领导审定，年鉴编辑部据以编纂成书。各单位撰稿人姓名、图片提供者源自来稿所注。

六、《兴宁年鉴（2023）》所用的统计数字，主要由供稿单位提供，部分增长数字未使用可比价格，由于文内统计口径不一，在使用时以兴宁市统计局公布的数字为准。图片专辑中的数据如与正文相关数据有出入的，以正文为准。

七、《兴宁年鉴（2023）》数字用法、标点符号用法分别采用国家标准《出版物上数字用法》（GB/T 15835—2011）、《标点符号用法》（GB/T 15834—2011），绝大部分计量单位采用国家技术监督局1993年12月发布的《量和单位》系列国家标准，但在某些特殊情况下，书中也使用一些其他的计量单位。

八、《兴宁年鉴（2023）》配备双重检索系统，前有目录检索，后有按汉语拼音字母顺序排列的主题索引，方便读者检索。

兴宁名片

文化之乡

华侨之乡

商贸之乡

足球之乡

中央苏区县

客家山歌之乡

中国花灯之乡

中华诗词之乡

中国油茶之乡

中国围龙屋之乡

全国粮食生产先进县

中国民间文化艺术杯花舞之乡

数字兴宁·2022

土地面积 2104.85 平方千米

地方公共财政预算收入 8.3 亿元
地方公共财政预算支出 70.93 亿元

户籍人口 114.98 万人
常住人口 77.03 万人

空气质量优良率 100%
森林覆盖率 67.1%

农业龙头企业 118 家

地区生产总值 201 亿元
第一产业增加值 53.5 亿元
第二产业增加值 37.1 亿元
第三产业增加值 110.4 亿元
工业总产值 99.03 亿元

全社会用电量 15.41 亿千瓦时

公路货物周转量 16.9 亿吨千米
公路旅客周转量 6038.58 万人千米
邮电业务总量 1.28 亿元

全体居民人均可支配收入 26480 元
城镇居民人均可支配收入 31480 元
农村居民人均可支配收入 21996 元

接待旅客总数 89.12 万人次
旅游总收入 6.63 亿元

社会消费品零售总额 103.11 亿元

在校全日制学生人数 155617 人
公办在职教职工 9182 人

进出口贸易总额 7.14 亿元
实际利用外资直接投资 0.53 亿元

卫生技术人员 4164 人
卫生床位数 3166 张

■大事要闻

2022 年 1 月 19 日，中国共产党兴宁市第十四届委员会第二次全体会议在市会展中心召开

（兴宁市委办新闻股提供）

2022 年 3 月 7 日，中国人民政治协商会议第十五届兴宁市委员会第二次会议在市会展中心召开

（兴宁市委办新闻股提供）

2022年3月8日，兴宁市第十六届人民代表大会第二次会议在市会展中心召开

（兴宁市委办新闻股提供）

2022年1月6日，兴宁市举行庆祝第二个中国人民警察节系列活动

（兴宁市公安局提供）

2022年6月9日，2022年梅州市委农村工作会议暨全市实施乡村振兴战略工作推进会考察团到兴宁市现场参观学习（兴宁市委办新闻股提供）

2022年7月6日，兴宁市委农村工作会议暨全市实施乡村振兴战略工作推进会在市会展中心召开（兴宁市委办新闻股提供）

2022 年 8 月 3 日，共青团兴宁市委员会在兴宁市委党校举行 2022 年广东大学生志愿服务山区计划——广东高校毕业生志愿服务乡村振兴行动（兴宁市）出征仪式

（共青团兴宁市委员会提供）

2022 年 8 月 19 日，2022 年全国医疗器械安全宣传周——“广东省医疗器械高质量发展助力乡村振兴行活动”在兴宁市会展中心举行 （兴宁市招商和企业服务中心提供）

2022 年 12 月 29 日，兴宁市举办 2022 广东县域商业促消费活动暨兴宁市“嗨购兴宁·礼享生活”活动 （李敏芝　摄）

2022 年 12 月，兴宁市档案馆新馆建成并投入使用 （兴宁市档案馆提供）

2022 年 4 月 14 日，建设中的梅龙高铁（兴宁市刁坊段） （黄伟金 摄）

2022 年 8 月 18 日，兴宁·天河创新产业园建设中的标准化厂房 （黄伟金 摄）

■城乡发展

2022 年 3 月 14 日，环境优美的宁江河畔是人们休闲的好地方　　（黄伟金　摄）

2022 年 6 月 26 日，兴宁市改造后宽敞整洁的电力小区门口通道　　（黄伟金　摄）

2022 年 10 月 1 日，兴宁市宁新街道兴佛一路新彭屋举行升国旗仪式　（黄伟金　摄）

2022 年，兴宁市 S225 至济广高速叶塘互通口公路——两镇五村“四好农村路”示范路
（兴宁市交通运输局提供）

2022 年 6 月 5 日，兴宁市径南镇新洲村新貌　　（黄伟金　摄）

2022 年 10 月，兴宁市合水镇龙北休闲公园广场　　（吴腾江　摄）

2022 年，兴宁市坭陂镇宝宁农牧二期养鸽产业园建成并投入使用　　（坭陂镇提供）

2022 年，建设中的兴宁市永和镇工业园区　　（永和镇提供）

2022 年，兴宁市水口镇河口村果蔬种植基地（水口镇提供）

2022 年，兴宁市新圩镇蓝布村西瓜种植基地（新圩镇提供）

2022 年冬，兴宁市龙田镇龙盘村君誉农业丝苗米种植基地　　（刘海阳 摄）

2022 年 5 月 28 日，兴宁市大坪镇潭坑村丝苗米种植基地　　（黄伟金 摄）

2022 年 9 月 28 日，兴宁市径南镇陂蓬村文体广场　　（黄伟金　摄）

2022 年 8 月，兴宁市叶塘镇西山村文化广场　　（黄伟金　摄）

2022 年 3 月 19 日，兴宁市新陂镇三新村麻岭河“一河两岸”景观　　（黄伟金　摄）

2022 年，兴宁市叶塘镇逍遥谷康养旅游区　　（叶塘镇提供）

目 录

兴宁概貌

年度关注

2022 年兴宁大事记

政 治

经 济

文 化

社会生活

生态环境

镇（街道）

人物·荣誉

名　录

附　录

索引

兴宁概貌

自然地理

【位置·面积】兴宁市位于广东省东北部，东江、韩江上游，东连梅县区，南邻丰顺，西交五华、龙川，北接平远、江西寻乌。2022年，总面积2104.85平方千米。

兴宁市中心城区位于302平方千米的宁江盆地中部宁江河畔，是粤、赣、闽三省陆路交通枢纽，粤东北主要商品集散地，梅州市次中心城市，兴宁政治、经济、文化中心。城市建成区面积30.5平方千米。兴宁市中心城区距广州市377千米，至汕头市185千米、深圳市347千米、江西省寻乌县128千米、福建省龙岩市282千米、梅州市57千米。

【地形·地势】兴宁市属东北山丘地带，受北东到南西走向的莲花山脉和罗浮山脉控制，高低差明显。最高峰阳天嶂海拔1017米，最低处水口圩海拔100米，高低差917米。地形总趋势是从北西至南东逐渐下降，而南部则由南向北递降。北起阳天嶂，南至铁牛牯峰（海拔998米），直线距离100千米，东西最宽处径心分水坳（海拔400米）至叶南�竹坳（海拔300米），直线距离36千米。四周山岭绵亘，中为断陷盆地，地形狭长，整个县境形似扁舟。地貌类型分为平原、阶地、台地、丘陵、山地5类。平原、阶地、台地（海拔200米以下）占38.1%，丘陵（海拔200—400米）占49.6%，山地（海拔401—1000米）占12.3%。

【气候】兴宁市地处南亚热带与中亚热带过渡气候地带，属海洋性季风气候，春季冷暖多变，低温阴雨多；夏季高温、湿润、多雨；秋季前期受台风热雷雨影响为主，后半期受冷空气影响为主；冬季寒冷少雨，日照多，有冰霜。总的气候特点：光热充足，雨量较丰，温暖湿润，灾害性天气较多，光、温、水地域差异明显。

2022年，兴宁天气气候总体特征表现为：开汛偏早、龙舟水强、汛期降水前多后少、极端高温频发、台风影响轻。年平均气温22.0℃，较常年（21.4℃）偏高0.6℃。全年高温日数67天，比常年多35.5天，极端最高气温39.3℃，与历史极端最高气温纪录持平。降水量1686.4毫米，比常年（1484.2毫米）偏多13.6%。

（兴宁市地方志办公室）

资源

【矿产资源】兴宁市矿产资源开发利用历史悠久。2022年，兴宁市探有煤、铁、黏土、稀土、铀、锰、钒、钛等39种矿产，其中通过地质勘查或储量检测有储量的矿产有煤、铁、石膏、水泥用灰岩、普通萤石、稀土、陶瓷土、建筑用花岗岩、冶金用白云岩、钒、钛、锡、铜、钴、矿泉水、地下热水、地下水17种。至年末，有持证矿山企业22家、水泥用灰岩企业2家、萤石矿企业2家、建筑用花岗岩企业11家、陶瓷土企业6家、矿泉水企业 1 家。

（兴宁市自然资源局）

【水资源】 兴宁市地处东江、韩江流域上游，属亚热带气候区，多年平均降雨量 1517 毫米，雨量多集中在 6—9 月，约占全年雨量的 75%；多年平均水资源量为 16.04 亿立方米（其中可利用地下水总量约 3.71 亿立方米），人均水资源量为 1416 立方米，低于全国人均水平的 2200 立方米，属缺水地区。兴宁市主要河流有宁江、梅江（兴宁段）、罗浮河等，其中宁江是兴宁市水资源的主要来源，占 67.6%。

（兴宁市水务局）

【旅游资源】 2022 年，兴宁市获评第五批广东省全域旅游示范区，新增国家 AAA 级旅游景区 2 家（粤东云山谷生态旅游区、珍珠红诚意酒城旅游区）、梅州市非遗主题旅游线路 1 条、市级休闲农业与乡村旅游示范点 3 个。有国家 AAAA 级旅游景区 2 家（神光山国家森林公园、熙和湾客乡文化旅游产业园）、国家 AAA 级旅游景区 3 家（月形山乡村旅游区、粤东云山谷生态旅游区、珍珠红诚意酒城旅游区）；旅游集散中心 1 个，旅游驿站 5 个，A 级景区游客服务中心 5 个，旅游推荐单位 11 家，旅行社 5 家，旅行社分社 2 家，旅行社营业部 28 家，星级饭店 3 家，星级农家乐 8 家，民宿 7 家（星级民宿 3 家），旅游厕所 66 座；有玖崇湖温泉特色小镇、十里版画长廊等旅游景点。

（兴宁市文化广电旅游体育局）

■ 建置和区划

【建置沿革】 兴宁建县于东晋咸和六年（331 年），由古龙川县分治而立。县境广跨古兴宁江（今五华河）、右别溪（今琴江）、左别溪（今宁江）流域，包括今兴宁、五华两县全境和龙川县东部、紫金县东北部地区。县名由兴宁江而得。县治所在地设在今五华县华城镇雷公墩。

南朝齐永明元年（483 年），分设兴宁、齐昌两县。齐昌县以今兴宁地为其辖境，县治设在古宁昌乡，即今城北 1 千米处的洪塘坪（又称枫林坪）。

南朝梁天监二年（503 年），齐昌县并入兴宁县，县治迁至今龙川县佗城（古龙川城）。

唐武德五年（622 年），复置齐昌县。

唐贞观元年（627 年），撤齐昌县，置宁昌驿，隶属于兴宁县。

武周天授二年（691 年），兴宁县治由佗城迁至今龙川县境天羊山麓丫下圩。

五代南汉乾亨元年（917 年），又析兴宁县，并在原齐昌县境设齐昌府，府治设在洪塘坪，兴宁县为其属县。

北宋开宝四年（971 年），废齐昌府。

北宋天禧三年（1019 年），兴宁县治由丫下圩迁回雷公墩，后再迁洪塘坪。

北宋熙宁四年（1071 年），从兴宁划出西南部地区设长乐县（今五华县）。此后，兴宁县境相对稳定。

明洪武二年（1369 年），兴宁县治由洪塘坪迁至今兴城地。

1958 年 11 月，平远县并入兴宁。1961 年 1 月，兴宁、平远分县。

1994 年 6 月，兴宁撤县设市，为县级市，由梅州市代管。

【行政区划】 2022 年，兴宁市下辖 17 个镇、3 个街道，有建制村 458 个、社区 46 个。

（兴宁市地方志办公室）

■ 历史文化

【物质文化遗产】 2022 年，兴宁市有各级文物保护单位 69 处，其中广东省文物保护单位 11 处、梅州市文物保护单位 15 处、兴宁市（县）级文物保护单位 43 处。两海会馆、罗屏汉故居、刘光夏故居获评梅州市爱国主义教育基地。兴宁市有围龙屋 2543 座，被公布为梅州市客家围龙屋保护名录的围龙屋 37 处。兴宁市有历史文化名人 101 人，名人故居 84 处，列入各级文物保护单位的 10 处，其中省级文物保护单位 2 处；红色资源革命遗址 72 处。兴宁市十大古民居有磐安围、善述围、东升围、进士第、长兴围、大王屋、李和美屋、棣华围、馨梓围、大刘屋，其中磐安围、善述围、李和美屋、棣华围属于省级文物保护单位。

兴宁市行政区划一览表

表 1

镇（街道）	村（社区）名称
水口镇	村（38 个）：璜江、新坪、双成、森丰、坪畲、宋声、径下、下畲、茂兴、共寨、光夏、河口、松陂、教美、黎光、前锋、群兴、布头、博溪、先锋、井下、石下、官岭、东升、光华、洋槐、洋新、盐米、小丰、水洋、彭洞、英勤、达新、水东、益华、荷树、大坑、邹洞 社区（1 个）：水口
坭陂镇	村（31 个）：红卫、新岭、上笃陂、东联、陂新、陂宁、东红、南方、笃陂、炳塘、东方、新民、大新、将军、新湖、东山、理中、文德、东兴、文东、宣明、柑子、角塘、王村、官陂、合湖、汤一、汤二、黄垌、湖柏、河心 社区（1 个）：坭陂
宁中镇	村（23 个）：龙岗、和新、石岭、坪塘、和一、建民、新塘、凉新、土坑、邹陶、文一、大莹、陂丰、蔗塘、和山、古塘、星民、枫岭、竹一、丝光、丝新、鸭桥、鹅一 社区（1 个）：宁中
宁新街道	村（12 个）：黄岭、大岭、文星、水楼、横湖、横新、洋里、寨仔、大路、阳光、大圳、高陂 社区（8 个）：佛岭、洋岭、城南、东风、宁新、商业城、茶都、曙光
黄陂镇	村（28 个）：土墩、联丰、留陂、虎留、学士、振光、桥尾、五星、寺岗、黄石、春勤、樟坑、上翁、下翁、粒坑、三佳、龙溪、陶塘、后山、陶古、径口、径中、甘一、甘专、中心、浊水、大一、大二 社区（1 个）：黄陂
合水镇	村（21 个）：中官、石陂、明星、霞洞、洋田、罗英、下官、上官、白泡、龙东、罗陂、溪唇、富和、五联、湖岭、双溪、乐群、麻坑、一八、二三、四五 社区（2 个）：合水、龙北
大坪镇	村（37 个）：金坑、友联、大东、长坑、坪联、坪光、潭坑、小碰、龙塘、双红、吴田、岭东、岭河、布骆、佛坳、屏汉、新春、白云、胜利、祠堂、坪中、秋水、鸽池、黄坑、兰塘、咨洞、大福、将军、上河岭、下河岭、上大塘、下大塘、陶坑、兰亭、兰塘寨、朱坑、上黄坑 社区（1 个）：大坪
罗岗镇	村（30 个）：五五、白水、白群、柿子坪、蕉坑、蕉一、罗中、德丰、富强、福胜、徐坑、霞岚、红旗、红星、坳下、罗东、联兴、联东、官庄、高陂、源清、澄清、五福、溪联、溪庄、溪东、溪群、溪一、元潘、潘洞 社区（1 个）：罗岗
福兴街道	村（10 个）：大塘、新联、五里、高田、梅子、神光、锦华、黄畿、墨池、向阳 社区（4 个）：福兴、兴南、新城、锦绣
兴田街道	村（6 个）：鹅三、鹅湖、米寨、管岭、一联、洋岗 社区（16 个）：河背、兴田、西郊、南郊、东街、城东、宁江、城北、宝华、金源、官汕、大新、泰宁、永泰、明珠、怡兴
叶塘镇	村（41 个）：麻岭、上径、下中、黄竹、鸭池、莲池、筠竹、西山、陂下、长丰、双涵、汤湖、富祝、下径、上中、河西、田心、龙坪、下洋、大路下、彭陂、岳桥、上岳、甘塘、大众、同众、北塘、群星、新生、留桥、建新、黎明、乌池、龙塘、洋陂、石新、教礼、三口塘、胜青、苏京、三变 社区（1 个）：叶塘
径南镇	村（24 个）：马山、胪声、新洲、李连、宝山、半径、圩下、宝兴、章峰、坪宫、官亭、黄坑、浊水、章印、柏塘、坪埔、陂蓬、太阳、珊田、白石、先锋、星耀、双梧、东升 社区（1 个）：径南

续表 1

镇（街道）	村（社区）名称
刁坊镇	村（22 个）：罗坝、圩东、周兴、长征、贵峰、新建、新坪塘、黄沙、联新、长段、河塘岭、郑江、荷慕、横江岭、三潭、新兴、瑶岗、建兴、红光、新光、金银、刁潭 社区（1 个）：刁坊
新圩镇	村（19 个）：民新、大村、茶星、步东、曹田、双头、官峰、寨塘、船添、新丰、新北、新里、鲤湖、崇上、石崖、莲塘、蓝布、蓝二、虎洞 社区（1 个）：新圩
罗浮镇	村（25 个）：浮中、高坑、浮北、浮西、塘社、勤光、浮美、岩前、罗栋、小佑、蕉坑、象湖、瑶兴、中和、新南、上下畲、中坑、浮东、东星、澄联、徐田、练优、浮南、岭南、浮塘 社区（1 个）：罗浮
新陂镇	村（13 个）：先声、茅塘、福庆、福民、福丰、茶塘、乐仙、三新、新元、家庄、华新、新金、上长岭 社区（1 个）：新陂
永和镇	村（24 个）：大成、成鹊、沙坪、石陂、新中、永星、永生、华峰、华岭、廉峰、长安、蓝排、仁里、三枫、锦洞、长新、林场、湖尾、新寨、夜明、七层、板子、振兴、崇新 社区（1 个）：永和
石马镇	村（26 个）：石岌、上庄、下庄、三社、虎石、小水、秀水、大觉、三联、马上、马下、马石、新石、郑塘、新田、刁田、新群、陶背、向前、洋门、礤下、米渡、李塘、蕉联、宫前、公陂 社区（1 个）：石马
黄槐镇	村（12 个）：槐东、槐西、西埔一、禾村、双龙、双下、下宝龙、上宝龙、宝丰、新村、黄溪、西埔二 社区（1 个）：黄槐
龙田镇	村（16 个）：凉伞、金星、曲塘、坪见、龙盘、鸳塘、环陂、鸡公桥、寮塘、五一、丽溪、碧园、羊岭、高陂、水陂、石壁 社区（1 个）：龙田

说明：2022 年，兴宁市有建制村（社区）504 个，其中建制村 458 个，社区 46 个　　（兴宁市民政局）

【非物质文化遗产】 2022 年，兴宁市有各级非物质文化遗产代表性项目 47 项，其中国家级非物质文化遗产代表性项目 1 项（竹板歌）、省级 7 项（杯花舞、兴宁罗家通书推算法、兴宁大坪布骆包子豆腐制作技艺、兴宁上灯习俗、兴宁李家教拳、兴宁版画、兴宁珍珠红酒酿造技艺），梅州市级项目 16 项，县级项目 23 项；各级非遗项目代表性传承人 63 人，其中省级 6 人、市级 14 人、县级 43 人。建成非遗展示馆 1 个、省级传承基地 1 个、传习中心 1 个、传习所 7 个，非遗乐园 1 个，有非遗艺术团 3 个。

（兴宁市文化广电旅游体育局）

■ 人口和语言

【人口】 2022 年，兴宁市年末常住人口 77.03 万人，比上年末减少 0.76 万人；年末户籍人口 114.98 万人，其中城镇人口 47.12 万人，减少 0.43 万人。全市出生人口 8800 人，人口出生率 7.6‰，出生率下降 1.6‰；死亡人口 3945 人，死亡率 3.4‰，死亡率下降 0.7‰；自然增长率 4.2‰。人口密度 549 人 / 平方千米。

（兴宁市统计局）

【语言】 兴宁市居民的主要语言

是客家方言。兴宁客家方言的声母有25个、舒声韵母有24个、入声韵母有11个，有阴平、阳平、上声、去声、阴入、阳入6个声调。入声大都带有塞音韵尾。语调较平板，且同音字多。

（兴宁市地方志办公室）

■ 民族和宗教

【民族】 2022年，兴宁市内民族主要为汉族，占总人口的99.9%以上。有少数民族户籍人口2207人，多数为外地嫁入兴宁市。

【宗教】 2022年，兴宁市有佛教、道教、天主教和基督教4大宗教，宗教团体4个（市佛教协会、市道教协会、市天主教爱国会、市基督教协会），依法登记的宗教活动场所80处，其中佛教33处、道教10处、天主教2处、基督教35处，全市备案宗教教职人员76人，有宗教信徒35649人。

（兴宁市民族宗教事务局）

■ 经济社会发展

【国民经济】 2022年，兴宁市地区生产总值2009940万元，比上年增长1.1%。其中，第一产业增加值535295万元，增长4.5%；第二产业增加值370981万元，增长1.2%；第三产业增加值1103664万元，下降0.6%。工业总产值99.03亿元，工业增加值24.59亿元。固定资产投资下降4.7%；社会消费品零售总额103.11亿元，下降0.9%；进出口总额7.14亿元，增长8.1%。地方一般公共预算收入9.56亿元，下降10.2%。

【农业】 2022年，兴宁市实现农业总产值87.6亿元，比上年增长5.5%。粮食作物播种面积4.32万公顷，全年粮食产量29.35万吨。新认定粤港澳大湾区“菜篮子”生产基地8家、省级农民合作社示范社2家，新增“粤字号”农业品牌3个。新培育农业龙头企业11家，新获“三品”（无公害农产品、绿色食品、有机农产品）认证企业2家、产品4个。坭陂镇角塘村获评省“一村一品”示范村。丝苗米省级产业园提质增量，肉鸽省级产业园加快建设，油茶产业获评省林业特色产业发展基地。

【乡村振兴】 2022年，兴宁市新建高标准农田1000公顷，垦造水田54.47公顷、新增水田指标9.03公顷。实施美丽村屋、美丽村道项目100个，70%以上村庄达到美丽宜居村标准。推进10条乡村振兴示范带建设，“茶果飘香·醉美径南”示范带初具规模。“兴宁茶油”“兴宁丝苗米”入选第二批全国名特优新农产品名录。持续做好驻镇帮镇扶村工作，巩固脱贫攻坚成果，提高村集体经济收入，全市75%以上建制村集体收入实现10万元以上。市、镇两级乡村振兴人才驿站实现全覆盖。兴宁市被评为2022年全国县域农业农村信息化发展先进县。

【工业】 2022年，兴宁市实现规上工业增加值19.2亿元，比上年增长7.1%。新增“小升规”企业8家，红禾朗电工等10个项目开工建设，恒兆科技等23个项目建成投产。引进项目19个，计划投资总额达80亿元。其中，工业项目32.4亿元，增长173.8%。工业园区完成固定资产投资7亿元；新进园项目10个，计划投资总额17亿元。完成土地收储25.84公顷，叶塘安置区二期、兴宁·天河创新产业园二期竣工交付，创新产业园三期等项目加快推进，总投资50亿元的医疗器械产业园启动建设，蓝韵医疗、辰浩医疗等10家企业先后试产。

【深化改革】 2022年，兴宁市深入推进“放管服”改革和“数字政府”建设，推动行政审批事项100%网上受理、100%网上办结。加快镇街体制、国有企业、群团机关等改革，政府治理体制不断完善。深化商事制度改革，激发市场活力，新登记市场主体7296家。推进土地管理改革，积极盘活存量建设用地。推进“智慧农业”和省数字乡村发展试点县工作，建成益农信息社386家。

【招商引资】 2022年，兴宁市围绕医疗器械、装备制造、电子信息、食品工业等重点产业方向开展招商引资工作，全年新签约合同项目19个（试产投产11个、在建7个、试营业1个），计划投资总额80.04亿元。其中，超亿元合同项目15个，计划总投资77.64亿元；工业合同项目15个，计划总投资32.36亿元。

【城乡建设】 2022年，兴宁市完成“三区三线”划定，基本构建国土空间规划总体格局。新档案馆建成启用，梅龙高铁（兴宁段）加快建设，高铁站前综合广场和配套工程、官汕路改建等项目动工建设。新改建中低压配电网298千米。实现5G网络城区全覆盖。新改建农贸市场4个，改造老旧小区12个。省县级文明城市、国家卫生城市创建工作和“两美”（美好兴宁、美好家园）行动深入推进，新建垃圾分类示范社区、绿色社区各9个，城区建成区60%村（社区）实现生活垃圾分类全覆盖。实施圩镇人居环境提升工程，所有圩镇达到宜居圩镇标准，合水镇、石马镇达到示范圩镇标准。

【民生保障】 2022年，兴宁市民生支出60.95亿元，比上年增长0.1%，占一般公共预算支出的85.9%。“粤菜师傅”“广东技工”“南粤家政”工程全年培训3322人次，新增城镇就业4080人。举办各类招聘会60场，达成就业意向2858人。做好医保、社保扩面征缴，常住人口基本医保参保率100%。发放低保资金1.14亿元，特困人员供养资金5526万元；支出医疗救助金4322.11万元，救助困难群众69052人次。镇（街）社会工作服务站点和困难群众、特殊群体社会工作服务实现全覆盖。十件民生实事全面完成。

【医疗卫生】 2022年，兴宁市有卫生机构654个，病床3166张，每万人拥有床位26.3张；卫生专业技术人员4164人，每万人全科医生2.62人。兴宁市健全门诊共济保障机制，推进药品和医用耗材集中带量采购，降低就医负担。新建市人民医院完成主体建设。做好疫情防控，积极支援其他地区，狠抓医疗资源提质扩容、药品供应、重症救治等工作，实现疫情防控转段平稳有序。是年，石马镇成功打造全国医疗保障基层服务示范点。

【教育】 2022年，兴宁市新增学位2530个。其中，义务教育学位2350个，学前教育学位180个。兴宁市第一中学、兴宁市实验学校2个教育集团入选省级优质基础教育集团培育对象。是年，兴宁市小学学龄人口毛入学率100%，初中学龄人口毛入学率111%，小学毕业生升学率100%，初中毕业生升学率58.5%，高中毕业生升学率99.2%，考上大专及以上学校人数5037人，其中本科2269人。

【文化】 2022年，兴宁市新增省级非遗项目3个（兴宁李家教拳、兴宁版画、兴宁珍珠红酒酿造技艺），市级非遗项目3项，县级非遗项目6项，以及省级文保单位2个（何天炯旧居、恒云楼）。在粤东西北地区率先全面启动镇志编修，《大坪镇志》公开出版，成为《广东省地方志工作条例》实施以来梅州市首部出版的镇志。建成图书馆分馆服务点4个。全市公共图书馆藏书40.11万册，博物馆馆藏物品3595件，全年送书下乡6321册。开展全民阅读系列活动21场，惠及群众15.3万人次。是年，设立兴宁市文物局。

【体育】 2022年，兴宁市有标准体育场2582个，小运动场43个，各类球场馆2031个。新建2个体育公园（径南镇陂蓬村体育公园、罗岗镇黄龙寨体育公园）。举办第八届“市长杯”足球联赛、“全民健身日”系列活动启动仪式暨“中国体育彩票杯”骑行活动、大学生“篮协杯”夏季篮球联赛、“中国体育彩票杯”小学生篮球赛4个体育活动。兴宁市蹦床队代表梅州参加广东省第十六届运动会蹦床比赛，取得4枚金牌、1枚银牌、2枚铜牌的优异成绩，成功实现省运会金牌“零”的突破。

【生态环境保护】 2022年，兴宁市城区污水主管网实现全覆盖，全市饮用水源地水质达标率、空气质量优良率均达100%，环境空气质量在全省区县排名第九，森林覆盖率67.1%，林地绿化率99.1%。第二轮中央环保督察案件全部办结。加快推进铁山嶂废弃矿区综合治理等山水修复项目，实施和山岩水库等一批水库清淤工程。河（湖）长制、林长制落实有力，完成高质量水

▲ 2022 年，兴宁市粤东云山谷生态旅游区获评国家 AAA 级旅游景区
（兴宁市文化广电旅游体育局提供）

源林 495.27 公顷，新造林抚育 515.53 公顷。

【旅游】 2022 年，兴宁市成功创建广东省全域旅游示范区，旅游集散中心建成使用，新增国家 AAA 级旅游景区 2 家（粤东云山谷生态旅游区、珍珠红诚意酒城旅游区）。是年，兴宁市接待游客 89.12 万人次，旅游总收入 6.63 亿元。

（兴宁市地方志办公室）

■ 精神文明建设

【社会主义核心价值观】 2022 年，兴宁市坚持把社会主义核心价值观贯穿到文明创建全过程，线上线下多渠道抓好长期宣传教育。利用兴宁市文明网、市广播电视台等媒体平台，全年设专题专栏报道。利用兴宁南部新城、工业园区等新空间新领地，城建围挡、主要干道等公共空间，LED 电子屏、办事大厅指示屏、公益广告、微信、微博、手机客户端等新媒体广泛宣传。推动社会主义核心价值观进机关、学校、企业、社区、村镇等，把社会主义核心价值观嵌入百姓生活场景。

【公民思想道德建设】 2022 年，兴宁市开展模范推选。深入落实习近平总书记给“中国好人”李培生、胡晓春重要回信精神，开展 2022 年度“兴宁好人”推荐评选工作，构建县、镇、村三级推评工作体系，动员全市各镇（街道）、单位推选身边凡人善举，确定袁莲安、何毅、刘绍明等 10 人为 2022 年度“兴宁好人”。开展 2022 年兴宁市“新时代好少年”学习宣传活动，选取事迹突出、示范性强的青少年典型，确定刘淼玲、肖佳雨等 20 名同学为 2022 年兴宁市“新时代好少年”，同时择优推送李林清、陈利红等 6 名少年到梅州市参与好少年评选并成功获评。加强宣传褒扬，将罗新辉、陈欣等身边好人纳入“听党话、感党恩、跟党走”百姓宣讲团成员名单，在全市各部门开展好人事迹分享宣讲会。充分运用新媒体平台，在“文明兴宁”微信公众号、“兴宁发布”App 等平台开设“身边好人”专题专栏，集中报道模范典型先进事迹，广大群众纷纷浏览点赞。在历史纪念馆、博物馆、图书馆、文化馆、少年宫等地打造先进模范事迹专题展览、展板，免费向市民开放，营造好人好报、德行天下的浓厚氛围。

【群众性精神文明建设】 2022 年，兴宁市继续推进群众性精神文明创建，做好文明城市、文明村镇、文明单位、文明家庭、文明校园创建工作。

文明城市创建　2022 年，兴宁市印发 2022 年兴宁市创建省县级文明城市、未成年人思想道德建设工作测评体系操作手册、网上申报材料任务分解表和点位规范标准，以及每月工作重点。6 月召开全市创建国家卫生城市、省县级文明城市工作推进会，全面部署工作，以网上申报材料质量、实地考察点位、市容市貌、创建氛围、市民素质五大提升行动为抓手，全力推进省县级文明城市创建工作。

文明村镇创建　2022 年，兴宁市在全市达标创建梅州市文明镇街、文明村居实现全覆盖的基础上，推动文明村镇提质扩面。至年末，全市龙田、石马、永和、刁坊、新陂、坭陂 6 个镇获评梅州市文明镇，其中龙田镇被评为广东省文明镇；35个村获评县级以上文明村，其中石马镇新群村获评全国文明村。

文明单位创建 2022年，兴宁市立足行业特点继续深化文明单位创建。至年末，全市41个组织获评梅州市文明单位称号。其中，兴宁市纪委监委、市税务局、市检察院和叶塘镇社区4个单位被评为广东省文明单位。

文明家庭创建 2022年，兴宁市选树一批“文明家庭”“优秀书香家庭”“最美家庭”等先进典型。黄淑娴家庭等5户家庭获评兴宁市“优秀书香家庭”，钟启珍等10户家庭获评兴宁市“最美家庭”，何祥华家庭获评2022年广东省五好家庭。

文明校园创建 2022年，兴宁市积极开展文明校园创建，叶塘中学等16所学校获评2022年第六届梅州市文明校园。至年末，全市中小学校均被评为兴宁市文明校园，文明校园创建活动达到全覆盖，参与率达到100%，其中梅州市文明校园55所，覆盖率70%。第一小学、华侨中学等3所学校被评为2021—2023年创建广东省文明校园先进学校。

【新时代文明实践中心建设】

2022年，兴宁市统筹整合资源建设文明实践场所，依托党群服务中心、综合文化站等公共服务阵地，按照“五有”（有场所、有队伍、有活动、有项目、有机制）标准要求建设文明实践中心所站。激活古民居、文化祠堂等重要阵地场所，用活罗屏汉、黄粤兴等爱国主义教育基地和革命遗址、革命纪念场馆，农家书屋等，推动文明实践阵地建设。依托优势资源延伸文明实践站点，在市直单位、学校、企业等延伸设立文明实践站点（基地）20个，进一步以点带面构建点多面广、功能完备的“15分钟服务圈”，全面推进新时代文明实践工作。至年底，全市建成新时代文明实践中心1个，文明实践所20个、文明实践站504个，覆盖率100%。统筹志愿力量，推动志愿服务常态化。建强“1+8+N”志愿服务队伍，形成以党员干部为核心、以基层群众为主体、各行业人员参与，构成多元、扎根乡土、富有活力的志愿服务队伍，由文明实践中心统筹调度，下沉到镇（街道）村（社区）开展各类丰富多样的文明实践志愿服务活动达1.67万场次。围绕“喜迎二十大”，组织开展“强国复兴有我”“青春百年路永远跟党走”等主题宣传教育活动、“听党话、感党恩、跟党走”宣讲活动等集中示范活动，常态化开展学习实践科学理论、党的政策宣传宣讲、培育践行主流价值、丰富活跃文化生活。构建“点单”“派单”“接单”“评单”的流畅的闭环志愿服务工作流程。推出普惠性、特惠性、互惠性等涵盖多领域的项目，精准打造具有规模和影响力的志愿服务品牌10个。

【志愿服务】

2022年，兴宁市构建由市文明委统一领导，市委宣传部、文明办牵头，志愿服务总队为引领，“8+N”志愿服务队为骨干，各类公益机构、社工机构、社会组织志愿服务小队为补充的协调联动、高效运转的志愿服务工作体系。2022年，全市有志愿服务队（组织）393个、注册志愿者6.65万人，服务16737场次、惠及50多万名群众，打造“河小青”徒步巡河、“温馨木屋”便民志愿服务等一批具有规模性、影响力的志愿服务品牌。广泛宣传推选志愿服务典型，2022年，广东交通实业投资有限公司东御营运管理分公司获评广东省“最佳志愿服务组织”，兴宁市阳光义工协会的李宪洪获评梅州市“最美志愿者”，“七彩假期，益起成长”志愿服务项目获评梅州市“最佳志愿服务项目”，广东交通实业投资有限公司东御营运管理分公司志愿服务队、兴宁市合水镇社会工作与志愿服务协会2个组织获评梅州市“最佳志愿服务组织”，兴宁市兴田街道永泰社区获评梅州市“最美志愿服务社区”。

（曾晓娟）

链接：“1+8+N”志愿服务队伍

由市委书记任总队长的新时代文明实践志愿服务总队，以理论政策宣讲、文化文艺服务、助学支教、医疗健身、科学普及、法律服务、卫生环保、扶贫帮困8支志愿服务队和各具特色的志愿服务组织形成“1+8+N”志愿服务队矩阵，构建协调联动、高效运转的文明实践志愿服务工作体系。

年度关注

兴宁市高质量打造医疗器械产业园

2022年，兴宁市坚持狠抓发展第一要务，牢牢树立经济思维和产出思维，将医疗器械产业作为主导产业，不断推动兴宁医疗器械产业创新和高质量发展。

省市共建，着力引进龙头企业

广东省药品监督管理局驻兴宁叶塘镇驻镇帮镇扶村工作队在帮扶叶塘镇打造仙草种植基地的基础上，充分发挥行业优势，与兴宁市合作共建医疗器械产业园，依托工业园内已建成的兴宁·天河创新产业园标准厂房，先行引进医疗器械产业项目。

2022年8月18—19日，由广东省药品监督管理局主办，兴宁市人民政府、广东省药品监督管理局事务中心联合承办的“广东省医疗器械高质量发展助力乡村振兴行”活动在兴宁市会展中心举行。活动中，广东省药品监督管理局和兴宁市人民政府合作共建的广东兴宁医疗器械产业园揭牌，嘉应控股、万创投资、兴宁市园投公司、斯瑞杰管理公司4家企业签约入驻产业园。通过产业园建设，为深化产业交流合作搭建、拓展平台，进一步带动辐射粤东北片区医疗器械产业高质量发展，对促进广东医疗器械产业高质量发展及乡村振兴发挥积极作用。至2022年底，蓝韵医疗落地建设，辰浩医疗等10家企业先后试产，20多家医疗器械企业意向进驻。

广东兴宁医疗器械产业园占地面积约800亩（53.33公顷），总投资约50亿元。兴宁市将以“产品研发孵化+中间性试验+生产制造+产业投资加速”的融合发展理念，把其打造成以医疗器械制造加工、产品研发、物流仓储为主体，辅助配备健康服务、综合配套、贸易物流、生活服务于一体的综合产业园。产业园分南区、北区、东区三期建设，将与兴宁·天河创新产业园形成“三轴四区”架构，南北向通过生产景观轴串联创新产业园、医疗器械产业园的南区和北区，东西向科技展示轴和物流发展轴则整合医疗器械产业园东区，将产业园整合为一个整体，致力于打造年产值100亿元以上的高端医疗器械产业集群。

广东兴宁医疗器械产业园建成后，将遵循“大项目—产业链—产业群—产业基地”的发展方向，借助广东省药品监督管理局、广东省医药企业管理协会的资源优势，引进医疗器械产业龙头企业入驻园区，带动中小规模医疗器械企业和上下游产业进驻孵化，构建一个高端医疗器械产业生态集群。

政策支撑，实现产业快速集聚

依托正在建设的广东兴宁医疗器械产业园，兴宁市瞄准国家大力支持国产医疗设备行业发展的重大机遇，引“龙头”聚“链主”，着力在医疗器械产业上抢滩占先。

至2022年底，兴宁市借助省药监局、省医药企业管理协会、各类商会协会的人脉和行业资源优势，通过网上招商、平台招商、以商引商等渠道，建立115多家医疗器械企业信息库，建立30多家有扩产或有产业转移意愿的医疗器械企业招商线索库，同时邀请50多家企业到兴宁考察、专题推介。其中，蓝韵医疗、深圳思卓瑞、广州汇普等企业在园区注册14家新公司。

广东省药品监督管理局对落户广东兴宁医疗器械产业园的企业纳入“三重”（生物医药产业重点项目、重点企业、重点地区）创新服务管理，将优化入园企业产品审评审批流程，开通绿色通道，为生产经营企业提供优质服务，简化审批手续。此外，兴宁市还制定促进医疗器械产业发展的若干措施，出台相关产业扶持和配套扶持政策，涵盖项目落户、固定资产及机器设备投入、达产奖励、水电物流补贴、贷款贴息、厂房免租、产品注册创新、经营贡献及外资引进等16个方面，吸引更多产业链相关企业落户兴宁，将医疗器械产业打造成兴宁经济增长的新引擎，开创实体经济发展新局面。

兴宁市成功创建广东省全域旅游示范区

2022年9月14日，广东省文化和旅游厅发布第五批广东省全域旅游示范区名单，兴宁市成功入选。

兴宁是中国民间文化艺术杯花舞之乡、中国围龙屋之乡、中国花灯之乡、中华诗词之乡、南方版画之乡。至2022年底，有国家级非物质文化遗产代表性项目1项（竹板歌）、省级非物质文化遗产保护项目7项，拥有省级文物保护单位11处。有国家AAAA级旅游景区2家（神光山国家森林公园、熙和湾客乡文化旅游产业园）、国家AAA级旅游景区3家（月形山乡村旅游区、粤东云山谷生态旅游区、珍珠红诚意酒城旅游区），旅游集散中心1个、旅游驿站5个、A级景区游客服务中心5个、旅游推荐单位11家、旅行社5家、旅行社分社2家、旅行社营业部28家，获评星级酒店5家、星级民宿3家，梅州市星级农家乐8家，旅游厕所66座；有玖崇湖温泉特色小镇、十里版画长廊等旅游景点。梅州市非遗主题旅游线路1条（兴宁市杯花围屋赏灯游）、市级休闲农业与乡村旅游示范点3个。

兴宁市自2021年6月全面启动创建“广东省全域旅游示范区”工作，成立由兴宁市委书记任组长的创建工作领导小组，多次召开全域旅游工作推进会，协调推进重大文旅项目、公共建设等核心工作。同时，出台《兴宁市创建“广东省全域旅游示范区”实施方案》和《兴宁市扶持旅游产业发展若干措施（试行）》等政策，围绕“大景区”促融合、“大融合”寻突破、“大创建”补短板、“大品牌”树形象、“大环境”抓提升，创新全域旅游“文化＋融合＋共享”的发展思路，坚持“产城人文旅”融合，提升公共服务、深挖文旅资源、完善软硬件设施，全面提升旅游环境质量和水平。

2022年，兴宁市旅游协会成立，粤东云山谷生态旅游区、珍珠红诚意酒城旅游区均获评国家AAA级旅游景区。2022年5月20日，兴宁市旅游集散中心启用。兴宁市旅游集散中心集旅游咨询服务台、游客休息区、旅游资源宣传区、旅游商品展销区、智慧旅游平台、版画展示和体验等于一体，广大市民和游客可以享受免费Wi-Fi、旅游厕所、母婴室、医疗室等配套服务。智慧旅游平台通过完善数据采集体系，整合兴宁旅游资源基础、投诉量、景区人流车流量、景区视频、文旅产业、应急等数据，实现对旅游信息的智能感知、智能

▲2022年，兴宁市珍珠红诚意酒城旅游区获评国家AAA级旅游景区
（兴宁市文化广电旅游体育局提供）

管理，使旅游的全过程实现智能化。上线“兴宁文旅体”微信公众号和“畅游兴宁”微信小程序，游客可以在微信公众号或微信小程序中找到A级景区、乡村旅游点、星级酒店、星级民宿、星级农家乐、旅游购物场所等各类旅游信息。“畅游兴宁”微信小程序还提供电子导览服务，游客可在景点扫二维码听语音讲解，也可以在小程序中直接搜寻离自己最近的景区景点和旅游厕所。

兴宁还大力推进旅游与教育、文化、农业、工业等产业融合，推出“农业+旅游”“工业+旅游”“非遗+旅游”等融合新模式，不断丰富旅游业态、增加旅游产品供给。

兴宁市深入实施乡村振兴战略

2022年，兴宁市坚持以党建引领为核心、以产业发展为根本、以乡村建设为抓手、以资金统筹为保障、以文化素养为灵魂、以安全稳定为底线，全面推进乡村振兴，农业农村优先发展内生动力持续增强，被评为2022年全国县域农业农村信息化发展先进县。

推动乡村产业发展，提升内生发展动力

2022年，兴宁市牢牢守住粮食安全底线，在保障粮食生产的基础上，把发展特色农业和名特优农产品作为实现乡村振兴的重大举措，不断做大做强兴宁鸽、丝苗米、茶叶、油茶、柚果、沃柑、生猪等富农兴村产业。兴宁市全面完成镇域乡村振兴规划与驻镇帮扶五年规划编制，制订驻镇帮扶年度计划，构建乡村振兴“1＋N”工作机制，制定《兴宁市乡村振兴驻镇帮镇扶村主要工作任务清单》，出台《兴宁市乡村振兴驻镇帮镇扶村资金管理使用细则》。充分发挥驻镇帮镇扶村作用，结合各镇村自身特点和优势，深入推进“一村一品、一镇一业”项目建设，积极实施“产业兴村、产业强镇”，不断推动品种培优、品质提升、品牌打造和标准化生产。

“兴宁茶油”“兴宁丝苗米”成功入选2022年第二批全国名特优新农产品名录，兴宁市油茶产业发展基地被授予省林业特色产业发展基地称号，新增叶南渔村1个省级休闲农业和乡村旅游示范点。新认定粤港澳大湾区“菜篮子”生产基地8家、省级农民合作社示范社2家，新增“粤字号”农业品牌3个，坭陂镇角塘村获评省“一村一品”示范村。兴宁市还实行营销助农、消费惠农、金融扶农等措施，有力促进各类特色农产品融入大湾区。

推进乡村振兴示范建设，激发发展新动力

兴宁市深入推进10条乡村振兴示范带建设，至2022年底，已建成新陂叶塘“两镇五村”乡村振兴连片示范项目、石马镇“六村联动”乡村振兴连片示范项目、径南镇“茶果飘香·醉美径南”乡村振兴示范带3条，在建7条。有序推进水口、罗浮乡村振兴示范带等建设，打造客家特色乡村。

2022年，兴宁市全力推动径南镇“茶果飘香·醉美径南”乡村振兴示范带建设。示范带项目涉及径南镇10个村，总面积51.5平方千米，涉及人口1.5万人。项目推动沿线交通公路改造提升、中小河流治理、农房风貌管控、文化节点打造、富民产业提升等，做大做强茶、果、酒、康养文旅产业，与浊水村范围内的黄蜂窝茶酒产业基地、珍珠红诚意酒城联动发展，推进一、二、三产业融合发展。突出党建文化、客家文化、文明乡风、家风家训，完善沿线公共基础设施。径南镇充分发挥客家文化、茶李文化、红色文化等资源优势，建设星耀村特色古民居群、新洲村史展览馆等一批旅游“打卡地”，并串珠成链打造“径南乡村一日游”精品线路，形成特色旅游产品体系。示范带内已建成月形山乡村旅游区、珍珠红诚意酒城旅游区、粤东云山谷生态旅游区3个国家AAA级旅游景区。至2022年底，径南镇“茶果飘香·醉美径南”乡村振兴示范带初具规模，径南浊水村乡村产业社区试点建设成效初显。

强基础补短板，让乡村生活更宜居

2022年，兴宁市印发《兴宁市农村村内道路建设攻坚行动方案》《兴宁市农村村内道路硬底化建设奖补方案》，将村内道路建设规划与驻镇帮镇扶村镇域乡村振兴规划相结合，把各镇（街道）村内道路建设工作纳入乡村振兴战略实绩考核的范畴，村内道路硬化建设在2022年列入省十件民生实事。全年完成录入“村路通”系统的48条总计16.21千米村内道路建设总任务。12月29日，兴宁市被认定为“四好农村路”全国示范县。持续开展农村人居环境整治，印发实施《兴宁市2022年村庄清洁行动工作方案》，推进农村生活污水整治和农村垃圾源头分类处理试点，建立完善“户分类投放、村集中、镇转运、市处理”的农村生活垃圾收运模式，完成“一市一场”“一镇一站”和“一村一点”建设。村庄保洁覆盖面和垃圾处理率100%。全市村庄100%达到干净整洁村标准，70%以上村庄达到美丽宜居村标准。扎实推进新时代文明实践中心（所、站）建设，实现新时代文明实践所、站，以及综合性文化服务中心在所有镇村全覆盖。市级三馆、镇（街）文化站、村文化活动中心、农家书屋等公共文化服务设施向群众免费开放。发挥新时代文明实践所（站）、围龙讲堂、农家书屋等的作用，把党史学习教育、社会主义核心价值观等与一线工作相结合，开展“六进”宣讲，推动习近平总书记关于“三农”工作重要论述等“飞入寻常百姓家”。同时深入开展“无信访”单位创建活动，因地制宜制定村规民约，弘扬文明乡风，培育良好家风，涵养淳朴民风，促进乡村和谐。

（以上资料整理自《梅州日报》及《2023年兴宁市政府工作报告》）

兴宁市全面铺开镇（街道）志、村志编修工作

兴宁市委、市政府高度重视镇（街道）志、村志的编修，并将该项工作纳入《兴宁市国民经济和社会发展第十四个五年规划纲要》。2021年底，印发《兴宁市镇（街道）志、村志编修工作方案》，加强组织领导，坚持党委领导、政府主持、方志机构组织实施、社会参与的工作机制，上下联动、各方支持，科学规划、分步实施。由市政府成立镇（街道）志、村志编修工作领导小组，组长由分管地方志工作的市领导担任，成员由相关职能单位和部门负责人组成，领导小组下设办公室。领导小组办公室负责组织发动、统筹规划，成立修志业务指导组负责镇（街道）志、村志编修工作的具体业务指导，以及工作的推进与督查等各项工作事宜。方案要求截至2028年，全市20个镇（街道）全面完成志书编修并公开出版，列入中国传统古村落名录的10个村完成村志编修，并对按要求完成修志的镇、村实施大力度的奖补措施。

2022年，兴宁市全面铺开镇（街道）志、村志编修工作，并将这项工作列入兴宁市党代会、市委全会的重点工作任务。1月6日，组织召开兴宁市镇（街道）志、村志编修工作动员会暨业务培训会，兴宁市副市长吴思波出席会议并作动员讲话，邀请广东省史志办原副主任侯月祥、梅县区方志办原副主任叶永生为各镇（街道）分管领导、编纂人员等100多人进行业务培训。兴宁市地方志办公室加强修志督促指导，协调解决修志问题，利用地方志专家库为镇村寻找合适的编纂人才，汇集现存的资料并将其数字化提供给各镇街，积极与广东人民出版社联系沟通，争取到镇志出版费用上的优惠。

至2022年底，有永和镇、黄槐镇、石马镇、合水镇、龙田镇、新圩镇、坭陂镇7个镇启动镇志编修工作。是年9月，《大坪镇志》在通过三审三校、经过修改补充后，由江西人民出版社出版。

（兴宁市地方志办公室）

2022 年兴宁大事记

1月

5—6 日　广东省医药企业管理协会考察组到兴宁就医疗器械产业发展和共同推动打造医疗器械产业园项目建设等工作进行实地考察。

6 日　兴宁市举行庆祝第二个“中国人民警察节”系列活动。

△兴宁市召开镇村志编修工作动员暨业务培训会。

19 日　中共兴宁市委十四届二次全会在市会展中心召开。

△梅州市委副书记、市长王晖率队到兴宁市检查疫情防控工作和调研企业生产经营及项目建设情况。

27 日　兴宁市党史学习教育总结会议在市会展中心召开。

29 日　兴宁市委全面依法治市委员会第四次会议召开。

是月，由兴宁市粤和兴农业发展有限公司生产的 100 吨无核沃柑出口泰国、新加坡、越南，是 2022 年 1 月 1 日区域全面经济伙伴关系协定（RCEP）生效实施后，梅州农产品首次成功出口。

2月

9 日　广东省医药企业管理协会考察团到兴宁市考察，并就共同推动医疗器械产业园项目建设进行座谈交流。

△ 2021 年“粤字号”农业品牌目录公布，兴宁市有 39 个农业品牌入选。

△兴宁市乌池种养有限公司被新增认定为 2021 年度广东省重点农业龙头企业。

18 日　中国共产党兴宁市第十四届纪律检查委员会第二次全体会议召开。

22—24 日　兴宁市委书记宋才华，市委副书记、市长洪国华率队到广州市向省直部门汇报联系工作，并开展招商考察活动。

3月

1 日　广东省退役军人事务厅调研组到兴宁市调研退役军人就业创业工作。

△梅州市中级人民法院到兴宁市坭陂镇调研基层人民法庭工作。

7—8 日　中国人民政治协商会议第十五届兴宁市委员会第二次会议在市会展中心召开。

8—9 日　兴宁市十六届人大二次会议在市会展中心召开。

11 日　兴宁市在刁坊镇三潭村召开春耕生产现场会。

15 日　梅州市委书记马正勇到兴宁市径南镇新洲村、广东海思智能装备有限公司、广东金雁电工科技股份有限公司等地调研指导基层党建、乡村振兴和实体经济发展等工作。

24 日　梅州市委副书记、市长王晖到兴宁市调研经济运行、招商引资和乡村振兴工作。

25 日　兴宁市乡村振兴人才驿站举行揭牌仪式。

29 日　计划投资总额 4.5 亿元的中国能建永和镇 100 兆瓦农光互补项目在永和镇沙坪村动工。

30 日　梅州市兴宁市肉鸽省级现代农业产业园的预制菜“陈小鸽风味乳鸽”入选广东“百家手信”。

4月

21日　兴宁市工会第十八次代表大会在市会展中心召开。选举产生兴宁市总工会第十八届委员会，刘瑞灵当选为兴宁市总工会新一届委员会主席。

25日　国家卫生健康委印发《“千县工程”县医院综合能力提升工作县医院名单》，兴宁市人民医院入选名单。

△齐昌中学举行综治工作站揭牌仪式，是梅州首个学校综治工作站。

28日　中华全国总工会在北京召开2022年庆祝“五一”国际劳动节暨全国五一劳动奖和全国工人先锋号表彰大会。兴宁市金绿现代农业发展有限公司生产部获“全国工人先锋号”称号。

29日　“兴宁李家教拳”“兴宁版画”“兴宁珍珠红酒酿造技艺”3个项目被列入广东省第八批省级非物质文化遗产代表性项目名录。

5月

10日　广东省人力资源和社会保障厅调研组到兴宁市调研社保政策落实、大学生返乡就业、“粤菜师傅”工程等工作。

14—16日　广东省医药企业管理协会、万创控股集团考察团一行到兴宁市调研考察兴宁医疗器械产业园规划建设等情况，交流共同推动兴宁医疗器械产业园项目建设等事宜。

19—20日　广东工业大学调研组到兴宁市调研乡村振兴、驻镇帮镇扶村等工作。

20日　广东省扶贫基金会考察组一行到径南镇新洲村考察乡村振兴工作。

△兴宁市举办2022年“中国旅游日”系列活动，并启用兴宁市旅游集散中心，中心内的文旅主题版画展览同步开展。

23日　“兴宁单丛茶制作技艺”“刘氏快针疗法”“罗岗礤风径仙人粄制作技艺”“兴宁客家龙狮制作技艺”“兴宁叶南温泉漉菜制作技艺”“兴宁蓼花制作技艺”6个项目被列入兴宁市第十一批非物质文化遗产代表性项目名录。

24日　广东省工业和信息化厅调研组到兴宁市调研民爆企业安全生产工作。

31日　兴宁市委书记宋才华，市委副书记、市长洪国华率队到径南镇新洲村、东升村以及广东明珠珍珠红诚意酒城等地调研“茶果飘香·醉美径南”乡村振兴示范带建设情况。

△兴宁市委书记宋才华，市委副书记、市长洪国华率队调研重点项目建设工作。

6月

9日　2022年梅州市委农村工作会议暨全市实施乡村振兴战略工作推进会考察团到兴宁市径南镇东升村、新洲村、黄蜂窝茶酒产业基地现场参观学习。

14日　20时10分坭陂镇河心村老郑屋段堤后出现“涌水”现象，威胁群众安全。兴宁市消防救援大队福兴消防救援站和坭陂镇专职消防队共14人赶赴现场进行处置。

△兴宁市委书记宋才华，市委副书记、市长洪国华在市会展中心会见全国公安机关爱民模范集体代表市公安局径南派出所民警。

19日　广东财经大学调研组到兴宁市石马镇调研乡村振兴工作。

22日　兴宁市2022年国际禁毒日宣传活动暨线上禁毒教育馆启动仪式在市技工学校举行。

28日　北京京能国际控股有限公司华南分公司考察组到兴宁考察投资环境。

△梅州市委副书记、市长王晖率队到兴宁市开展“七一”走访慰问活动。

30日　兴宁市2022年广东省扶贫济困日暨全社会助力乡村振兴活动在市会展中心举行。

7月

1日，兴宁市委书记宋才华率队到福兴街道开展“七一”走访慰问活动并给党员代表上专题党课。

△兴宁市委副书记、市长洪国华到刁坊镇开展“七一”走访慰问活动并给基层党员上主题党课。

6日，兴宁市委农村工作会议暨全市实施乡村振兴战略工作推进会在市会展中心召开。

7日　兴宁市举行学习贯彻习近平总书记关于“三农”工作重要论述暨兴宁市2022年“听党话、感党恩、跟党走”宣传教育动员会。

8日　水口镇刘光夏革命烈士纪念馆举行“苏区精神（广东）研究中心研学基地”和“嘉应学院思想政治理论课实践教学基地”揭牌仪式。

13日　广东省人大常委会调研组一行到兴宁市，围绕《广东省版权条例（草案修改稿）》《广东省粤菜发展促进条例（草案征求意见稿）》等内容开展立法调研。

19日　东莞思朗食品有限公司到兴宁考察投资环境。

21日　由梅州市卫健局、梅州市计生协会主办的中国计生协新型婚育文化建设试点项目启动仪式暨梅州市新型婚育文化建设能力提升培训班在兴宁市熙和湾客乡文化旅游产业园举行。

22—24日　兴宁蹦床队代表梅州出战广东省第十六届运动会竞技体育组蹦床项目，获4枚金牌、1枚银牌、2枚铜牌。

23日　石马何天炯故居、径南恒云楼被列为第十批广东省文物保护单位。

26日　梅州市委书记马正勇到兴宁市调研乡村振兴和农业农村工作。

27日　广东省生态环境厅调研组一行到兴宁调研生态环境保护工作。

△梅州市委副书记、市长王晖以人大代表身份到兴宁市福兴街道新联村人大代表联络站，开展“更好发挥人大代表作用”主题活动。

31日　广东省老促会调研组到兴宁调研乡村振兴与红色文化传承工作。

8月

3日　百年奋斗·圆梦小康——广东乡村脱贫奔康成果巡回展在永和镇新中村开展。

△共青团兴宁市委员会在市委党校举行2022年广东大学生志愿服务山区计划——广东高校毕业生志愿服务乡村振兴行动出征仪式（兴宁），51名高校毕业生奔赴兴宁基层一线助力乡村振兴行动。

15日　兴宁市新阶联在永和镇开展赋能乡村振兴“复耕一亩地”主题活动。

15—21日　兴宁代表梅州参加省足协室内五人制足球青少年锦标赛，实现卫冕，蝉联冠军。

16日　兴宁市人民法院“三中心一基地”（诉讼服务中心、调解中心、速裁中心、习近平法治思想教育基地）揭牌。

18—19日　由广东省药品监督管理局主办，兴宁市人民政府、广东省药品监督管理局事务中心联合承办的“广东省医疗器械高质量发展助力乡村振兴行”活动在兴宁市会展中心举行。其间，广东省药品监管局和兴宁市人民政府合作共建的广东兴宁医疗器械产业园揭牌，嘉应控股、万创投资、兴宁市园投公司、斯瑞杰管理公司4家企业签约入驻产业园。

31日　坜陂中学新校区启用。

△宁新中心幼儿园新园投入使用。

9月

6日　兴宁市政协历届委员联谊会第七届一次会议在市会展中心召开。选举产生第七届联谊会领导和理事，彭天闻当选为新一届联谊会会长。

7日　兴宁市文物局揭牌仪式在兴宁市文化广电旅游体育局举行。

13日　由中铁六局承建的梅龙铁路兴宁东跨汕昆高速特大桥跨226省道连续钢构合龙。

14日　兴宁市入选第五批广东省全域旅游示范区名单。

21日　共青团兴宁市第十七次代表大会在市会展中心召开。选举产生共青团兴宁市第十七届委员会，王超宙当选为共青团兴宁市第十七届委员会书记。

22日　梅州市委副书记、市长王晖到兴宁市开展招商引资、土地管理和统计纳统等工作。

24日　兴宁市版画家协会成立暨第一届会员大会在市文广旅体局举行，吴浩镐当选为首任会长。

27日　兴宁市市场监督管理局在兴宁市个体私营企业协会挂牌设立兴宁首家知识产权维权援助工作站。

10月

8日　交通运输部、国家邮政局联合公布第三批农村物流服务品牌，兴宁市“电商物流 + 农村客货同载 + 商超联运”项目成功入选。

△“兴宁茶油”“兴宁丝苗米”入选2022年第二批全国名特优新农产品名录。

9日　广东省气象局调研组一行到兴宁市调研气象工作。

10日　由中铁十二局承建的梅龙高铁先行段控制性工程梅兴亭隧道项目顺利贯通。

15日　兴宁市丝苗米省级现代农业产业园建设项目13个大项、31个子项目全部完成省级财政资金和自筹资金的使用，产业园建设项目基本完成建设，并通过县级验收。

24日　兴宁市油茶产业发展基地被认定为广东省首批林业特色产业发展基地。

26日　广东省政府办公厅印发《省直机关及有关单位对口支援重点老区苏区工作方案》，明确2022—2030年，采取组团式、多对一方式推进对口支援重点老区苏区工作。其中，省工业和信息化厅、广东粤海控股集团有限公司、中国联通广东分公司对口支援兴宁市。

是月，兴宁市径南镇星耀村侨情展览室开放，是兴宁市首个介绍华侨历史的村级展览室。

11月

1日　兴宁市委书记宋才华到径南镇浊水村、永和镇仁里村调研乡村振兴工作。

10日　在中国（黑龙江）国际绿色食品产业博览会现场举办的黑龙江大米节品评品鉴颁奖仪式上，兴宁市本土企业广东米粒农业发展有限公司选送的丝苗米“19香”获得籼米组金奖，是广东唯一一家获该荣誉的农业企业。

16日　兴宁市法学会第二次会员代表大会在市会展中心召开，选举产生市法学会第二届理事会，市委副书记、政法委书记、统战部部长朱志勇当选为市法学会第二届理事会会长。

17日　兴宁市在市会展中心举行欢迎仪式，热烈欢迎支援丰顺抗疫队员完成支援任务，平安回家。

24日　兴宁法院伟泓教育基地模拟法庭挂牌成立。

25日　兴宁市公安局抓获潜逃24年的命案逃犯，命案成功告破。

30日　兴宁市入选2022年中央财政服务业发展专项资金（县域商业建设行动事项）国家县域商业行动示范县名单。

12月

7日　“兴宁客家锣鼓”“梳妆舞”“铙钹花”3个项目被列入梅州市第十批市级非物质文化遗产代表性项目名录。

8日　兴宁市在市工业园管委会举办兴宁医疗器械企业园招商专题推介会。

9日　兴宁市档案馆新馆启用。

12日　兴宁市中小企业服务中心入选2022年度国家中小企业公共服务示范平台名单。

14日　兴宁市反走私综合治理现场会暨示范点揭牌仪式在福兴街道向阳村党群服务中心举行。

19日　兴宁市第八届“市长杯”足球联赛开赛。

21日　由广东省中小企业服务中心、梅州市工信局主办的2022年广东省“一起益企”志愿服务促进中小企业发展活动（兴宁站）在兴宁市兴城举行。

29日　主题为“发展县域消费·共享美好生活”的2022广东首届县域商业促消费活动在兴宁市举行。

（兴宁市地方志办公室）

政治

■ 中国共产党兴宁市委员会

【概况】 2022年，中共兴宁市委员会坚持以习近平新时代中国特色社会主义思想为指导，认真落实“疫情要防住、经济要稳住、发展要安全”的重要要求，聚精会神办好迎接党的二十大和学习宣传贯彻党的二十大精神、高效统筹疫情防控和经济社会发展等大事，突出实体经济和乡村振兴两大重点，完成既定目标任务，经济运行呈现新气象，高质量发展取得新成效，社会事业实现新进步，和谐稳定局面得到新巩固，全市经济社会保持良好发展态势。 （吴佳胜）

【主要会议】

市委全会 2022年1月19日，中共兴宁市委员会召开十四届二次全会。全会坚持以习近平新时代中国特色社会主义思想为指导，深入学习贯彻党的十九届六中全会和中央经济工作会议精神，贯彻落实省委十二届十五次全会、梅州市第八次党代会和梅州市委八届二次全会精神，总结2021年工作，部署2022年工作，动员全市上下坚持发展第一、项目为王、激发动力、实干为先，奋力推动兴宁苏区加快振兴、共同富裕。

市委常委会会议 2022年，中共兴宁市委员会召开40次市委常委会会议（详见表2）。

市委书记专题工作会议 2022年，中共兴宁市委员会召开3次市委书记专题工作会议。分别主要研究乡村环境保护及铁山嶂废弃矿区生态综合治理修复工程、径南镇新洲村乡村振兴示范带建设、广东省医疗器械高质量发展助力乡村振兴行活动筹备工作的情况。

（钟伟康）

2022年兴宁市委常委会会议一览表

表2

时间	届次	主要议题
1月5日	十四届 第11次常委会会议	传达学习贯彻习近平总书记在中共中央政治局专题民主生活会上的重要讲话精神，及省委常委会会议、梅州市委常委会会议等精神。听取新形势下加强政法队伍建设工作情况汇报，研究部署下一步工作。研究召开市委十四届二次全会有关事项。听取兴宁市民主党派代表人士队伍建设工作情况报告。听取兴宁市教师队伍建设工作、兴宁市中小学校思政课建设工作、中共兴宁市委教育工作委员会2021年党建工作情况报告。听取2021年兴宁市退役军人信访工作情况报告。传达学习省委办公厅、省政府办公厅《关于推动新时代消防救援工作高质量发展的意见》精神。研究干部人事工作

续表 2

时间	届次	主要议题
1 月 14 日	十四届 第 12 次常委会会议	学习贯彻中共中央政治局常务委员会会议精神，及省委常委会会议、梅州市委常委会会议等精神。传达学习贯彻梅州市委八届二次全会及梅州市八届人大一次会议、梅州市政协八届一次会议精神。审议市委十四届二次全会有关文稿。听取兴宁市 2021 年意识形态工作情况汇报。套开市委理论学习中心组专题学习会（党史学习教育专题民主生活会前学习研讨）：①介绍专题研讨会的目的及议程；②传达梅州市委第三巡回指导组印发的《党史学习教育专题民主生活会工作指引》精神。研究确定兴宁市推荐广东省出席党的二十大代表候选人推荐人选名单
1 月 19 日	十四届 第 13 次常委会会议	审议《中国共产党兴宁市第十四届委员会第二次全体会议决议（草案）》
1 月 29 日	十四届 第 14 次常委会会议	学习贯彻中共中央政治局会议精神，及省委常委会会议、梅州市委常委会会议等精神。学习贯彻习近平总书记对政法工作作出的重要指示精神，全国政法队伍教育整顿工作总结会议主要精神。传达贯彻十九届中央纪委六次全会、十二届广东省纪委七次全会、梅州市纪委八届二次全会精神。传达贯彻全国和全省征兵工作会议精神。传达贯彻省人大政协两会精神。听取兴宁市近期疫情防控工作情况汇报，研究部署春节期间疫情防控工作。套开中共兴宁市委全面依法治市委员会第四次会议：①传达学习中央依法治国办召开深入学习贯彻习近平法治思想座谈会精神、省委依法治省办深入学习贯彻习近平法治思想座谈会精神，学习贯彻《法治广东建设规划（2021—2025 年）》《广东省法治社会建设实施纲要（2021—2025 年）》精神；②审议《兴宁市 2021 年法治政府建设年度报告》稿。审议市政府常务会议提交的议题：①研究兴宁市叶塘镇、水口镇农村道路建设项目首期工程勘察设计、采购、施工总承包（EPC）工程结算事宜；②审议《兴宁市 2021 年预算执行情况和 2022 年预算草案的报告》；③审议 2022 年市十件民生实事候选项目；④审议《兴宁市 2021 年第七批次国有建设用地使用权供应方案》中宗地测绘编号为 PM2021-20、PM2021-21 的两宗国有建设用地使用权出让方案；⑤审议《兴宁市加快解决不动产登记若干历史遗留问题的实施意见》稿。听取市纪委监委 2021 年工作情况和市纪委十四届二次全会筹备情况汇报，研究部署 2022 年党风廉政建设和反腐败工作。研究 2022 年领导干部报告个人有关事项工作
2 月 6 日	十四届 第 15 次常委会会议	传达上级疫情防控工作有关会议精神，听取兴宁市近期疫情防控工作情况汇报，研究部署下一步工作。套开市新冠肺炎防控领导小组（指挥部）会议
2 月 19 日	十四届 第 16 次常委会会议	研究确定兴宁市推荐梅州市出席广东省第十三次党代会代表候选人推荐人选
2 月 24 日	十四届 第 17 次常委会会议	学习贯彻习近平总书记在春节团拜会上的重要讲话精神，以及省委常委会会议、梅州市委常委会会议等精神。传达贯彻省委书记李希关于机要密码工作的批示精神。传达贯彻全国、全省、梅州市组织部长会议精神。传达贯彻第三十五次全国“扫黄打非”工作电视电话会议精神及 2022 年广东省“扫黄打非”工作电视电话会议精神。传达贯彻全国、全省、梅州市宣传部长会议精神。审议《法治兴宁建设规划（2021—2025 年）》《兴宁市法治社会建设实施纲要（2021—2025 年）》稿。审议《兴宁市五大行业领域整治工作方案》稿（套开市扫黑除恶斗争领导小组会议）。审议市人大、政协两会有关事项：①研究召开市人大十六届二次会议、政协十五届二次会议时间及议程；②审议《市人大常委会工作报告》稿；③审议《政府工作报告》稿；④审议《市政协工作报告》稿；⑤审议《兴宁市 2021 年国民经济和社会发展计划执行情况与 2022 年计划草案报告》稿。审定政协第十五届兴宁市委员会第二次会议委员增补建议人选及政协第十五届兴宁市委员会常务委员会第二次会议委员增补建议人选

续表 2

时间	届次	主要议题
3 月 10 日	十四届 第 18 次常委会会议	研究确定考察对象事项
3 月 10 日	十四届 第 19 次常委会会议	学习贯彻中共中央政治局会议精神，以及省委常委会会议、梅州市委常委会会议等精神。传达贯彻省政府副秘书长郑伟仪、梅州市委副书记王庆利到兴宁调研讲话精神。传达贯彻中央、省委、梅州市委政法工作会议精神，听取 2021 年全市政法工作情况汇报，研究部署下一步工作（套开平安兴宁建设领导小组会议）。研究部署 2020 年省委第十三巡视组巡视反馈意见整改落实工作。审议实施兴宁市兴田街道东苑路片区（东苑小区、怡兴花园等）老旧小区周边市政基础设施升级改造项目（标段一）事宜（审议市政府常务会议提交的议题）。传达学习上级巡视巡察有关会议、文件精神。听取兴宁市 2021 年党费收缴使用管理情况和 2022 年党费收缴使用管理计划报告。学习贯彻《中共梅州市委巡察工作领导小组关于〈中共梅州市委巡察工作规划（2022—2026 年）（试行）〉的通知》精神，审议《中共兴宁市委巡察工作规划（2022—2026 年）（试行）》稿。研究确定 2021 年度基层党（工）委书记抓基层党建述职评议考核等次事项。研究干部人事工作
3 月 17 日	十四届 第 20 次常委会会议	套开市新冠肺炎疫情防控工作领导小组（指挥部）会议
3 月 18 日	十四届 第 21 次常委会会议	学习贯彻习近平总书记在全国两会上的重要讲话和全国两会精神，以及省委常委会会议、梅州市委常委会会议等精神。学习贯彻《中共中央　国务院关于做好 2022 年全面推进乡村振兴重点工作的意见》（中央一号文件）精神。传达贯彻省乡村振兴“深调研”座谈会精神及梅州市委书记马正勇到兴宁调研精神。审议《2022 年落实市十四次党代会、市委十四届二次全会重点工作任务清单》稿。传达贯彻省、梅州市林长制工作会议精神，听取兴宁市林长制工作情况汇报，研究部署下一步工作（套开市林长制工作领导小组会议）。听取兴宁市近期信访工作情况汇报，研究部署下一步工作（套开市信访工作联席会议）。审议市政府常务会议提交的议题：①审议实施省道 226 线妇幼保健院至高速公路兴宁东出口段改建工程事宜；②审议《兴宁市事业单位管理岗位职员等级晋升制度工作实施方案》稿。听取市人大常委会、市政府、市政协、市法院、市检察院党组工作情况汇报。深入学习贯彻习近平总书记在省部级主要领导干部学习贯彻党的十九届六中全会精神专题研讨班开班式上的重要讲话精神（套开市委理论学习中心组专题学习会）。听取兴宁市党内法规工作情况报告
3 月 31 日	十四届 第 22 次常委会会议	学习贯彻中共中央政治局常委会会议精神，以及省委常委会会议、梅州市有关会议等精神。学习贯彻《中共中央办公厅　国务院办公厅关于印发〈地方党委和政府领导班子及其成员粮食安全责任制规定〉的通知》精神。听取兴宁市近期疫情防控工作情况汇报，研究部署下一阶段相关工作。传达贯彻梅州市市长王晖到兴宁调研讲话精神。听取兴宁市第一季度安全生产工作情况汇报，研究部署下一阶段相关工作。听取兴宁市河长制工作情况汇报，研究部署下一阶段相关工作（套开市全面推行河长制工作领导小组会议）。传达《中共梅州市委办公室、梅州市人民政府办公室关于印发〈粤闽赣苏区改革开放创新发展试验区规划建设工作方案〉的通知》精神。听取兴宁市 2021 年发展党员工作总结及 2022 年工作计划情况报告。审议市政府常务会议提交的议题：①审议兴宁市产业转移工业园叶塘安置区城市棚户区改造二期项目 EPC 总承包工程费用相关事宜；②审议《兴宁市城市投资发展有限公司市场化实体化实施方案》稿；③审议《兴宁市规范公务员工资津贴补贴实施措施》稿。通报 2021 年度梅州市委对兴宁市委抓基层党建工作述职评议考核结果

续表 2

时间	届次	主要议题
4 月 15 日	十四届 第 23 次常委会会议	学习贯彻中共中央政治局常委会会议精神，以及省委常委会会议、梅州市委常委会会议等精神。传达贯彻省委书记李希、省长王伟中到梅州调研讲话精神
4 月 28 日	十四届 第 24 次常委会会议	学习贯彻习近平总书记到海南考察时的重要讲话精神及关于安全生产的重要论述，以及省委常委会会议等精神。套开平安兴宁建设领导小组会议：①传达省委平安办第二次主任会议、省信访工作联席会议第二次全体会议、梅州市委平安办信访安保维稳工作会议精神，研究部署兴宁市贯彻落实工作；②审议《关于对各镇（街道）2021 年度平安兴宁建设考评结果的通报》稿。审议市政府常务会议提交的议题：①审议《兴宁市乡村振兴驻镇帮镇扶村资金管理使用细则》稿；②研究解决兴宁市撂荒耕地复耕复种补助资金事宜。传达学习全国巡视工作会议暨十九届中央第九轮巡视动员部署会和全国、全省、梅州市统战部长会议精神；学习《总体国家安全观相关论述》精神；听取学校综治工作站建设、学校教师法治素养专题培训等重点工作筹划推进情况报告。深入学习贯彻《中共广东省委　广东省人民政府关于新时代支持革命老区和原中央苏区振兴发展的实施意见》精神（套开市委理论学习中心组专题学习会）。学习贯彻《中共梅州市委常委会 2022 年工作要点》精神，审议《中共兴宁市委常委会 2022 年工作要点》稿。研究干部纪律处分事项。研究机构设置、编制有关事宜。研究公职人员 2021 年度有关年度考核事项。研究市管干部在社会团体、企业兼职情况及整改建议事项。研究干部人事工作
5 月 12 日	十四届 第 25 次常委会会议	学习贯彻习近平总书记在中共中央政治局常务委员会会议上的重要讲话和对湖南长沙居民自建房倒塌事故作出的重要指示等精神；全国、全省、梅州市疫情防控工作会议精神，以及省委常委会会议、梅州市委常委会会议等精神。学习贯彻中共中央《关于在全党开展党史学习教育总结报告的通知》精神。传达贯彻梅州市干部大会精神。学习贯彻梅州市委网信委有关通知精神。传达全国、全省及梅州市自建房安全专项整治电视电话会议精神，听取兴宁市房屋建筑安全专项整治工作情况汇报，研究部署下一阶段相关工作（套开市房屋建筑安全专项整治工作领导小组会议）。套开市文明委会议：①传达《2021 年广东省文明城市及未成年人思想道德建设工作年度测评结果通报》精神，通报兴宁市 2021 年创建省县级文明城市工作情况，研究部署 2022 年工作；②听取 2021 年市文明委工作情况汇报，研究部署 2022 年工作。听取兴宁市被征地农民养老保障留存资金分配工作情况报告，研究部署下一阶段相关工作。学习《信访工作条例》精神
5 月 27 日	十四届 第 26 次常委会会议	学习贯彻习近平总书记重要讲话精神，以及省委常委会会议、梅州市委常委会会议等精神。传达学习全国稳住经济大盘电视电话会议和省委专题工作会议、粤东西北地区经济形势研判会精神，分析研判兴宁市经济形势，研究部署下一步工作。传达贯彻省第十三次党代会精神。传达学习广东省委宣传部《关于结合巡视开展意识形态工作责任制专项检查发现问题情况的通报》精神。审议《中共兴宁市委党的建设工作领导小组 2022 年工作要点》稿（套开市委党的建设工作领导小组会议）。通报 2021 年兴宁市落实意识形态工作责任制督查考核情况；传达贯彻省、梅州市打击整治养老诈骗专项行动第一次推进会精神。审议市政府常务会议提交的议题：①审议实施兴宁市高铁干线路网及站前综合广场和配套工程（含兴宁高铁站综合交通枢纽）一期事宜；②审议提高兴宁市人民医院异地（整体）搬迁新建项目工程进度款支付比例事宜；③审议兴宁市 2021—2025 年驻镇（街）帮扶资金使用总体规划；④审议兴宁市 2021 年度、2022 年度驻镇（街）帮扶资金使用安排事宜；⑤审议兴宁图书档案馆工程建设相关事宜；⑥审议关于兴宁市原驻穗办项目《〈合作建设合同书〉补充合同》相关工作情况的报告（稿）。审议《兴宁市农村发展党员违规违纪排查整顿工作处理意见》稿（套开市农村发展党员违规违纪排查整顿工作领导小组会议）。研究 2022 年底到龄退休科级干部名单

续表 2

时间	届次	主要议题
6月16日	十四届 第27次常委会会议	学习贯彻习近平总书记在四川考察时的重要讲话精神，以及省委常委会会议、梅州市委常委会会议等精神。学习贯彻中共中央办公厅《关于印发〈中央层面整治形式主义为基层减负专项工作机制2022年工作要点〉的通知》、中共广东省委办公厅《关于印发〈省整治形式主义为基层减负专项工作机制2022年工作要点〉的通知》《关于2021年广东省贯彻落实中央八项规定精神情况的报告》《关于2021年广东省整治形式主义为基层减负工作情况的报告》等精神。传达学习贯彻《中共梅州市委　梅州市人民政府关于加快新时代人才振兴发展的实施意见》精神（套开市委人才工作领导小组会议）。听取兴宁市近期疫情防控工作情况汇报，研究部署下一阶段相关工作。听取兴宁市重点项目建设工作情况汇报，研究部署下一阶段相关工作。听取兴宁市重复信访倒流案件办理进展情况汇报，研究部署下一阶段相关工作（套开市信访工作联席会议）。审议市政府常务会议提交的议题：①审议终止实施兴宁市合水水库水资源综合利用及保护PPP项目事宜；②审议实施兴宁市市民广场周边雨污管网工程（标段一）事宜；③审议实施兴宁市兴田街道东苑路片区（东苑小区、怡兴花园等）老旧小区周边市政基础设施升级改造项目（标段二）事宜；④审议实施兴宁市新人民医院周边市政配套工程事宜。审议《2022年市委常委会会议重要议题预安排》稿。听取2021年市委巡察工作总结、十三届兴宁市委巡察整改落实综合情况汇报
6月24日	十四届 第28次常委会会议	讨论挂职干部职务任免事项
6月24日	十四届 第29次常委会会议	学习贯彻习近平总书记在十九届中央政治局第四十次集体学习上的重要讲话精神，以及省有关会议、梅州市委常委会会议等精神。传达贯彻省委省政府专题工作会议、梅州市专题工作会议精神。套开市委全面深化改革委员会第八次会议：①传达中央全面深化改革委员会第二十三次、第二十四次、第二十五次、第二十六次会议精神；省委全面深化改革委员会第十四次、第十五次、第十六次会议精神；梅州市委全面深化改革委员会第八次、第九次会议精神；②审议《兴宁市全面深化改革2021年工作总结》稿；③审议《市委全面深化改革委员会2022年重点改革工作安排》稿；④审议《兴宁市关于构建更加完善的要素市场化配置体制机制的实施方案》稿；⑤听取兴宁市2021年度经济体制改革工作情况汇报；⑥听取兴宁市农村客货邮融合发展改革情况汇报。审议《兴宁市南部新城一级开发项目和广东明珠*ST退市风险化解工作相关问题处理工作方案》稿（套开市委专项工作会议）
7月7日	十四届 第30次常委会会议	学习贯彻习近平总书记在庆祝香港回归祖国25周年大会暨香港特别行政区第六届政府就职典礼上的重要讲话精神，以及省委常委会会议、梅州市委常委会会议等精神。传达学习贯彻广东省干部大会精神。套开兴宁市学习贯彻习近平总书记关于“三农”工作重要论述暨“听党话、感党恩、跟党走”宣传教育动员会：①传达学习省、梅州市学习贯彻习近平总书记关于“三农”工作重要论述暨“听党话、感党恩、跟党走”宣传教育动员会精神；②研究部署兴宁市“听党话、感党恩、跟党走”宣传教育工作。听取兴宁市上半年安全生产工作情况汇报，研究部署下一阶段相关工作（套开市安全生产委员会会议）。学习贯彻中央、省、梅州市关于加强新时代检察机关法律监督工作有关文件精神。传达学习《中国共产党政治协商工作条例》。审议市政府常务会议提交的议题：①审议实施兴宁市高级技工学校升级技师学院建设项目（一期项目）游泳馆建设和设备采购项目事宜；②审议实施广东省梅州市卫生职业技术学校建设项目（首期）第二期工程事宜；③审议实施兴宁市南部新城棚户区改造三期（福兴安置区三期）26#、28#—30#、33#—38#、43#—44#共12栋楼室外附属配套工程事宜；④审议兴宁市规范公务员工资有关文件（修订稿）。研究干部人事工作
7月26日	十四届 第31次常委会会议	研究确定考察对象事项

续表 2

时间	届次	主要议题
7月28日	十四届 第32次常委会会议	学习贯彻习近平总书记在新疆考察时的重要讲话精神，以及省委常委会会议、梅州市委常委会会议等精神。传达贯彻省委书记李希在2022年第24次省委书记专题会议上的讲话精神。传达贯彻梅州市委主要领导到兴宁调研讲话精神。套开2022年全市上半年经济形势分析会：①传达梅州市2022年上半年经济形势分析会精神；②市统计局、市发展改革局、市科工商务局、市财政局、市自然资源局、市工业园管委会作书面发言；③总结分析兴宁市2022年上半年经济运行情况，研究部署下一阶段相关工作。传达梅州市委常委会会议决定事项通知和全省信访工作会议精神；书面听取八届梅州市委第一轮县级交叉巡察情况综合报告。审议市政府常务会议提交的议题：①审议《兴宁市2022年第二批次国有建设用地使用权供应方案》稿；②审议实施新一轮黄泥坑生活垃圾填埋场渗滤液收集处理运营项目事宜。听取兴宁市城市投资发展有限公司购买广东明珠珍珠红酒业有限公司资产包、兴宁市城镇运营开发有限公司与广东旺朋建设集团有限公司签订福兴安置区三期在建12栋安置房施工合同补充协议相关事宜情况的报告
8月25日	十四届 第33次常委会会议	学习贯彻习近平总书记在省部级主要领导干部专题研讨班上的重要讲话精神，以及省委常委会会议、梅州市委常委会会议等精神。传达贯彻李克强总理在广东考察时和在经济大省政府主要负责人座谈会上的讲话精神。学习贯彻中共中央办公厅《关于加强巡视整改和成果运用的意见》《关于加强巡视巡察上下联动的意见》精神。学习贯彻《中共广东省委关于认真学习宣传贯彻〈习近平谈治国理政〉第四卷的通知》《中共广东省委办公厅印发〈关于推动党史学习教育常态化长效化的实施意见〉的通知》精神。听取兴宁市上半年生态环境质量与生态环境保护重点工作情况汇报，研究部署下一阶段相关工作。听取兴宁市近期信访工作情况汇报，研究部署下一阶段相关工作（套开市信访工作联席会议）。传达贯彻平安梅州建设领导小组会议、梅州市市域社会治理现代化试点工作推进会精神。套开市委审计委员会第五次会议：①传达学习习近平总书记关于审计工作的重要讲话精神、李克强总理在听取审计署工作汇报时的讲话精神，全国、全省审计工作会议和省委审计委员会会议、梅州市委审计委员会会议等精神，以及新修订《中华人民共和国审计法》主要内容；②传达学习中央、省委审计委员会关于加强地方党委审计委员会工作相关文件精神；③审议《兴宁市本级2022年下半年审计项目计划》稿。审议市政府常务会议提交的议题：①审议实施广东南岭山区韩江中上游山水林田湖草沙一体化保护和修复工程项目“梅州市耕地安全利用与土壤污染修复工程项目”（兴宁市2021—2023年）事宜；②审议兴宁市2021年部分新增债券资金用途调整及2022年地方政府新增债券转贷资金安排事宜；③审议将兴宁市齐昌资产经营管理有限公司持有的兴宁市城市投资发展有限公司股权划转给兴宁市永业基础设施建设投资有限公司事宜；④审议兴宁市南部新城棚户区改造三期（宁新安置区C区）建设项目一期工程调整工程费用等相关事宜；⑤审议《兴宁市2022年第三批次国有建设用地使用权供应方案》中宗地测绘编号为PM2022-07的土地出让方案；⑥审议《铁山嶂废弃矿区生态综合治理修复工程项目（兴宁部分）工程施工、工程监理招标工作方案》稿。研究增设市直部分机关事业单位副科职领导职数有关事宜。研究增设市委党校（市行政学院）1名副科职领导职数有关事宜
8月31日	十四届 第34次常委会会议	学习贯彻习近平总书记重要文章精神，以及梅州市委常委会会议等精神。传达贯彻中央、省委和梅州市委有关巡视巡察工作的会议精神。套开市委全面依法治市委员会第五次会议：①传达学习《习近平法治思想学习纲要》精神；②听取兴宁市2021年度法治建设工作情况汇报；③福兴街道党工委、刁坊镇党委、市教育局、市科工商务局主要负责人就履行党政主要负责人推进法治建设第一责任人职责进行书面述职；④审议《兴宁市2022年全面依法治市工作要点》稿。听取十四届市委第一轮巡察情况综合报告、市委国家安全工作情况报告、全市禁毒工作情况报告。审议市政府常务会议提交的议题：①审议启动兴宁市老城区控制性详细规划地块编码2-03-04、2-03-05用地性质及指标调整事宜；②审议启动兴宁市南部新城控制性详细规划和城市设计地块编码7-03-05（兴中变电站）用地性质及指标调整事宜；③审议启动兴宁市南部新城控制性详细规划和城市设计地块编码9-03-02局部用地性质及指标调整事宜。深入学习贯彻习近平总书记在庆祝香港回归祖国25周年大会暨香港特别行政区第六届政府就职典礼上的重要讲话精神（套开市委理论学习中心组专题学习会）
9月5日	十四届 第35次常委会会议	研究干部人事工作

续表 2

时间	届次	主要议题
9 月 5 日	十四届 第 36 次常委会会议	学习贯彻中共中央政治局会议精神，以及省委常委会会议、全省疫情防控工作电视电话会议、梅州市委常委会会议、梅州市疫情防控工作视频会议等精神。听取兴宁市近期疫情防控工作情况汇报，研究部署下一阶段相关工作
9 月 16 日	十四届 第 37 次常委会会议	研究确定考察对象事项
9 月 22 日	十四届 第 38 次常委会会议	学习贯彻中共中央政治局会议精神，以及省委常委会会议、梅州市委常委会会议等精神。召开全市信访工作会议：①传达学习全省政法工作推进会、全省信访工作联席会议第三次全体（扩大）电视电话会议及梅州市信访工作会议精神；②听取兴宁市信访工作情况汇报，研究部署下一阶段相关工作。传达省委书记李希在省委网信委第四次会议上的讲话精神及梅州市委网信委会议精神，听取兴宁市网信工作情况汇报，研究部署下一阶段相关工作（套开市委网信委会议）。传达贯彻梅州市密码工作领导小组会议精神。听取兴宁市粮食安全生产和撂荒耕地复耕复种工作情况汇报，研究部署下一阶段相关工作。传达梅州市委常委会会议决定事项通知、梅州市土地工作会议、梅州市直机关模范机关创建工作推进会精神；听取兴宁市市直机关党建工作情况汇报。审议市政府常务会议提交的议题：①审议《兴宁市促进医疗器械产业发展的若干措施》稿；②审议兴宁市产业转移工业园投资开发有限公司入股广东兴万嘉发展有限公司建设医疗器械产业园事宜；③审议与兴宁市 2022 年公费定向培养粤东西北地区中小学教师、订单定向培养医学生签订相关协议书事宜；④审议《兴宁市 2022 年市本级预算调整方案》稿。学习贯彻习近平总书记在省部级主要领导干部“学习习近平总书记重要讲话精神，迎接党的二十大”专题研讨班上的重要讲话精神（套开市委理论学习中心组专题学习会）
9 月 28 日	十四届 第 39 次常委会会议	学习贯彻习近平总书记关于安全生产的重要论述精神。传达 9 月 23 日全国、全省和梅州市安全生产电视电话会议及 9 月 28 日全省、梅州市疫情防控和安全稳定工作电视电话会议精神。研究部署国庆假期和党的二十大前后疫情防控和安全稳定工作
10 月 12 日	十四届 第 40 次常委会会议	学习贯彻习近平总书记在《求是》杂志上发表的重要文章《新发展阶段贯彻新发展理念必然要求构建新发展格局》精神，以及省委常委会会议、梅州市委常委会会议等精神。传达贯彻中共中央办公厅《关于浙江省嘉兴市违规改扩建南湖宾馆问题查处情况的通报》精神。传达梅州市森林防灭火工作会议、梅州市森林防灭火工作复盘视频会议及梅州市全面推行林长制工作专题会议精神，听取兴宁市近期森林防灭火工作情况汇报，研究部署下一阶段相关工作。套开市委基层治理领导小组会议：①传达梅州市委基层治理领导小组会议精神；②审议《中共兴宁市委基层治理领导小组工作规则》《中共兴宁市委基层治理领导小组办公室工作细则》《中共兴宁市委基层治理领导小组成员单位职责任务》《市委基层治理领导小组 2022 年工作要点》等文稿。传达梅州市贯彻落实全省疫情防控工作视频会议精神；书面听取兴宁市当前意识形态领域形势情况报告及兴宁市未成年人思想道德建设工作情况汇报。审议市政府常务会议提交的议题：①审议《兴宁市产业转移工业园收入分成实施方案》稿；②审议实施 2022 年度梅州市兴宁市坭陂镇等 2 个镇高标准农田建设项目（示范）事宜；③审议《兴宁市推进水利高质量发展的实施意见》稿。深入学习贯彻《习近平谈治国理政》第四卷（套开市委理论学习中心组专题学习会）。研究广东省第十四届人民代表大会代表候选人人选初步名单。审议福兴街道五里村党支部调整为五里村党委事宜。研究干部人事工作
10 月 15 日	十四届 第 41 次常委会会议	传达 10 月 14 日省、梅州市疫情防控和安全稳定工作会议精神。研究部署兴宁市近期疫情防控和安全稳定工作
10 月 25 日	十四届 第 42 次常委会会议	传达学习贯彻党的二十大精神及 10 月 24 日晚梅州市委常委会（扩大）会议精神。围绕学习宣传贯彻党的二十大精神，结合各自分管工作进行发言。研究部署兴宁市学习宣传贯彻党的二十大精神相关工作

续表 2

时间	届次	主要议题
11月7日	十四届 第43次常委会会议	学习贯彻习近平总书记在中央政治局会议和中央政治局第一次集体学习时的重要讲话精神，以及省委常委会会议、梅州市委常委会会议等精神。学习贯彻《中共中央关于认真学习宣传贯彻党的二十大精神的决定》和省委、梅州市委有关文件精神，审议兴宁市有关文件稿。学习贯彻中共中央办公厅《关于印发〈党的十九大以来中央巡视工作总结报告〉的通知》精神。学习贯彻《中共广东省委　广东省人民政府关于推动北部生态发展区高质量发展的意见》精神。传达学习贯彻习近平总书记关于知识产权系列重要讲话精神和《广东省知识产权保护条例》精神，以及国务院食安委、国家药监局相关文件精神，听取兴宁市知识产权保护、食品药品安全、质量工作情况汇报；传达近期全省、梅州市疫情防控工作电视电话会议精神；传达贯彻县域共青团基层组织改革工作有关文件和全国、全省、梅州市动员部署会精神。审议市政府常务会议提交的议题：①审议《径南镇、永和镇、坭陂镇、刁坊镇和福兴街道1宗国有建设用地使用权划拨方案》稿；②审议兴宁市南部新城控制性详细规划和城市设计地块9-03-04指标调整事宜；③审议提高兴宁市南部新城棚户区改造三期（宁新安置区C区）建设项目一期工程进度款支付比例事宜
11月14日	十四届 第44次常委会会议	研究干部纪律处分事项
11月17日	十四届 第45次常委会会议	学习贯彻中共中央政治局常委会会议精神，以及省委常委会会议、梅州市委常委会会议等精神。传达学习贯彻国务院联防联控机制综合组《关于进一步优化新冠肺炎疫情防控措施　科学精准做好防控工作的通知》精神，以及近期国务院、省、梅州市疫情防控工作会议精神；听取兴宁市近期疫情防控工作情况汇报，研究部署下一阶段相关工作。学习贯彻《中共中央关于印发〈中国共产党处分违纪党员批准权限和程序规定〉的通知》精神。学习贯彻《中共广东省委　广东省人民政府关于新时代加强和改进思想政治工作的实施意见》精神。学习贯彻《中共梅州市委印发〈关于加强新时代梅州海外统战工作的若干措施〉的通知》精神。审议《关于开展"学习贯彻党的二十大精神，探索全面建设社会主义现代化的兴宁实践"专题调研的工作方案》稿。传达学习中共中央办公厅、国务院办公厅《关于更加有效发挥统计监督职能作用的意见》精神。审议市政府常务会议提交的议题：①审议《东莞石碣（兴宁）产业转移工业园石碣路东侧1宗国有建设用地使用权出让方案》稿；②审议《锦绣学校北侧、西沟南侧1宗国有建设用地使用权出让方案》稿；③听取兴宁市2021年财政决算（草案）报告。审议《兴宁市村（社区）干部受处分（处理）后补贴减扣办法（试行）》稿。研究干部人事工作
11月25日	十四届 第46次常委会会议	学习贯彻习近平总书记对河南安阳凯信达商贸有限公司火灾事故作出的重要指示精神，以及省有关会议精神，听取兴宁市近期安全生产工作情况汇报，研究部署下一阶段相关工作（套开市安委会会议）。学习贯彻习近平总书记关于疫情防控的重要批示精神，以及省有关会议精神，听取兴宁市近期疫情防控工作情况汇报，研究部署下一阶段相关工作［召开市新冠肺炎防控领导小组（指挥部）会议］。传达贯彻省委常委、统战部部长王瑞军到兴宁调研讲话精神。传达贯彻省委书记黄坤明在学习贯彻党的二十大精神中央宣讲团报告会暨市厅级主要领导干部学习贯彻党的二十大精神专题研讨班开班式上的讲话精神，以及学习贯彻党的二十大精神省委宣讲团宣讲报告会暨梅州市县处级领导干部学习贯彻党的二十大精神专题研讨班开班式精神。传达贯彻梅州市存量土地处置专项行动推进会议精神
12月2日	十四届 第47次常委会会议	学习贯彻习近平总书记在二十国集团领导人第十七次峰会上的重要讲话精神，以及省委常委会会议、梅州市委常委会会议等精神。传达贯彻中央政法委、省、梅州有关安全稳定工作会议精神，听取兴宁市有关工作情况汇报，研究部署下一阶段相关工作。传达国务院、省疫情防控有关会议及省领导同志批示精神，听取兴宁市近期疫情防控工作情况汇报，研究部署下一阶段相关工作（套开市新冠肺炎防控领导小组〈指挥部〉会议）。学习贯彻《中共广东省委办公厅　广东省人民政府办公厅关于印发〈广东省深化国防动员体制改革实施方案〉的通知》精神。传达梅州市委常委会会议决定事项通知、梅州市安全生产工作和工业园区等功能区安全形势分析研判会精神；听取兴宁市2022年宗教工作情况、反邪教工作情况、地方志工作情况汇报。审议实施兴宁市方舱医院项目相关事宜（市政府常务会议提交的议题）。深入学习贯彻党的二十大精神（套开市委理论学习中心组专题学习会）

续表 2

时间	届次	主要议题
12 月 15 日	十四届 第 48 次常委会会议	学习贯彻习近平总书记在江泽民同志追悼大会上致的悼词精神。学习贯彻中共中央政治局会议、中共中央党外人士座谈会精神。传达省委常委会会议、梅州市委常委会会议等精神。传达贯彻省委十三届二次全会、梅州市委八届五次全会精神。传达贯彻省委书记黄坤明到梅州调研讲话精神。传达学习国务院联防联控机制综合组《关于进一步优化落实新冠肺炎疫情防控措施的通知》精神，研究部署兴宁市加快推进老年人新冠病毒疫苗接种等工作（套开市新冠肺炎防控领导小组（指挥部）会议）。研究市委十四届三次全会有关事项。书面传达梅州市委常委会会议决定事项通知精神；传达学习中央办公厅、国务院办公厅《关于深化统计管理体制改革提高统计数据真实性的意见》精神；听取兴宁市 2022 年反恐怖工作情况汇报。审议《兴宁市 2022 年第五批次国有建设用地使用权供应方案》中宗地测绘编号为 HB2022-17、HB2022-18、HB2022-19 的 3 宗国有建设用地使用权划拨方案（市政府常务会议提交的议题）。研究调整组建兴宁市人民政府国防动员办公室等相关事项。研究补选兴宁市第十六届人大代表候选人事项。研究教育系统学校科级干部 2021—2022 学年度考核初评优秀等次名单。研究干部人事工作
12 月 15 日	十四届 第 49 次常委会会议	研究确定考察对象事项
12 月 28 日	十四届 第 50 次常委会会议	审议《兴宁市 2022 年市本级第二次预算调整方案》（市政府常务会议提交的议题）

（钟伟康）

【重要决策】

法治宣传教育“八五”规划　2022 年 1 月 29 日，兴宁市印发《关于在全市公民中开展法治宣传教育的第八个五年规划（2021—2025 年）》。规划围绕服务兴宁市“十四五”时期经济社会发展，明确普法重点内容，加大全民普法力度，完善和落实“谁执法谁普法”等普法责任制，使法治成为社会共识和基本准则，推动全社会尊法学法守法用法。

法治兴宁建设规划　2022 年 3 月 22 日，兴宁市印发《法治兴宁建设规划（2021—2025 年）》。规划从全面贯彻实施宪法，深入推进严格执法、公正司法、全民守法，健全法治监督机制，完善法治保障机制，加强党内法规制度建设等方面提出 21 条措施。

法治社会建设实施纲要　2022 年 3 月 22 日，兴宁市印发《兴宁市法治社会建设实施纲要（2021—2025 年）》。纲要从推动全社会增强法治观念、健全社会领域制度规范、加强权利保护、推进社会治理法治化、依法治理网络空间等方面提出 30 条措施。

老区苏区振兴发展行动方案　2022 年 4 月 12 日，兴宁市印发《兴宁市贯彻落实〈中共广东省委　广东省人民政府关于新时代支持革命老区和原中央苏区振兴发展的实施意见〉的行动方案》。方案从发展壮大实体经济、加快基础设施建设、统筹城乡协调发展、持续改善民生品质、推动红色基因传承、厚植绿色发展优势、坚持双向开放合作 7 个方面提出 107 项重点任务分工安排。

制定乡村振兴资金管理细则　2022 年 5 月 17 日，兴宁市印发《兴宁市乡村振兴驻镇帮镇扶村资金管理使用细则》。细则从帮扶资金管理、资金使用主要方向、帮扶资金支持方式、资金项目实施方式、账务处理等方面提出 24 条措施。

税收征管改革若干措施　2022 年 5 月 30 日，兴宁市印发《贯彻落实省委办、省府办〈关于进一步深化税收征管改革的实施方案〉的若干措施》。措施从全面推进税收征管数字化升级和智能化改造、优化税务执法方式、推行高效智能税费服务、精准实施税务监管、深化拓展税收共治格局、提升税收服务重大发展战略水平、强化税务组织保障等方面提出 29 条办法。

要素市场化配置实施方案　2022 年 8 月 18 日，兴宁市印发《兴宁市关于构建更加完善的要素市场化配置体制机制的实施方案》。方案从土地、劳动力、资本、技术、数据5个要素方面提出21项重点任务分工，推动兴宁建设高标准市场体系和高质量发展，建设现代化经济体系。

“青梅计划”实施方案　2022年9月26日，兴宁市印发《兴宁市贯彻落实〈梅州市实施“青梅计划”集聚优秀青年人才的若干措施〉实施方案》。方案从设立人才落户奖、开展该地毕业生留兴行动、吸引市外毕业生回兴发展、加强急需紧缺人才引进、深化校企合作定向育才、支持市场化配置人才、扶持青年人才就业创业、鼓励高校毕业生服务基层、实施素质提升工程、促进青年安居乐业10个方面提出主要措施及责任分工，吸引凝聚更多优秀青年在兴宁就业创业。

招商引资实施方案　2022年9月28日，兴宁市印发《兴宁市招商引资工作实施方案（2022—2025年）》。方案从指导思想、总体目标、组织机构、工作任务、工作要求、机制保障6个方面提出工作措施，切实提高“十四五”期间兴宁市招商引资工作成效，加快构建兴宁市“1331”工业发展新体系［即“做大做强装备制造业1个主导产业，做精做优生态特色食品、现代轻工纺织、生物医药与健康3个特色产业，培育壮大新一代电子信息、新材料、新能源3个新兴产业，做大做实广州天河（兴宁）产业转移工业园1个工业振兴主平台”］，全力推动兴宁加快振兴。

土地管理实施方案　2022年11月9日，兴宁市印发《兴宁市全面深化土地管理工作实施方案》。方案从总体要求、重点任务、工作要求3个方面提出具体措施，通过综合施策，计划用3年左右的时间，全面处置批而未供和闲置土地，盘活低效工业用地，整治历史违法用地，推进撂荒耕地复耕复种和加快推进垦造水田等耕地保护措施，推动兴宁市土地管理工作健康发展。

水利高质量发展实施意见　2022年11月23日，兴宁市印发《兴宁市推进水利高质量发展的实施意见》。意见从加快构建兴宁水网、建设兴宁幸福河湖、加强乡村振兴水利保障、推进水资源集约安全利用、促进水文化水经济融合发展、推动水治理能力现代化等方面提出27条建议。到2035年，把兴宁市建成与社会主义现代化远景目标相适应的水安全保障体系，基本实现水治理体系和治理能力现代化。

（游　裕）

【重要活动】

“广东省医疗器械高质量发展助力乡村振兴行”活动　2022年8月18—19日，由广东省药品监督管理局主办，兴宁市人民政府、广东省药品监督管理局事务中心联合承办的“广东省医疗器械高质量发展助力乡村振兴行”活动在兴宁市会展中心举行。活动中，省药品监管局和兴宁市人民政府合作共建的广东兴宁医疗器械产业园揭牌，嘉应控股、万创投资、兴宁市园投公司、斯瑞杰管理公司4家企业签约入驻产业园。通过产业园建设，为深化产业交流合作搭建、拓展平台，进一步带动辐射粤东北片区医疗器械产业高质量发展，对促进广东医疗器械产业高质量发展及乡村振兴发挥积极作用。

2022年广东首届县域商业促消费活动　2022年12月29日，由广东省商务厅、省乡村振兴局、省供销社、中国邮政广东分公司、梅州市人民政府联合主办，梅州市商务局、兴宁市人民政府承办的主题为“发展县域消费·共享美好生活”的2022年广东首届县域商业促消费活动在兴宁市举行。活动旨在提振市场消费信心，深度挖掘县域消费潜力，加快补齐县域商业设施短板，积极探索县域商业数字化、标准化发展，全力推进兴宁经济高质量发展。

【办文办会】　2022年，中共兴宁市委办公室对接上级领导到兴宁调研62次，组织市委主要领导各项工作调研活动33次，做好与市四套班子领导、市直单位及各镇（街道）的日常服务、联络协调工作。向梅州市委报送备案审查党内规范性文件13件，全部合法合规。印发兴发、兴委、兴市办、兴委办、兴市明（密）电等文件298件，实现全年文件审核、印发无差错。严格规范公文办理，流转平件2442件，流转密件7290件，办理领导批示535件。接待领导、嘉宾235批5320人，组织各类会议560场次。

【督促检查】2022年，中共兴宁市委督查室认真抓好市委全会的重点工作和重点项目建设的推进落实，全年开展督查60多次，涉及重点工作27项、重点项目51项，发出《重点项目进度报表》12期、《督查通报》11期。深入开展创文创卫、城乡人居环境综合整治、乡村振兴、中央和省环保督察、土地复垦、森林防灭火、安全维稳、党的二十大精神学习贯彻情况、存量违法用地等方面的专项督查，承办兴宁市委主要领导批示件310件，办结310件，办结率100%。

【新闻信息】2022年，中共兴宁市委办公室发出稿件310多篇，其中在省级媒体刊登50篇，梅州电视台、《梅州日报》《今日兴宁》等刊登109篇，“南方+”“掌上梅州”“网易新闻”等新媒体刊登170多篇。接待到兴宁采访的各级新闻媒体记者40多人（次）。全年上报省委办公厅信息综合室《兴宁信息》66期，其中《兴宁市：“三化”实施培育“法律明白人”》《兴宁市与省药监局共建医疗器械产业园探索以产业发展促进乡村振兴的新模式》被省委办公厅采用；印发《兴宁政参》4期、《兴宁动态》12期，编制《每日动态》166期，未出现紧急重大信息倒流和迟报漏报现象。

【机要保密】2022年，兴宁市机要保密部门推进安全可靠应用全面替代工作，及时更换新型密码设备和业务系统。全年收发明密电报1336份，书记批示件89份，实现“无差错、无错情、无事故”的“三无”工作目标。先后竖立大型国安教育宣传栏15块，利用各类媒体平台发布涉及国家安全等信息、视频200余条（次）。

【档案管理】2022年，中共兴宁市委办公室以“6·9”国际档案日为契机，开展系列宣传活动，印制650张档案主题海报发至各镇街、村居委（社区）及市直各单位。做好疫情防控档案收集整理归档工作，对市疫情防控指挥办（市卫生健康局）、市教育局、市科工商务局、市市场监督管理局等工作专班（组）整理的疫情防控档案进行检查指导。督促建成市档案馆新馆并投入使用。

（吴佳胜）

组织工作

【概况】至2022年底，兴宁市有基层党组织1514个，其中党委101个［镇党委17个、村（社区）党委31个，市直机关党委33个、学校党委14个、“两新”组织（非公有制经济组织和社会组织）党委6个］，党总支51个［村（社区）党总支16个］，党支部1362个［村（社区）571个］。全市有45个党组，6个党工委（市直机关党工委1个、教育工委1个、“两新”组织党工委1个、街道党工委3个），“两新”组织党组织118个（非公有制经济组织党组织94个、社会组织党组织24个）。全市有党员48213人，其中在职党员12511人，农村党员25907人，离退休党员9795人。性别结构方面，男党员34324人，占71.2%；妇女党员13889人，占28.8%。年龄结构方面，35岁及以下8742人，占18.1%；36岁至60岁21410人，占44.4%；61岁及以上18061人，占37.5%。学历结构方面，初中及以下学历10332人，占21.4%；高中及中专学历16533人，占34.3%；大专学历12075人，占25.1%；大学本科学历9133人，占18.9%；研究生学历140人，占0.3%。全年发展新党员382人，其中发展妇女党员175人，占新发展党员总数的45.8%；农村党员202人，占新发展党员总数的52.9%；35岁及以下党员236人，占新发展党员总数的61.8%。

【深入学习贯彻习近平新时代中国特色社会主义思想和党的二十大精神】2022年，中共兴宁市委组织部坚持把学习贯彻习近平新时代中国特色社会主义思想、党的二十大精神等作为党委（党组）会议、理论学习中心组和基层党组织“三会一课”（支部党员大会、支委会、党小组会和党课）的首要内容，纳入党员干部学习、教育、培训的核心内容，全面落实党委（党组）“第一议题”制度。市党员领导、各级党组织书记带头到所在党支部、挂钩联系点上党课1600多场次，组织开展各级集中学习讨论5500多场次，召开民主生活会和组织生活会3000多场次。在全市基层党组织开展党的二十大精神“六学”活动，举办“党的二十大精神全媒体党课”活动，教育引导全市广大党员干部增强“四个意识”、坚定“四个自信”、做到“两个维护”。

链接：“六学”

党委（党组）书记“领学”，党支部书记在党员大会“导学”，党员分组“论学”，对年老体弱和流动党员开展上门或网络“送学”，各单位邀请专家、学者、党校教师、宣讲团成员等开展“讲学”，各党（工）委对所辖基层党组织进行“督学”。

【干部教育培训】 2022年，兴宁市加强干部教育阵地建设，构建以市委党校为主轴、以20个镇街党校为支撑、以36个现场教学点为节点的教育培训阵地，采用“请进来＋走出去”“中间在外、两头在内”模式，全面开展重点专题示范训、重要领域联合训、分级分层全面训，全年举办乡村振兴建设、公文写作、新时代基层干部主题培训等各类专题研讨班、培训班80多期，培训党员干部8854人次，开展“党课开讲啦”活动1500多场次，组织11151名学员参加广东省干部网络学院的线上学习。

【干部选拔任用】 2022年，中共兴宁市委任免科级干部220人，属提拔或进一步使用79人（其中35周岁以下年轻干部18人、女干部14人、党外干部2人），交流轮岗56人，对换届后的26个市政府工作部门的局长（主任）进行重新任命，其中新提名局长（主任）人选9人，继续提名局长（主任）人员17人。全市公务员（不含公安执法勤务类和警务技术类）晋升职级717人，其中市属公务员晋升职级384人（三级调研员31人，四级调研员12人，一级主任科员91人，二级主任科员106人，二级主办11人，三级主任科员116人，三级主办13人）；全市事业单位管理岗位职员等级晋升61人，其中事业单位管理岗位七级职员9人，八级职员1人。

【党的基层组织建设】 2022年，兴宁市新改扩建党群服务中心40个，新打造各领域党建示范点13个；选派62名第一书记驻村开展帮扶工作，因地制宜推进“一村一品”建设，全市349个村集体经济年收入达10万元以上，占76.2%；深化街道“大工委”、社区“大党委”制度，健全市、街道、社区党组织三级联动、组织领导和议事协商机制，发挥111名兼职委员作用，协调解决城市发展进程中遇到的各类问题90余件；完善“社区党委＋网格（小区）党支部＋楼栋长党小组＋党员中心户”的组织体系，成立33个小区、物业党支部；推进“模范机关”创建工作，全市打造模范机关14个；深入开展“聚焦发展·活力两新”活动，建设小区党群服务驿站2个，建设“暖蜂驿站”7个；推进国企党建工作，在中小学校实行党组织领导的校长负责制。

【实施“头雁工程”】 2022年，中共兴宁市委组织部坚持做好农村“头雁”队伍建设，坚持择优选配、源头选拔、动态调整的原则，全年调整、补选“两委”干部125人，其中党组织书记10人。实施“雏鹰计划”，每个村至少培养1名大专以上学历、35岁以下年轻后备干部。全年全市有后备干部1008人，其中大专以上学历523人，35岁以下的有608人。建立市镇村三级培训机制，严格落实村党组织书记县级备案管理和村“两委”干部人选资格县级部门联审制度，每年对村（社区）党组织书记进行全员培训。实施村干部学历提升“千人计划”，联合市乡村振兴局和市开放大学印发《关于对全市村（社区）“两委”干部学历提升进行补助的通知》，至年底，有399名“两委”干部报读兴宁开放大学大专班。

【党员先锋模范作用】 2022年，中共兴宁市委组织部组织82个市直单位、4323名在职党员到社区开展“双报到双服务”活动。结合疫情防控、抗洪救灾、应急救援等工作需要，组建党员突击队、党员（群）志愿者服务队586支，开展日常应急培训、实战演练，全年参与防汛救灾、疫情防控等志愿活动17682场次。持续实施社区“民生微实事”项目，办“微实事”2300多件，实现“微心愿”900多个。

【干部档案审核和考核】 2022年，中共兴宁市委组织部健全完善“日常审核＋任前审核＋专项审核”的常态化档案审核认定机制，审核干部档案833卷，转入干部人事档案347卷（因机构改革市场监督管理局144卷、自然资源局56卷，其他147卷），转出干部人事档案26卷。办理档案查借阅手续2019人次，接收归档材料17596份。

【公务员招录与调动】 2022年，中共兴宁市委组织部完成公务员招录、登记、调（转）任等工作，全年招录公务员197人，其中市直单位（含公安机关）118人、乡镇70人、法院6人、检察院3人。办理公务员调动127人，其中调出（含遴选）兴宁市66人，从其他地区调入14人，市内调动47人。

【人才队伍建设】 2022年，中共兴宁市委组织部围绕梅州市“1+N”人才政策体系，做好梅州市“人才振兴16条”（《关于加快新时代人才振兴发展的实施意见》）以及“青梅计划”（《梅州市实施“青梅计划”集聚优秀青年人才的若干措施》）宣传贯彻工作，推动政策落地落实。用好人才专项资金，全年发放人才政策奖补资金294万元。围绕兴宁实体经济、乡村振兴、教育医疗等重点领域，引进各类人才1130人。实施急需紧缺人才引进计划，设立急需紧缺人才编制“周转池”，全年引进博士1人、硕士40人、重点本科生17人；通过“青梅计划”引进华南师范大学优秀应届师范类本科毕业生8人。招募“三支一扶”大学生156人、“双百社工”519人。深入实施“国家五大平台计划”，柔性引进28名博士专家教授。深入实施“土专家”“田秀才”培育工程，选派147名省、市级科技特派员，安排90名驻村律师，选派62名教师对接服务乡村振兴。开展各类职业技能提升培训3282人次，带动就业创业4583人，161人获评“广东省乡土专家”。培训高素质企业家人才250人次，选拔全市第八批专业技术拔尖人才20人。培养“粤菜师傅”“广东技工”“南粤家政”三项工程技能人才1.3万人。在市、镇两级乡村振兴人才驿站开设21个“一站式”人才服务窗口，开通人才服务热线电话，为人才提供“24小时”不打烊服务。

（李晨阳）

2022年兴宁市党组织基本情况统计表

表3　　单位：人

基层党组织									党工委					“两新”组织党组织			党组
总数	党委						党总支	党支部	总数	市直机关党工委	市教育党工委	『两新』组织党工委	街道党工委	总数	非公有制企业党组织	社会组织党组织	
	总数	乡镇党委	村（社区）党委	市直机关党委	学校党委	『两新』组织党委											
1514	101	17	31	33	14	6	51	1362	6	1	1	1	3	118	94	24	45

2022年兴宁市党员基本情况统计表

表4　　单位：人

党员总数	妇女党员	职业分布			年龄结构			学历结构				
		在职党员	农村党员	离退休党员	35岁及以下	36岁至60岁	61岁及以上	初中及以下	高中及中专	大专	大学本科	研究生
48213	13889	12511	25907	9795	8742	21410	18061	10332	16533	12075	9133	140

2022年兴宁市新发展党员基本情况统计表

表5 单位：人

总数	农村党员	性别		年龄	
		男性	女性	35岁及以下	35岁以上
382	202	207	175	236	146

宣传工作

【概况】2022年，中共兴宁市委宣传部坚持以习近平新时代中国特色社会主义思想为指导，围绕举旗帜、聚民心、育新人、兴文化、展形象的使命任务，守牢意识形态阵地安全，扎实推进全市理论武装、理论宣讲、舆论宣传、文化事业等宣传思想文化领域工作。是年，中共兴宁市委宣传部被中共广东省委宣传部评为基层理论宣讲先进集体，径南陂蓬村“智慧司法云”获评全国网信系统网络普法优秀案例。

【意识形态责任落实】2022年，中共兴宁市委宣传部协助兴宁市委落实意识形态工作责任制，严格执行意识形态工作联席会议制度，坚持每季度召开1次意识形态联席会议。对20个镇（街道）、10个市直单位落实意识形态工作责任制开展检查考核，对龙田镇等13个单位开展意识形态工作专项巡察。围绕重点时间节点，组织全市各单位对各类意识形态阵地的错误信息开展排查整治，全市排查宣传栏4463处（次）。防范互联网领域意识形态风险，督促各级各单位建立健全“先审后发”“三审三校”“一把手”签发制度，采取“人工+机器”方式，开展网上错误信息整治行动。开展网络安全风险排查处置专项行动，发现弱口令等网络安全问题320个，并全部落实整改。加大“扫黄打非”宣传教育力度，开展2022年“绿书签行动”系列宣传活动；开展“正道2022”“新风2022”两大集中行动和“清源”“固边”“净网”“护苗”“秋风”五大专项行动；严厉打击涉非法有害出版传播活动，深度清理危害青少年健康成长的淫秽色情、暴力恐怖等出版物及信息；共组织文化执法检查50多次，出动380多人次，检查场所315家，下架低俗书籍2本，查缴各类非法出版物40余册（张），查办案件9件。开展印刷企业、电影院等分管行业安全生产、疫情防控等专项检查15次。

【理论学习中心组学习研讨】2022年，中共兴宁市委宣传部组织兴宁市委理论学习中心组开展学习省第十三次党代会精神和党的二十大精神等专题研讨9次。探索开展党委（党组）理论学习中心组学习列席旁听制度，选取10个镇及8个市直单位开展列席旁听试点工作；编印《党的二十大报告摘录》1.1万册、《中国共产党广东省第十三次代表大会精神口袋书》8000册。

【理论宣讲】2022年，中共兴宁市委宣传部围绕学习党的二十大精神、《习近平谈治国理政》第四卷、省第十三次党代会精神等重大主题，开展专题宣讲180多场。实施理论宣讲进基层“百千万工程”，依托“学习强国”学习平台、新时代文明实践中心（所、站）、围龙讲堂等平台，开展“听党话、感党恩、跟党走”宣传教育627场；创新开设微党课，依托融媒体中心录制刊播8集学习党的二十大精神全媒体党课。

【舆论宣传】2022年，中共兴宁市委宣传部在《梅州日报》“今日兴宁版”开设“书记、局长谈文明城市创建”专栏，26个单位“一把手”在专栏谈文明城市创建。开设“喜迎二十大·奋进新征程”“兴宁这十年”“学习宣传贯彻党的二十大精神”等专题专栏。高铁兴宁南站、兴宁美食、兴宁鸽等兴宁元素登上央视频道，宁新街道基层党建品牌、数字乡村试点建设经验做法在人民网、新华社、“学习强国”学习平台等平台宣传推广，水口镇、合水镇、径南镇等地的乡村振兴亮点在省电视台、《南方日报》等媒体上宣传报道，兴宁扫黄打非工作亮点在全国“扫黄打非”微信公众号发布推广。《2022广东省医疗器械高质量发展助力

▲ 2022 年 8 月 22 日，2022 年“南国书香节”乡村分会场在径南镇新洲村举办（中共兴宁市委宣传部提供）

乡村振兴行活动》被中国新闻社、《国际日报》、《南方日报》、羊城晚报社、广东广播电视台等 10 多家上级媒体广泛宣传报道。全年，“南方 +”和“掌上梅州”分别发布兴宁宣传文章 586 篇（次）、968 篇（次），径南新洲村乡村振兴样板、全域旅游、兴宁版画展等内容在《南方日报》主版专版刊登；兴宁本级媒体（融媒体中心）时政新闻和城乡一线栏目制作发布内容 2400 多条，广播制作发布新闻 2365 条，“兴宁发布”微信公众号发布新闻 1360 余条，“兴宁广播电视”微信公众号发布新闻 1420 余条，“兴宁发布”App 发布新闻 5300 条，抖音号、微视号等平台发布内容 3200 条。

【文化发展】 2022 年，中共兴宁市委宣传部组织实施红色革命遗址修复保护利用项目工程，完成大坪镇罗屏汉、黄文杰故居，宁中镇朱振汉故居，水口镇邓逸凡故居，罗岗镇红旗村红色革命交通站 4 个获省专项经费支持的项目修缮保护利用。两海会馆、罗屏汉故居，刘光夏故居被评为梅州市爱国主义教育基地。统筹推进“喜迎二十大·奋进新时代”“强国复兴有我”等系列活动，推进“文化进万家”“我们的节日”“文化和自然遗产日”“戏曲进乡村”等群众性主题活动，全年开展竹板歌、杯花舞、歌咏、版画等演出展示活动 20 场次，举办非遗项目、小古文、书法、舞蹈、器乐等培训班 74 期，举办兴宁版画、书法、戏剧曲艺、诗词对联创作等讲座、交流活动 23 期，举办“全国优秀版画作品展”“廉洁书画作品展”“广东文博 40 年”“大埔籍战地记者——邹建东摄影展”等 13 个展览。推进“全民阅读”活动，2022 年“南国书香节”兴宁新洲村乡村分会场被省委宣传部评为特色分会场。全年完成送影下乡 5460 场次。

（罗丹灵）

统一战线工作

【概况】 2022 年，中共兴宁市委统一战线工作部（以下简称兴宁市委统战部）坚持学习宣传贯彻习近平新时代中国特色社会主义思想，将习近平总书记关于加强和改进统一战线工作重要思想与学习宣传贯彻《中国共产党统一战线工作条例》结合起来，广泛凝聚人心、汇聚力量。全年开展各类主题教育 35 场次，开展统战系统专题学习 4 场次。

【协商民主建设】 2022 年，兴宁市委统战部协助民主党派成员中的人大代表、政协委员，对兴宁市招商引资、文化教育、医疗卫生、城市建设等重点民生实事开展调研活动 22 次。提升民主党派民主监督履职水平，推荐 2 名民主党派代表人士担任兴宁市监察委员会特约监察员。引导党外各界人士围绕中心大局建言献策。是年，各民主党派共提交提案议案 30 件，其中重点提案（政协）1 件、重点议案（人大）1 件。协助民主党派加强队伍建设，全市各民主党派发展成员 17 人，其中民革 4 人、民盟 10 人、民建 3 人。

【党外代表人士】 2022 年，兴宁市委统战部向全市各民主党派、各镇（街）、各相关单位发出《关于做好优秀党外后备干部初步人选推荐工作的通知》，在全市范围内选拔党外代表人士后备队伍。经组织推荐、综合研究，确

▲2022年8月15日，兴宁市新的社会阶层人士联合会赋能乡村振兴“复耕一亩地”主题活动启动仪式在永和镇蓝排村举办

（兴宁市委统战部提供）

定党外优秀后备干部人选36人，其中民主党派后备干部24人、无党派人士后备干部12人。

【港澳台事务】 2022年，兴宁市委统战部做好港澳台同胞联络服务工作，向香港、澳门、台湾的社团和乡亲送上节日问候，走访慰问港澳台同胞和在兴宁重点港澳台企业。协调接待台港商到兴宁进行投资考察。陪同香港梅州社团总会主席一行，到兴宁市考察了解农村、农业发展情况。划拨抗疫援助资金支持香港兴宁社团，助力香港防疫抗疫。梅州香港“摘星计划”资助兴宁市10名家庭经济相对困难的优秀学生上大学，每人每年获得6000元助学金。

【侨务工作】 2022年，兴宁市委统战部联合兴宁市侨联开展全市机关事业单位在职人员归侨侨眷情况调查摸底工作，摸排出在职人员归侨侨眷58人。春节期间，向广大海外侨胞转发竹板歌《海外赤子众赞扬》，传达新春祝福和家乡问候。联合兴宁市侨联组织跨洋“视频认亲”会，促成兴宁籍著名画家、建筑学家刘既漂的中美亲属视频见面。全年接待来信来访人员54宗次。争取广东省侨心慈善基金会支持，向全市困难归侨侨眷和群众发放爱心棉衣1500件，向福兴卫生院捐赠“侨心救护车”1辆。

【非公有制经济（新的社会阶层人士）工作】 2022年，兴宁市委统战部联合兴宁市工商业联合会开展春季“知企暖企”走访活动。全年对20名民营经济人士进行评价。与兴宁市委组织部等13个部门推进民营企业及民营企业家人才库建设，累计入库122人。开展“复耕一亩地”主题活动，号召新联会会员认耕撂荒地11.73公顷。引导工商联会员、新联会会员开展“情系丰顺·共抗疫情”活动，向丰顺县捐资捐款共计20多万元。

（刁　玲）

政策研究·深化改革

【概况】 中共兴宁市委政策研究室（以下简称兴宁市委政研室）于2022年10月成立，是市委主管政策研究工作的职能部门，为正科级单位，是市委的“智囊团”和“参谋部”，担负着为市委工作和领导决策提供参谋服务的职责，主要承担文稿服务、调查研究、深化改革等工作。市委全面深化改革委员会办公室（以下简称市委改革办）设在兴宁市委政研室，接受市委全面深化改革委员会的直接领导，承担市委全面深化改革委员会具体工作，组织开展全面深化改革重大问题的政策研究，协调督促各专项小组、各有关部门落实中央、省、梅州市和兴宁市重大改革部署。

2022年，兴宁市委政研室（市委改革办）开展调研40余次，牵头组织起草重大政策文件、重要参阅等文稿430多份，编印《兴宁政参》4期、《兴宁动态》12期。

【文稿服务】 2022年，兴宁市委政研室（市委改革办）全年组织撰写兴宁市委十四届二次全会报告以及《兴宁市学习宣传贯彻党的二十大精神总体工作方案》等重要文件、综合性文稿430多份，完成市领导在学习贯彻落实习近平新时代中国特色社会主义思想和党的二十大精神、

《习近平谈治国理政》第四卷、习近平总书记在庆祝香港回归祖国25周年大会暨香港特别行政区第六届政府就职典礼上的重要讲话、省第十三次党代会精神等各类培训班、党课、调研、座谈会以及创文创卫、实体经济发展、人才工作、乡村振兴等文稿材料200多篇，修改把关市直部门起草的专项工作汇报、重要情况反映等材料。

【调查研究】 2022年，兴宁市委政研室（市委改革办）围绕“学习贯彻党的二十大精神，探索全面建设社会主义现代化的兴宁实践”开展专题调研工作，并汇总形成市领导课题调研成果，推动转化成全会报告。聚焦做好实体经济和乡村振兴两大重点工作要求，形成《兴宁市关于农村综合改革的调研报告》《“五年内打造工业园区百亿产值目标，推动兴宁工业高质量发展”专题调研报告》等调研报告供市领导决策参考。

【深化改革】 2022年，兴宁市组织召开市委深改委第八次会议，传达学习中央和省委、梅州市委全面深化改革委员会会议精神，审议《兴宁市关于构建更加完善的要素市场化配置体制机制的实施方案》等文件。制定《市委全面深化改革委员会2022年重点改革工作安排》，深入推进重点领域和关键环节改革，统筹抓好“数字政府”改革、应急管理综合行政执法改革、新型农村集体经济专项改革等10个领域50项具体改革任务。

（吴佳胜）

机构编制

【概况】2022年，中共兴宁市委机构编制委员会办公室（以下简称兴宁市委编办）统筹推进完善机构职能体系，深化重点领域机构改革，印发市残联、市妇联2个群团机关职能配置、内设机构和人员编制规定。强化机构编制管理，清理规范中文域名17个，办理域名续费300个。

【党政机构改革】2022年，兴宁市委编办调整优化党政机构设置和职能配置。6月，根据省委编办《关于加强文物保护和考古工作机构编制保障的实施方案》和梅州市委编委批复，设立兴宁市文物局，在兴宁市文化广电旅游体育局挂牌。9月，中共兴宁市委农村工作办公室更名为中共兴宁市委农村工作领导小组办公室，仍设在兴宁市农业农村局。10月，中共兴宁市委政策研究室由在中共兴宁市委办公室挂牌调整为单独设置，作为市委工作机关，正科级；将单独设置的市委老干部局调整为在中共兴宁市委组织部挂牌，其职责并入市委组织部。11月，设立兴宁市疾病预防控制局，在市卫生健康局挂牌。完成市委政研室、市委组织部、市民政局等单位职能配置、内设机构和人员编制规定。根据工作需要调整优化部门职责，明确安全生产、海绵城市建设、校外培训监管等相关领域行政机构的工作职责。9月，根据《中共兴宁市委机构编制委员会办公室关于开展机构改革评估工作的通知》，对该轮机构改革38个市直涉改单位的改革组织实施情况、机构改革完成度、改革后机构运行情况、机构改革效益情况进行评估。

【事业单位改革】 2022年，兴宁市委编办撤销市水政监察大队、市河库保护中心、市宁江河道堤防管理所、市妇女儿童工作委员会办公室、市人民政府防汛防旱防风指挥部办公室、市人口管理监察大队、市流动人口计划生育办公室、市爱国卫生运动委员会办公室、市散装水泥管理事务中心、市城市管理和综合执法大队等行政职能回归机关后仍存在的事业单位，通过整合所属系统同类事业单位等方式，开展人员分流和事业单位工作任务调整优化工作，所涉优化调整的事业单位15个。优化事业单位编制结构，收回市国道省道养护站、市铁山林场等17个事业单位的编制203名。

【机构编制监督检查】 2022年，兴宁市委组织部、市委编办、市人社局联合印发《关于进一步规范机关事业单位工作人员调动程序的通知》，明确兴宁市机关事业单位工作人员调动程序。对全市各机关、事业单位编外用人情况进行调查摸底。开展机构编制问题日常监督。11月，市委组织部、市委编办、市人社局、市财政局联合印发《关于清理规范机关事业单位编外人员的工作意见》，对全市 80 个单位编外人员进行清理规范。至 12 月底，有 31 个单位清理清退编外人员 438 人。

【机构编制管理】 2022 年，兴宁市委编办根据《兴宁市市直急需紧缺人才专项事业编制保障管理办法（试行）》，下达市第一中学、市委党校急需紧缺人才专项事业编制 12 名，保障重点领域事业单位人才引进。设立市健康管理中心、市河库运行管护中心、市老干部服务中心、市城市监管综合服务中心、市林长制事务中心等事业单位，调整优化 4 所城区幼儿园、6 间基层卫生院等事业单位编制布局。

【权责清单梳理】 2022 年，兴宁市委编办编制完成 31 个市直部门权责清单。3 月，公布《兴宁市直部门权责清单（第一批）》，包括 15 个单位 941 项权责事项；公布《兴宁市直部门权责清单（第二批）》，包括 10 个单位 1952 项权责事项。6 月，公布《兴宁市直部门权责清单（第三批）》，包括 6 个单位 2860 项权责事项。12 月，印发《兴宁市开展乡镇街道权责清单梳理编制工作实施方案》，举办兴宁市乡镇街道权责清单梳理编制工作业务培训会。

【机关群团、事业单位法人登记管理】 2022 年，兴宁市委编办办理机关群团变更业务 26 个。新设立登记事业单位 7 个，变更登记 70 个，注销登记 4 个。审核公示事业单位法人年度报告 297 个，报送率、公开率均为 100%。对市锦绣学校、市教师发展中心等 18 家单位的事业单位法人公示信息进行实地核查。

（邓喜玉）

老干部工作

【概况】 2022 年，兴宁市有离休干部 79 人，其中机关 26 人、事业 35 人、企业 18 人，平均年龄 93 岁；市原五套班子老领导 43 人，中华人民共和国成立初期参加工作的退休干部 9 人。是年，中共兴宁市委老干部局调整为在中共兴宁市委组织部挂牌，其职责并入中共兴宁市委组织部。

【老干部政治待遇】 2022 年，中共兴宁市委老干部局推进市公安局、第一中学、宁中镇离退休干部党组织标准化规范化建设。5 月，开展“建言二十大”和“我看中国特色社会主义新时代”专题调研活动。结合党史学习教育常态化要求和梅州市“客都桑榆”宣讲团工作，举办全市离退休干部党支部书记培训班，发挥老干支部、离退休干部事务中心、老干部大学等主阵地作用，组织老干部学习贯彻党的二十大精神和习近平总书记系列重要讲话精神。是年，为老干部阅览室、老干部党支部、离退休干部订阅党报党刊及《老干部政治理论读本》《秋光》《老人报》《学习参考》等资料 9000 多份。

【老干部生活待遇】 2022 年，中共兴宁市委老干部局完善工作人员挂钩联系制度，不定期与老干部电话沟通、走访慰问，及时了解老干部家庭情况、身体状况和思想状态。完善离休干部走访慰问制度，做到重大节日必访、生病住院必访、出现特殊困难必访，去世必送，健全离休干部“一人一策”精准服务工作机制，日常走访慰问、重大节日

▲ 2022 年 5 月，中共兴宁市委老干部局组织开展“建言二十大”和“我看中国特色社会主义新时代”专题调研座谈会

（中共兴宁市委老干部局提供）

走访慰问、住院慰问老干部188人次。市离休干部医疗服务办公室每个月定期召开工作会议，对离休干部住院医药费进行审核和研判。全年老干部医疗费财政支出563万元，其中本地医疗费358万元、异地医疗费205万元。健全完善离退休干部困难帮扶机制工作，加强对重病、失能、家庭负担等有特殊困难的离退休干部的关怀力度，加大对离退休干部困难帮扶机制的宣传力度，全年帮扶特殊困难离退休干部56人，落实帮扶资金13万元。

【老干部发挥作用】 2022年，中共兴宁市委老干部局组织引导老同志在乡村振兴、基层综合治理、文明城市创建、疫情防控等方面献智出力。组织“老党员、老专家、老教师、老战士、老模范”下乡镇、进社区、入校园，在关爱教育青少年成长成才，青少年法治教育、农村留守儿童和困境儿童关爱保护工作中，围绕立德树人根本任务，突出理想信念教育，坚持同思想道德教育、毒品预防教育相结合，组织开展主题教育，引导青少年树立和践行社会主义核心价值观，增强法治观念，规范行为习惯，帮助青少年扣好人生“第一粒扣子”。

（丘济导）

市直机关工委

【概况】2022年，中共兴宁市直属机关工作委员会（以下简称兴宁市直机关工委）坚持从严治党，组织市直单位开展深化模范机关创建活动工作，全面加强市直单位党建工作。是年，市直机关工委辖机关、企事业单位党委33个、党总支9个、党支部371个。全年规范收缴、上交党费212.16万元。

【党的组织建设】 2022年，兴宁市直机关工委坚持按《中国共产党章程》要求，加强基层党组织领导班子建设，做好市直机关党组织规范设置，督促检查基层党组织做好换届选举工作。是年，新设置机关党委1个、党支部11个；换届选举党委、党总支、支部班子192个。开展“两优一先”评选表彰工作，表彰市直单位优秀共产党员69人、优秀党务工作者30人，先进基层党组织33个。

【党务培训和党员培育】2022年，兴宁市直机关工委举办广东省第十三次党代会精神专题学习培训班，邀请梅州市委党校教师上专题辅导课，市直各单位分管党务的领导、新党员等160多人参加培训。

【发展党员工作】 2022年，兴宁市直机关工委审批吸收预备党员30人，预备党员转正108人。举办党员发展对象培训班1期，培训各基层党组织党员发展对象48人。

【教育学习活动】 2022年，兴宁市直机关工委结合年度教育计划，组织市直单位7000多名党员和入党积极分子参加“2022年党的十九届六中全会知识竞赛”和“2022年党的二十大会议精神知识竞赛”。组织48名党员发展对象到水口镇刘光夏革命烈士纪念馆开展党史现场教学。

【机关武装工作】 2022年，兴宁市直机关工委做好市直民兵应急分队、专业分队和省防汛轻舟分队日常训练值勤和抢险执勤工作，协助市征兵办做好征兵政审、体检、新兵档案建档整理等工作。

（刘绍宏）

党校

【概况】 2022年，中共兴宁市委党校（以下简称兴宁市委党校）全面落实《中国共产党党校（行政学院）工作条例》精神，牢牢把握“党校姓党”原则，发挥干部教育培训和理论学习宣传主渠道、主阵地作用，开展宣讲、教学培训等活动。

【宣讲活动】2022年，兴宁市委党校开展“习近平新时代中国特色社会主义思想”“十九届六中全会精神”“省十三次党代会精神”“兴宁市第十四次党代会精神”“《习近平谈治国理政》第四卷”“党的二十大精神”等宣讲活动91场次，培训学员7692人次。

【理论研究】 2022年，兴宁市委

党校课题《深刻领会习近平“五个必由之路”科学内涵》在梅州市社科联2022规划课题中立项，《中华优秀传统文化何以推动实现中华民族伟大复兴——深入学习领会党的二十大精神》《深刻把握历史经验 不断推进自我革命》《从十年伟大变革中汲取自信自强的精神力量》《深刻把握高质量发展这个首要任务——学习贯彻党的二十大精神》4篇文章入选梅州市党校系统学习贯彻中国共产党第二十次全国代表大会精神理论研究研讨会。

【培训教学】

兴宁市2022年新时代基层干部主题培训班　2022年3月至8月，兴宁市委党校举办2022年新时代基层干部主题培训班，分10期举行。组织学习党的十九届六中全会精神、习近平新时代中国特色社会主义思想、习近平总书记在庆祝中国共产党成立100周年大会重要讲话精神、习近平总书记关于基层治理重要论述精神、习近平总书记关于党的建设重要论述精神等内容。市直各单位机关干部（公务员）、事业单位领导班子成员、“两新”组织党组织书记、镇（街道）机关全体干部和各村（社区）“两委”干部等基层干部3000多人参加培训。

兴宁市初任公务员专题培训班　2022年6月，兴宁市委党校采用线上线下相结合方法举办2022年兴宁市初任公务员专题培训班，组织初任公务员学习《习近平谈治国理政》第一、二、三卷，习近平总书记“七一”重要讲话精神，中共十九届六中全会精神，《中国共产党章程》等内容。初任公务员55人参加培训。

兴宁市村（社区）党组织书记专题培训班　2022年12月，兴宁市委党校举办兴宁市村（社区）党组织书记专题培训班，组织学习党的二十大精神、《习近平谈治国理政》第四卷、习近平新时代中国特色社会主义思想及基础党务知识等内容。培训首次通过粤视会平台传至各镇（街道）党校，村（社区）党组织书记、第一书记，驻镇（街道）帮镇（街道）扶村工作队队员，选调生，各镇（街道）组织委员或党群副书记4890人参加培训。

▲2022年，兴宁市委党校举办兴宁市2022年新时代基层干部主题培训班
（温志强　摄）

【教学创新】　2022年，兴宁市委党校成立教学研讨组，采取“老带新”模式，提升年轻教师新课程、新专题开发能力，开发教学新专题10个、微党课教学专题5个，开发“党的二十大精神”微党课8个、党建党性教育现场教学基地4个、基层社会治理现场教学基地3个。组织6名教师对20个镇（街道）进行师资培训和基层党员干部培训。兴宁市委组织部、市委党校联合评定镇（街道）星级党校分校点10个、兴宁市委党校现场教学点10个。与市人民武装部联合建设国防教育基地。

（陈　幸）

兴宁市人民代表大会

综述

【概况】　2022年，兴宁市人民代表大会常务委员会（以下简称兴宁市人大常委会）坚持以习近平新时代中国特色社会主义思想为指导，履行宪法法律赋予的各项职责。全年组织召开人民代表大会1次、人大常委会会议8次、常委会主任会议13次，听取审议各类工作报告22项，开展1次执法检查、7次专题视察、4项专题调研，完成市十六届人大二次会议确定的目标任务。

【决议决定】 2022年，兴宁市人大常委会依法作出《关于召开市十六届人大二次会议的决定》《关于列席和邀请列席市十六届人大二次会议人员的决定》《关于批准兴宁市2021年财政决算报告的决议》《关于批准兴宁市2021年部分新增债券资金用途调整及2022年地方政府新增债券转贷资金安排的决议》《关于批准兴宁市2022年市本级预算调整方案的决议》《关于批准2022年市本级第二次预算调整方案的决议》6项决议决定。

【人事任免】 2022年，兴宁市人大常委会坚持党管干部原则与人大依法行使选举权、任免权相统一，严把人事任免程序关、任职资格关和材料送审关，确保组织人事意图顺利实现。坚持组织拟任命干部进行任前法律知识考试，全面实施任前见面发言制度和宪法宣誓制度。全年任免国家机关工作人员67人次（其中任职48人次、免职19人次），接受辞职7人次。

【人大监督】 2022年，兴宁市人大常委会听取审议市政府关于计划执行、财政决算、预算执行、隐性债务化解等情况报告，督促强化国有资产管理、地方政府债务风险防控，支持和促进政府保障重点领域财政支出，开展实体经济专题调研，组织视察兴宁·天河创新产业园、市供销联社冷链物流骨干网等重点项目建设，专题视察径南镇乡村振兴示范带建设，组织代表调研乡村振兴建设情况。全面落实民生实事项目人大代表票决制，加强跟踪督办，推动2022年十件民生实事全面完成。加强重点民生工程监督，组织视察新建市人民医院项目、梅龙高铁兴宁南站配套设施建设情况，听取审议城市管理、未成年人保护、全民健身等工作情况报告，深入调研教育集团化办学、稳就业、爱国卫生等工作。组织视察合水铁山嶂废弃矿区生态修复治理项目，持续督促加强合水水库、宁江河水质保护工作，听取审议生态环境保护、林业生态建设等工作情况报告，促进政府全面加强生态文明建设。修订完善制度规定，加强规范性文件备案审查，全面落实宪法宣誓制度，加强检察机关公益诉讼工作，组织开展国务院和省宗教事务条例执法检查，专题视察市法院基础建设、调研公安队伍建设，听取审议民事行政检察工作情况报告，对市发展改革局等6个市政府工作部门进行工作评议，推动“一府一委两院”依法行政、依法监察、公正司法。

【指导镇级人大工作】 2022年，兴宁市人大常委会继续实施“巩固基础、强化履职”两年行动计划，持续完善市人大常委会各工委（办）挂钩联系镇街机制，听取人大街道工委工作报告，加强对镇街人大工作的督促指导。建立人大干部学习交流机制，举办镇街人大负责人履职培训班，加强人大干部的政治理论和业务知识学习，提升基层人大干部综合素质。及时跟进落实乡镇人大工作和建设省级转移支付资金，联合审计部门加强对资金使用的监督检查，确保资金规范使用、发挥效益。召开全市人大宣传工作会议，加强人大制度宣传，在20个镇街统一建设人大宣传栏。完善代表履职经费管理，保障代表述职、代表活动、联络站运行等经费，促进镇街人大工作顺利开展。

主要会议

【兴宁市第十六届人民代表大会第二次会议】 2022年3月8—9日在兴宁市会展中心举行。会议听取和审议《政府工作报告》《兴宁市人大常委会工作报告》《兴宁市人民法院工作报告》《兴宁市人民检察院工作报告》；审查批准《兴宁市2021年国民经济和社会发展计划执行情况与2022年计划草案报告》《兴宁市2021年财政预算执行情况和2022年预算草案报告》；票决产生提高低保、特困人员、孤儿基本生活补贴和残疾人“两项补贴”保障水平、健全学前至普通高中各学段生均经费保障制度等兴宁市2022年度十件民生实事项目。

【市人大常委会会议】2022年，兴宁市人大常委会召开常委会会议8次（详见表6）。

人大代表工作

【代表履职平台建设】 2022年，兴宁市人大常委会加强对代表联络站建设、管理、运行的督导，优化布局，完善制度，全市建成137个代表联络站，基本实现标准化建设、规范化管理、常态化运行。全年组织代表进站活动1662次，进站代表3635人次，接待群众2250多人次。常态化开展常委会组成人员联系代表、代表联系群众的“双联系”工作，

2022年兴宁市人大常委会会议一览表

表6

时间	届次	主要议题
1月17日	十六届第二次	听取和审议市政府2021年十件民生实事实施情况报告；听取和审议有关人事任免事项
2月28日	十六届第三次	听取和审议市政府关于兴宁市2021年国民经济和社会发展计划执行情况和2022年计划草案的报告；听取和审议市政府关于兴宁市2021年财政预算执行情况和2022年财政预算草案的报告；听取和审议关于兴宁市2021年财政预算执行情况和2022年财政预算草案初步方案的初审意见；听取政府工作报告撰写情况说明；听取市人大常委会兴田、福兴、宁新街道工作委员会关于2021年度工作情况和2022年度工作计划的报告；审议关于召开市十六届人大二次会议的决定（草案）；审议关于列席和邀请列席市十六届人大二次会议人员的决定（草案）；审议兴宁市人大常委会工作报告（稿）；审议市十六届人大二次会议主席团成员和秘书长建议名单；审议市十六届人大二次会议议案审查委员会成员建议名单；审议兴宁市2022年度十件民生实事候选项目；听取和审议有关人事任免事项
4月27日	十六届第四次	听取和审议市政府关于宁江河水质保护专题询问审议意见落实情况报告；听取和审议市检察院关于民事行政检察工作情况报告；听取和审议有关人事任免和辞职事项
6月29日	十六届第五次	听取和审议市政府关于兴宁市2021年国有资产管理情况报告；听取和审议市政府关于兴宁市2021年政府债务情况报告；审议市人大常委会部分工作制度修订草案；听取和审议有关人事任免和辞职事项
8月25日	十六届第六次	听取和审议市政府关于兴宁市2022年上半年国民经济和社会发展计划执行情况报告；听取和审议市政府关于兴宁市2022年上半年预算执行情况报告；审议市政府关于兴宁市隐性债务化解工作情况报告；听取和审议兴宁市关于落实未成年人保护工作情况报告；听取和审议有关代表辞职事项
9月29日	十六届第七次	听取和审议市政府关于兴宁市2021年财政决算（草案）的报告；听取和审议市政府关于兴宁市2021年度市级预算执行和其他财政收支的审计工作报告；听取和审议市政府关于兴宁市全民健身工作情况的报告；听取和审议市政府关于兴宁市2021年部分新增债券资金用途调整及2022年地方政府新增债券转贷资金安排的议案；听取和审议市政府关于兴宁市2022年市本级预算调整方案的议案
11月24日	十六届第八次	传达学习贯彻党的二十大精神；听取和审议兴宁市城市管理工作情况报告；听取和审议兴宁市林业生态建设工作情况报告；听取和审议关于《国家宗教事务条例》《广东省宗教事务条例》的执法检查情况报告；听取和审议有关人事任职和辞职事项
12月30日	十六届第九次	听取和审议市政府关于2022年十件民生实事实施情况报告；听取和审议市政府关于市十六届人大一次、二次会议代表建议办理情况报告；听取和审议市政府关于提请审议2022年市本级第二次预算调整方案的议案；听取和审议市政府关于2022年度生态环境保护工作情况报告；书面听取兴宁市2022年规范性文件备案审查工作情况报告；听取和审议有关人事任免事项

支持代表拓宽渠道，倾听民声、收集民意，提升履职为民实效。

【代表履职活动】 2022年，兴宁市人大常委会积极组织人大代表开展履职活动，全年安排基层市人大代表列席常委会会议和参加人大视察、调研、执法检查等监督活动68人次。是年，市、镇两级人大组织在兴宁的省、市、县、镇四级人大代表，开展“更好发挥人大代表作用”主题活动，聚焦“全面推进健康广东建设”，组织各级人大代表开展视察调研、接待选民等活动208场次，参与代表1580多人次，收集转办意见建议315条，促进代表与选民的密切联系，提升代表的参与度和活动成效。

【代表履职能力提升】 2022年，兴宁市人大常委会常态化组织代表开展学习、交流、培训，不断提高代表履职水平。修订完善关于代表活动、代表述职、代表退出等工作制度，支持保障代表依法履职。是年，组织62名市十六届人大代表到原选区向选民述职，兴宁市人大常委会《强化“3+3”工作举措，力促代表述职实现“三化”》的经验做法，被评为“第五届广东省县乡人大工作创新案例”，是梅州地区唯一入选项目。

▲2022年11月16日，兴宁市人大常委会视察兴宁市供销联社冷链物流骨干网建设情况　（兴宁市人大常委会办公室提供）

▲2022年10月21日，兴宁市人大常委会视察梅龙高铁兴宁南站站前广场和快速连接线建设情况　（兴宁市人大常委会办公室提供）

【代表建议办理】 2022年，兴宁市人大常委会持续强化代表建议督办工作，及时交办市十六届人大二次会议的代表建议35件，并将“关于坭陂镇九子坑河道整治加固的建议”“关于整治径南镇黄进塘段交通安全隐患的建议”“关于在‘双减’政策下，中小学生应加强体育锻炼增强体质的建议”等列为重点建议，落实政府部门的承办责任，加强跟踪督办，市十六届人大二次会议所有建议均依时办理答复完毕，代表对建议办理满意或基本满意率100%。

（李宗龙）

■兴宁市人民政府

综述

【概况】 2022年，兴宁市人民政府坚持以习近平新时代中国特色社会主义思想为指导，深入学习宣传贯彻党的二十大精神，认真按照上级和市委的部署要求，全面落实“疫情要防住、经济要稳住、发展要安全”重要要求，积极应对复杂形势和经济下行压力，真抓实干，攻坚克难，奋力推动经济社会平稳健康发展。

【市政府常务会议】 2022年，兴宁市人民政府召开22次市政府常务会议（详见表7）。

【文稿服务】 2022年，兴宁市人民政府办公室组织撰写政府工作报告、经济工作会议等各类会议材料150余篇，撰写领导讲话、经验材料等300余篇；上报政务信息24篇，其中被省政府信息刊物录用2篇。围绕民生实事、乡村振兴、安全生产等工作深入开展调研活动，形成调研报告10余篇。

【办文办会】 2022年，兴宁市人民政府办公室制发各类文件、函件672件，处理明传电报、来文来函等公文12426件。组织召开各类工作会议108场次，上级领导到兴宁检查、调研及主要领导调研等活动120场次。

【督查督办】 2022年，兴宁市人民政府办公室聚焦重点工作、民生实事、领导重要批示和交办事项等进行重点督办、及时跟进，定期汇总通报。全年开展专题督查65次，处理督办事项95件，发出督办通知16份、督办通报13期、常务会议决定事项通知书260份。

2022年兴宁市政府常务会议一览表

表7

时间	届次	主要议题
1月25日	十六届第5次	研究解决疫情防控相关经费事宜；审议《兴宁市2021年第七批次国有建设用地使用权供应方案》《兴宁市加快解决不动产登记若干历史遗留问题的实施意见（送审稿）》《兴宁市2021年预算执行情况和2022年预算草案的报告》《兴宁市2022年十件民生实事候选项目》《兴宁市人民政府办公室关于进一步提高市政府常务会议议事质量和效率的通知（送审稿）》《兴宁市水利发展“十四五”规划（送审稿）》；研究兴宁市叶塘镇、水口镇农村道路建设项目首期工程勘察设计、采购、施工总承包（EPC）工程结算事宜；研究调整水口、坭陂、叶塘三镇供水企业自来水价格相关事宜
3月4日	十六届第6次	审议《兴宁市事业单位管理岗位职员等级晋升制度工作实施方案》《兴宁市扶持旅游产业发展若干措施（试行）（送审稿）》《关于解决兴宁市新兴雅苑32栋建设项目“问题楼盘”工作方案》；研究实施梅州兴宁市国道205线K2611+206—K2652+636段公路安全提升工程事宜；研究实施省道226线妇幼保健院至高速公路兴宁东出口段改建工程事宜；研究实施兴宁市房屋建筑承灾体调查项目事宜；研究实施兴宁市兴田街道东苑路片区（东苑小区、怡兴花园等）老旧小区周边市政基础设施升级改造项目（标段一）事宜；研究购买社会治安视频监控服务相关事宜；研究解决宁江河碧道兴南大桥至兴宁大桥段工程福兴、兴田辖区内征地拆迁费用事宜；研究实施兴宁市工人文化宫修缮改造工程项目事宜
3月25日	十六届第7次	审议《兴宁市规范公务员相关工作实施措施（送审稿）》
3月30日	十六届第8次	审议《2022年市政府重点工作责任分工方案（送审稿）》《2022年市十件民生实事责任分工方案（送审稿）》《兴宁市城市投资发展有限公司市场化实体化实施方案（送审稿）》《兴宁市财政资金审批管理办法（修订稿）》《兴宁市全民健身实施计划（2021—2025年）（送审稿）》《兴宁市宁江水质保护综合整治项目前期勘察设计招标工作方案（送审稿）》《兴宁市大坪镇废弃稀土矿山综合治理工程项目前期勘察设计招标工作方案（送审稿）》；研究解决兴宁市大规模核酸检测演练等疫情防控相关经费事宜；研究兴宁市产业转移工业园叶塘安置区城市棚户区改造二期项目EPC总承包工程费用相关事宜；研究“新兴实业厂”资产处置事宜；研究解决兴宁市全域旅游公共服务建设相关经费事宜；研究实施兴宁市龙田派出所基础硬件设施建设项目相关事宜；研究实施兴宁市2022年度食品安全监督抽检工作相关事宜

续表 7

时间	届次	主要议题
4 月 22 日	十六届第 9 次	审议《兴宁市突发事件总体应急预案（送审稿）》《兴宁市乡村振兴驻镇帮镇扶村资金管理使用细则（送审稿）》；研究组建兴宁市专职消防队相关事宜；研究解决兴宁市撂荒耕地复耕复种补助资金事宜
5 月 19 日	十六届第 10 次	研究解决兴宁市大规模核酸检测物资储备等疫情防控相关经费事宜；研究提高兴宁市人民医院异地（整体）搬迁新建项目工程进度款支付比例事宜；审议兴宁市 2021—2025 年驻镇（街）帮扶资金使用总体规划事宜；研究兴宁市 2021 年度、2022 年度驻镇（街）帮扶资金使用安排事宜；研究拨付广东大天然农业有限公司养殖场关停整治相关费用事宜；审议兴宁市原驻穗办项目《〈合作建设合同书〉补充合同（送审稿）》；研究兴宁图书档案馆工程建设相关事宜；研究实施兴宁市高铁干线路网及站前综合广场和配套工程（含兴宁高铁站综合交通枢纽）一期事宜
6 月 1 日	十六届第 11 次	研究实施兴宁市市民广场周边雨污管网工程（标段一）事宜；研究实施兴宁市兴田街道东苑路片区（东苑小区、怡兴花园等）老旧小区周边市政基础设施升级改造项目（标段二）事宜；研究实施兴宁市新人民医院周边市政配套工程事宜；研究解决兴宁市疫情防控应急处置能力建设等疫情防控相关经费事宜
6 月 17 日	十六届第 12 次	研究解决合水水库加固扩建工程征地拆迁安置补偿资金事宜；审议《兴宁市新能源出租车运价方案（送审稿）》《兴宁市兴新供水有限公司自来水价格方案（送审稿）》《兴宁市民营养老机构入住老人伙食费奖补实施方案（送审稿）》；研究实施广东省梅州市卫生职业技术学校建设项目（首期）第二期工程事宜；研究实施兴宁市高级技工学校升级技师学院建设项目（一期项目）游泳馆建设和设备采购项目事宜；研究实施兴宁市南部新城棚户区改造三期（福兴安置区三期）26#、28#—30#、33#—38#、43#—44# 共 12 栋楼室外附属配套工程事宜；审议兴宁市规范公务员工资有关文件修订稿事宜
6 月 29 日	十六届第 13 次	审议《兴宁市 2022 年水库移民后期扶持资金项目计划（第 2 批）》；研究实施 2022 年兴宁市罗浮镇勤光村山背滑坡等七处中小型地质灾害隐患点综合治理项目事宜；研究确定 2022 年度兴宁市垦造水田项目选址有关事宜；研究实施兴宁市粮食中心储备库智能化升级改造项目事宜；研究采用政府购买服务岗位方式开展竹板歌等非遗项目传承保护相关事宜
7 月 14 日	十六届第 14 次	审议《兴宁市2022年第二批次国有建设用地使用权供应方案》《兴宁市地震应急预案（送审稿）》《兴宁市自然灾害救助应急预案（送审稿）》《兴宁市森林火灾应急预案（送审稿）》《兴宁市防汛防旱防风防冻应急预案（送审稿）》《兴宁市市场监管现代化“十四五”规划（送审稿）》；研究实施新一轮黄泥坑生活垃圾填埋场渗滤液收集处理运营项目事宜
8 月 5 日	十六届第 15 次	审议《兴宁市妇女发展规划（2021—2030 年）（送审稿）》《兴宁市儿童发展规划（2021—2030 年）（送审稿）》《兴宁市 2022 年第三批次国有建设用地使用权供应方案》《兴宁市民办义务教育学校学位补贴实施方案（送审稿）》；研究实施叶塘污水处理厂新一轮运营维护项目事宜；研究兴宁市 2021 年部分新增债券资金用途调整及 2022 年地方政府新增债券转贷资金安排事宜；研究启动兴宁市老城区控制性详细规划地块编码 2-03-04、2-03-05 用地性质及指标调整事宜；研究启动兴宁市南部新城控制性详细规划和城市设计地块编码 7-03-05（兴中变电站）用地性质及指标调整事宜；研究启动兴宁市南部新城控制性详细规划和城市设计地块编码 9-03-02 局部用地性质及指标调整事宜；研究实施广东南岭山区韩江中上游山水林田湖草沙一体化保护和修复工程项目“梅州市耕地安全利用与土壤污染修复工程项目”（兴宁市 2021—2023 年）事宜；研究实施兴宁市兴田街道环城北路片区（人民银行宿舍、保险公司宿舍等）老旧小区周边市政基础设施升级改造项目（标段一）事宜

续表 7

时间	届次	主要议题
8 月 25 日	十六届第 16 次	审议《铁山嶂废弃矿区生态综合治理修复工程项目（兴宁部分）工程施工、工程监理招标工作方案（送审稿）》《兴宁市城市投资发展有限公司国有建设用地使用权收回置换方案》；研究解决兴宁市机关事业单位（不含公益二类事业单位）退休“中人”职业年金财政贴息等相关资金事宜
9 月 8 日	十六届第 17 次	研究与兴宁市 2022 年公费定向培养粤东粤西粤北地区中小学教师、订单定向培养医学生签订相关协议书事宜；研究新设置径南镇太阳村建筑用砂矿等 7 个采矿权事宜；审议《兴宁市径南镇白牙山矿区建筑用砂岩矿采矿权挂牌出让工作方案（送审稿）》《兴宁市 2022 年市本级预算调整方案》《兴宁市促进医疗器械产业发展若干措施（送审稿）》《兴宁市病死畜禽集中无害化处理工作实施方案（送审稿）》《兴宁市齐昌供水有限公司欠缴水资源费整改方案》；研究合水农场原四个管理区干部离任后参照正常离任村干部享受生活补助等相关事宜；研究解决兴宁市 2022 年城市生活垃圾分类工作经费事宜；研究解决兴宁市隔离点建设等疫情防控相关经费事宜
9 月 29 日	十六届第 18 次	审议《兴宁市“集中供养特困人员日常照料护理质量大提升”工作实施方案（送审稿）》《兴宁市 2022 年水库移民后期扶持资金项目计划（第 3 批）》《兴宁市推进水利高质量发展的实施意见（送审稿）》《兴宁市产业转移工业园收入分成实施方案（送审稿）》；研究实施 2022 年度梅州市兴宁市坭陂镇等 2 个镇高标准农田建设项目（示范）事宜；研究实施兴宁市农村集中供水提质增效（一期）工程事宜
10 月 12 日	十六届第 19 次	研究兴宁市应急管理局采购组建专职消防队车辆、装备器材相关事宜；研究提高兴宁市南部新城棚户区改造三期（宁新安置区 C 区）建设项目一期工程进度款支付比例事宜；研究解决兴宁市交通运输疫情防控工作专班相关经费事宜；研究实施兴宁市产业转移工业园叶塘安置区城市棚户区改造三期项目（A、B 区）初步设计（含方案设计）、勘察和监理招标事宜；审议《径南镇、永和镇、坭陂镇、刁坊镇和福兴街道 1 宗国有建设用地使用权划拨方案》《东莞石碣（兴宁）产业转移工业园科创路南侧 1 宗国有建设用地使用权出让方案》；研究拨款解决原兴宁市工商局退役士兵安置历史遗留问题事宜
10 月 26 日	十六届第 20 次	研究购买社会治安视频监控服务相关事宜；研究拨付 2021 年度招商引资项目专向性扶持资金事宜；研究启动兴宁市南部新城控制性详细规划和城市设计地块编码 9-03-04 指标调整事宜
11 月 3 日	十六届第 21 次	审议《兴宁市应急管理“十四五”规划（送审稿）》；研究购买涉案车辆拯救、停放保管服务相关事宜；研究解决兴宁市重度残疾人（不含低保和五保对象）城乡居民基本医疗保险参保缴费资金事宜
11 月 15 日	十六届第 22 次	审议《锦绣学校北侧、西沟南侧 1 宗国有建设用地使用权出让方案》《东莞石碣（兴宁）产业转移工业园石碣路东侧 1 宗国有建设用地使用权出让方案》；研究处置坪畲水库坝后一、二级电站资产事宜；研究实施东湖水库清淤工程事宜；研究解决兴宁市新一代移动警务终端及相关配套服务采购项目经费事宜；研究解决兴宁市免费核酸检测、水口镇中心卫生院核酸检测实验室建设等新冠肺炎疫情防控相关经费事宜；研究返还兴宁市凯龙堡科技有限公司土地预购款及支付部分地上附着物补偿款（含厂房拆除费）事宜
11 月 21 日	十六届第 23 次	研究实施兴宁市方舱医院项目相关事宜；研究实施兴宁市大坪镇废弃稀土矿山综合治理（二期）工程事宜

续表 7

时间	届次	主要议题
12 月 2 日	十六届第 24 次	研究实施兴宁市大坪镇废弃稀土矿山综合治理工程事宜；研究梅州市生态环境局兴宁分局资产划转事宜；研究购买兴宁市宁新小型汽车社会考场服务相关事宜；审议《兴宁市 2022 年第五批次国有建设用地使用权供应方案》《兴宁市径南镇太阳村建筑用砂矿采矿权挂牌出让工作方案（送审稿）》《兴宁市大坪镇大福建筑用花岗岩矿采矿权挂牌出让工作方案（送审稿）》《兴宁市径南镇柏塘矿区砂质高岭土矿采矿权挂牌出让工作方案（送审稿）》《兴宁市静脉产业园项目（二期工程餐厨垃圾处理厂）PPP 项目实施方案（送审稿）》《兴宁市行政执法职权下放实施情况评估报告（送审稿）》《兴宁市“十四五”残疾人保障和发展规划（送审稿）》《兴宁市人民政府关于划定森林防火区的通告（送审稿）》
12 月 15 日	十六届第 25 次	研究启动兴宁市南部新城控制性详细规划和城市设计地块编码 11-03-01、11-03-02、11-03-03 用地性质及指标调整事宜；研究调整垦造水田等项目部分地块规划林地相关事宜；审议《兴宁市 2022 年市本级第二次预算调整方案》《兴宁市卫生健康事业发展“十四五”规划（送审稿）》；研究出资参与组建梅州市人才发展基金事宜
12 月 26 日	十六届第 26 次	审议《兴宁市行政许可事项清单（2022 年版）（送审稿）》《兴宁市政府购买第三方技术服务项目联审工作机制（试行）（送审稿）》《兴宁市 2022 年第六批次国有建设用地使用权供应方案》《兴宁市本级储备粮管理办法（送审稿）》；研究处置兴宁市齐昌土地储备管理有限公司兴佛路门店资产相关事宜；研究实施兴宁市锦绣银湾隔离点项目事宜

【政务公开】 2022 年，兴宁市人民政府办公室严格落实意识形态工作和网络安全责任制，持续深化政务公开。市政府网站发布通知公告、重点领域信息等各类信息 14361 条。全年解读政策文件 12 篇，受理群众网络问政来信 1007 件、网民留言 16 件，均做好解读回应工作。

【建议提案办理】 2022 年，兴宁市人民政府办公室办理人大代表建议 81 件，政协委员提案 244 件，办复率 100%，满意率、基本满意率 100%。

【外事工作】 2022 年，兴宁市人民政府办公室认真做好因公出国审批工作，履行审核把关职责。从严加强涉外管理，积极支持、推动民间外交，不断提升外事工作水平。

【金融工作】 2022 年，兴宁市人民政府办公室加强金融协调服务，促进政银企深入合作。至年底，全市存贷比 65.1%，比年初增加 1.1 个百分点。强化金融监管，加强小贷公司和典当行日常监管，做好涉众金融领域涉稳问题专项治理工作，推动农村普惠金融工作。

【政府建设】 2022 年，兴宁市人民政府办公室统筹推进全市政府职能转变和“放管服”改革，坚持问题导向，协调有关单位优化“一网办理”“一窗通取”“一窗办理”服务，完成《兴宁市行政许可事项清单（2022 年版）》编制工作，持续推进各项改革事项，加强数字政府建设，全力打造优质高效的政务服务环境。坚持依法行政，全年开展学法活动 4 次。

（谢至慧）

信访

【概况】 2022 年，兴宁市信访局以“治理重复访、化解积案”为重点，开展各项信访工作。全年受理群众来信 382 封，比上年下降 36.9%；受理来访 465 批 1722 人次，分别上升 7.6%、28.2%；受理上级系统交办件 1183 件，上升 31.6%；严格按照《信访工作条例》规范办理信访事项。信访工作机构、有权处理信访事项的行政机关及时受理率均为 100%；信访事项按期答复率 100%；信访工作机构和有权处理行政机关群众满意率 93.7%。是年，在梅州市信访工作考核中，兴宁市获评优秀等次；新圩镇获评全省信访工作示范镇。

▲ 2022 年 5 月 10 日，兴宁市信访局开展《信访工作条例》学习宣传活动（陈文锋　摄）

【领导接访下访】 2022 年，兴宁市信访局持续推进领导干部接访下访工作，每月 15 日、28 日由一名市党政领导到市信访局接待上访群众，落实党政领导干部开门接访"公示、接访、包案、落实"4 个主要环节，面对面倾听群众心声，现场协调解决群众反映的问题。全年市党政领导接待来访群众 226 批 487 人次。

【信访排查化解】 2022 年，兴宁市信访局全面落实矛盾纠纷排查调处工作机制，坚持市每月排查一次，镇（街道）、市直单位每半月排查一次，村（社区）每周排查一次的信访矛盾纠纷排查制度，要求各责任单位对排查出来的矛盾纠纷按照"属地管理、分级负责，谁主管、谁负责"的原则，落实领导包案，全面压实主体责任和属地责任，将纠纷隐患解决在萌芽，化解在基层，从源头减少和预防矛盾风险。

【信访矛盾攻坚】 2022 年，兴宁市信访局对交兴宁市专项治理的重复信访案件，逐案进行梳理汇总、建立台账，实行分类动态管理；市包案领导通过开门接访、带案下访、深入一线、现场办公等方式，推动化解信访积案；对重复信访案件落实全员包案，对未按时办结的信访积案开展上门督查指导，列出问题清单，提出化解措施和解决问题路径，限期办结。2022 年，上级交办兴宁市的治理重复信访、化解信访积案信访事项 148 宗，历次交办的倒流件及"百日攻坚"行动交办的重点信访事项 18 宗，全部办结上报。

【信访督查督办】 2022 年，兴宁市信访局持续强化督查督办，督促推动相关部门单位提高质效，解决群众急难愁盼问题，特别是对案情复杂、诉求多元、社会影响面大、群众关注度高的信访突出问题，做到问题不解决不松劲、解决不彻底不放手、群众不认可不罢休，切实维护人民群众切身利益。加大交办督办力度，通过包问题化解、包思想疏导、包责任落实，做到"案结事了，事心双解"。

【信访条例宣传】 2022 年，《信访工作条例》（以下简称《条例》）颁布实施，兴宁市信访局通过开展法治宣传、悬挂宣传条幅、印发宣传资料等形式，重点宣传《条例》《中华人民共和国民法典》等法律法规和政策规定，宣传网上信访、阳光信访等信访工作制度改革的新举措，发放宣传资料 1000 余份，现场为群众答疑解惑 30 余人次。利用邮政广告传媒在全市 100 个社区视频点进行为期 6 个月的《条例》宣传视频播放。开展推进《条例》进乡村、进社区、进学校、进企业、进单位、进网络"六进"活动，悬挂横幅 600 余条，开设培训讲座 30 余场，在全社会营造办事依法、遇事找法、解决问题用法、化解矛盾靠法的氛围，全力提升基层依法自治的水平和能力。

【信访业务培训】 2022 年，兴宁市信访局组织各镇（街道）、各单位信访业务人员进行业务培训共计 4 场 158 人次，对初信初访、国家满意案件、重复信访案件、全省一体化信访信息系统等基础业务工作进行专题业务培训，将《信访工作条例》列为兴宁市委党校新时代基层干部培训班培训内容，提升信访干部业务素质和专业化水平，推进信访事项办理规范化。

（何　苑）

政务服务数据管理

【概况】 2022年，兴宁市政务服务数据管理局不断深化“放管服”改革，推进数字政府改革建设，“行政审批事项100%网上受理，100%网上办结”工作稳步开展。全年受理各类业务206.95万件，其中线上多渠道办结154.35万件，线下受理网上办结52.6万件。

【政务外网和政务云建设】 2022年，兴宁市政务服务数据管理局在升级改造市、镇、村三级电子政务外网基础上，用好671条政务外网，确保政务外网安全运行。推进政务云建设，梳理非涉密政务信息系统申报梅州统一迁移上云，“兴宁市惠民信息平台系统”等4个系统上线运行，“兴宁市政府党群子站集群系统”等2个系统正在上云前安全测评，“兴宁市全域旅游大数据平台”等2个系统正在部署迁移上云。

【电子政务建设】 2022年，兴宁市政务服务数据管理局推广电子证照和电子印章的应用，制发750个电子印章，累计使用次数113万次；梳理各单位有权限发证的证照清单163项，对接省数据资源一网共享平台电子证照系统，完成照面注册、制证签发工作，提交注册电子证照照面35个。

【“数字政府”平台建设】 2022年，兴宁市政务服务数据管理局持续推广“粤系列”平台应用。“粤省事”使用用户85.03万人，占本市户籍人数71.9%；“粤商通”注册用户7.14万户，注册率100%；“粤政易”开通人数1.57万人，实现一体化政务协同办公平台对接“粤政易”，54个单位实现“粤政易”在线审批公文。在全市504个村（社区）投放“粤智助”524台，推动上线涉税费业务34项，受理各类业务95152件。做好“粤省心”梅州市“12345”政务服务便民热线工作，全年热线工单办结满意率99.9%，未出现黄牌、红牌工单。

【政务事项改革】 2022年，兴宁市推进行政审批事项100%网上受理，100%网上办结工作，按照“应进必进”原则，推进政务服务事项100%进驻。医疗保障、社保、就业和人才、交通管理、税务、退役军人、公共法律、残疾人联合会8个服务分厅完成正式挂牌。全市1937项政务服务事项中，进驻政务服务中心1501项，进驻政务服务分厅436项。减少行政许可事项办理时间和跑动次数，即办件率99.3%，综合窗口受理率100%。

【惠民信息平台建设】 2022年，兴宁市政务服务数据管理局督促全市20个镇（街道）及时发布村级村务、党务、财务、“三资”（农村资金、资源、资产）数据，以及镇（街道）、村（社区）两级小型工程建设项目公开数据。督促相关单位、镇（街道）做好惠民信息平台咨询、投诉件的答复工作。累计发布惠民补贴信息2892万条，受益超51万人。

【政府网站建设】 2022年，兴宁市政务服务数据管理局深化政府网站建设，细化栏目分工，严格审核发布信息，及时发布准确信息。全年在政府网站发布稿件1.5万篇。完成HTTPS加密协议改造，强化安全漏洞监测，提高政府网站安全突发事件的应急处置能力，确保政府网站安全零事故。

【监督平台与效能建设】 2022年，兴宁市政务服务数据管理局推广线下窗口、线上平台政务服务“好差评”全覆盖，主动评价率99.3%。在线监察纳入惠民信息平台的54项惠民事项，38项村级村务、党务、财务、“三资”等基层治理信息，镇、村（居）两级小型工程建设项目数据发布以及接收到的咨询和投诉的答复实施，发出网上督办信息358次。“互联网＋监管”事项实施清单完成率100%，监管事项覆盖率89.4%。

（刘娟子　杨颖明）

招商和企业服务

【概况】 2022年，兴宁市围绕医疗器械、装备制造、电子信息、食品工业等重点产业方向开展招商引资工作，全年新签约合同项目19个（试产投产11个、在建7个、试营业1个），计划投资总额80.04亿元。其中，超亿元合同项目15个，计划总投资77.64亿元；工业合同项目15个，计划总投资32.36亿元。

【招商引资】 2022年，兴宁市外出招商引资18次，共50天。其中，市委、市政府主要领导带队外出7次，对接企业60余家。接待到兴宁考察企业、商协会210多批次。举办专题招商推介会4场次，组织各类商协会130余人次参加。在"广东省医疗器械高质量发展助力乡村振兴行"活动中向76家参会企业宣传推介兴宁。

【产业共建】 2022年，兴宁市招商和企业服务中心落实省、市关于对口帮扶的相关决策和部署，做好项目谋划和招商引资等工作。是年，兴宁市新引进广东火电、热导精密等产业共建项目5个，计划投资金额6.24亿元。

【企业服务】 2022年，兴宁市招商和企业服务中心按照"五个一"（一个项目、一名领导、一套专班、一套方案、一张清单）要求，为项目接洽、审批核准、开工建设、运营管理等提供全方位、全周期"保姆式"服务。全年组织或参加专题协调推进会32场，为新昌鞋业、红禾朗电工、热导精密等近20家企业解决用地、用工、用电、用水、环评、安全、防疫、融资等落地建设事项；协助5家企业高管的子女办理入学或转学手续17人，协助15家企业办理注册、刻章、银行开户等落户手续；为立讯技术、赐裕鞋业、海思智能等3家企业申报2021年度招商引资项目专向性扶持资金437.71万元，协助齐昌智联互联网产业园申请专向性扶持资金833万元。

（罗祖媛）

2022年兴宁市招商引资项目基本情况统计表

表8　　　　单位：亿元

项目名称	投资方名称	项目概况	计划投资额
FA工厂自动化零部件生产基地项目	深圳市鼎铭精密机械有限公司	主要从事丝杆支座、导向轴支座、带座轴承、锁紧螺母和各种精密零配件的研发、生产和销售	1.18
电子连接线的研发、生产和销售项目	钊进电器（兴宁）有限公司	主要从事研发、生产和销售家用电器、音响电子产品、电子线束、电线电缆、汽车线束、家电连接器、手机数据线、超高清连接线等	1
插座、开关等电工产品的研发、生产和销售项目	广东红禾朗电工有限公司	主要从事研发、生产、销售传统墙壁开关插座及智能中控开关插座等	6.3
光伏发电示范基地项目	中国能源建设集团广东火电工程有限公司	投资、建设运营100兆瓦光伏发电基地	4.5
年产5000吨EVA颗粒生产项目	广东显胜科技有限公司	主要从事新材料技术研发、EVA边角料、废旧塑料及塑料制品的回收、加工、销售	1
电子线材研发、生产和销售项目	东莞市丰进电子科技有限公司	主要从事弱电电网线材、汽车线材、手机充电线材、耳机线材、监控线材以及音响线材等产品的研发、生产和销售	1
铁氧体磁芯、电子变压器制造项目	兴宁市磁力电子科技有限公司	主要从事电子元器件、变压器、滤波器、电感、铁氧体软磁磁芯、电木骨架、电阻的研发、生产和销售	1
电子线材生产制造项目	苏州东舒美电子有限公司	主要从事电子线材的研发、生产和销售	0.5
兴宁市四望嶂120兆瓦光伏发电站项目	广东奇创网络科技有限公司	投资、建设运营120兆瓦光伏发电站	8

续表 8

单位：亿元

项目名称	投资方名称	项目概况	计划投资额
兴宁维也纳国际酒店项目	广东梓临国际酒店有限公司	投资建设、运营兴宁维也纳国际酒店	1.8
FFC 柔性扁平线、FPC 柔性线路板等电子元器件的研发、生产、销售项目	广东群硕电子技术有限公司	主要从事 FFC 柔性扁平线、FPC 柔性线路板、同轴线、铁氟龙线、磁性器件和智能设备等电子周边产品的研发、生产与销售	3.38
电子元器件等产品制造和销售项目	国旭科技（梅州）有限公司	主要从事电子元器件等产品制造、销售	0.5
电子摄像头研发、生产和销售项目	深圳市惠天下光电有限公司	主要从事微型摄像头的研发、生产和销售	1.1
广东和山休闲旅游产业园	广东和山文旅有限公司	主要打造融合农耕文化、田园风光、生态休闲、科普研学、康养宜居等内涵于一体的大型乡村公园式农业旅游综合体	38
嘉祐福农产品精深加工农旅项目	广东嘉祐福科技有限公司	主要采取“农户＋基地＋公司”的模式，从事精品食用油制作、富硒大米的种植加工及富硒米粉、客家米酒加工研制，并结合当地历史文化景观，打造集农业、旅游、休闲娱乐于一体的现代综合体项目，延伸农业产业链，促进一、二、三产业交叉融合，助力乡村振兴发展	3
电线、电缆生产制造项目	广东皇力仕精密有限公司	主要从事电线、电缆生产制造	0.5
医学影像等医疗设备及耗材生产制造项目	深圳市蓝韵实业有限公司	主要从事医学影像、体外诊断、呼吸麻醉、血液透析、动物医疗、家用医疗等医疗设备及耗材的研发、生产和销售	0.9
智能机床、医疗器械等生产制造项目	广东海思智能装备有限公司	数控机床、工业自动化及精密机械加工、模具机械产品的研发、生产和销售	1.5
年出栏 20 万头生猪育肥项目	广东佳宏农牧发展有限公司	主要建设规模化、标准化、现代化、自动化、年出栏 20 万头的生猪育肥基地	4.88

■ 中国人民政治协商会议广东省兴宁市委员会

【概况】 2022 年，中国人民政治协商会议广东省兴宁市委员会（以下简称兴宁市政协）坚持以习近平新时代中国特色社会主义思想为指导，紧扣团结民主两大主题，认真履行政治协商、民主监督、参政议政三大职能。全年召开全体委员会议 1 次，常务委员会会议 5 次，主席会议及党组（扩大）会议 21 次；开展专题调研视察 28 次，提交报告 11 篇；征集提案 119 件，立案 118 件；委员提交大会发言 15 篇，反映社情民意信息 83 条。

【重要会议】

市政协全会 2022 年，兴宁市政协召开 1 次全体会议。3 月 7—8 日，政协第十五届兴宁市委员会第二次会议在市会展中心举行。会议应到会委员 343 人，实到会委员 280 人。会议听取审议通过《政协常委会工作报告》《提案工作情况报告》。全体委员列席兴宁市第十六届人民代表大会第二次会议，听取讨论《政府工作报告》及其他报告。会议增补部分政协第十五届兴宁市委员会常务委员。

市政协常委会会议 2022 年，兴宁市政协召开 5 次常委会会议。2 月 25 日，召开十五届第 2 次常委会会议。会议传达学习中共十九届六中全会精神，梅州市委全会、兴宁市委全会和省、梅州政协会议精神；协商讨论市政府工作报告（征求意见稿），听取市政府办理市政协十五届一次会议提案情况通报，审议通过兴宁市《政协常委会工作报告

（草案）》《提案工作情况报告（草案）》《兴宁市政协委员履职量化考核办法（草案）》；会议审议通过市政协十五届委员会第二次会议议程和日程安排，增补市政协十五届委员会委员名单，邀请出席和列席市政协十五届二次会议人员的决定及名单，市政协十五届二次会议正、副秘书长，《政协常委会工作报告》和《提案工作情况报告》的报告人。会议决定，政协兴宁市第十五届委员会第二次会议将于3月7日至8日在兴城召开。3月7日，召开十五届第3次常委会会议。会议审议通过市政协十五届二次会议选举办法（草案）、增补选市政协常务委员候选人名单（草案）、市政协十五届二次会议选举大会监票人员名单（草案），审议市政协十五届二次会议决议（草案）。5月27日，召开十五届第4次常委会会议。会议传达学习习近平总书记近期重要讲话精神，举行全国两会精神专题辅导报告和提案写作专题培训。9月8日，召开十五届第5次常委会会议。会议传达学习习近平总书记近期重要讲话精神，通报兴宁市2022年上半年经济运行情况，听取相关部门对实体经济和工业园区建设情况报告，围绕“我市上半年经济运行情况及实体经济和园区建设情况”进行协商议政。12月22日，召开十五届第6次常委会会议。受新冠疫情影响，会议书面学习党的二十大精神，通报市政协十五届二次会议提案办理情况。

【调研视察】2022年，兴宁市政协常委会牵头对“铁山嶂矿区矿山生态修复、十村联动乡村振兴连片示范带建设、市人民医院整体搬迁建设、粮食安全生产、油茶产业发展、推进兴宁市高铁干线路网及站前综合广场项目规划建设、经济高质量发展”等课题组织专题调研，提出意见建议112条，形成11篇调研报告提交市委、市政府决策参考，均得到市委主要领导批示，并以工作通报发至各职能部门参考执行。

▲2022年12月14日，兴宁市政协委员视察兴宁市十件民生实事推进情况
（兴宁市政协办公室提供）

【提案办理】2022年，兴宁市政协收到提案119件，审查立案118件，办复率100%，委员满意率99%。在提案督办过程中，注重加强“提”“办”双方的沟通交流，协调解决工作中遇到的困难和问题，推动“壮大我市工业实力”“推进农业农村现代化”“医疗器械产业发展”“强化治污治堵”“做强文旅产业推进全域旅游”“中医药材产业发展”“青少年法制救济”“引进高质量卫生人才队伍”等一系列提案得到办理落实。

【协商监督】2022年，兴宁市政协通过大会协商、常委会议政、提案协商、界别协商等形式，围绕“全市经济运行情况、实体经济和工业园区建设、红色资源开发、营商环境营造、社会治理、乡村振兴、县域医共体建设”等进行协商议政，为市委、市政府决策部署提出参考意见建议106条。选派60多人次委员参与招商项目审核、考核评议、城区小学升初中电脑派位、社区党建等特邀监督活动。

【社情民意】2022年，兴宁市政协报送社情民意信息83条。文华二街井盖破损松动、侨港街乱摆乱卖、明珠商贸城路树存在安全隐患等群众反映的急难愁盼问题得到解决。

【委员工作室】2022 年，兴宁市政协委员工作室举办专题学习会 30 多场次，认真传达学习贯彻习近平总书记系列重要讲话精神，中共二十大精神，以及中央和省委、梅州市委、兴宁市委重要会议及文件精神。组织委员通过走访调研、座谈交流、实地查看等途径，深入基层开展调查研究，密切与群众之间的联系，并将群众关心的问题转化成大会发言、委员提案，及时向党委、政府反映，切实架起政协委员与人民群众之间的“连心桥”。

【联谊交流】2022 年，兴宁市政协密切与港澳台同胞、海外侨胞和各地兴宁商会的联系，前往广东省兴宁商会、广州市兴宁商会、中大客属纺织联谊会等社团开展走访联络工作，向在外委员寄送学习资料 480 份，宣传党和国家的方针政策、兴宁的发展成就，做好思想引领、凝心聚力工作。加强与各地政协的来往交流，全年接待外地政协到兴宁考察调研 10 场次。

【公益慈善】2022 年，兴宁市政协委员们为乡村振兴、医疗卫生、疫情防控、教育基金、济困助学、道路建设等家乡公益事业奉献爱心，累计为民办好事实事 530 多件，捐款捐物 900 多万元。

（罗远文）

■ 中共兴宁市纪律检查委员会　兴宁市监察委员会

【概况】2022 年，中共兴宁市纪律检查委员会、兴宁市监察委员会（以下简称兴宁市纪委监委）围绕贯彻落实习近平总书记重要讲话和重要指示批示精神，坚持严的主基调，深入开展党风廉政建设和反腐败斗争，坚定不移推动全面从严治党向纵深发展，一体推进“三不”（不敢腐、不能腐、不想腐）机制建设，为加快实现兴宁老区苏区全面振兴发展提供坚强政治保障。严明政治纪律和政治规矩，立案审查违反政治纪律案件 1 件，处分 1 人。巩固拓展落实中央八项规定精神成果，查处“四风”（形式主义、官僚主义、享乐主义和奢靡之风）问题 43 个，处分 112 人。深化基层正风肃纪反腐，立案查处涉黑涉恶腐败和“保护伞”问题案件 9 件 18 人。保持惩治腐败高压态势，立案 324 件 324 人，其中科级干部 40 人，挽回经济损失 1624.23 万元。严管厚爱结合，运用“四种形态”（批评和自我批评要经常开展，让咬耳扯袖、红脸出汗成为常态；党纪轻处分和组织处理要成为大多数；对严重违纪的重处分、作出重大职务调整应当是少数；严重违纪涉嫌违法立案审查的只能是极少数）批评教育帮助和处理 927 人次。深化政治巡察，完成十四届兴宁市委第一、二轮巡察，有力有序推进巡察全覆盖；在全省率先开展镇（街道）配备巡察专干试点工作，全市 20 个镇（街道）成立巡察专干办公室，选配巡察专干 69 人。

【中国共产党兴宁市第十四届纪律检查委员会第二次全体会议】2022 年 2 月 18 日在兴城召开。兴宁市委书记宋才华出席会议并讲话，市委副书记、市长洪国华传达习近平总书记在十九届中央纪委六次全会上的重要讲话和十九届中央纪委六次全会、十二届省纪委七次全会、八届梅州市纪委二次全会精神，市委常委、市纪委书记罗文波代表市纪委常委会作《弘扬伟大建党精神、保持自我革命定力，奋力推进新时代纪检监察工作高质量发展，为兴宁苏区加快振兴共同富裕提供坚强保障》的工作报告。

【践行“两个维护”】2022 年，兴宁市纪委监委把认真学习贯彻习近平新时代中国特色社会主义思想作为首要政治任务，市纪委常委会落实“第一议题”制度，专题传达学习习近平总书记重要讲话和重要指示批示精神 22 场次。巩固拓展党史学习教育成果，学习贯彻中共二十大精神，班子成员带头讲专题党课 30 场次，组织党员干部开展集中学习研讨 58 场次，参观革命教育基地 116 人次。围绕习近平总书记重要讲话、重要指示批示精神和党中央重大决策部署以及省委、梅州市委、兴宁市委工作部署强化政治监督，严明政治纪律和政治规矩，立案审查违反政治纪律案件1件，处分1人；聚焦中央环保督察反馈问题整改，对140件案件整改情况开展“回头看”；聚焦林业违法图斑整治，对14宗涉林违法案件开展督查，问责党组织7个，问责56人；聚焦违法用地图斑整治，调查核实占耕违建案件3件，督促拆除违法建筑，追责问责12人。对广东省纪委监委反馈的8个问题跟进督办，约谈提醒市直有关单位领导干部7人，推动问题整改到位。把好选人用人政治关、廉洁关，出具党风廉政意见997人次，提出建议暂缓使用、不宜使用意见11人。

【反腐倡廉】2022年，兴宁市纪委监委坚持严的主基调，把纪律挺在前面，受理信访举报277件，立案324件324人，其中科级干部40人；给予党纪政务处分304人，挽回经济损失1624.23万元，移送检察机关依法审查起诉3人，采取留置措施3人。重点查处兴宁市人民医院设备科原负责人刘某某等违纪违法案件，协助配合省纪委监委、梅州市纪委监委查办多起案件。

【日常监督】2022年，兴宁市纪委监委贯彻落实《中共中央关于加强对“一把手”和领导班子监督的意见》，向新任市管“一把手”发送廉政提醒函19份，组织“一把手”向兴宁市委书面述责述廉90人，约谈提醒“一把手”17人次。全年开展谈话函询8件次，督促各级党组织开展谈话提醒2136人次；组织暗访110批次，发现纠正问题15个、责任追究4人；运用“四种形态”批评教育帮助和处理927人次，其中第一、二、三、四种形态分别占比66.7%、28.5%、2.6%、2.2%；问责党员领导干部37人。各派驻（出）机构督促相关部门整改问题234个，谈话提醒168人次。常态化加强疫情防控监督，成立监督专班8个、督查组14个，紧密结合疫情防控形势任务变化跟进监督、精准监督。

▲2022年9月15日，兴宁市“喜迎二十大·翰墨传廉韵”廉洁书画作品展开展

（兴宁市纪委监委办公室提供）

【“四风”纠治】2022年，兴宁市纪委监委整治推诿扯皮、玩忽职守、不担当不作为等突出问题，全年查处形式主义、官僚主义问题16个，给予党纪政务处分26人。整治违规吃喝、违规收送礼品礼金、违规发放津贴补贴、公务接待中“吃公函”等突出问题，全年查处享乐主义、奢靡之风问题27个，给予党纪政务处分86人。开展党政机关和事业单位主责主业项目违规外包问题专项整治，联合组织部门整治领导干部违规兼职取酬问题，督促立行立改问题11个。

【基层正风反腐】2022年，兴宁市纪委监委持续纠治群众身边腐败和作风问题，聚焦教育医疗、养老社保、生态环保、安全生产、食品药品安全、政务服务以及乡村振兴等领域群众反映强烈的突出问题，加强“室组地”［纪检监察室、派驻纪检监察组和乡镇（街道）纪（工）委］联动监督，严肃查处贪污侵占、虚报冒领、截留挪用、吃拿卡要、优亲厚友等行为，查处问题61个，给予党纪政务处分135人。常态化推进“打伞破网”，立案查处涉黑涉恶腐败和“保护伞”问题9件18人。监督推动行政审批事项“100%网上受理、100%网上办结”改革落实，组织市监委特约监察员开展生态环境保护、营商环境调研督查。

【“三不”一体推进】 2022年，兴宁市纪委监委加强常态化纪律教育和警示教育，举办纪律教育学习月活动，组织开展“七个一”（观看警示教育片、举办廉洁书画作品展、参观廉政教育基地、旁听法院庭审、开展廉洁公益宣传、党组织书记上廉政专题辅导课、廉洁文化进机关各一次）活动，摄制《扬浩然正气，树清廉家风》宣传片，联合兴宁市妇联开展“家风大讲堂”巡回宣讲活动。推进以案促改、以案促治，协助兴宁市委召开以案为鉴以案促改专题民主生活会，指导督促2个单位召开警示教育专题民主生活会，通报曝光党员干部酒驾醉驾典型案例6件，向相关部门及镇（街道）提出纪检监察建议22次，跟踪帮助教育受处理处分党员干部256人次。制定《兴宁市村(社区)干部受处分(处理)后补贴减扣办法》，推动农村基层干部依规依纪依法廉洁履职。

【深化政治巡察】 2022年，兴宁市纪委监委（兴宁市委巡察机构）落实省委、梅州市委巡视巡察工作部署，协调配合开展涉粮领域专项巡察、八届梅州市委第一轮县级交叉巡察、乡村振兴资金管理使用暨农村集体“三资”管理专项巡察，完成十四届兴宁市委第一、二轮巡察，巡察党组织154个，发现问题1225个、线索15件，向兴宁市委呈报巡察专题报告3份。抓严抓实巡察整改工作，上一届兴宁市委巡察整改完成率99%。在全省率先开展镇（街道）配备巡察专干试点工作，全市20个镇（街道）成立巡察专干办公室，选配巡察专干69人；建立镇（街道）巡察专干工作制度，安排12名巡察专干参加兴宁市委第二轮巡察，选派50名巡察专干开展村（社区）巡察整改督查，发现并督促整改问题36个。

▲2022年10月12日，兴宁市福兴街道巡察专干办公室揭牌
（兴宁市纪委监委办公室提供）

【纪检监察队伍建设】 2022年，兴宁市纪委监委持续抓好全员培训，举办纪检监察、巡察业务培训班12场次，选派18名业务骨干到省、梅州市纪委监委跟班学习、协助办案和巡察。加强镇(街道)纪检监察干部队伍建设，对各镇（街道）纪检监察组织履职情况开展调研，强化人员配备和机制健全。聘请兴宁市监察委员会特约监察员14人，主动接受外部监督。加强严管严治、自我净化，严防“灯下黑”，立案查处干部1人。

（罗双辉　杨　昊）

民主党派

民革兴宁市委员会

【概况】 2022年，民革兴宁市委员会有基层支部4个，成员80人。其中，具有中高级职称的有74人，占92.5%；大专以上文化程度78人，占97.5%。全年加入民革兴宁市委员会4人。

【参政议政】 2022年，民革兴宁市委员会积极参加中共兴宁市委、市政府、市人大、市政协及市委统战部和有关职能部门召开的各种民主协商会、征求意见会、座谈会和情况通报会。围绕市委市政府中心工作，就反腐倡廉、贯彻落实统战工作会议精神、保障和改善民生、产业发展和城市建设等提出意见建议。民革兴宁市委员会的政协委员在兴宁两会期间提交政协提案8件。

【组织建设】2022年10月30日，民革兴宁市委员会召开民革兴宁市第八届第10次党员代表大会，完成市委委员及副主委届中补选工作，会议选举产生何宇科、伍映平为民革兴宁市第八届委员会副主任委员，曾文君、吴宇戈当选为民革兴宁市第八届委员会委员。是年，新加入民革兴宁市委员会4人。

（谢毅韬）

民盟兴宁市委员会

【概况】2022年，民盟兴宁市委员会有基层支部9个，盟员216人，其中具有中高级职称的200人，约占91%；大专及以上学历205人，约占93%。担任市县人大代表、政协委员的有23人，其中张颂华主委担任兴宁市人大常委，罗高、农楚凤、刘文高、何颂婷、钟昭君为兴宁市政协常委。张颂华和罗高被邀请为兴宁特约监察员。张颂华担任龙田中学副校长，李勇、何凯担任兴宁人民医院副院长，邓于醉担任永和镇副镇长。

【参政议政】2022年，民盟兴宁市委员会围绕市委、市政府和群众关心的热点难点问题，深入调研、反映实情，为兴宁经济社会发展建言献策。积极参加中共兴宁市委、市政府、市人大、市政协及市委统战部和有关职能部门召开的各种民主协商会、通报会、征求意见会、座谈会和情况通报会。围绕市委、市政府中心工作，先后就反腐倡廉、贯彻落实统战工作会议精神、保障和改善民生、产业发展和城市建设等方面，提出意见和建议。以兴宁人大、政协两会作为履行参政议政职能的重要平台，在兴宁两会期间提交人大议案、政协提案16件。议案、提案内容涉及民生、教育、“三农”、城市建设、生态环境等问题。2022年列入重点建议1件、重点提案1件，其中张颂华在人大会议上提出的《在“双减”政策下，中小学生应加强体育锻炼增强体质》被确定为兴宁人大重点建议，农楚凤在政协会议上提出的《关于加速壮大我市工业实力的建议》被确定为由市委、市政府领导亲自牵头督办的重点提案。全年多次组织调研活动，分别深入招商和企业服务中心、叶塘工业园区等实地考察，形成调研报告《关于大抓招商引资 助力经济高质量发展的调研报告》，并成为政协大会发言材料。民盟兴宁市委员会的人大代表、政协委员、特约监察员认真履行协商、监督职责，充分利用人大视察、政协视察、议案提案办理会、大会发言等形式开展民主协商与监督。

【组织建设】2022年，民盟兴宁市委员会加强思想建设，坚定正确的政治方向，以开展坚持和发展中国特色社会主义学习实践活动为主线，通过传达会议精神、下发学习资料、举办报告会、组织座谈会等形式，不断提高盟员的思想政治素质，夯实多党合作思想政治基础。5月17日，梅江区政协副主席、民盟梅江区总支主委徐莉率队到兴宁开展“矢志不渝跟党走、携手奋进新时代”政治交接主题教育活动，开展座谈交流，加强两地民盟基层组织的交流与联络。5月27日，开展“矢志不渝跟党走、携手奋进新时代”政治交接主题教育活动，传达民盟广东省委会、民盟梅州市委会关于开展“矢志不渝跟党走，携手奋进新时代”政治交接主题教育的安排部署和工作要求，下发《民盟兴宁市委会开展“矢志不渝跟党走、携手奋进新时代”政治交接主题教育工作方案》，对政治交接主题教育工作进行动员部署。7月1日，梅县区体育局局长、民盟梅县区主委叶柳华率队到兴宁开展“同心庆七一　永远跟党走”主题教育活动，并开展座谈交流。9月1日，召开以“喜迎二十大　永远跟党走　奋进新时代”为主题的庆祝教师节座谈会，与全体委员、盟员教师代表20多人共话兴宁市教育发展。

2022年4月，民盟兴宁市委员会增设华侨中学支部，张玲波任支部主委；6月，原进修学校支部改名为城区二支部，邓于醉任支部主委；7月，原城区支部改名为城区一支部，罗尚锋任支部主委。全年共发展盟员10人。坚持正确的用人导向，强化民盟组织建设，做好后备干部队伍的推荐工作。

【社会服务】2022年，民盟兴宁市委员会关心社会热点难点问题，热衷于公益事业。3月8日，与坭陂镇政府进行联合植树活动，盟员曾祥胜捐款4万元用于购买树种。5月31日，牵头到宁中镇石岭村开展由谢艳红委员主讲的“压力管理和心理调适”心理健康知识讲座。

（农楚凤）

民建兴宁市委员会

【概况】2022年，中国民主建国会兴宁市委员会（以下简称兴宁民建）有会员116人，主委1人、副主委1人、委员9人，下设4个基层支部和1个企业家工作委员会。有兴宁市人大代表3人，兴宁市政协委员16人，兴宁市特约监察员1人。

【参政议政】2022年，兴宁民建的人大代表、政协委员们认真履职，积极建言献策，提交集体提案2篇，个人提案11篇。其中，《关于充分利用兴宁丰富的客家文化资源、红色文化资源，打造旅游强市的建议》《做强文旅产业，推进全域旅游》2篇提案被兴宁市政协评为重点提案。《做强文旅产业，推进全域旅游》集体提案还被评为优秀提案，并作为兴宁政协会议发言材料予以采用。全年完成《大力发展实体经济，推动经济高质量发展》《提升农村人居环境，助力乡村振兴发展》《加强技工人才培养，为发展实体经济提供有力支撑》《切实落实“双减”政策，提升义务教育水平》调研报告4篇。

【组织建设】2022年，兴宁民建新发展会员3人，其中公务员2人、企业家1人，全部为大专及以上学历，平均年龄37岁。

【社会服务】2022年，兴宁民建勇担社会责任，积极做好社会服务工作。3个支部联合兴宁市人民医院医务人员到石马镇中心卫生院开展义诊志愿活动。企业家工作委员会向会内企业家、爱心人士发起“同舟共济，共克时艰，驰援丰顺抗疫”倡议，募集防疫资金5.78万元及防疫物资一批。号召和发动民建会员为家乡建设、助学圆梦、乡村振兴等事业奉献力量，全年民建会员捐款100多万元。

（杨艺敏）

■ 群众团体

兴宁市总工会

【概况】2022年，兴宁市总工会属下有工委会20个，基层工会483个，工会会员47923人。新成立工会组织28家，新发展会员2758人，其中农民工会员2100人。

【工会组建和规范化建设】2022年4月23日，兴宁市在市会展中心召开兴宁市工会第十八次代表大会，选举产生出兴宁市总工会第十八届委员会，刘瑞灵当选主席，曾勇威当选常务副主席，陈飞泉、陈洁红当选副主席。是年，在宁中小学和水口中学成立“教工之家”，在兴宁市毅德城2号广场建成1个工会爱心驿站；落实女教职工“五期”保护和完善“三孩政策”配套服务设施，分别在市二小、黄岭小学工会创建“工会爱心妈妈小屋”。严格执行工会财务管理规定，全年完成税务代收工会经费56.62万元，产业上缴工会经费10.05万元；兴宁市总工会经费审查委员会对103家基层工会收取预算报表，对11个镇（街）工会联合会、30个基层工会进行经费审查。

【帮扶慰问活动】2022年，兴宁市总工会在春节期间统筹活动资金156万元，开展“送温暖”活动，各类走访慰问活动16场次，慰问救济困难企业25家，受益职工2600人，登门慰问特困职工（含农民工）363人，孤、寡、残疾、离退休职工104人；慰问患重大疾病职工45人；慰问困难劳模11人；为非梅州籍农民工、新业态劳动者、疫情一线职工共2500人发放慰问礼包，金额37.5万元。“三八”妇女节期间，慰问困难女职工30人共1.5万元。联合卫健局举行“致敬兴宁市援沪医务人员”慰问活动，现场为援沪医务人员发放1000元慰问金；看望慰问援藏医务人员并发放3000元慰问金；为29名重症病职工发放慰问金8.7万元；为受灾职工发放慰问金2万元；帮扶3家受疫情影响严重的企业3万元。“六一”儿童节期间，携手兴宁市善小助学协会对兴宁市部分困难职工子女

▲2022年6月16日，兴宁市总工会联合卫健局举行“致敬兴宁市援沪医务人员”慰问活动（罗柳芳 摄）

开展关爱活动，为10多名特困儿童发放500—1000元不等的助学金。

【服务职工活动】 2022年，兴宁市总工会开展“春送岗位”活动，组织线上招聘会，有85家民营企业提供岗位信息212个，130名求职者与用人单位达成就业意向；开展困难职工家庭应届高校毕业生阳光就业暖心行动；举办各类线上线下招聘会20场，其中线上招聘19场，招聘企业数208家，发布岗位数6960个，达成就业意向人数1585人次，成功就业734人。在“粤工惠”上举行“中国梦·劳动美——喜迎二十大 建功新时代”工会知识竞答赠话费活动，共4320人次参加。组织全市基层工会参加“中国梦·劳动美”梅州市职工线上亲子诵读活动，有217个家庭参加，12件作品入围获奖；投入3万余元，到6家企业开展“送书下企业活动”，赠书2000多册。开展“夏送清凉”慰问活动，筹集资金10万元用于购买凉茶及防暑药品，惠及户外一线职工约2500人。全年新办、续办职工医疗保险109份，办理女职工安康险保险146份、住院医疗综合保险516份及住院津贴120份。

【劳模评选和劳动竞赛】 2022年，兴宁市总工会做好劳模认定建档、劳模荣誉津贴发放、劳模和工匠人才创新工作室创建工作，对企业劳模待遇落实情况进行督查。是年，兴宁市龙江建材实业有限公司曾思林获评“广东省五一劳动奖章获得者”，梅州市金绿现代农业发展有限公司加工部获评“全国工人先锋号”（班组）。组织兴宁市有关企业参加全国和省“安康杯”竞赛组委办发起的系列竞赛活动，举办群众性安全生产活动；组织供电、华威化工等19家企业参加“全国职工新《中华人民共和国安全生产法》知识竞赛答题暨安全文化宣传活动”，征订下发参赛试卷1500份。

【职工权益维护】 2022年，兴宁市总工会聘请5名律师担任10家大型企业常年法律顾问，接待职工来信来访、来电10人次，其中调查落实件口头或书面回复10宗，收到网络舆情2宗，调查核实处理2宗，追讨欠薪14.94万元。举办工资集体协商培训班，签订专项集体合同47份，其中100人以上企业有37份；续签行业工资集体协议3份。联合兴宁市立讯电子有限公司开

▲2022年12月1日，兴宁市总工会开展“尊法守法 携手筑梦”服务农民工公益法律服务活动（罗柳芳 摄）

展“美好生活·民法典相伴”和《中华人民共和国工会法》(2021年修正版)普法宣传进企业活动，发放宣传资料400余份，现场解答法律咨询47人；做好集体协商、厂务公开工作，至年底，全市国有、集体及其控股企业厂务公开率为100%，已建会企业签订专项集体合同5份，其中100人以上企业1份；续签行业工资集体协议1份。

（罗柳芳）

共青团兴宁市委员会

【概况】2022年，共青团兴宁市委员会有团组织1531个，其中团（工）委71个、团总支3个，团支部1456个，团干部1946人，团员27246人，其中年内新发展团员910人。

【共青团组织建设】2022年，共青团兴宁市委员会召开共青团兴宁市第十七次代表大会，选举产生共青团兴宁市第十七届委员会领导班子、委员、候补委员，新增挂兼职副书记3人。成立以市委书记任组长的兴宁市县域共青团基层组织改革工作领导小组，印发《兴宁市县域共青团基层组织改革工作分工方案》，召开兴宁市县域共青团基层组织改革工作动员部署会。落实基层团组织书记述职评议考核制度，召开基层团组织书记述职评议考核会议。响应“智慧团建”业务申请50375笔，转出毕业班团员数4041个。推动全市14个“两新”组织成立团组织。推动全市中小学全覆盖成立少工委，将队建纳入学校党建内容，100%落实每周1课时“少先队活动”课。推进“红领巾奖章”评定工作，871名同学获梅州市2021—2022年度“红领巾奖章”个人三星章，9个大队、22个中队获集体四星章。

【青少年思想道德建设】2022年，共青团兴宁市委员会开展“喜迎二十大　永远跟党走　奋进新征程”“党的青年运动史”主题教育实践活动。开展“习近平总书记在庆祝中国共产主义青年团成立100周年大会上的重要讲话精神”专题学习，全市12.45万名青少年参与收看学习。组织理论学习中心组学习12次，开展“第一议题”学习12次。72名团干讲党团课146场。组织全市团员青年开展“青年大学习”网上主题团课32期，学习人数近57万人次。选拔24名优秀青年代表组建“青年讲师团”，深入基层一线开展宣讲活动48场，覆盖青少年超过2500人次。开展“喜迎二十大·强国复兴有我”2022年兴宁青少年共读红色经典、“弘扬好家风好家教”2022年兴宁红领巾主播新声音、“喜迎二十大　永远跟党走　奋进新征程”亲子诵读、兴宁市青少年思想政治理论课评选等活动。策划推出6期《“青春引擎·助力乡村振兴”我为家乡代言遇见最美兴宁》视频，播放量逾45万次。至年底，“青春兴宁”微信公众号发布推文187条，阅读量26.4万人次，粉丝量1.5万人。

【青年志愿服务】2022年，共青团兴宁市委员会健全市（县）镇村三级志愿服务组织体系，完善兴宁市志愿联合会规范化建设。开展“争当护河志愿者、保护兴宁河更清”河小青巡河护河、“拾分美丽”青少年助力垃圾分类、植树造林、森林防火宣传值守等志愿服务活动700多场次，参与志愿者1.5万人次。组织40余名志愿者在全市4个高考考场外开展便民志愿服务。组织40余名志愿者开展文明交通志愿服务。全年组织动员各级团组织、广大团员青年、志愿者开展疫情防控志愿服务520场，参与志愿者1.5万人次。至年底，全市注册志愿者人数6.65万人，注册志愿服务组织及团体393个，开展志愿活动数14152个，服务时长162.2万小时。

【青少年创业就业】2022年，共青团兴宁市委员会召开兴宁市中长期青年发展规划实施工作联席会第二次会议。深入实施乡村振兴青春建功行动，在径南镇、水口镇和黄槐镇建设镇级青少年综合服务阵地示范点。组织51名高校毕业生到17个乡镇开展“志愿服务乡村振兴行动”，40名高校毕业生到20所乡镇学校开展支教志愿服务。实施“展翅计划”，发动机关、企事业单位为高校学生提供150个实习岗位。青年文明号集体全年开展活动55场次，参与服务3000多人次，其中，1个集体被授予“一星级全国青年文明号”称号。实施全国大学生“返家乡”社会实践计划，举行兴宁市 2022 年返乡大学生创业就业暨青年人才座谈会，近 50 名高校大学生走进兴宁市各地参观实践；50 个实习岗位供兴宁籍返乡大学生参与社会实践。

【公益组织建设】 2022 年，共青团兴宁市委员会举办“工青妇搭鹊桥共建文明兴宁”2022 年兴宁市青歌会交友联谊活动，服务机关企事业单身青年近百人。持续开展“城市支教”等志愿服务活动 56 场次，服务志愿时长 784 小时，惠及青少年学生 1600 多人。全市 5 个全国“童心港湾”示范点，依托服务站点常态化开展关爱留守儿童活动，全年开展公益活动 210 场次，服务少年儿童 4500 多人次。持续推进实施“助星圆梦”计划，全年资助贫困大学生 31 人共 18.6 万元。实施“圆梦计划”，24 名新生代产业工人考入大学。组织球队参加 2021 年梅州市五四青年足球比赛，其中兴宁东御公司足球队获冠军。

（郭欣如）

兴宁市妇女联合会

【概况】 2022 年，兴宁市妇女联合会（以下简称兴宁市妇联）开展“美丽家园”建设助力乡村振兴，“三八”国际妇女节期间表彰 5 个兴宁市“美丽家园”示范村，10 户“美丽家园”示范户。牵头在全市开展“富美家园”建设行动，印发《兴宁市“富美家园”建设行动实施方案》；牵头组织完成妇女儿童规划（2021—2030 年）的编制工作，于是年 8 月印发实施；推荐兴宁市 1 人被省人力资源社会保障厅、省妇儿工委授予“广东省实施妇女儿童发展规划先进个人”称号。

【妇女创业就业服务】 2022 年，兴宁市妇联引导现有巾帼创业示范基地、广东省巾帼家政服务联盟成员单位发挥作用，带动广大妇女群众增收致富。争取妇女创业小额担保贷款贴息项目，共发放项目贷款 135 万元，扶持 14 名妇女创业发展。全面实施“南粤家政”工程，举办家政技能培训班 6 期，共惠及 300 多名妇女群众。

【妇儿权益保护】 2022 年，兴宁市妇联线上线下同步开展普法宣传，“三八”国际妇女节期间制作 5 期“普法维权 美好相伴”普法宣传公益微课堂在电视台、微信公众号、网站、户外电子显示屏等多维宣传。是年，广东省妇女维权与信息服务站（兴宁站）受理妇女来信来电来访 283 宗，服务 332 人次，开展户外宣传、教育讲座、民生座谈会等活动 16 场次、服务 2000 人次。实施“护苗行动”保障女童人身权益，全面排查重点儿童 1747 人、重点妇女 2405 人、重点家庭 1069 个，并建立数据台账，由基层妇联执委、妇女骨干、巾帼志愿者结对帮扶。

【家庭文明建设】 2022 年，兴宁市妇联常态化开展寻找“最美家庭”“优秀书香家庭”“自强不息好少年”“孝老敬亲好媳妇”等活动。其中获评广东百户“最美家庭”1 户，广东五好家庭 1 户，梅州市“最美家庭”1 户，梅州市“优秀书香家庭”1 户，梅州市“自强不息好少年”3 人，梅州市“孝老敬亲好媳妇”2 人，兴宁市妇联寻找“最美家庭”10

▲ 2022 年 4 月 29 日，兴宁市妇联到兴田街道城北社区开展“巾帼心向党 喜迎二十大”红色家风宣讲会 （兴宁市妇联提供）

户，“优秀书香家庭”5户。引导先进典型家庭个人发挥示范作用，带动广大妇女学习先进、争当先进。

【家庭教育服务】 2022年，兴宁市妇联选聘21名第二批家庭教育讲师团成员，形成一支专业化、规范化的家庭教育指导服务队伍，相继开展《家庭教育促进法》宣传讲座、“精神的力量”——中国共产党人精神谱系图文巡展、“少年儿童心向党——亲子共沐书香 强国复兴有我”亲子阅读、传统节日亲子主题活动、关爱留守儿童公益活动等30场。

【帮扶关爱行动】 2022年，兴宁市妇联通过“爱心大联盟”、叶剑英基金会资助、节日慰问等形式，争取各级资金32万元，帮扶困境妇女儿童182人次。链接农村贫困母亲关爱工程及“两癌救助”项目，为29名患病妇女争取25万元救助。为2.88万名妇女购买“两癌”（宫颈癌、乳腺癌）健康保险，理赔9人共3.1万元。开展适龄女生HPV疫苗免费接种宣传，全年有5697名初一女生免费进行接种。

【妇联组织建设】 2022年，兴宁市妇联的机构编制方案重新调整，内设办公室和妇女儿童部，行政编制7名，兴宁市妇女儿童工作委员会办公室职能划入兴宁市妇联。5月，在国家税务总局兴宁市税务局第一税务分局创建梅州市首个“广东省三八红旗工作室”。

（杨　凌）

兴宁市科学技术协会

【概况】 2022年，兴宁市科学技术协会（以下简称兴宁市科协）推进阵地建设、青少年科普、民生科普等重点工作，推动兴宁科协事业发展。是年，兴宁市科协获评2022年广东省全国科普日活动优秀组织单位、2022年度基层科协组织建设及提升基层科协组织力“3+1”工作先进单位；兴宁市成功申报认定县级科普基地3个。全市有乡镇（街道）科协20个，获评2022年梅州“最美科技工作者”1人。

【科普阵地】 2022年，兴宁市科协以加强基层科普阵地建设为抓手，充分调动和整合优质资源，创新活动形式，提升科普服务能力，拓展科普宣传平台，组织开展2022年县级科普示范（教育）基地申报认定工作暨兴宁市科普基地考核工作。保仪生态科技(广东）有限公司、广东红色光夏文旅有限公司、罗浮中学3家单位经申报评审，被授予2022年度兴宁市科普教育基地称号。

【青少年科普】 2022年，兴宁市科协邀请气象科普专家在兴宁市第十小学举办以“早预警、早行动”为主题的气象科普进校园活动，普及气象科普知识。在兴宁市科普基地开展“践行社会主义核心价值观”——未成年人爱国主义教育宣讲活动，加强未成年人爱国主义教育。联合市应急管理局等相关部门在沐彬中学开展中小学生安全教育科普进校园活动，普及安全知识，提高学生灾害防范意识和自救能力。以科学实验表演、机器人展演、科学讲座等形式到龙田中心小学开展科普进乡村校园活动，提升少年儿童的科学素养和培养科学兴

▲2022年9月19日，兴宁市科协在罗浮镇开展“喜迎二十大 科普向未来”——兴宁市全国科普日宣传活动　（兴宁市科协提供）

趣，丰富农村少先队员课外生活。组织学生参加青少年科技创新大赛活动、中小学创客创作大赛活动等特色科普教育活动，推进未成年人科学素质行动。全年举办青少年科普活动5场，惠及师生2万多人。兴宁市中小学获得梅州市级一等奖2项、二等奖4项、三等奖7项，优秀组织单位1项，优秀科技辅导员1项。

【民生科普】2022年，兴宁市科协组织科普志愿者到新陂社区、罗浮镇开展科普宣传活动，向居民群众发放防灾减灾宣传资料、有害生物消杀药物、接受咨询等。邀请农技专家深入径南镇、合水镇、罗岗镇等开展农业科技培训，提升农民农业生产技能。组织科普志愿者在罗岗镇举办“全国科技活动周”科普进罗岗宣传活动，向群众普及科学知识和生活常识。组织多家本地企业在兴宁市高级技工学校举办科技成果展览。邀请专业医师先后到宁新福利院、兴宁市福利院、兴福养老院等开展义诊活动，免费为老年人、残障人士进行眼部健康咨询、诊疗等，积极宣传眼健康知识，提倡用眼健康的良好生活习惯，减少眼疾发生。组织科普教育（示范）单位到中小学校开展近视眼防控科普工作，预防和减少青少年近视眼的发生率。全年开展科普进农村、进社区志愿服务活动26场，安排志愿服务活动430人次，发放宣传资料1万多份，消毒水、灭蟑药、灭蚊药等5000多份，展出科普展板300余块次，接受科普知识咨询1800余次，受益群众3万余人。

（胡　珊）

兴宁市归国华侨联合会

【概况】2022年，兴宁市归国华侨联合会（以下简称兴宁市侨联）围绕全市发展大局，充分发挥优势做好“侨”文章。全年走访慰问困难归侨侨眷105人次，发放慰问金及物品24万多元。做好侨商投资（广东）大会兴宁市筹备工作，摸查梳理出兴宁市重点招商项目20项，投资估算190.24亿元。

【联情联谊】2022年，兴宁市侨联通过微信、电话、电子邮件等方式加强与海外侨胞的亲情乡情联络，向海外传递温情与问候。做好联络接待工作，全年会见拜访侨领及其亲属20多人次，并到梅州市留学人员发展联合会交流工作。国庆前，召开侨界人士座谈会，12名侨界人士代表欢聚一堂，共叙乡情、共谋发展，迎接党的二十大胜利召开。

【侨界民生】2022年，兴宁市侨联经审核符合纳入低保的困难归侨有10人，发放帮扶金3万元；经审核符合困难归侨临时帮扶金的有40人，发放帮扶金19万元。6月，受持续暴雨影响，大坪镇受灾严重，广东省侨界仁爱基金划拨兴宁市侨联1万元用于购买抗洪救灾物资，并将物资发放到大坪镇受灾归侨侨眷及群众手中。广东省侨心慈善基金会送来爱心棉衣100件，均发放到有需要的困难归侨侨眷手中。

【维护侨益】2022年，兴宁市侨联接到群众来信来访1件，涉访人数2人次，对来信来访所反映的问题，在规定时间内对信访问题进行答复。10月，与市人民法院联合在法院设立涉侨纠纷诉调对接工作室，成立涉侨纠纷多

▲2022年8月17日，兴宁市侨联到梅州市留学人员发展联合会交流工作
（陈如莲　摄）

元解纷领导小组，组建调解员队伍，全面提升涉侨纠纷多元化解工作的质量和效率。

【服务侨商】2022年，由兴宁市侨联牵头组织开展兴宁市中国侨商投资（广东）大会兴宁市筹备工作，通过详细了解涉侨企业项目的真实情况，甄别侨资侨属企业身份，摸查梳理出全市重点招商项目20项，投资估算190.24亿元；侨商投资、贸易项目投资、贸易总额50.9亿元；侨商投资意向项目1项，拟投资总额50亿元。

【参政议政】2022年，兴宁市侨联在兴宁两会召开前组织侨界代表委员认真学习习近平新时代中国特色社会主义思想、党的二十大精神和与参政议政相关的各方面知识，提高侨界参政议政能力水平。与侨界人大代表和政协委员围绕全市热点难点问题，探索参政议政新思路、新方法和新途径，协助侨界人大代表和政协委员收集建言献策素材。

（王　佳）

兴宁市工商业联合会

【概况】2022年，兴宁市工商业联合会有企业会员301个，团体会员7个，全年发展企业会员32个。全年兴宁市工商业联合会完成工商联系统12个专题的云上问卷调查，参与企业家360人。会员企业梅州市金绿现代农业发展有限公司获得2022年首届全国预制菜创新创业大赛总决赛铜奖。

【参政议政】2022年，兴宁市工商业联合会有14名会员担任兴宁市人大代表、13名会员担任梅州市人大代表，其中杨亚文、张雪莲2人担任广东省人大代表；有57名会员分别担任梅州、兴宁政协委员。围绕城市交通建设等问题，全年提交议案、提案21份，重点提案5人次2件，为市委、市政府中心工作决策提供参考。

【公益事业】2022年，兴宁市工商业联合会召开镇、村企对接会，推动签订帮扶合作项目，促成161家企业对接200多个建制村，帮扶金额5000多万元。在抗疫期间，发动19家会员捐赠总价值600多万元的生活和抗疫物资；会员企业在各种社会公益、扶危济困、奖教奖学等活动中捐赠金额400多万元。全年有54家企业在对接帮扶村帮扶90多名困难群众，送上价值约50万元的慰问物资；杨亚文主席向叶塘镇捐款教育基金30万元及“6·30”帮扶挂钩村50万元。

【社会服务】2022年，兴宁市工商业联合会参与对接招商会4场，推动新能源汽车项目、农特产品推广项目合作；向梅州工商联推荐并成功申报创新型、成长型民营中小企业1家；与农业银行、交通银行等开展防范化解金融风险专题调研和“金融服务走基层”活动；合作金融机构全年对接工商联系统推荐企业20多家，先后举办2场民营企业财税金融知识培训；联合国家税务总局兴宁市税务局开展“春雨润苗”行动2场；在兴宁市新圩商会设立并挂牌基层商会人民调解委员会；组织企业与市检察院、司法局、税务、园区、人社等单位联合开展“防范法律风险，促进合规经营”、反诈宣传、减税降费等系列主题活动5场次，惠及企业100多家；举办各类招聘会10余场；与市委组织部、市委统战部、市人社等13个部门共同推进民营企业及民营企业家人才库建设，全年入库122人。

（黄幼强）

兴宁市文学艺术界联合会

【概况】2022年，兴宁市文学艺术界联合会开展文艺惠民活动20多场次。下属11个协会和3个社团，所属文艺家协会会员有1400人。其中国家级会员41人、省级会员144人、梅州市地级市会员331人。

【文艺创作成果】2022年，兴宁市文艺创作获国家级（含发表、展览、演出等）荣誉作品有3幅（篇），获省级（含发表、展览、演出等）荣誉作品有19幅（篇）。吴浩镐作品《决战千里　护我江山》入选第七届全国青年美术作品展；吴浩镐作品《破而后立·先行者》和俞涛、陈远思作品《见证·军魂》均入选庆祝中国人民解放军建军95周年全国美术作品展览暨第15届全军美术作品展览；杨颂阳版画作品《中国梦——绿色崛起》、陈伟忠国画作品《湾区日新月异》入选岭南新气象——广东喜迎党的二十大美术作品展；刘小霞版画作品《天堑变通途》入选2022年粤港澳生态文明艺术双年展。

在广东小幅油画、水彩粉画作品展中，兴宁作品共入展5件，其中，优秀作品2幅：《日新月异》（作者：黄思文）、《围屋腾飞》（作者：陈新祥），入选作品3幅：《高铁来哐夸》（作者：陈跃君）、《子非鱼》（作者：李名辉）、《光阴的故事》（作者：谢景文）。

在"中国砚都 雄才故里"——中国画作品双年展中，兴宁作品共入展11件。其中，优秀奖作品7幅：《客家山乡》（作者：陈其伟）、《春风沐雨》（作者：陈伟忠）、《山乡新时代》（作者：陈新祥）、《侗寨欢歌》（作者：刁志坚）、《竹海仙踪》（作者：李名辉）、《太行赞》（作者：罗启桓）、《高原谱新篇》（作者：谢景文）。入选作品4幅：《故里金秋》（作者：陈苑璇）、《青山绿水》（作者：刘卫星）、《天堑通途》（作者：吴楚云）、《云漫苍山》（作者：肖希正）。

【文艺惠民活动】 2022年，兴宁市文学艺术界联合会在春节前组织20多名书法家在兴宁立讯技术有限公司、安信证券兴宁分公司、新圩镇等部分镇（街道）、村、社区、企业开展挥春送福活动，送"福"千余个、春联千余副。1月1日，由市文联、市文广旅体局指导，兴宁美协、兴宁画院、兴宁文化馆承办的"翰墨丹青·薪火相传——2022年元旦兴宁市版画作品展"在文化馆三楼举行；2月9日，罗冠环、罗启环兄弟美术作品展在兴宁市文化馆开展；5月1日，在合水镇举行"国学经典朗诵进社区"宣传活动；5月13日，在兴宁市宁新中心小学举办书法进校园活动；6月12日，客家文谭文学艺术创作基地揭牌仪式在兴宁市黄陂镇黄石村举行；6月24日，"喜迎二十大·欢庆七一"——兴宁市全国优秀版画作品展在文化馆展厅开展；9月15日，兴宁市"喜迎二十大·翰墨传廉韵"廉洁书画作品展在旅游集散中心开展。

【文艺交流培训】 2022年3月5日，"兴宁版画创作讲座"在兴宁市文化馆开展；5月30日，宁江诗社在兴宁市第一中学开展诗词交流活动；9月25日，喜迎二十大主题创作交流——黄启明教授版画创作讲座在文化馆多功能教室开讲。

▲2022年9月24日，兴宁市举办兴宁市版画家协会成立暨第一次会员大会
（兴宁市文学艺术界联合会提供）

【兴宁市版画家协会成立】 2022年9月，兴宁市成立兴宁市版画家协会，吴浩镐当选为首任会长。

（刘导然）

兴宁市残疾人联合会

【概况】 2022年，兴宁市残疾人联合会（以下简称兴宁市残联）核发第二代、第三代残疾人证5948本（含到期换证2341本）。至年底，有持证残疾人25535人，持证率37.6%；为5802名残疾人提供各项精准康复服务和辅具适配，服务率100%；免费抢救性康复训练全年在训残疾儿童43人（其中智障儿童18人、听障儿童9人、脑瘫儿童16人）；兴宁市残疾人联合会第八次代表大会圆满闭幕，标志着顺利完成市、镇、村三级残联组织换届工作；起草编制《兴宁市"十四五"

残疾人保障和发展规划》；残疾人就业年审有 104 家，按比例安排残疾人就业 267 人，征收残疾人就业保障金 723 万元；协助民政部门认真做好残疾人“两项补贴”（困难残疾人生活补贴和重度残疾人护理补贴）发放工作。为省自行车选拔试训队输送 1 名残疾人运动员。

【残疾人康复服务】 2022 年，兴宁市残联为全市符合条件的 80 户贫困重度残疾人家庭实施无障碍改造工作。加强社区康园中心管理及建设工作，全市建成残疾人社区康园中心 29 个，可提供日间照料、康复训练等服务，会员 660 人，工作人员 196 人，并为会员和工作人员购买意外伤害综合保险；不定期对全市社区康园中心运行情况进行检查，进一步落实社区康园中心服务规范管理和安全生产工作。认真做好 0—6 周岁残疾儿童免费抢救性康复训练工作，为 43 名残疾儿童进行免费康复训练，并为他们购买意外伤害综合保险；为异地康复 15 名残疾儿童发放补助金额 30 多万元；联合兴宁神光眼科、梅州华南康复医院，为有需求的贫困白内障患者提供免费复明手术 350 例，累计金额 28 万元；组织党员下乡为行动不便的特殊人群送轮椅等辅具 6 人次；为全市符合条件的 183 名持证精神残疾人发放门诊基本药物治疗和住院治疗补助 9.15 万元（一次性补助 500 元 / 人・年）；为 66 名行走不便疑似重症精神病患者下乡入户上门办证、换证。全年完成精准康复服务人数 5802 人，精准康复服务率 100%，辅具适配率 100%。为 1205 名符合条件的残疾人适配基本型辅助器具，发放轮椅、多功能护理床等 1209 件辅助器具，累计金额 107 万元。

【残疾人基本民生保障】 2022 年，兴宁市残联按照《中华人民共和国残疾人证管理办法》规定，严格执行办证标准，采取集中办证、上门办证等方式，提供灵活便利的服务，做到应办尽办。至年底，全市持有第二、三代残疾人证 25535 人，其中重度残疾人 14016 人，持证率 37.6%，全年完成核发残疾人证 5948 本（含到期换证 2341 本）。依法开展残疾人就业保障金年审征收工作，残疾人就业年审有 104 家，按比例安排残疾人就业 267 人，征收残疾人就业保障金 723 万元。完成 28609 名残疾人基本服务状况和需求信息数据动态更新工作。开展残疾人就业援助“暖心活动”，组织黄陂镇 314 名残疾人及部分家属参加残疾人农村实用技术秀珍菇菌培训班。为 6 名符合条件的残疾大学生申请南粤扶残助学金。

【扶残助残宣传】 2022 年，兴宁市残联开展以“关爱听力健康，聆听精彩未来”为主题的第 23 个全国“爱耳日”宣传教育活动，普及听力健康知识，活动现场设立宣传咨询台、悬挂宣传横幅，向前来咨询的群众发放《残疾预防和残疾人康复条例》《中华人民共和国残疾人保障法》、“爱耳日”科普知识和折页宣传资料 150 余份，向群众普及保护听力健康的科学知识。组织开展第 32 次“全国助残日”活动，邀请省辅具中心和梅州辅具站专家到市残联一楼辅具站做假肢和矫形器，为 16 名残疾儿童提供辅具适配。举办以“促进残疾人

▲ 2022 年 12 月 22 日，兴宁市残疾人联合会第八次代表大会在市会展中心召开　（兴宁市残联提供）

就业，保障残疾人权益”为主题的宣传活动，宣传残疾预防相关常识、残疾儿童康复训练服务、就业咨询及相关的惠残政策。联合广东狮子会齐昌服务队到大坪镇慰问残疾人30户，发放慰问宣传品。

【残疾人信访维权】 2022年，兴宁市残联接待来电来访来信群众8人次，未发生集体上访、重复上访等问题，维护残疾人的合法权益。

（刘俊锋）

■ 法治

政法委与综治

【概况】 2022年，中共兴宁市委政法委员会（以下简称兴宁市委政法委）坚持以做好党的二十大安保维稳工作为主线，以落实梅州市委创建全国首批市域社会治理现代化试点合格城市工作为抓手，组织推进维护国家政治安全和社会稳定、基层社会治理现代化、扫黑除恶斗争常态化、巩固政法队伍教育整顿成果等重点工作，全市政法工作持续走在梅州前列，在平安建设考评中位居梅州第三。

【社会稳定维护】 2022年，兴宁市委政法委扎实开展社会矛盾问题八个专项治理；完成党的二十大维稳安保任务；做好扫黑除恶工作，打掉涉网黑恶势力犯罪集团1个、涉恶团伙9个，侦破九类涉恶案件64件，抓获涉黑恶逃犯12人，查处涉黑涉恶腐败和“保护伞”9宗18人。以中央和省、梅州市部署开展打击整治养老诈骗、夏季治安打击整治“百日行动”“梅安2022”等专项行动为载体，依法精准强力打击各类突出违法犯罪，全年全市刑事、治安警情比上年分别下降24.9%、16.8%，其中打击整治养老诈骗专项行动破案数为梅州全市最高。

【社会治理现代化建设】 2022年，兴宁市委政法委在梅州全市率先推进学校综治工作站和学校青少年法治教育专业化建设，通过搭建平台、健全机制、创新举措，强化部门联动、问题联治，长效推进校园及周边环境治理，高效开展学校青少年法治教育。

（刘伟林　马秋玲）

法治政府建设

【概况】 2022年，兴宁市深入学习贯彻落实习近平法治思想，持续推进法治政府建设，深化法治领域改革创新，扎实开展“八五”普法，开展行政执法监督，规范行政机关的行政执法行为。

【依法治市】 2022年，兴宁市将学习贯彻习近平法治思想纳入《实施新时代基层干部主题培训行动计划》，在市委党校举办20期学习培训班，分期分批对全市市直机关干部（公务员）、事业单位领导班子成员、“两新”组织党组织书记、镇（街道）机关全体干部和村（社区）两委干部（含驻镇帮镇扶村队成员和驻村第一书记）等进行培训，切实提高干部的法治思想素质和专业能力。根据《关于切实做好2021年度述法工作的通知》（粤法治办〔2022〕2号）和《转发省委依法治省办关于切实做好2021年度述法工作的通知》（梅法治办〔2022〕1号）的要求，落实党政主要负责人向市委全面依法治市委员会专题述法工作，收集全市77篇述职报告，并根据兴宁市绩效考核要求，对32个单位履行推进法治建设第一责任人职责情况进行考核、综合评分，并制订《兴宁市落实全面依法治市工作考核办法》，对20个镇（街道）的党政主要负责人履行推进法治建设第一责任人职责情况进行考核。

是年，兴宁市完善顶层设计和中长期规划。坚持党的领导、人民当家作主、依法治国有机统一，先后以中共兴宁市委的名义印发《法治兴宁建设规划（2021—2025年）》，以中共兴宁市委办公室的名义印发《兴宁市法治社会建设实施纲要（2021—2025年）》，以中共兴宁市委全面依法治市委员会的名义印发《兴宁市2022年法治政府建设工作要点》，并起草《兴宁市法治政府建设实施纲要（征求意见稿）》，完成对46个有关单位的意见征集。起草《〈法治兴宁建设规划（2021—2025年）〉重要举措分工方案（征求意见稿）》，完成对73个相关单位的意见征集。

起草《兴宁市法治政府建设实施纲要（征求意见稿）》，完成对45个相关单位的意见征集。全面贯彻实施兴宁市法治建设“一规划两纲要”，以解决法治领域突出问题为着力点，深化法治领域改革创新，建设更高水平的法治兴宁，为推动兴宁高质量发展提供有力法治保障。

是年，兴宁市印发2022年兴宁市普法工作要点，指导全市各单位深入开展普法工作。开设“亻匡来说法”短视频普法栏目，至年底，点击观看量逾40万人次。制定《兴宁市加强基层执法能力建设与“谁执法谁普法”普法责任制实施方案》，贯彻落实“谁执法谁普法”责任制。提高依法行政的能力和水平。建立协同高效的工作机制，以市委依法治市办名义印发《关于建立市镇（街道）综合行政执法协作配合工作机制的实施意见（试行）》到各镇(街道)以及职权下放单位，县、镇两级之间协同高效的工作机制基本建立运行。加大对行政执法人员的教育培训力度，组织开展兴宁市行政执法“两平台”培训会，行政执法信息平台47个上线单位共88名行政执法人员参加培训；在会展中心举办为期2天的兴宁市镇（街道）综合行政执法培训班，全市20个镇(街道)198名行政执法人员参加培训，13个单位通过案例讲解，用执法案例梳理执法相关法律法规、执法流程和执法文书格式等，引导行政执法人员依法依规开展综合行政执法工作。

是年，兴宁市司法局开展行政执法监督，全年收到行政执法监督申请案件2件，受理1件，不予受理1件；发出协助调查函1份，发出行政执法监督情况反馈书2份，规范行政机关的行政执法行为。

是年，兴宁市司法局依法依规办理相关公文，全年按公文处理程序起草、审核把关、印发文件79份，其中起草以市委全面依法治市委员会名义印发的文稿4份，市委依法治市办工作部署文稿9份、函27份、通知32份、会议纪要2份、其他文件5份。筹备市委全面依法治市委员会会议2次，印发《兴宁市2021年法治建设工作情况》和《兴宁市2022年全面依法治市工作要点》，及时部署镇（街道）、单位贯彻落实中央、省、梅州相关依法治市工作措施和要求。

（吴宇戈　陈杰进）

公安

【概况】 2022年，兴宁市公安局紧扣党的二十大安保维稳主线，推进“排雷、攻坚、提质”三大重点工作和“梅安2022”、夏季治安打击整治“百日行动”、“五大要素”摸排管控等系列专项行动，提升公安机关社会治理能力和水平。“梅安2022”专项行动考核在梅州各县（市、区）中排名第三，径南派出所被公安部授予“全国公安机关爱民模范集体”称号；年内立各类刑事案件1190件，破获刑事案件612件，刑事拘留犯罪嫌疑人447人，提请逮捕444人，移送起诉572人，追回逃犯101人。

【违法犯罪惩治】 2022年，兴宁市公安局破获刑事案件612件，刑事拘留犯罪嫌疑人447人，查

▲2022年6月29日，兴宁市举行兴宁公安“夏季治安”打击整治暨道路交通“减量控大”百日行动启动仪式　（兴宁市公安局提供）

处行政案件561件，行政处罚违法人员608人。侦破15年前和24年前命案各1宗，破获命案积案数居梅州全市首位。打击养老诈骗现案破案数全市最高，“八类”严重暴力案件破案率达97%以上。侦破“2·7”裸聊敲诈勒索专案；打掉恶势力犯罪集团1个、涉恶团伙9个，侦破九类涉恶案件64件，刑拘100人，抓获涉黑恶逃犯12人。破获涉电诈案件78件，打掉涉诈窝点18个，抓获诈骗嫌疑人83人，追回被骗资金20.3万元；劝返核减滞留重点国家涉诈重点人员40人；成功劝阻疑似被骗群众2450人次，直接避免经济损失1720万元。

【社会治安防控】 2022年，兴宁市公安局推进社会面治安巡防管控“四个一”体系建设，落实“1、3、5分钟”快反快处机制，融合巡警、铁骑队、应急大队、派出所和机关警力资源，构建立体化巡防体系，提升社会面治安整体防控水平。开展“五大要素”风险隐患摸排管控专项行动，围绕“人、地、物、事、组织”33类135个风险点开展摸排，排查整改各类安全隐患，收缴各类管制违禁物品，依法查处各类违法犯罪人员。行政处罚旅馆8家、娱乐场所13家、按摩场所24家，收缴社会面非法枪支69支。落实“高峰勤务”“护学岗”机制和见警察、见警车、见警灯“三见”措施，开展校园周边清查整治。

▲2022年10月7日，兴宁市公安局向群众进行反诈宣传

（兴宁市公安局提供）

【执法办案规范】 2022年，兴宁市公安局深化执法规范化建设，健全完善警情分流处置、涉案财物、“阳光冻结”等工作制度，制订《兴宁市公安局规范取保候审、监视居住执行工作指引》《兴宁市公安局执法公开工作实施细则》《兴宁市公安局法制专业人才培养激励机制》等规范机制，健全刑事司法权力的监督制约，与市人民检察院共同成立“侦查监督与协作配合办公室”，加强对重点执法环节的监督管理，开展执法教育培训，提升队伍执法规范化水平。开展执法质量考评，实行月通报、季点评、年考核制度，巡查整改执法顽瘴痼疾。改进执法方式方法，推行人性化、柔性执法，减少对立面。加强执法保障和民警执法权益保护。

【基层基础建设】 2022年，兴宁市公安局整合多警种资源，成立网上网下合成作战中心，加强电子物证、Y库、声纹、虹膜等新技术应用，应对犯罪形态新变化和打击侦查新需求。推进户籍档案电子化工作，著录数位居全市公安机关首位。推进派出所警务综合改革，推行“两队一室”和“两组一岗”。开展星级派出所创建活动，径南派出所获评全国公安机关爱民模范集体。推进龙田派出所新建工作。

【道路交通管理】 2022年，兴宁市公安局开展“减量控大2022”、系统防范化解道路交通安全风险等专项行动，推动农村派出所参与道路交通管理基础工作。狠抓道路交通事故预防、路面交通秩序整治、道路交通安全隐患排查和交通安全宣传等工作，整治飙车炸街交通违法行为，促进道路交通安全形势稳定。年内共排查患有妨碍安全驾驶疾病的驾驶员44人、道路交通安全隐患151处，查扣套牌车辆256

辆，查扣报废和无号牌摩托车7394辆，查处各类交通违法行为65725起，亡人交通事故比上年下降8.8%。

【便民服务建设】 2022年，兴宁市公安局开展“安全+满意”创建行动和“千警联万户”实践活动，畅通“平安厅”厅局长信箱、“12345”政务热线和集中接访日等渠道，解决群众来信来电来访反映的焦点问题。根据“平安厅”信箱转发的线索，成功捣毁以苏某萍为主的非法传销组织，及时挽回群众损失，成为全省“平安厅”信箱线索核查3个精品案例之一，在中央电视台多个频道宣传报道。年内100%办结“平安厅”信箱群众来信187件，接收处理“12345”工单1338条。深化公安“放管服”改革，推进“无证办”“跨省通办”，宣传推广“粤居码”，做好基础信息采集工作，加强实有人口管理。推进摩托车驾驶证送考下乡及带牌销售。推出《兴宁市公安局优化营商环境20条举措》。

【爱警暖警举措】 2022年，兴宁市公安局推进公安机关执法勤务警员职务职级晋升，做好慰问优抚、表彰奖励、典型选树等工作。结合“三八”“五四”等节日，组织举办“强体魄·练精兵·聚警心”警体运动会等各类文体活动，提升民警的荣誉感、使命感。指挥中心、国保大队和刑侦大队六中队荣立集体二等功，交警大队、刑侦大队、监督室警务督察大队、大新街派出所荣立集体三等功，23个集体、36人次受到上级表彰奖励。做好优抚工作，慰问因公受伤、因病住院、家中变故民警，为患重大疾病等困难民警申报省市医疗救助金、省重大疾病保险金。

（刘育强）

检察

【概况】 2022年，兴宁市人民检察院依法能动履行刑事、民事、行政、公益诉讼“四大检察”职能，全年办理各类案件793件，其中审查逮捕案件263件、审查起诉案件353件、申诉案件22件、公益诉讼案件95件、诉讼监督案件60件。是年，兴宁市人民检察院获评“全省先进基层检察院”“全省新时代‘五好’基层检察院”，22个（名）集体和个人分别获得梅州市级以上表彰奖励，入选全国、全省典型案事例6件。

【服务中心工作】 2022年，兴宁市人民检察院在工业园区设立检察工作室（后更名为“工业园检察服务点”），畅通线上线下服务渠道，对接企业和园区法律需求，先后走访企业60家，开展普法讲座3场，提供法律咨询35次，帮助企业堵塞管理漏洞、解决合同履行纠纷9件；建立法律风险防控提示机制，建议税务部门加强税源监管，督促企业补缴税款，保障园区土地高效利用。推进涉案企业合规改革，率先与职能部门建立合规监管、第三方评估机制，制定办理企业合规案件工作指引。依法惩治影响和破坏营商环境的经济犯罪，起诉影响非公有制经济发展犯罪15人、侵犯知识产权犯罪4人。保障绿美兴宁生态建设，起诉破坏生态环境犯罪2人，办理相关领域公益诉讼案件26件，督促修复林地8公顷。护航全面推进

▲2022年2月11日，兴宁市人民检察院工业园区检察工作室揭牌
（兴宁市人民检察院提供）

乡村振兴，与民政、教育等相关方面 11 家单位建立国家司法救助与社会救助工作衔接机制，移送社会救助线索 2 条，帮助残疾人、事实无人抚养儿童申请生活补助，办理司法救助案件 15 件，发放救助金 30 万元；跟踪监督涉农惠农资金落实情况，依托诉前检察建议督促相关部门追回违规发放的专项资金；压实“第一书记”责任，统筹 23 万元帮助派驻村建设法治长廊、改善人居环境。

【社会稳定维护】 2022 年，兴宁市人民检察院因案施策、妥善处理涉稳风险案件 24 件。常态化开展扫黑除恶斗争，批准逮捕 7 人、起诉 2 人，移送涉黑恶线索 3 条。建立刑事赔偿保证金提存制度，促成刑事和解 33 件，适用“相对不起诉 + 社会公益服务”模式教育惩戒 30 名犯罪嫌疑人。积极适用认罪认罚从宽制度，促使被告人认罪服法，适用率 87.5%。以“检察建议 + 调研报告”工作机制促进市域社会治理现代化，向党委政府报送调研分析报告 3 份，向职能部门发出社会治理检察建议 6 份，推动完善工作机制 9 项。多维度夯实安全生产基础，与公安机关健全完善寄递渠道安全监管协作配合机制，推动职能部门规范烟花爆竹安全管理，督促工业园区企业整改安全生产隐患。持续跟进监督道路交通安全综合整治，交通肇事死亡人数比上年下降 14.1%。做实群众信访“件件有回复”，首次信访的立案监督、刑事申诉、国家赔偿案件均由院领导包案办理，办理群众来信来访 191 件，信访总量、重复信访量分别下降 31.5%、55.6%。深化检察听证工作，率先建立听证员库，常态化开展“上门听证”、简易听证，《以检察听证根植法治信仰》项目获评全省国家机关“谁执法谁普法”优秀普法项目。

【刑事检察】 2022 年，兴宁市人民检察院批准逮捕各类犯罪嫌疑人 221 人、起诉 380 人，“案 - 件比”为 1 ∶ 1.07。依法对轻微犯罪、初犯偶犯落实少捕慎诉慎押刑事司法政策，全年不捕率 46.8%、不诉率 20%，比上年分别上升 13.4 和 13.8 个百分点，诉前羁押率从 2021 年的 63.6% 降至 33.7%。联合公安机关设立侦查监督与协作配合办公室，促进提升侦查办案质量，监督立案 29 件、撤案 3 件，追捕追诉 20 人，对侦查活动违法情形提出纠正意见 16 件。加强刑事执行监督，针对监管场所、财产刑执行、社区矫正、强制医疗执行中的违法违规情形提出纠正意见 12 件，职能部门均采纳并整改落实。加强监检衔接，推进反腐败工作，起诉职务犯罪 3 人。

【民事检察】 2022 年，兴宁市人民检察院办理民事诉讼监督案件 33 件，提出检察建议 13 件。对依法不支持监督申请的 21 件案件，强化释法析理，引导服判息诉。加强依职权立案监督，促成某实业有限公司与市人社局达成和解，归还 107 万余元应急周转金。加强民事生效裁判监督，对 9 件民间借贷纠纷虚假诉讼案发出再审检察建议，获法院采纳并裁定再审。加强执行和审判活动监督，提出检察建议 7 件，邹某民事执行监督案入选全省检察机关典型案例，该案检察建议书被最高检评为优秀法律文书。

【行政检察】 2022 年，兴宁市人民检察院办理行政检察监督案件 15 件，提出检察建议 10 件。与市司法局建立行政争议实质性化解协作配合机制，合力化解行政争议 5 件。稳妥推进行政违法行为监督，针对行政违法行为和行政不作为提出检察建议 5 件。加强行政非诉执行监督，督促有关行政单位堵塞监管漏洞，促进严格执法，宋某钦、宋某南违法占地行政非诉执行监督案入选最高检“土地执法查处领域行政非诉执行监督”专项活动优秀案件。

【公益诉讼检察】 2022 年，兴宁市人民检察院立案办理“4+9”法定领域公益诉讼案件 95 件，发出诉前检察建议 33 份、磋商函 61 份，提起刑事附带民事公益诉讼 2 件。针对建筑垃圾“围城”乱象开展专题调研，提出解决措施，推动城市建筑垃圾专项治理、建立监管处置常态机制。依托诉前磋商机制，督促相关镇政府严格规范执法，加强森林违法图斑整治，对 147 件行政执法案件重新作出行政处罚决定，收缴罚款 515 万余元，拆除违法建筑 35 处。强化专项带动，开展文物资源、消防安全等公益诉讼专项监督，督促保护红色资源行政公益诉讼案入选全国检察机关“千案展示”案例。

【未成年人检察】 2022 年，兴宁市人民检察院坚持宽严相济办理涉未成年人犯罪案件，批准逮捕 44 人、起诉 79 人。对轻微犯罪未成年人竭力教育感化挽救，不捕 40 人、不诉 18 人、附条件不起诉 32 人，开展帮教疏导 205 人，帮助返学 22 人、就业 23 人。强化监护权监督干预，发出督促监护令 36 份，办理首例支持撤销监护权案。持续监督“一号检察建议”落实，加强强制报告制度宣讲，督促整改校园性侵、医疗机构未落实强制报告等问题。创新开展受教育权保护专项监督，督促教育部门做好 171 名失辍学未成年人劝返学工作。深化未成年人保护领域问题治理，开展商铺违规向未成年人售烟、未成年人违法驾驶机动车专项整治。在径南、合水、水口、罗岗 4 个镇设立检察关爱室，打造法治长廊，丰富线上线下普法，加强犯罪预防。

【检察体制建设】 2022 年，兴宁市人民检察院全面准确落实司法责任制，完善员额检察官进退留转机制，常态化开展案件倒查追责问责。建立专业技术人员辅助办案机制，从自然资源局、住房城乡建设局、审计局等 9 家单位聘任 9 人担任特邀检察官助理。落实防止干预司法“三个规定”（《领导干部干预司法活动、插手具体案件处理的记录、通报和责任追究规定》《司法机关内部人员过问案件的记录和责任追究规定》《关于进一步规范司法人员与当事人、律师、特殊关系人、中介组织接触交往行为的若干规定》），常态化开展被记录报告检察人员核查，记录报告有关事项 105 件。

（郑晓燕）

▲ 2022 年 9 月 15 日，兴宁市人民检察院到齐昌中学讲授开学“第一课”

（兴宁市人民检察院提供）

法院

【概况】 2022 年，兴宁市人民法院全年受理各类案件 8285 件，结案 8220 件，结案率 99.2%，连续 3 年位居梅州法院第一。全年有 19 个（名）集体和个人获得梅州市级以上表彰，行政庭获评全国法院行政审判工作先进集体，刑庭副庭长陈利聪获评平安广东建设先进个人。

【刑事审判】 2022 年，兴宁市人民法院审结刑事案件 252 件，判处罪犯 401 人。贯彻实施《中华人民共和国反有组织犯罪法》，常态化开展扫黑除恶斗争，审结涉黑案件 1 件 2 人，执行到位涉黑恶财产 320.46 万元。推进打击整治养老诈骗专项行动，审结涉养老诈骗案件 2 件 5 人，涉案金额 239.39 万元。“严惩以高息借款为名诈骗老年人犯罪”入选广东法院打击整治养老诈骗典型案例。从严打击损害群众切身利益犯罪，审结故意伤害、抢劫等暴力犯罪案件 64 件，审结盗窃、诈骗、危险驾驶等多发性犯罪案件 131 件。支持“断卡”“净网”行动，审结电信网络诈骗等犯罪案件 17 件。开展“春雷 2022”专项行动，审结侵害妇女儿童权益犯罪案件 15 件。保持惩治腐败犯罪高压态势，审结职务犯罪案件 3 件。加强人权司法保障，对 103 名被告人依法适用非监禁刑或免予刑事处罚。

【民事审判】 2022 年，兴宁市人

民法院全面贯彻实施《中华人民共和国民法典》，审结民商事案件4528件，标的金额16.82亿元。扎牢民生司法保障网，妥善化解教育、医疗、养老、社会保障等民生案件563件。深化家事审判改革，在宁中法庭设立家事审判法庭，集中管辖婚姻家庭纠纷案件。完善心理疏导、人身安全保护令等制度，审结婚姻家庭、继承纠纷案件789件。加强人格权保护，审结人格尊严、生命健康权、名誉权等案件48件。优化法治营商环境，平等保护民营企业合法权益，审结涉企纠纷案件734件，解决争议金额7.82亿元。“开通绿色通道保障企业快速回款系列案”入选广东法院助力中小微企业发展典型案例。维护劳动者权益和企业用工稳定，注重保障新业态劳动者权益，审结劳动争议案件60件。“劳动者未满服务期辞职无需退还培训期间工资”入选广东法院劳动争议十大典型案例。服务乡村产业发展，审结涉“三农”和新业态特色农业案件41件。

【行政审判】 2022年，兴宁市人民法院一体推进法治政府、法治社会建设，推出“20条举措”加强行政重点工作，审结行政诉讼案件311件，裁定准予执行非诉行政案件197件。大力支持重点项目建设，妥善化解土地征收征用、房屋拆迁等行政争议案件75件。坚持全程协调解纷，诉前调解案件90件，有效化解涉33户村民拆旧复垦补偿款案件。诉中和解撤诉64件，成功调解一件长达12年的行政协议纠纷。深化司法与行政良性互动，常态化开展行政案件协调会、府院联席会、庭审观摩等活动23次。推进“告官能见官”“出庭又出声”，市政府领导带头出庭应诉，行政机关负责人出庭应诉率75.1%。

【执行工作】 2022年，兴宁市人民法院全力推进执行“三项机制”改革，执结案件2932件，执行到位金额1.59亿元。执行“3+1”核心指标排在梅州法院前列，有财产可供执行案件法定期限内实际执结率99.5%，终本案件合格率100%。常态化开展“夜间猎赖”“凌晨突击”“假日执行”，严厉打击规避、抗拒执行行为，拘留10人，纳入失信被执行人名单1432人，公开曝光336人，限制高消费1992人。开辟绿色执行通道，执结追索劳动报酬、交通事故赔偿、抚养赡养等群众反映强烈案件257件，执行到位金额755.38万元。强化执行难综合治理，联合公安局建立“查人扣车”联动机制。缩短执行财产处置变现周期，网拍成交82件，总成交额3724.24万元，比上年增长751.1%。

【司法为民】 2022年，兴宁市人民法院在梅州法院率先启用“三中心一基地”，集诉讼服务中心、调解中心、速裁中心与习近平法治思想教育基地于一体。立案信访“两个一站式”质效得分97分，蝉联梅州法院第一。推动诉讼服务智能化，配备自助填单、智能查询、自助立案等信息化设备。开展“指尖”立案和“云端”审判，网上立案961件，跨域立案2件，网上缴费4071笔，在线调解、开庭569件。扎实开展“为群众办实事示范法院”创建活动，为困难当事人缓减免交诉讼费56.58万元，发放司法救助金82万元。主动融入党委领导下的矛盾化解新格局，人民调解、行业调解与司法调解有效联动，诉前联调案件655件。打造“枫桥式人民法庭”，全力化解基层矛盾纠纷，4个人民法庭审结案件2124件，调解撤诉812件。持续完善“庭、站、点”三位一体融合共治体系，在村（居）新设诉讼服务点4个。16个诉讼服务站常态化有效运转，派驻法官开展法律服务315次，调处纠纷179件次。

【司法改革】 2022年，兴宁市人民法院全面落实司法责任制，员额法官人均办案244件，最高结案307件。广泛运用“三报两查一提醒”手段，健全“闭环式”审判监管机制。实行“四类案件”台账式监管，切实加强院庭长对审判权的监督。严格审限变更，强化案件办理重要流程节点管理，诉讼案件平均审理天数47天，同比缩短5天。一年以上长期未结案件为0，蝉联梅州法院第一。深入推进四级法院审级职能定位改革试点，受理“四类行政案件”16件。强化改革创新项目培育，“行政争议全程协调解纷机制”获评广东法院“抓示范促改革惠民生”改革培育计划

▲ 2022 年 9 月 22 日，兴宁市人民法院进村开展扫黑除恶普法宣传活动（兴宁市人民法院提供）

优秀项目、“广东法院改革创新奖”提名奖。深入实施“六大精品”工程，3 个案例入选全省法院精品案例，6 个案例入选全市法院精品案例。深化以审判为中心的刑事诉讼制度改革，对 367 名认罪认罚被告人从宽量刑，为 285 名被告人指定辩护律师。深化繁简分流改革，刑事速裁案件 47 件，民事案件小额诉讼和简易程序适用率 81.5%。组建民商事速裁团队，提升简单案件审判效率，速裁案件 342 件。

【司法公开】 2022 年，兴宁市人民法院持续深化司法公开，构建开放、动态、透明的阳光司法机制，审判流程信息公开率 100%。不断增强接受监督主动性、自觉性，进一步加强与人大代表、政协委员联络工作，走访代表委员 65 人次，邀请代表委员视察工作、观摩庭审、见证执行等 47 人次。邀请人民陪审员参与案件审理 907 件，助推司法为民、公正司法。加强法治宣传教育，建设叶塘法庭法治公园。在伟泓教育基地建设高标准的模拟法庭，助推青少年法治教育提质增效。深入开展进校园、进企业、进乡村等“法律六进”活动 47 次，集中宣传民法典、养老诈骗、扫黑除恶等法律知识，组织法官到兴宁市 23 所中小学开展法治宣讲活动。

（江育娇）

司法行政

【概况】 2022 年，兴宁市建立人民调解委员会 584 个，有人民调解员 2746 人，全市培育出 2127 名“法律明白人”，有 99 名律师与兴宁市司法局签订法律合同，全年村（社区）法律顾问提供法律服务 8394 次；参与市领导信访接访工作，累计协助市领导接访 24 次，协助接访 1033 人次；参与化解涉法涉诉信访接访 57 次、研判 24 次，参与信访复查 24 次。是年，兴宁市司法局充分发挥政府法律顾问职能作用，全年审查各镇及市直部门报送的各类文件合计 101 件，办理省、市等上级法律、法规、规章、规范性文件征求意见稿 262 件，审查各类法律事务 175 件。

【普法宣传】 2022 年，兴宁市委全面依法治市委员会将“谁执法谁普法”普法责任制落实情况纳入综治考评、“八五”普法检查验收等目标管理，并筹备 2022 年度履职报告评议活动，着力构建“大普法”工作格局，印发 2022 年兴宁市普法工作要点，指导全市各单位深入开展普法工作。按照“八五”普法规划要求，制定《兴宁市加强基层执法能力建设与“谁执法谁普法”普法责任制实施方案》加强基层执法能力建设。联合各相关职能部门结合“三八”妇女节、“3·15”消费者权益日、“4·15”全民国家安全教育日、“12·4”国家宪法日等重要时间节点，开展“法律八进”（进乡村、社区、机关、企业、校园、单位、军营、网络）活动，进行普法宣传活动。2022 年，印制民法典、信访宣传资料、法律明白人小册折页、法律明白人笔记本、抗疫宣传折页、宪法宣传折页、防电信诈骗手册、行政复议宣传手册、行政复议法册页、保障农民工工资条例等法治宣传资料和物品 50 多万份，开展各类法治宣传活动

200余场次。利用报纸、电视、网站、微信公众号、神光山法治文化主题园、青少年法治文化教育基地、千米法治文化街、文化广场100平方米LED屏等载体，构建全媒体法治宣传矩阵，推动法治兴宁建设。创新普法方式，开设“𠊎来说法”短视频普法栏目，通过借助新闻媒体等多种形式开展法律法规宣讲、以案释法等综合法治宣传教育栏目。全年制作更换宣传栏153块，循环展播32.4万条法治宣传视频、标语。同时，通过购买服务方式，制作法治微视频6期，向辖区群众发送法治建设和普法教育类短信35万条，受教育群众45万余人次。

【法律服务】至2022年底，兴宁市建成镇级公共法律服务工作站20个（其中省示范性乡镇公共法律服务工作站7个）、村级公共法律服务工作室62个（其中省示范性村公共法律服务工作室61个），覆盖市、镇（街道）、村三级的公共法律服务网络初步建成。同时建立顾问律师、法律服务志愿者、人民调解员轮流进驻值班的工作制度，确保“有人、有岗、有位”。畅通“12348”和“3330148”法律服务热线平台，以电话为载体接受群众法律咨询，指导群众依法维权。推行“互联网+法律服务”，持续推进兴宁市“智慧司法云”建设，群众可通过公共法律服务工作站（室）网络平台与市公共法律服务中心视频，在线寻求法律服务和法律咨询，实现公共法律服务“零距离”。至年底，完成128个“智慧司法云”点的连接测试工作并运行。

【法律援助】2022年，兴宁市司法局继续实施刑事案件律师辩护全覆盖及律师值班制度，指派8名执业律师轮流到人民法院、人民检察院及看守所建驻点法律援助工作站值班，做好刑事法律援助工作和认罪认罚案件、速裁案件法律帮助工作。实行法律援助受理登记制度，规范法律援助申请人经济困难条件的审查，积极向外来务工人员、下岗失业人员、妇女、未成年人、老年人、残疾人等弱势群体提供相关法律信息和维权指南，引导群众依法表达合理诉求。拓展法律援助服务，充分发挥镇（街道）、村（社区）和工会、共青团、妇联、老龄委、残联等法律援助工作站的职能作用，方便群众及时就近获得法律咨询；在镇（街道）、农村集市等地点设置法律援助便民服务联系点，解决法律援助“门难找”的问题。全年累计受理法律援助案件291件，刑事案件260件，民事案件31件，接待来电来访792人次，解答法律咨询732人次。

【人民调解】2022年，兴宁市司法局社会矛盾纠纷分析研判工作领导小组定期对社会矛盾纠纷进行分析研判，为党委政府科学决策提供精准依据。加强与信访、公安、法院等部门的沟通协作，做好公调对接、诉调对接、检调对接、访调对接等工作，打造“大调访、大调解、大稳控”工作格局。把“小事不出村，大事不出镇，矛盾不上交”作为人民调解的第一目标，指导基层扎实开展矛盾纠纷排查工作，村（社区）每周开展一次矛盾纠纷排查，镇（街道）每月开展一次矛盾纠纷排查，市司法局每季度开展一次矛盾纠纷排查。加强人民调解组织建设，坚持“哪里有

▲2022年5月23日，兴宁市开展“法律明白人”培训动员大会——“民法典进农村”宣传活动（兴宁市司法局提供）

纠纷，哪里就有调解”的工作理念，在建成覆盖市、镇、村（社区）、自然村四级人民调解网络体系的基础上，推动人民调解组织向专业化、品牌化方向发展。至年底，全市建立人民调解委员会584个，有人民调解员2746名；调解矛盾纠纷2750件，调解成功2735件，调解成功率99.4%，排查纠纷1291次，预防纠纷685件，没有矛盾激化情况，没有因疫情影响引起的突出矛盾纠纷。5月，刁坊司法所成功调解辖区某土地流转纠纷案，事后一方当事人向该司法所送来一面绣有“对工作极端负责对人民满腔热情”的锦旗。10月，石马镇村民通过梅州市“12345”便民热线平台对石马司法所为民办实事的行为进行表扬。

【社区矫正】 2022年，兴宁市司法局及时处置异常情况，并对每个社区矫正对象逐一进行走访，通过面对面谈心谈话，了解他们的生活状况、邻里关系、工作情况等，做到“情况明、底数清”，并教育引导他们遵纪守法，提升社区矫正对象的法治意识和法治素养，努力减少和消除他们的消极情绪，最大限度降低“再犯罪率”。

【规范性文件审查】 2022年，兴宁市司法局审查各镇及市直部门报送的各类文件101件，其中审查决策性文件95件（含一般政策性文件和重大行政决策）、市政府规范性文件6件；共办理省、市等上级法律、法规、规章、规范性文件征求意见稿262件。认真履行法律事务论证、审查职责，为政府依法决策、依法行政把好法律关。全年累计审查各类法律事务175件，其中政策文稿合法性审查5件，政府合同协议法律事务22件，历史遗留问题处置法律事务1件，其他法律事务文件及提请市政府常务会议讨论文件147件。

【行政复议和行政诉讼】 2022年，兴宁市检察院与兴宁市司法局联合印发《兴宁市人民检察院 兴宁市司法局关于共同推进行政争议实质性化解的实施办法（试行）》，共同推进行政争议实质性化解。将行政复议受理窗口前移，在市公共法律服务中心设置行政复议受理窗口，在全市20个镇（街道）司法所设立行政复议咨询受理点，让群众在“家门口”或“最多跑一次”就能申请行政复议，打通服务群众“最后一公里”。严把复议案件的“事实关、法律关和程序关”，切实提高复议案件质量，尽量减少复议后进入诉讼程序的案件。同时，在督促行政机关负责人出庭应诉上下功夫，推动行政机关真正重视和做好行政应诉工作。2022年，收到向兴宁市人民政府申请行政复议案件155件，其中受理59件，不予受理89件，告知7件。审结情况：未审结11件，已审结48件，其中维持15件，驳回复议申请4件，终止审查25件，撤销2件，确认违法2件。其中，通过和解、调解最终申请人主动撤回行政复议申请的案件25件，占审结案件的52.1%，把行政争议化解在初始阶段，降低行政纠纷化解成本。

【行政执法案卷评查】 2022年，兴宁市司法局抽查全市30个行政执法单位案卷104宗，其中行政检查案卷48宗，行政处罚案卷52宗，行政强制案卷4宗。案卷评查小组严格按照《广东省行政执法案卷评查办法》和《广东省行政执法案卷评查标准》，采取一卷一表的方式，对抽查到的案卷进行评查，并作出评分和评查意见。最终共评查出优秀等次案卷56宗，良好等次案卷36宗，合格等次案卷6宗，不合格等次案卷6宗，案卷优秀率53.9%，合格率94.2%。

（吴宇戈　陈杰进）

仲裁

【概况】 2022年，兴宁市劳动人事争议调解仲裁院进一步加强劳动人事争议处理效能建设，按照保就业、稳大局、创建无拖欠农民工工资城市的工作要求出发，进一步加强劳动人事争议处理效能建设为主线，继续完善制度、提升调解能力为目标，持续加强调解仲裁规范化、标准化、专业化和信息化建设，依法公正及时处理争议、化解风险，充分发挥调解基础性作用和仲裁准司法制度优势，切实维护劳动人事关系和谐与社会稳定。

【劳动人事仲裁管理】 2022年，

兴宁市劳动人事争议调解仲裁院不断完善仲裁员管理，严格落实各项规章制度，完善办案程序。及时受理各种劳动人事争议仲裁案件，依法办案。突出抓好群体性突发事件预防处理等重点，切实把集体劳动争议案件化解在萌芽状态。做好政策法规的宣传，利用“仲裁开放月”活动，让当事人清楚劳动争议处理途径、程序，扩大劳动仲裁工作影响，正确引导当事人通过法律途径解决劳动争议，稳定劳动关系、确保社会稳定。进一步加强劳动人事争议仲裁机构和基层调解网络建设，促进劳动人事争议处理工作健康发展。继续完善微信小程序办案流程。不断完善自身监督，加强劳动人事争议仲裁效能建设，提高劳动人事争议处理效率，做到法定时效内结案率100%。全年受理劳动人事争议案件209件，其中工伤待遇赔偿12件，解除劳动关系经济补偿100件，确认劳动关系2件，拖欠工资95件。仲裁结案88件、调解结案121件，涉及金额标的1500多万元，法定时限内结案率100%。不予受理6件。接待来信、来电、来访单位与群众310多人次。

（刘福旺）

■ 军事

人民武装

【概况】 2022年，兴宁市人民武装部坚决贯彻上级党委决策部署，强化政治自觉，聚焦备战打仗，全面从严从实，锤炼过硬作风，持续打牢基础，狠抓末端落实，圆满完成上级赋予的各项工作任务。

【战备建设】 2022年，兴宁市人民武装部严格落实党委议战议训制度，把心思、精力、资源向战备训练聚焦用力。坚持以战领建、以战领训，加强信息化建设和实战化训练演练，不断提高民兵后备力量支援保障作战、维护辖区安全稳定的实际能力。

【正规化建设】 2022年，兴宁市人民武装部严格落实以《军队基层建设纲要》为主的基层法规建设制度。按照《军队基层建设纲要》和上级党委全会精神，全面分析基层建设形势，针对短板弱项定措施、明责任、抓落实。对照“四个秩序”，结合自身实际，做好改进完善。

【国防工作】 2022年，兴宁市人民武装部着眼新形势新任务新要求，建立健全国防教育理论专家队伍，集中开展国防教育进校园、进基层、进机关、进企业活动，推动全市全民国防教育向社会各界普及深入。

【综合保障】 2022年，兴宁市人民武装部严格落实党委理财制度，始终坚持把服务主业、保障打赢作为根本出发点和落脚点，不断提高后装保障质效，坚持把有限的经费全力向备战打仗聚焦，向战斗力倾斜，持续开展后勤重点行业整肃治理“回头看”，深入整治有关问题，全面规范后勤建设管理秩序。

【双拥工作】 2022年，兴宁市人民武装部开展走访慰问活动，开展慰问驻军、慰问老红军、慰问军烈属活动。做好官兵的“后路、后院、后代”工作，解决关系官兵切身利益的急事难事，让入伍军人更有光荣感，让退伍军人更有幸福感。是年，兴宁市人民武装部为23名立功受奖的官兵送喜报，通过各大媒体广泛宣传先进典型事迹。

（杨宝明）

武警

【概况】2022年，武警梅州支队兴宁中队围绕践行强军目标要求，狠抓执勤教育训练管理，部队建设继续保持良好发展态势，是年，武警梅州支队兴宁中队被评为“四铁”先进单位，受到上级表彰18人次，荣立个人三等功1人，中队荣立集体三等功。

【战备建设】 2022年，武警梅州支队兴宁中队完成各类执勤战备任务，选拔人员参加支队教练员集训、预选警士培训，教学骨干队伍得到加强。突出三级指挥，着重加强现场指挥、协同指挥和应变指挥能力训练，尤其是在汛期，中队严格对照训练要求并结合周边汛情及地理位置进行专项演练，在上级拉动抽点中多次得到表扬。坚持每周灵活开展2个课时军职教育，引导官兵加强军事、科技、管理等军人职业共性知识的学习；倡导官兵学历升级，当前中队完成学历升级有5人（其中3人为中专升大专，2人为大专升本科），正在学历升级的有3人（3人为中专升大专）。

【风气整治】 2022年，武警梅州支队兴宁中队召开支委会和军人大会自上而下进行动员部署，引导官兵认清整治活动的意义、方法步骤和具体措施。采取走访发函、核对本表、问卷调查、建立台账的方式严密组织，在最短时间内实现中队作风风气根本好转。对照12个重点领域深入进行查摆，查出8个领域共13个问题。发挥风气监督员作用，严格落实风气监督员列席敏感事项研究等要求，年内转正1名党员、发展1名党员。

【规范化建设】 2022年，武警梅州支队兴宁中队始终坚持严格管理、严格要求，高标准抓好“五个秩序”。以“聚力迎盛会，扎实保稳定”群众性建安创安活动和“争创‘六无’先进单位”等活动为契机，把条令法规“学训考用”灌注经常融入点滴，增强官兵按纲要建、按条令管、按大纲训的理念；扎实开展翻安全牌、每日呼喊安全口号等制度，每周常态开展安全检查，并对问题立查立改，利用点滴时间抓好安全常识竞赛、安全板报评比、群众性大讨论等配套活动，浓厚群众性创安氛围。以军容风纪专项整顿为契机，把官兵的起居作息、穿衣戴帽、集合站队、言行举止列入养成训练内容，坚决纠治不按规定着装、穿浅色袜子、扎非制式腰带、作训鞋作战靴混穿等个人习惯养成和作风松散问题。坚持管理不放假，严格周表计划落实，不搞随意变通更改；制定管理责任分工卡，明确到人、层级包干，定期检查评比，正规部队秩序。以安全工作“八个规范”为大纲，扎实开展“涉网涉密集中教育整治”活动；加强酒驾醉驾教育管理，特别是对在外人员实行安全提醒责任制，杜绝酒驾醉驾违法违纪问题。

（郑广斌）

人民防空

【概况】 2022年，兴宁市按照国防动员人民防空专业动员任务要求，组织人防专业队伍开展岗位训练，完成国防动员潜力数据调查统计；于9月18日进行年度防空警报试鸣活动，实现广播、电视同步传递警报信号，城区鸣响率和覆盖率100%；加强防空地下室日常巡查、保养、维护、检修，全年检查人防地下室35次，发出检查整改通知书6份；以《中华人民共和国人民防空法》为宣传主体，装设人防知识宣传栏45块，向广大市民宣传人防法律、法规和防空防灾知识。

【人防工程安全管理】 2022年，兴宁市指导人防工程管理单位做好已开发利用人防工程土建、排水排涝、环境卫生等日常维护管理工作。实行网格化指导管理，坚持日常检查与重点抽查相结合，加强防空地下室日常巡查、保养、维护、检修，每季度对人防通风设备、防护设备的安全及运转等进行全面检查1次以上，并做好值班巡查记录。对兴宁市公共人防工程出现的渗漏、积水、消防隐患等问题进行全面维护。全年检查人防地下室35次，发出检查整改通知书6份。

【人防队伍建设】 2022年，兴宁市依据《人民防空训练规定》和《人民防空训练及考核大纲》的课目和标准，采取统筹安排与自主训练相结合的方式，组织抢险抢修、医疗救护、消防专业、通信保障、交通运输、治安等7个人防专业队伍的岗位训练，实现作战和训练一体化。

【人防宣传教育】 2022年，兴宁市通过国防教育日、年度警报试鸣活动等重要节日、重要活动，集中开展宣传教育活动，现场向市民发放宣传手册；以《中华人民共和国人民防空法》为宣传主体，以社区、机关、企事业单位、学校为宣传阵地，装设人防知识宣传栏45块，向广大市民宣传人防法律、法规和防空防灾知识。

（廖秀莲）

退役军人事务

【概况】 2022年，兴宁市退役军

人事务局贯彻落实习近平总书记关于退役军人工作的重要论述，用好双拥工作平台，做好退役军人思想政治、褒扬优抚、安置就业、服务保障、权益维护等各项工作。

【双拥工作】 2022年，兴宁市退役军人事务局做好新一轮“双拥模范城”创建工作，开展“军政共建友谊林，携手植树添新绿”、预制菜“兴宁鸽”慰问西藏边防部队等双拥活动，开展拥军支前保障和春节、八一建军节走访慰问活动，解决驻军驻训部队交通、医疗、军用物品等需求。

【优抚工作】 2022年，兴宁市退役军人事务局优抚褒扬政策落实到位。足额发放优抚资金。提高标准、足额按时发放退役军人和其他优抚对象补助、义务兵优待金。持续开展“思想政治工作年”活动，组织召开春节、八一建军节退役军人和优抚对象座谈会，学习宣传党的理论方针政策和法律法规。全面铺开优待证申领工作。完成合水革命烈士陵园零散烈士纪念设施集中迁移项目和罗浮、大坪、黄槐、合水、宁中5个镇的烈士纪念设施提质改造。开展清明网上祭扫英烈和“9·30”烈士公祭活动；举办2022年革命烈士后裔助学金暨广东省雁洋公益基金会烈士后裔助学助困金发放仪式，43名烈士后裔获得资助。推进“强镇带村”工程。实施退役军人服务中心（站）能力提升，投入40多万元开展16个村（社区）全国示范性退役军人服务站创建工作，推动制度化、标准化建设。

▲2022年5月24日，兴宁市退役军人事务局到龙田镇调研全国示范性退役军人服务站创建工作　　（兴宁市退役军人事务局提供）

【退伍安置】 2022年，兴宁市退役军人事务局稳妥做好安置工作，职业技能培训和就业创业稳步推进。组织自主择业退役士兵参加中式烹饪、网商运营、低压电工等技能培训，有效提升就业创业能力。举办4场退役军人网络专场招聘会，吸引19家企业进场参与，提供多个岗位。推荐“陈小鸽预制菜，推动兴宁鸽产业集群发展”项目参加梅州市第一届退役军人创业创新大赛，市退役军人王健午、谢金海分获金奖、优秀奖。

（林伟彬）

经济

■ 经济管理

宏观经济管理

【概况】 2022年，兴宁市成立推进赣闽粤原中央苏区对接融入粤港澳大湾区振兴发展先行区（兴宁片区）建设工作领导小组、太阳能光伏发电共建共享领导小组、重大项目并联审批专班。全市储备原中央苏区振兴发展重大项目181个、国家重大项目库储备和在建项目163个、梅州市“十四五”时期重大工程项目92个。全年争取中央预算内投资和专项债券资金项目28个，下达资金19.66亿元；完成30个省、市重点正式项目投资30.9亿元，占年度投资计划的103.5%。其中，完成5个省重点正式项目投资10.43亿元，占年度投资计划的130.4%。全市光伏发电并网2039个（户）总装机容量292.32兆瓦。完成兴宁市中心粮库智能化升级改造项目。

【高质量发展】 2022年，兴宁市发展和改革局组织编制2022年计划草案报告，经市十六届人大二次会议审议通过并下达实施。兴宁市全年实现地区生产总值200.99亿元，比上年增长1.1%。其中，第一产业增加值53.5亿元，增长4.5%；第二产业增加值37.09亿元，增长1.2%；第三产业增加值110.37亿元，下降0.6%，三次产业结构比例26.6∶18.5∶54.9。5000万元以上固定资产投资项目69个，开工56个，未开工13个；纳统47个，未纳统22个，项目数纳统率68.1%。

【项目储备管理】 2022年，兴宁市发展和改革局谋划乡村振兴专项债项目5个，总投资20.78亿元。谋划城西和锦绣新城片区智慧停车场等11个新型基础设施项目，总投资11.14亿元。申报城镇环境基础设施建设项目15个，总投资27.09亿元；申报2023年省级节能降耗专项资金储备项目2个，总投资753.95万元。推动实施181个总投资1334亿元的原中央苏区振兴发展重大项目，已实施96个，总投资492.3亿元；国家重大项目库储备和在建项目163个，总投资412.32亿元。推动92个计划总投资651.13亿元（其中省级规划项目17个，计划总投资275.27亿元）的梅州市“十四五”时期重大工程项目落地实施。

【重点项目建设】 2022年，兴宁市列入省、市重点项目51个，总投资316.41亿元。其中，正式项目30个，计划总投资195.01亿元，年度投资计划29.86亿元；预备项目21个，总投资121.4亿元。列入省重点项目11个，总投资110.37亿元。其中，正式项目5个，计划总投资53.43亿元，年度投资计划8亿元；预备项目6个，计划总投资56.94亿元。是年，30个省、市重点正式项目全面完成投资30.9亿元，占年度投资计划的103.5%。其中5个省重点正式项目完成投资10.43亿元，占年度投资计划的130.4%。

【项目资金争取】2022年，兴宁市争取资金项目28个，下达（含授信）资金19.66亿元，比上年增长20.3%。至年末，资金支付19.54亿元，支付率99.4%。谋划2023年专项债券储备项目31个，总投资136.79亿元，资金需求37.3亿元；谋划2023年中央预算内投资储备项目44个，总投资67.24亿元，资金需求13.23亿元。

【项目投资管理】2022年，兴宁市发展和改革局审批、核准和登记备案建设项目511个。其中，基础设施项目42个，工业产业项目431个，民生保障项目38个；总投资180.51亿元，核准招标项目37宗，其中公开招标34宗。全年概算审查项目46个，总投资26.37亿元，核减概算合计7334.74万元。

【融湾先行区建设】2022年，兴宁市成立先行区（兴宁片区）建设工作领导小组，落实《关于新时代支持革命老区振兴发展的意见》，研读对接13个方面77个具体政策事项。对照268项重点任务，提出转移支付资金等10项重大政策落实举措、“放管服”改革等2项重大事项落实举措、石壁一和山水库提质扩容等11项重大项目，谋划建设表面循环经济产业园等3个重大平台。衔接落实梅州市任务分工，对涉及兴宁的93项任务，逐一研判，研提新型基础设施、光伏发电基地、医疗器械产业园等22类一批项目，以及71项政策对接落实举措。

【价格收费管理】2022年，兴宁市发展和改革局出台《农业分类水价和超额累进加价实施办法》《精准补贴和节水奖励机制》，推进农业水价综合改革，推进改革面积灌区骨干工程用水计量设备安装。调整合水水库灌区水利工程农业供水价格；依规制定或调整水口、坭陂、新陂、叶塘等6家自来水价格。制定兴宁市新能源出租车运价标准。开展农产品成本调查工作，完成2022年早、晚稻三大专项调查，早晚稻总成本同期对比上升15.5%。加强成本监审和成本信息公开，推送市场价格动态信息15条、2022年兴宁市购买农资数据、2022年农户存售粮明细。推进华润燃气配气、公办高中住宿、生均教育培养3个项目的成本监审。依法依规开展价格认定，全年认定案件295件，涉案总金额385.21万元。加快价格认定综合业务平台应用，2022年295件案件均在线完成，补录2021年、2020年、2019年3个年度全部存量案件。

【粮食安全管理】2022年，兴宁市发展和改革局完成年度县级储备粮轮换，调整并完成成品粮和食用油的储备；抓好粮食购销领域腐败问题专项整治，自查发现问题4个，完成整改4项。开展“科技兴粮兴储，创新有你有我”2022年全国粮食和物资科技活动。2022年春季粮油安全普查检查仓库56座。开展粮食和物资储备系统安全生产检查13次，58人次参与，签订安全生产责任书11份，排查并整改安全隐患21项。做好“等级粮库”评定申报，完成推进中心库智能化升级改造项目建设。做好2022年政策性粮油库存检查及4月末乡村居民户存粮专项调查工作。

【能源安全管理】2022年，兴宁市发展和改革局配合推进省天然气管网“县县通工程”项目。至年末，完成全程39千米放线，兴宁分输站、水口阀室签订征地合同；推进加油站规划建设，上半年获批规划点1个，正在申报规划点1个；推进电动汽车充（换）电基础设施建设，备案项目12个、快充桩48台，总装机功率4140千瓦。开展能源安全生产检查，检查加油站60家，发现并整改一般隐患4处；电力执法检查4次，发现并整改2处；开展能源项目建筑工地检查4次，发现并整改一般安全隐患2处。强化能源管理，完成全市94家加油站2021年度年检；抓好加油站“一周两检”工作，从业人员平均检查率90%。推进黄槐镇雉鸡潭自供区农电体制改革；推动2022年电力供应市场化需求响应工作，交易用户147户，完成注册128户，完成率88%。推进电网规划建设，全市电网可消纳新能源电力并网约150兆瓦。

【优化营商环境】2022年，兴宁市发展和改革局持续优化营商环境，强化“粤系列”平台推广应用。全方位加大对“粤省事”“粤商通”“粤智助”平台的推广应用，提高政务服务水平；推进工程建设项目审批制度改革，实施一个窗口统一受理，容缺受理机制，优化审批流程；全面实现投资审批事项线上并联办理，优化审批流程，企业备案、变更手续全部通过广东省在线监管平台办理。维护招投标和政府采购领域公平竞争秩序。

【社会信用体系建设】 2022年，兴宁市发展和改革局持续加强法治政府建设工作组织领导。全年全市信用信息“双公示”公示行政许可19998条，行政处罚2630条。协调人民银行兴宁支行做好“6·14”信用记录关爱日线上宣传活动。推进全面建立信用承诺制度，全市制订政务信用承诺书单位30家，制订业务信用承诺书12家，归集上报兴宁市信用承诺及其履约践诺信息193条。加快推进政务诚信建设，做好公务员录用、调任人选社会信用记录查询工作，全年查询4批次184名公务员。

（林　莉）

2022年兴宁市广东省重点建设项目统计表

表9

序号	项目名称	建设起止年限	总投资（万元）	2022年投资计划（万元）	1—12月完成投资（万元）	占比（%）
合计：11项			1103720	80000	104300	130.4
一	正式项目（5项）		534300	80000	104300	130.4
1	兴宁市产业转移工业园整体城镇化项目	2019—2022	132600	30000	18600	62.0
2	兴宁市高铁干线路网及站前综合广场和配套工程（一期）	2021—2024	128700	10000	31000	310.0
3	兴宁市高级技工学校升级技师学院建设项目（一期）	2021—2024	28000	5000	9700	194.0
4	兴宁市人民医院异地（整体）搬迁新建项目	2018—2022	155000	20000	30000	150.0
5	兴宁广弘农牧发展有限公司年出栏30万头生猪养殖项目	2021—2022	90000	15000	15000	100.0
二	预备项目（6项）		569420			
1	省道226线兴宁市罗浮（省界）至新陂段改建工程	2022—2026	131520	0	0	0
2	兴宁市城乡一体化水资源配置——石壁水库增效扩容改造工程	2021—2024	126900	0	0	0
3	兴宁市产业转移工业园现代创业孵化园及综合服务中心建设工程	2022—2025	156000	0	0	0
4	兴宁市泰歌油库铁路专用线	2021—2022	30000	0	0	0
5	兴宁市逍遥谷康养文体旅游项目	2020—2030	100000	0	0	0
6	兴宁市慢性病防治院整体搬迁建设项目	2022—2023	25000	0	0	0

（陈　彬）

2022 年兴宁市梅州市重点建设项目统计表

表 10

序号	项目名称	建设起止年限	总投资（万元）	2022 年投资计划（万元）	1—12 月完成投资（万元）	占比（%）
合计：51 项			3164118	298625	309046	103.5
一	正式项目（30 项）		1950120	298625	309046	103.5
1	兴宁市产业转移工业园整体城镇化项目	2019—2023	132600	20000	18600	93.0
2	兴宁市产业转移工业园叶塘安置区城市棚户区改造二期项目	2018—2022	53716	5325	5325	100.0
3	兴宁市兴华玩具（广东）有限公司年产 1000 万辆 / 玩具汽车生产线新建项目	2022—2023	10000	5000	5000	100.0
4	兴宁市互联网产业园	2020—2023	55000	12000	7000	58.3
5	兴宁市跃速自行车及运动服装生产基地	2021—2024	45000	10000	5500	55.0
6	兴宁市南部新城棚户区改造三期（宁新安置区 C 区）建设项目	2018—2027	351607	20000	12000	60.0
7	兴宁市南部新城棚户区改造三期（福兴安置区三期）建设项目	2018—2025	212282	15000	15000	100.0
8	兴宁市宁新东风村五号小区和九号小区城镇老旧小区改造及周边市政道路配套设施工程项目	2021—2022	6300	4300	4300	100.0
9	兴宁市东苑路片区（东苑小区、怡兴花园等）老旧小区周边市政基础设施升级改造项目	2022—2023	13000	5000	9000	180.0
10	兴宁市市民广场周边雨污管网工程	2022—2023	14936	10000	7000	70.0
11	省道 S226 线兴宁市妇幼保健院至高速公路兴宁东出口段改建工程	2022—2023	26280	8000	8100	101.3
12	兴宁市高铁干线路网及站前综合广场和配套工程（一期）	2022—2024	128700	20000	31000	155.0
13	兴宁市铁山嶂废弃矿区生态综合治理修复工程	2022—2024	47616	15000	11581	77.2
14	兴宁市坜陂中学迁建项目	2021—2023	5502	2000	3702	185.1
15	广东省梅州市卫生职业技术学校建设项目（首期）	2022—2024	20783	10000	12000	120.0
16	兴宁市人民医院异地（整体）搬迁新建项目	2018—2023	155000	30000	30000	100.0
17	兴宁市福兴街道社区卫生服务中心（社区医院）整体搬迁建设项目	2021—2023	7945	6000	6000	100.0
18	兴宁广弘农牧发展有限公司年出栏 30 万头生猪养殖项目	2021—2023	90000	15000	15000	100.0
19	兴宁市宝宁农牧科技有限公司官陂村鸽产业一体化科技园建设项目	2021—2023	11600	5000	5000	100.0
20	广东富农生物科技股份有限公司肉鸡产业融合示范园农光一体化新建项目	2022—2024	60000	5000	3000	60.0
21	广东富农生物科技股份有限公司禽畜产品冷链收储中心暨熟食加工基地项目	2022—2025	15000	5000		

续表 10

序号	项目名称	建设起止年限	总投资（万元）	2022 年投资计划（万元）	1—12 月完成投资（万元）	占比（%）
22	兴宁市肉鸽产业园建设项目	2022—2023	20000	10000	12995	130.0
23	中国能建兴宁市永和镇 100 兆瓦农光互补项目	2022—2023	46941	20000	34000	170.0
24	广东兴创绿能科技有限公司兴宁市四望嶂480 兆瓦光伏项目	2022—2025	200000	8000	4800	60.0
25	兴宁市径南镇美丽乡村连片打造项目	2022—2023	20000	5000	4300	86.0
26	兴宁市水口镇前锋红色文化旅游基地	2019—2023	32000	5000	5050	101.0
27	兴宁市和山休闲农业旅游产业园	2019—2023	100000	5000	5500	110.0
28	兴宁市鸿利丰生物科技有限公司年产 1000 吨牛大力（中药材）加工项目	2022—2026	10000	3000	385	12.8
29	兴宁市老城区供排水升级改造项目（一期）	2021—2023	30312	10000	18208	182.1
30	兴宁市高级技工学校升级技师学院建设项目	2021—2024	28000	5000	9700	194.0
二	预备项目（21 项）		1213998	0	0	0
1	兴宁市产业转移工业园现代创业孵化园及综合服务中心建设工程	2022—2025	156000	0	0	0
2	兴宁市产业转移工业园叶塘安置区城市棚户区改造三期项目	2022—2025	116000	0	0	0
3	广东红禾朗电工有限公司——生产、加工、销售电工产品项目	2022—2023	63000	0	0	0
4	兴宁市数控机床项目（二期）	2022—2023	16000	0	0	0
5	广东金雁电工科技股份有限公司增资扩产3 万吨特种漆包线项目	2022—2025	50000	0	0	0
6	兴宁兴盛玩具有限公司增资扩产项目	2022—2023	13000	0	0	0
7	广东海大集团股份有限公司年产 40 万吨生物配合饲料项目	2022—2023	12000	0	0	0
8	广州希望饲料有限公司年产 36 万吨生物饲料生产项目	2022—2023	12000	0	0	0
9	省道 226 线兴宁市罗浮（省界）至新陂段改建工程	2022—2026	131520	0	0	0
10	兴宁市省道 228 线兴宁市龙田至径南太平段	2021—2022	179878	0	0	0
11	省道 333 线兴宁市黄陂甘专至罗岗圩段改建工程	2022—2024	14452	0	0	0
12	省道 239 线兴宁市赤巷口至锦绣大桥段改建工程	2022—2023	23930	0	0	0
13	兴宁市泰歌油库铁路专用线	2021—2022	30000	0	0	0

续表 10

序号	项目名称	建设起止年限	总投资（万元）	2022 年投资计划（万元）	1—12 月完成投资（万元）	占比（%）
14	兴宁市文峰学校建设项目	2022—2025	20000	0	0	0
15	兴宁市叶塘工业园学校建设项目	2022—2024	12491	0	0	0
16	兴宁市城乡一体化水资源配置——石壁水库增效扩容改造工程	2021—2024	194259	0	0	0
17	兴宁市慢性病防治院整体搬迁建设项目	2022—2023	25000	0	0	0
18	兴宁市妇幼保健计划生育服务中心改扩建项目	2023—2025	18000	0	0	0
19	兴宁市中医医院异地搬迁升级建设二期项目	2023—2023	14652	0	0	0
20	兴宁市逍遥谷康养文体旅游项目	2020—2030	100000	0	0	0
21	兴宁市城区生活垃圾分类收运系统升级改造项目	2022—2025	11816	0	0	0

（陈　彬）

审计

【概况】 2022 年，兴宁市审计局完成审计项目 19 个（其中，政策跟踪审计项目 1 个，民生审计项目 2 个，财政审计项目 2 个，领导干部经济责任审计项目 11 个，资源环境审计项目 1 个，公共投资审计项目 2 个），比上年增长 18.8%。查出主要问题金额 5.39 亿元。其中：违规金额 958 万元，管理不规范金额 5.29 亿元；审计作出处理应上缴财政资金 551 万元、应归还原渠道资金 407 万元、应调账处理金额 14 万元。出具审计报告、审计决定、审计结果报告 32 篇，提出审计建议 58 条，均被审计单位采纳。同时，发挥市委审计委员会办公室的职能，全年向市委审计委员会请示、报告审计事项 11 次；提请召开市委审计委员会第五次会议，市委审计委员会对全市审计工作进行全面部署。

【重大政策落实情况跟踪审计】 2022 年，兴宁市审计局围绕推动高质量发展，构建新发展格局，对兴宁市促进民营经济及中小微企业发展政策落实情况、疫苗流通和预防接种安全重大政策措施情况、支持市场主体应对疫情纾困发展政策措施落实情况开展专项审计调查，推动有关政策落实到位。

【财政审计】 2022 年，兴宁市审计局对 2021 年度财政预算执行决算草案和其他财政收支情况、2021 年度一级预算单位部门预算执行和其他财政收支情况、2021 年度网络安全和信息化建设、2016 年中央和省扶持兴宁市村级集体经济发展改革试点资金管理使用情况、2018—2021 年乡镇人大工作和建设省级转移支付资金使用情况进行专项审计。9 月，受市政府委托，向市人大常委会作《关于兴宁市 2021 年度市级预算执行和其他财政收支的审计工作报告》。在兴宁市政府网站重点领域信息公开专栏和兴宁市审计局门户网站审计结果公告栏公开《关于兴宁市 2021 年度市级预算执行和其他财政收支的审计工作报告》，增强审计工作透明度和公信力。

【民生项目审计】 2022 年，兴宁市审计局对 2020—2021 年度福利彩票公益金管理和使用情况、2020—2021 年革命老区转移支付资金进行审计，摸清有关政策落实、资金筹集管理使用，推动提高保障和改善民生水平，兜牢基本民生底线。

【领导干部履行经济责任情况审计】 2022年，兴宁市审计局贯彻执行《党政主要领导干部和国有企事业单位主要领导人员经济责任审计规定》，加大任中审计力度，对14个单位的17名领导干部履行经济责任情况进行审计，促进领导干部依法履职、依规尽责。

【固定资产投资审计】 2022年，兴宁市审计局对兴田街道米寨村、宁新街道高陂村、刁坊镇河塘岭村乡村振兴建设项目、特殊教育学校启智楼加建教职工宿舍工程项目进行审计，促进提高公共投资绩效。

【其他审计任务】 2022年，兴宁市审计局将自然资源资产、乡村振兴事项列入经济责任审计项目的审计范围；对1个乡镇党政领导干部履行自然资源资产和生态环境保护监督责任情况进行审计。根据省、梅州市审计统筹工作安排，抽调3人次参加上级审计工作。对市城投公司2019年9月至2021年12月财务收支和资产、负债情况进行审计调查，对该公司的债权、债务和企业经营状况及各项资金的管理和使用情况进行摸底调查，揭示存在问题，提出进一步完善企业经营管理和规范资金使用的建议，为市委、市政府进一步加强对公司的经营管理和投资决策提供依据。服从全市党风廉政建设和反腐败工作安排，在审计过程中，重点关注党风廉政管理规定的贯彻落实，推动廉洁政府建设；服从市委的统筹调配，抽调审计人员2人次参加市委巡察工作。

【审计整改】 2022年12月12日，兴宁市政府办公室印发《关于开展审计发现问题整改落实工作督查的通知》。兴宁市审计局召开党组会专题研究，制订督查工作方案，派出6个审计整改督查组，对2020年7月至2022年7月上级审计机关审计反馈涉及兴宁问题、2021—2022审计年度本级审计发现问题截至12月底的整改落实情况开展督查；指导相关单位做好审计署、省审计厅、梅州市审计局审计反馈涉及兴宁市问题的整改工作。至年底，审计促进整改落实有关问题资金695万元，其中上缴财政资金400万元，归还原渠道资金281万元，调账处理金额14万元。促使被审计单位制定整改措施71项，其中有9个单位重新修订完善单位内控制度11项。通过督促被审计单位对各级审计机关审计发现的问题进行着力整改、完善管理制度，推动审计整改落实工作，实现“审计一次、规范一块、教育一片”的效果。

（曾浩文）

市场监督管理

【概况】 2022年，兴宁市市场监督管理局强化市场监管，提升服务水平，激发市场活力，优化市场环境，落实市场监管职能职责，统筹做好疫情防控和市场监管工作。全市食品、药品、特种设备、产品质量安全形势稳中向好。在2022年梅州市对各县（市、区）考核中，兴宁市市场监督管理局获评市场监管重点工作考核第三名、药品责任评价考核第二名。

是年，全市持证食品生产加工单位172家，其中食品生产企业79家（2022年新申办13家），食品小作坊93家。食品经营者6402家，其中大型商超2家。餐饮服务单位2058家。药品生产企业2家，药品批发企业10家，药品连锁总部2家，药品零售企业361家。医疗器械生产企业4家，医疗器械经营企业472家，其中三类器械经营单位107家，二类器械经营单位365家，网络销售备案70家，医疗器械使用单位663家（含市级医院、乡镇级医疗机构、村卫生站、个体诊所），化妆品经营企业约1400家。

【优化营商环境】 2022年，兴宁市市场监督管理局深化“放管服”措施，进一步压缩办理时间，推进行政审批事项“100%网上受理，100%网上办结”，全面提升市场准入便利化水平。年内新登记各类市场主体7296户，食品经营许可768户，食品生产许可78户，药品经营许可63户，医疗器械经营许可118户。全市市场主体数68191户，食品经营主体数10617户，食品生产主体数78户，医疗器械经营主体数463户。统筹开展市场主体年报公示工作，辖区内完成年报企业8179家，年报率97.3%。

【企业监督管理】 2022年，兴宁市市场监督管理局推进“双随机、一公开”监管，组织召开工作联席会议、工作业务培训会各1次。开展部门抽查247批次，抽查监管对象2956户。开展联合抽查39条，抽查对象82户。严格落实失信联合惩戒，将列入经营异常名录满3年仍未履行相关义务的102户企业列入严重违法失信名单。加强检查结果公示，年内检查发现失联的市场主体219户，未按规定公示信息或隐瞒真实情况的61户，不配合检查情节严重的23户，检查结果全部在梅州市商事主体综合信息平台进行公示，全年向社会公开信息3038条。

【市场监管执法】 2022年，兴宁市市场监督管理局开展2022民生领域“铁拳行动”、药品安全专项整治以及两品一械“利剑”“云剑”“亮剑”三大专项行动，全面加大综合执法稽查工作力度。全年立案查处各类违法违章案件447件，涉案金额合计101.6万元，移送公安机关2件。组织2次采取无公害处理方式，公开销毁假冒伪劣商品一批，市场标值5.82万元。

【重点领域监管】

食品安全监管 2022年，兴宁市市场监督管理局开展食品安全“守底线、查隐患、保安全”专项行动，联合各镇（街道）对全市食品生产环节企业178家、食品流通环节企业6366家、食品餐饮环节企业2058家开展全覆盖检查，定期召开风险研判会议，研判化解食品安全风险隐患78个，食品安全形势持续稳定向好。推动建立健全分层分级精准防控、末端发力终端见效工作机制，压紧压实食品安全属地管理责任和企业主体责任，初步建立由767个县、镇、村级领导干部对应包保全市10706家食品安全主体的分级分类包保机制。

药械化安全监管 2022年，兴宁市市场监督管理局开展药品流通领域安全专项整治、药品网络销售违法违规行为专项整治、药品经营和使用专项检查和化妆品“线上净网、线下清源”、儿童类化妆品、染发类化妆品、医疗器械等各项专项检查，规范“两品一械”（药品、化妆品和医疗器械）经营市场秩序。全年检查药品生产企业2家次，药品经营企业402家次，化妆品经营企业367家次，医疗器械生产企业11家次，医疗器械经营企业261家次，医疗器械使用单位299家次，医疗器械网络销售备案企业16家次，新冠病毒核酸检测单位7家次，完成药品抽检40批次，化妆品抽检13批次，抽检结果均合格。加强药品不良反应监测报告工作，全年上报药品不良反应711例，其中新的/严重的报告395例，化妆品上报72例。

工业产品质量安全监管 2022年，兴宁市市场监督管理局开展塑料污染治理，检查相关生产经营企业11家次，与塑料制品经营企业签订《塑料污染治理承诺书》10份。开展儿童和学生用品安全守护行动，检查销售单位81家次，下架问题产品4件，发出责令整改通知书2份。开展燃气具及配件、电动自行车及配件产品质量专项整治工作，检查燃气具及配件销售店铺115家、电动自行车及配件销售店铺55家，发出责令改正通知书4份。开展重点监督产品目录产品专项检查，对工业产品质量安全开展抽检46批次，并立案查处抽检不合格成品油2批次、燃气灶1批次、燃气热水器1批次。

特种设备安全监管 2022年，兴宁市市场监督管理局开展安全生产大检查、“黑气瓶”专项整治、城镇燃气安全和燃气气瓶安全“百日行动”专项整治、电梯安全隐患排查、超期未检特种设备排查等活动，累计出动安全监察人员870人次，检查生产（安装、维修）、使用单位、经营、检测机构及人员290家（人）次，作出现场检查记录290份，发出特种设备安全监察指令书53份，发现并整改安全隐患276个。联合相关单位到宁江新城一期小区举办“特种设备安全宣传暨电梯应急救援演练”活动。

【知识产权保护】 2022年，兴宁市市场监督管理局强化知识产权全链条保护，服务企业和产业创新发展。全年专利授权量475件，查处知识产权案件15件（商标类案件9件、专利类案件6件），其中商标类案件中移送兴宁市公安局刑事立案查处1件，合计罚没款5.4万元。全面核查国家、省知识产权局转办非正常专利申请 224 件，抽查辖区内企业 10 家次，未发现商标代理机构、商标印制行为、商标使用和专利及专利产品宣传真实性方面违法违规行为。加大兴宁市地理标志资源培育力度和地理标志证明商标申报力度，将“兴宁鸽”区域公共品牌建设作为广东省商标品牌建设遴选的优秀案例进行上报，推动向国家知识产权局申请“兴宁老酒”和“兴宁龙眼”两件地理标志证明商标并获得正式受理。加快推进兴宁单丛（枞）茶地理标志产品保护申报工作。推荐兴宁市企业申报国家知识产权优势企业，兴宁市广东明珠流体机械有限公司获评国家知识产权优势企业称号，实现“零”的突破。

【质量强市工作】 2022 年，兴宁市市场监督管理局推进质量强市建设，推进餐饮行业协会发布《兴宁客家风味点心萝卜粄制作工艺规范》等团体标准 6 项，兴宁油茶协会发布《兴宁茶油》团体标准 1 项。开展中小微企业质量管理体系认证提升行动，组织开展质量提升培训 4 次，参训企业 24 家次、企业员工 53 人次。开展有机产品认证、食品安全管理体系认证（FSMS）、危害分析与关键控制点（HACCP）体系认证等食品农产品认证活动检查。认证活动现场见证检查 3 家次，对辖区获证组织随机抽查认证结果获证组织查验 4 家次，对相关市场主体随机抽查认证结果获证组织查验 4 家次，检查覆盖率 100%。开展“民生计量”专项行动，全年检查眼镜店 6 家，集贸市场、商超等 9 家，加油站 8 家，检查制配眼镜用计量器具 12 台、电子秤 35 台、加油机 25 台，发出整改通知书 12 份。

【消费者权益维护】 2022 年，兴宁市市场监督管理局围绕“共促消费公平提振广东消费”主题开展消费者权益保护工作。全年受理消费投诉 2669 件、举报 976 件，调处办结 3645 件，挽回经济损失 52.79 万元，接受消费者来人、来电咨询 90 人次。编写消费维权案例 2 篇，督促、跟踪、转办处理网络商品交易及有关服务行为、互联网广告投诉举报工单 268 件次，回复信访件 3 件。

（罗　强）

统计

【概况】 2022 年，兴宁市统计局完成兴宁市 2022 年度地区生产总值核算工作，编印《兴宁市统计年鉴（2022）》，建立统计协调联动机制和专班工作机制，开展基层统计“7 个一”规范化建设，对“四上”企业（规模以上工业企业、资质等级建筑业企业、限额以上批零住餐企业、国家重点服务业企业）进行统计执法检查和“双随机、一公开”检查，开展《中华人民共和国统计法》宣传等工作。组织实施 2022 年人口变动情况抽样调查工作。

【地区生产总值核算】 2022 年，兴宁市统计局完成全市 2021 年地区生产总值年报及 2022 年季度地区生产总值核算工作。围绕市委、市政府中心工作，做好数据提供者的角色，持续监测经济指标运行情况，提供相关预测数据和分析文章；加强与梅州市统计局、兴宁市发改局、市财政局、市科工商务局、市工业园区等相关部门的沟通协调工作，及时掌握指标情况，发现基础数据中存在的差距和问题，提升数据上报质量，确保地区生产总值核算更加真实反映全市经济总量。做好与各网报企业的沟通联系，确保上报数据的及时性、真实性、准确性。8 月 19 日，兴宁市召开全市统计工作联席会议，听取统计、发改、科工商务等 17 个部门的主要负责人有关地区生产总值核算相关行业运行情况汇报。会议审议并通过《兴宁市统计协调联动工作机制》，并印发《兴宁市人民政府办公室关于建立兴宁市统计协调联动工作机制的通知》。8 月 30 日，由兴宁市统计局牵头并成立兴宁市农业统计、工业统计、固定资产投资统计、建筑业和房地产业统计、贸易业统计五大工作专班。

【统计服务】 2022 年，兴宁市统计局在兴宁统计政务信息网发布信息 68 条，其中工作动态 66 条，统计数据 13 条，通知公告 4 条，预决算公开及“三公”经费公开 2 条，为公众提供政务信息、数据发布和解读、办事咨询；强化月度、季度、年度统计主要数据指标、统计公报、普查和政务公开信息的发布。落实固定资产投资联系制度，加强对重点项目的实地督查指导；重点加强对规模以上企业经营情况、产值变化、国家查询等有关业务的查询反馈速度。重点对地区生产总值、规模以上工业增加值、固定资产投资、社会消费品零售总额等全市综合经济指标的总量和增速的变动趋势，深入分析研究，撰写统计分析材料，为市委、市政府领导研判经济运行情况提供数据支撑。全年编写统计月报 11 期、418 份，季度分析 3 篇，年度分析 1 篇，其余经济运行分析 4 篇，编印 2022 年统计年鉴 350 册。

▲2022 年 9 月 27 日，第十三届“中国统计开放日”活动在兴宁明珠文化广场举行（兴宁市统计局提供）

【统计法治工作】 2022 年，兴宁市统计局联合相关部门牵头成立兴宁市开展统计造假不收手不收敛问题专项纠治工作领导小组。组织相关部门和各镇政府（街道办）开展自查自纠工作，均未发现统计造假、弄虚作假现象。对 24 家企业进行 2022 年度统计执法和“双随机、一公开”检查。其中，独立自查企业 10 家，配合梅州市统计局检查企业 10 家，“双随机、一公开”抽查企业 4 家。相关执法结果均按要求在梅州市商事主体平台和广东省行政执法信息公开平台进行公示。

【统计宣传】 2022 年，兴宁市统计局与梅州市统计局、国家统计局梅州调查队、国家统计局兴宁调查队在兴宁明珠文化广场联合举办第十三届“中国统计开放日”活动。主题为“数说新时代 奋进新征程”，现场设“数说梅州”“法治春风”“队伍建设”三大展览区。向市民发放《统计法和实施条例》手册及宣传彩页 500 余份。

【基层统计“7 个一”规范化建设】 2022 年，兴宁市统计局部署开展兴宁市基层统计“7 个一”规范化建设和乡镇（街道）统计规范化建设。围绕“统计机构和统计人员”“统计管理”“统计数据质量管理”“统计工作保障”“统计创新发展”“统计法治建设”“加分项目”等 7 个方面进一步健全完善科学规范的基础统计管理体系。至 12 月底，完成局机关和 3 个乡镇的佐证材料整理、归纳完善、自查自评，经梅州市统计局的审核后，并上报省统计局进行验收查核。

【人口变动情况抽样调查培训】 2022 年，兴宁市统计局在市会展中心举办兴宁市 2022 年人口变动情况抽样调查培训会议，培训对象为各抽样样本村所在镇（街）乡镇管理员和数据录入员、抽样样本村调查人员。会议对 2022 年人口变动调查的工作流程及要求、指标解释、数据处理平台及数据采集软件操作等内容进行培训讲解，对新特点、新变化以及往年调查中的存在问题进行分析总结，为该年度人口变动情况抽样调查工作奠定基础。

（叶幸林）

统计调查

【概况】 2022 年，国家统计局兴宁调查队开展居民收支调查（含住户收支与生活状况调查、农户固定资产投资调查等）、住户监测调查（含农民工监测调查、农民工市民化进程动态监测调查等）、农业调查（含农作物播种面积和产量调查、农产品生产者价格调查、农产品农村集贸市场价格调查等）、农村和经济调查（主要畜禽监测等）、劳动力调查、居民消费价格调查等常规调查。夯实调查数据基础，提高数据质量，规范数据采集、审核、报送等工作流程，增强数据代表性，优质高效开展统计调查工作，有针对性报送调查分析和调研成果，加强民生指标的解读预判和分析研究，做好统计调查监测服务。开展春节农村疫情防控风险点、春耕备耕、县乡消费市场文旅服务供给情况、学生网络安全情况、乡村中小学教师生存现状、养老市场商品和服务供需情况、农业产业融合发展情况、“龙舟水”对早稻生产影响情况、异地就医直接结算政策推行情况、秋粮调研等 24 个专题调研。

【调查服务】 2022 年，国家统计局兴宁调查队撰写《兴宁调查》25 期，其中国家统计局广东调查总队采用 5 篇次，国家统计局采用 1 篇次；《呈阅件》5 期，其中兴宁市府领导批示 3 篇次。组织开展第五届“乡村振兴之路”调查研究、《新征程上开展劳动力调查充分发挥基层党组织社会服务功能的探索与实践》党建课题调研等，撰写调研报告 2 篇。与兴宁市统计局共同编辑完成统计产品——2022 年统计年鉴、统计公报，完成兴宁市地方志办公室《兴宁年鉴》组稿工作，对外发布统计数据资料、工作动态。不定期依托《今日兴宁》、兴宁电视台等新闻媒体，对外宣传发布城乡居民人均可支配收入和居民消费价格指标等统计数据信息。围绕“十三五”居民收入、乡村振兴、稳就业保就业等社会经济民生相关专题开展统计调查和分析研究，做好调查数据查询和解读工作，发挥统计调查资政服务作用。

【统计调查宣传】 2022 年，国家统计局兴宁调查队落实“谁执法谁普法”工作责任制，在“9·20”中国统计开放日、“12·4”国家宪法日和“12·8”《中华人民共和国统计法》颁布纪念日等节点，向基层统计人员、调查对象和社会公众宣传统计法律法规，普及调查业务知识。同时，在兴宁市叶塘镇北塘村、麻岭村开展“统计开放日 + 党建融合”品牌创建活动，在兴宁市文化广场承办以“数说新时代 奋进新征程”为主题的“第十三届中国统计开放日”宣传活动。

【统计调查法治建设】 2022 年，国家统计局兴宁调查队加强统计法治制度化建设，修订完善《国家统计局兴宁调查队各专业统计调查数据质量评估办法（2022 年修订版试行）》《兴宁调查队各专业统计调查数据质量责任追溯办法（2022 年修订版试行）》等工作制度，制订《兴宁调查队贯彻落实〈关于更加有发挥统计监督职能作用的意见〉实施方案》《兴宁调查队 2022 年制度方法工作要点》《兴宁调查队 2022 年统计法治工作要点》等工作方案。开展常态化数据质量检查和“双随机”统计执法检查，向统计调查单位发放统计法律事务告知书，规范开展“双随机”统计执法检查，严肃处理统计违法行为。全年独立开展统计执法 1 次，与国家统计局梅州调查队联合开展统计执法 1 次。支持干部参与统计执法证考试，至年底，持有国家统计局颁发的统计执法证的人员有 3 人。

（周进军　李伟杜）

▲ 2022 年 7 月 20 日，国家统计局兴宁调查队到叶塘镇北塘村开展“大国小村　强农有我”党建品牌创建活动（卓丽丽　摄）

自然资源管理

【概况】 2022年，兴宁市收储土地25.84公顷，供应土地46宗249.38公顷，成交土地出让金总额4.86亿元。挂牌出让扩大矿区范围采矿权3宗，采矿权出让收益2249.7万元。“三区三线”（“三区”是指城镇空间、农业空间、生态空间三种类型的国土空间，“三线”分别对应在城镇空间、农业空间、生态空间划定的城镇开发边界、永久基本农田、生态保护红线三条控制线）划定成果通过自然资源部质检，国土空间总体格局基本形成。实施垦造水田项目15个，完成报备新增水田指标9.02公顷。新增实施3个“三旧”（旧城镇、旧厂房、旧村庄）改造项目11.60公顷，完成改造2个“三旧”改造项目4.18公顷。完成255.03公顷批而未供土地处置，完成13宗41公顷闲置土地处置。完成6个往年立项拆旧复垦项目25.14公顷指标交易，交易金额1.88亿元。创建绿色矿山8个。全市37处在册地质灾害隐患点均落实专业监测、避险搬迁、工程治理等措施，综合措施覆盖率100%。推进实施10个山水林田湖草沙一体化保护和修复项目，累计支付中央资金2.05亿元，总支出率81%。全年登记发放不动产权证书证明32068本，“房地一体”农村不动产登记发证2341本。全年整治2022年度新增违法用地面积45.38公顷，举证核销22宗2019年土地利用现状不属耕地的高度疑似新增农村乱占耕地建房问题，拆除整治13宗新增农村乱占耕地建房。

【项目用地保障】 2022年，兴宁市受理用地预审与规划选址11宗，出具相关用地审查意见58宗。组织用地报批9个批次、2个单独选址项目42.47公顷，其中完成上报审批5个批次9.07公顷；安排使用新增建设用地指标8.07公顷，申请支持解决水田指标7.14公顷，用于保障新建人民医院异地（整体）搬迁、宁新安置区C区道路、文峰二路等项目建设；争取17.49公顷城乡建设用地增减挂钩节余指标，用于保障广梅高新区兴宁区域范围涉水田用地报批。推进17个地块94.67公顷的征地拆迁，收储土地87.47公顷；供应土地46宗249.38公顷，成交出让金额4.86亿元。

【国土空间规划体系构建】 2022年，兴宁市完成“三区三线”划定工作，划定永久基本农田保护面积2.31万公顷、生态保护红线面积4.75万公顷、城镇开发边界面积7412公顷。《兴宁市县级国土空间总体规划（2021—2035年）》完成草案公示。完成《粤北华南教育历史研学基地（兴宁市）重要节点详细规划》《兴宁市“三旧”改造专项规划（2021—2025年）》等专项规划编制工作。根据435个建制村村庄规划评估结果，将现行村庄规划按照重新编制、规划调整、通则管理、详规覆盖等分成四类，形成村庄规划提升工作任务台账。开展包括龙田镇五一村、叶塘镇教礼村等10个村的村庄规划调整方案编制，为乡村振兴发展提供规划指引。

【水田垦造】 2022年，兴宁市在全面完成历史承诺346.2公顷垦造水田任务的基础上，落实垦造水田三年行动，推进实施2020年垦造水田任务项目3个、面积59.47公顷，完成54.47公顷土地的集约、竣工验收和水稻种植；推进实施2021年垦造水田任务项目4个、面积66.67公顷，集约土地60.88公顷；推进实施2022年垦造水田任务项目8个、面积53.33公顷，集约土地95.32公顷。全年完成信息报备新增水田指标9.02公顷。

【存量建设用地盘活】 2022年，兴宁市制订年度“三旧”改造计划，新增实施3个“三旧”改造项目11.6公顷，完成改造2个“三旧”改造项目4.18公顷。开展兴宁市存量土地处置专项行动，完成255.03公顷批而未供土地处置，完成13宗41公顷闲置土地处置，争取新增建设用地计划指标129.1公顷。完成6个往年立项拆旧复垦项目25.14公顷指标交易，交易金额1.88亿元。

【地质灾害防治】 2022年，兴宁市做好地质灾害防治三年行动收官，全市在册37处地质灾害隐患点均落实专业监测、避险搬迁、工程治理等措施，综合措施覆盖率100%。加强地质灾害隐患点群测群防人员培训，印发“5·12”防灾减灾日宣传资料3600份，安装完善隐患点信息牌、警示牌74块，及时发布风险预警信息244271条次。

▲2022年11月28日，铁山嶂废弃矿区生态综合治理修复（兴宁部分）项目施工现场（兴宁市自然资源局提供）

【矿产资源保护利用】 2022年，兴宁市加强对黄槐、罗浮、罗岗、大坪等镇关闭矿山和非法偷采稀土矿点监督巡查，开展非煤矿山安全生产打非治违专项执法大检查，落实国务院安委会督导检查发现问题隐患整改。罗岗镇五五村石场等8个矿山成功创建绿色矿山。是年，兴宁市挂牌出让罗岗镇桂发矿区制生石灰用石灰岩矿、新圩镇响水径矿区建筑用花岗岩矿、径南镇白牙山建筑用砂岩矿3宗采矿权，采矿权出让收益2249.7万元。

【土地执法监管】 2022年，兴宁市常态化开展卫片执法工作，严厉打击新增违法占用耕地行为，整治2022年度新增违法用地45.38公顷，整治2021年度新增违法用地141.27公顷，整治2020年度存量违法用地15.14公顷。举证核销22宗2019年土地利用现状不属耕地的高度疑似新增农村乱占耕地建房图斑问题，拆除新增农村乱占耕地建房13宗。组织各镇（街道）土地执法工作人员开展业务培训6次。

【生态修复】 2022年，兴宁市组织开展矿山石场治理复绿工作，督促淳裕石场、柏塘瓷土矿、柏塘石场、华顺瓷土矿4个矿山石场企业完成9.9公顷治理复绿任务，企业累计投入372.88万元。实施黄槐镇禾村采石场2个地块、罗岗镇盛发煤矿3个地块治理修复任务2.09公顷，支出省级专项资金53.57万元，支出率60%。争取中央项目资金，推进实施10个山水林田湖草沙一体化保护和修复项目，9个项目进场施工，1个项目处于施工准备阶段，累计支出中央资金2.05亿元，累计支出率81%。其中，铁山嶂废弃矿区生态综合治理修复（兴宁部分）项目为重点示范项目，日处理3000吨的污水处理系统建成运营，累计支付中央资金1.59亿元，累计支出率89.2%。

【不动产登记发证】 2022年，兴宁市分类优化登记审批流程，推行登记办证容缺受理，深化“交房即交证”服务，启用不动产登记“虚拟窗口”和预购商品房预告登记自动审核，推行“不动产登记+金融服务”总对总模式和“不动产登记+民生”，提升不动产登记审批服务效能。全年颁发不动产权证书证明32068本（包括证书18928本、证明13140本），日均办证量128本。完成20个镇（街道）457个村（社区）农村宅基地和集体建设用地的外业调查、首轮公示、内业数据建库等工作。权籍调查成果公示率100%、建库率100%，通过省级验收。推进“房地一体”农村不动产登记发证工作，登记发证2341本，登记公告10136份。

【自然资源确权登记试点】 2022年，兴宁市履行“两统一”职责（指统一行使全民所有自然资源资产所有者职责，统一行使所有国土空间用途管制和生态保护修复职责），采取试点先行、总结经验的方式，开展神光山国家森林公园和合水水库自然资源确权登记试点工作，经过资料收集、编制地图、预划登记单元、通告、内业调查、关联信息、调查核实、调查成果核实等环节，初步完成登记单元范围线的预划工作。

（薛　丽）

■ 财政·税务

财政

【概况】 2022年，兴宁市提高民生保障水平，做好“六稳”（稳就业、稳金融、稳外贸、稳外资、稳投资、稳预期）工作、落实“六保”（保居民就业、保基本民生、保市场主体、保粮食能源安全、保产业链供应链稳定、保基层运转）任务；把“三农”（农业、农村、农民）作为财政支出的优先方向，巩固脱贫攻坚成果同乡村振兴有效衔接；深化财政制度改革，推进“数字财政”系统建设和乡镇街道财政体制改革；强化财政监督管理，优化营商环境，加大支持经济发展力度，全市经济社会平稳健康发展。是年，完成地方一般公共预算收入9.56亿元。

【公共财政收支】 2022年，兴宁市一般公共预算收入8.3亿元，比上年减收2.4亿元。其中，税收收入完成4.9亿元，比上年减少1.2亿元，占一般公共预算收入的59%；非税收入完成3.4亿元，减少1.2亿元，占一般公共预算收入的41%。全市一般公共预算总收入76.75亿元（快报数），减少18.5亿元。兴宁市一般公共预算支出70.93亿元，比上年增加1.65亿元；上解上级支出2.43亿元；债务还本支出2.68亿元。年终滚存结余0.71亿元，其中结转下年支出0.71亿元。

【政府性基金收支】 2022年，兴宁市政府性基金预算本级收入4.08亿元，其中国有土地使用权出让收入3.7亿元；债务转贷收入21.14亿元。政府性基金预算总收入26.51亿元。兴宁市政府性基金预算总支出26.51亿元，其中政府性基金预算支出20.93亿元（含专项债券支出16.24亿元）。

【社会保险基金收支】 2022年，兴宁市机关事业单位基本养老保险基金、城乡居民养老保险基金预算总收入12.09亿元，总支出10.85亿元，收支结余1.24亿元，滚存结余6.18亿元。

【财政收支管理】 2022年，兴宁市财政局盘活财政存量资金，收回存量资金1.71亿元，统筹用于急需资金的其他重点建设项目及民生项目。坚持厉行节约过紧日子，从紧从严控制支出，压减一般性支出，在2022年预算压减额度的基础上，按照“可压尽压、应压尽压”原则，进一步加大预算执行过程中的非重点、非刚性支出压减力度，以腾出更多资金用于“三保”（保基本民生、保工资、保运转）支出、乡村振兴、基础设施领域补短板、绿色产业发展、改善民生等重大战略、重大改革和重点领域。

【财政管理】 2022年，兴宁市完善政府采购管理机制，采购宗数1973次，实际采购规模6.45亿元，比采购预算6.5亿元节约资金237万元。强化工程项目评审工作，全年完成预算审核定案项目7个，审核定案项目送审金额2026万元，审定金额1822万元，核减金额205万元，核减率10.1%。完成审核定案项目475个，审核定案项目送审金额72085万元，审定金额66497万元，核减金额5588万元，核减率7.8%。建立健全村级财务管理长效机制，开展主动上门式指导服务，提升村级财务管理水平。

【地方政府债务管理】 2022年，兴宁市地方政府债务限额107.85亿元，比上年新增17.44亿元。其中，一般债务限额48.32亿元，专项债务限额59.53亿元。是年，兴宁市地方政府债务余额107.49亿元，控制在债务限额以内。

【政府资产管理】 2022年，兴宁市国有资本经营预算收入0.15亿元，比上年增长6.7%；预算支出0.15亿元，收支平衡。推进国资国企改革，规范国有资产运营管理，完成兴宁市城市投资发展有限公司管理体制改革交接工作，推动市城投公司市场化实体化转型，盘活利用兴宁市国有资产资源。

【财政监督】 2022年，兴宁市财政局组织财政监督检查工作，加强对行政事业单位的财会业务培训，开展会计信息质量检查，强化财务监督，并组织对市教育局及其下属6所学校进行财务检查，进一步规范部门财务管理工作。对各预算单位2019年度决算、2020年度预算和决算、2021年度预算公开情况进行集中检查，并开展政府采购代理机构监督评价工作、粮食购销领域监督检查、代理记账机构会计监督检查、会计信息质量检查等工作，严肃财经纪律。

【助力经济建设】 2022年，兴宁市实施更加积极的财政政策，用足用好原中央苏区振兴发展、减税降费、扶持实体经济发展等方面的政策和措施，支持企业技术改造，促进产业结构优化调整和转型升级。争取、使用地方政府债券资金，全年发行地方政府新增专项债券16.24亿元、一般债券1.2亿元，为兴宁市产业转移工业园整体城镇化建设项目、广东省梅州市兴宁市高铁干线路网及站前综合广场和配套工程、梅州市兴宁市宁中镇陂丰村等4个垦造水田项目等重点项目建设提供财力支持，促进兴宁市经济社会发展。

【民生保障】 2022年，兴宁市教育、科学技术、文化旅游体育与传媒、社会保障和就业、卫生健康、节能环保、交通运输、城乡社区事务、商业服务等、自然资源海洋气象等、农林水、住房保障、粮油物资储备13类民生支出60.95亿元，占一般公共预算支出的85.9%。其中，低保资金支出1.14亿元，特困供养资金支出5526万元，医疗救助补助资金支出5120万元，残疾人生活津贴和重度残疾人护理补贴支出7208万元，孤儿供养资金支出566万元，教育支出16.91亿元。

【乡村振兴】 2022年，兴宁市把“三农”作为财政支出的优先方向，“三农”支出48385万元。其中，农业生产发展类资金支出13049万元，农村人居环境整治资金支出14555万元，水利基础设施建设资金支出12260万元，惠民补贴类资金支出7099万元，生态林业建设类资金支出1422万元。推动各项支农惠农政策落实落地、支持现代农业生产发展、农田水利基础设施建设、农村人居生态环境改善、宜居宜业的美丽乡村建设。

【改革创新】 2022年，兴宁市财政局进一步规范债务管理，对存量债务实行每月债务情况报送制度，重点围绕债券资金的项目建设状况、资金实际使用进度等方面，实时动态监控有关单位债务变动情况，提高债券资金使用效益。同时做好债务风险预测，对测算要素进行提前管控，防范债务风险；制订并完善《兴宁市财政资金审批管理办法》，加强财政资金管理，提高资金使用效益。

【涉农资金统筹整合改革】 2022年，兴宁市涉农资金统筹整合改革成效明显。通过政策集成、资金统筹、资源集聚、项目互补，提升资金综合效益。兴宁市2022年度涉农目标任务全部分解细化至73个具体项目，涉及金额51595万元。

【预算绩效管理】 2022年，兴宁市将预算绩效管理纳入全市年度目标责任考核体系，坚持绩效评价结果与预算安排和政策调整挂钩。对全市220个预算单位开展部门整体支出绩效自评工作，并抽选“兴宁市水口镇国家农业综合开发高标准农田建设项目”“兴宁市宁江河崇上村、周理坝、莲塘固床陂等修复工程”等9个项目和市政务服务数据管理局、市农业农村局等5个部门进行绩效复核评价工作，促进部门从整体上提升预算绩效管理水平，强化部门支出责任，规范资金管理行为，提高财政资金使用绩效。

（林子超）

税务

【概况】 2022年，国家税务总局兴宁市税务局（以下简称兴宁市税务局）全年组织税费收入37.91亿元，比上年增长0.2%；扣除留抵退税因素还原后，可比增长4.5%。其中：组织税收收入12.27亿元，下降29.5%，扣除留抵退税因素还原后，可比下降19%；组织社保费收入21.01亿元，增长5.5%（2022年起职业年金纳入社会保险费内统计，此前计入其他费金，与2021年社会保险费与职业年金数据相加对比得出）；组织其他费金收入4.64亿元，增长790.6%。

【退税减税】 2022年，兴宁市税务局积极落实组合式税费支持政策，全年新增减税降费及退税缓税缓费超4.73亿元。其中新增减税降费1.37亿元，增值税留抵退税2.43亿元，缓税缓费0.93亿元。

【税收征管改革】 2022年，兴宁市税务局落实《关于进一步深化税收征管改革的意见》方案，联合市自然资源局、市住房和城乡建设局开展不动产登记数据共享共用，进一步缩短办理时间；在市政务服务中心的不动产转移登记窗口设置税务缴税设备，实现“缴税”功能，达成不动产转移登记业务“一窗办理”目标。

【税收法治】 2022年，兴宁市税务局全面推行行政执法公示制度、执法全过程记录制度和重大执法决定法制审核制度。加强上下联动和部门协作，落实项目工作组和联络员工作机制。落实执法公示平台基础信息、行政征收、行政许可、行政检查、行政处罚、执法服务、其他事项7大项执法公示项目的依法、依规、依时公开。严格按照相关法律法规进行税务违法行为处罚，确保行政处罚裁量权运用准确合理。

【优化纳税服务】 2022年，兴宁市税务局与市委组织部、市政务数据管理局联合印发《兴宁市税村（社区）共建共治共享工作方案》，着力打造以村级组织为中心的“一公里”办税圈，让广大村民实现家门口办税。联合市政数局在20个镇（街道）500多个村（居）委会开展“粤智助”业务培训，让基层群众实现34项常见税费业务的“一站式”全程自助办理。首创设立税费争议调解中心，贯通市、县、分局三级税务公职律师沟通协作渠道处理税费争议调解，推动税收营商环境持续优化。

【税法宣传辅导】 2022年，兴宁市税务局通过电子税务局、办税服务厅公告栏、税企微信群等线上线下平台同步精准做好政策推送辅导，举办送政策进工业园区、

2022年兴宁市税务纳税额前十名企业统计表

表11　　单位：万元

纳税人名称	纳税额
广东兴宁农村商业银行股份有限公司	8976.09
广东明珠集团城镇运营开发有限公司	7383.95
广东明珠集团置地有限公司	4720.71
广东烟草梅州市有限公司兴宁市分公司	4631.31
兴宁敏骏房地产开发有限公司	3446.84
兴宁市鸿隆房地产实业有限公司	2961.12
兴宁市新昌鞋业有限公司	2687.18
广东明珠集团股份有限公司	2561.17
兴宁市碧桂园房地产开发有限公司	2529.49
广东省兴宁市第二建筑工程有限公司	2352.31

▲2022年3月11日，兴宁税务部门到罗岗镇澄清村调研“税村共建”情况（兴宁市税务局提供）

进校园等活动28场次，派发税收政策宣传手册8000余份；举办各类线上线下政策培训会、座谈会32场次，直接辐射纳税人、缴费人超1万人。通过《光明日报》、中国网、中国新闻网等主流媒体平台刊登税收工作新闻宣传60篇次。

（陈俊威）

■ 农业·水利

农业综述

【概况】 2022年，兴宁市实现农林牧渔业总产值87.57亿元，比上年增长5.5%。农林牧渔业增加值53.97亿元，增长4.5%。全市农业产值61.96亿元，增长6.7%。蔬菜产值35.65亿元，增长9.5%；水果产值9.52亿元，增长0.3%；谷物产值9.1亿元，增长0.2%。林业总产值1.59亿元，增长26.0%。牧业总产值20.90亿元，增长0.8%，其中生猪产值12.52亿元，下降2.1%。家禽产值7.74亿元，增长9.9%。渔业产值1.86亿元，与上年持平；农林牧渔专业及辅助性活动产值1.26亿元，增长6.2%。

【农业产业化】

富民产业发展　2022年，兴宁市坭陂镇角塘村（肉鸽）获评省“一村一品”示范村。2019年至2022年底，兴宁市有国家级示范镇1个（龙田镇），国家级示范村1个（龙田镇碧园村）；省级专业村48个，省级专业镇5个，分别是径南镇（茶叶）、新陂镇（丝苗米）、龙田镇（肉鸽养殖）、大坪镇（丝苗米）、黄陂镇（油茶）。

农业经营主体培育　2022年，兴宁市各级农业龙头企业118家，其中国家级1家（广东富农生物科技股份有限公司）、省级22家、梅州市级34家和兴宁市级61家。其中，新培育各级农业龙头企业11家、农民专业合作社30家、家庭农场50家。

农产品品牌培育　2022年，兴宁市有“粤字号”农业品牌38个，国家名特优新农产品3个，省名特优新农产品14个，省“菜篮子”基地19个，粤港澳大湾区“菜篮子”生产基地和加工企业37家，有“兴宁鸽”“兴宁丝苗米”2个区域公用品牌。全市“三品”（无公害农产品、绿色食品、有机农产品）认证有效期内的企业有10家，其中无公害农产品认证4家（4个产品），绿色食品认证7家（9个产品），有机农产品认证1家（2个产品），2022年新获绿色食品认证1家（2个产品：梅州市冠诚生态农业发展有限公司的琴怀柚三红蜜柚、琴怀柚沙田柚）。2022年，兴宁市有2家企业（梅州市冠诚生态农业发展有限公司、广东兴东生态农林发展有限公司）获得广东省农业农村厅授予的“广东省生态农场”称号。

现代化“新农人”培育　2022年，兴宁市216位基层农技人员进入中国农技推广平台学习，农技人员手机App使用率91%，高于上级农业部门85%的要求。全市有47位从事涉农行业生产、加工、经营、电商等方面的实用人才被广东省农业农村厅评为“2022年广东省农村乡土专家”。

第十七批兴宁市农业龙头企业　2022年，兴宁市好粮缘农业发展有限公司、梅州市兴福农业科技有限公司、兴宁市初心优品农业科技有限公司、梅州市柒农米生态农业科技有限公司、广东利雅农业有限公司、梅州市盛之源实业有限公司、广东新一力农业生物科技有限公司、梅州市迎丰果业有限公司、梅州市森益农业有限公司、兴宁市百盛实业有限公司、梅州市莲盛生态农业科技有限公司11家企业为第十七批兴宁市农业龙头企业。

省级现代农业产业园建设　2022年7月6日，兴宁肉鸽产业园亮相良之隆2022年第十届中国食材电商节。通过举办兴宁鸽·2022第五届中国餐饮交流品鉴宴，对接1500个餐饮和连锁商超、预制菜经销商等渠道，初步达成1000万元的兴宁鸽预制菜订单。2022年，兴宁市丝苗米产业园投产。

【农产品供给】　2022年，兴宁市粮食播种面积4.31万公顷，总产量29.35万吨，其中水稻播种面积4.03万公顷，总产量28.4万吨，玉米、番薯种植面积818.4公顷，总产量3639吨。全市出栏猪、禽（不含鸽）、牛、羊分别是53.12万头、1561.26万羽、0.26万头、0.87万只。全市水产养殖面积2076.67公顷，水产品总产量约1.66万吨，其中鱼类产量1.6万吨、贝类产量377吨、虾蟹类产量208吨、其他38吨。

【惠农政策改革】　2022年，兴宁市落实农机购置和报废补贴中央资金49.94万元，耕地地力保护补贴标准为每亩86元，全市补贴农户194266户，实际发放金额为2161.75万元。离岗老兽医补助438人，金额384.59万元。

【土地复耕复种与轮作】2022年，兴宁市完成复耕面积6.4万亩（4266.67公顷）。至10月20日，连片大于3亩（0.2公顷）图斑撂荒耕地4.7万亩（3133.33公顷）全面完成复耕，完成率100%。扶持农户开展双季稻复耕复种，承担双季稻轮作的镇（街道）与参加轮作的农户或新型经营主体签订轮作协议，扶持2020年早造实施复耕复种的农户。完成“兴宁市2022年双季稻轮作试点项目”。全年开展扶持复耕复种双季稻轮作1906.67公顷。

【农村集体资产清产核资】　2022年，兴宁市完成2021年度农村集体资产清产核资及农村经营管理情况统计年报，清产核资后集体资产总额9.03亿元。继续扶持一批建制村发展壮大集体经济试点，在21个试点村中完成3个。刁坊镇河塘岭村被确定为第二轮土地承包到期后再延长30年省级试点村。

【农产品质量安全检测】2022年，兴宁市抽检食用农产品1203批，出具结果1203批次，合格产品1193批次，不合格产品10批次，产品抽样合格率99.2%。开展风险监测1043批次，占比86.7%。其中，稻谷专项116批次，茶叶专项64批次，柚专项46批次，专项抽检基本涵盖本市主要农产品生产基地。围绕使用禁限用、停用药物及非法添加物以及农兽药残留超标等农产品质量安全问题开展县级监督抽查160批次，占比13.3%。重点对规模企业、合作社、农（散）户等进行农产品抽检，抽检357家主体，其中规模企业116家，占比32.5%，合作社66家，占比18.5%，农（散）户175家，占比49%。

2022年，兴宁市农产品质检中心全年对全市各种植基地、中小散户生产的蔬菜、瓜果等进行定期抽样检测。全年抽检样品570份，其中定量分析303份，检测为合格样品300份，不合格样品3份，合格率99%；定性分析267份，检测为合格样品258份，不合格样品9份，合格率96.6%。配合梅州市农检中心对兴宁市例行蔬菜抽样4批次，合计80份样品；茶叶专项2批次，合计8份样品；水果（含蜜柚、沙田柚、香蕉、葡萄、西瓜、草莓、龙眼、百香果、李果等）专项7批次，合计55份样品；水稻早、晚造2批次，合计20份样品。以上抽检样品合格率均100%。

【农业安全生产监督】　2022年，兴宁市农业农村局开展各项执法检查工作248余次，出动执法人员976余人次，检查经营场所220余个。全年受理案件举报10余次；办理行政处罚案件6件、罚款7.46万元，处罚人数16人，其中农产品质量安全案件1起、无证经营兽药案件1起、未经定点屠宰生猪案件2起、无证经营农药案件1起、随意弃置病死猪案件1起。

【农业污染专项整治】 2022年，兴宁市农业农村局组织实施广东南岭山区韩江中上游山水林田湖草沙一体化保护和修复工程项目“梅州市耕地安全利用与土壤污染修复工程项目”（兴宁市2021—2023年），并制订《广东南岭山区韩江中上游山水林田湖草沙一体化保护和修复工程项目“梅州市耕地安全利用与土壤污染修复工程项目”（兴宁市2021—2023年）实施方案》。开展受污染耕地种植现状踏勘排查、农产品和土壤协同监测。根据排查监测结果制订《兴宁市受污染耕地安全利用治理修复与严格管控措施2023年度的技术实施方案》。

种植业

【概况】 2022年，兴宁市粮食播种面积4.32万公顷，总产量29.35万吨，其中水稻播种面积4.04万公顷，总产量28.3万吨，玉米种植面积0.08公顷，总产量3639吨，番薯种植面积0.05公顷，总产量2485吨。

【农作物良种良法应用推广】 2022年，兴宁市开展对“客乡一号”“美巴香占”2个水稻新品种示范种植推广。广东省农业科学院和省农业技术推广中心联合组织的专家组，对华南农业大学在兴宁市永和镇复垦田实施的丝苗米增香栽培技术示范田进行测产验收，实割三丘田平均亩产干谷552.83公斤，产量比上年早季全省平均水平（407公斤/亩）增加35.8%。以省农业技术推广中心副站长林青山为组长的专家组对水稻绿色高质高效示范区丝苗米新品种“青香优19香”进行实割实测验收，亩产干谷654.8公斤。华南农业大学国家植物航天育种工程技术研究中心优质丝苗香米常规稻新品种“华航香银针”试验田实割测产，亩产干谷575公斤，达到高产优质。建设4个“水稻绿色高质高效创建”千亩示范区。

【种子管理】 2022年，兴宁市农业农村局审核通过全市20个镇街120多家种子门店备案单535份。根据备案依据，有253多个水稻品种和多个蔬菜品种在全市种子市场流通。是年，梅州市种子质量抽检检测结果100%合格。

【蔬菜产业】 2022年，兴宁市有规模以上蔬菜种植基地10个，其中认定为广东省“菜篮子”基地的有1个（广东省菜篮子工程兴宁莲盛蔬菜基地）；认定为粤港澳大湾区“菜篮子”基地的有7个，分别是梅州市金林鸟生态农业发展有限公司、广东富荣农业科技有限公司、兴宁市星耀种苗专业合作社、兴宁市粤和兴农业发展有限公司、广东诸事成农牧有限公司、广东兴东生态农林发展有限公司、兴宁市初心优品农业科技有限公司。

【病虫害综合防治】 2022年，兴宁市农业农村局发出病虫情报8期400份，报送水稻病虫发生及防治周报24期，报送全国草地贪夜蛾发生防治信息调度平台周报表27期次。制订《2022年兴宁市“两增两减”虫口夺粮促丰收行动方案》《2022年兴宁市水稻重大病虫害防控技术要点》《2022年兴宁市草地贪夜蛾防控技术要点》，编印发放《2022年早稻中后期病虫害绿色防控技术措施》《南方水稻黑条矮缩病防控技术措施》《2022年晚稻中后期病虫害绿色防控技术措施》等宣传资料12万份到乡镇。全市农作物病虫鼠草螺发生面积20.52万公顷次，防治面积22.84万公顷次。其中水稻种植面积4.09万公顷，病虫害发生面积7.95万公顷次，防治面积9.23万公顷次，挽回稻谷损失7.21万吨，实际损失0.63万吨，损失率2.2%，实现省植保总站5%以下的病虫损失控制目标要求。开展20场红火蚁“百县千镇万村”培训班，培训1101人次，发放红火蚁药剂7.7吨，防治面积1732.51公顷次。

水产业

【概况】 2022年，兴宁市水产养殖面积2076.67公顷，水产品总产量1.66万吨，其中鱼类产量1.6万吨、贝类产量377吨、虾蟹类产量208吨、其他38吨，实现渔业总产值3.63亿元，比上年增长5%。

【水产养殖污染防治】 2022年，

兴宁市农业农村局联合各镇（街道）单位多次对全市20个镇（街道）420家0.33公顷以上水产养殖场开展污染监管网格化管理，水产养殖生产、用药、销售三项记录台账登记完善，养殖投入品管理有序，养殖过程中使用的饲料和药品均符合国家认定的无公害养殖标准。水产养殖企业配备养殖尾水处理措施，对养殖尾水进行多级处理后循环利用或达标排放，符合养殖标准，未发现水产养殖污染问题。制订《兴宁市水产品“不安全不上市”专项行动实施方案》，构建水产品质量安全长效监管机制，禁用药物100%不准使用，用药100%登记，投入品100%审批，水产品上市前100%过休药期，生产经营者主体责任100%落实，属地监管责任100%到位。是年，兴宁市坪洋湖生态旅游开发有限公司入选为省级水产健康养殖和生态养殖示范区。

畜牧业

【概况】 2022年，兴宁市分别出栏猪、禽（不含鸽）、牛、羊53.12万头、1561.26万羽、0.26万头、0.87万只。全市4家畜禽养殖场被确定为广东省畜禽养殖标准化示范场，分别是兴宁市运祥养殖有限公司、梅州市集能畜牧有限公司大村猪场、梅州市盈安生态农牧发展有限公司、兴宁市鸿泰农牧有限公司。

【养殖监管与兽医管理】 2022年，兴宁市农业农村局持续开展“大清洗、大消毒”专项行动，做好病死畜禽集中无害化处理，落实病死畜禽无害化处理主体责任和兽用抗菌药使用减量化工作。

2022年，兴宁市有在岗官方兽医78人，其中当年新增官方兽医6人，因退休取消官方兽医16人，均在兽医卫生信息平台及时新增、注销相关人员信息。持续做好官方兽医培训，召开2022年春季重大动物疫病防控检查迎检工作暨防疫免疫技术培训会、2022年度秋季动物防疫工作会议暨新版《动物检疫管理办法》培训会等会议。

【生猪定点屠宰】 2022年，兴宁市农业农村局加强对全市7家在营生猪屠宰企业（屠宰场）的巡查监管，开展日常巡查和节前检查103家次，巡查人员87人次，重点检查屠宰环节非洲猪瘟自检制度和官方兽医检疫监管制度以及“1110”（一日一清洁

▲2022年5月6日，兴宁市在市会展中心召开2022年兴宁市红火蚁防控工作推进会 （练碧桢　摄）

▲2022年10月20日，兴宁市2022年度秋季动物防疫工作会议暨新版《动物检疫管理办法》培训会在市会展中心举办 （练碧桢　摄）

消毒、一周一大扫除、一月一休市、当日活禽零存栏）制度的落实、清洗消毒工作和台账记录的管理、无害化处理工作、安全生产等，全年未发生屠宰相关的食品安全和生产安全事件。加快推进屠宰转型升级，研究讨论鼓励小型屠宰场整合升级，优化产业布局，提升屠宰工艺水准，根据《梅州市人民政府关于扩建兴宁市兴发肉联食品有限公司刁坊屠宰场的批复》，兴宁市兴发肉联食品有限公司刁坊屠宰场按生猪屠宰企业省级标准化标准进行升级扩建。

【畜禽养殖减排】 2022年，兴宁市畜禽粪污综合利用率81.3%。全市规模化畜禽养殖场建设雨污分流、沼气池、粪便堆放场等污染治理设施设备，90%以上规模养殖场采用“畜—沼—果（林、菜、稻、鱼等）”的生态畜牧业模式，利用粪肥和沼液渣种植果树、花木、粮食、蔬菜等。

【动物防疫检疫】 2022年，兴宁市农业农村局强化非洲猪瘟等重大动物疫病防控工作，全市注射禽流感疫苗约500万羽、猪口蹄疫52万头、牛羊口蹄疫约2.4万头，羊小反刍兽疫1.8万头，确保畜禽群体免疫密度90%以上，抗体合格率70%以上，全市消毒面积约270万平方米。持续推进落实病死畜禽无害化处理工作，处理病死猪1.31万头，病死畜禽22.08万羽，屠宰环节病害肉5.69万公斤。全年核查检疫合格证明2070张，核查生猪数量42510头。加强生猪调运管理，查处违规调运案件2件，涉及生猪15条，均按相关规定处理。

【动物卫生监督】 2022年，兴宁市农业农村局监测禽血清样品1380份，猪血清1050份。重点对全市的奶牛、奶羊进行布鲁氏菌病普查，全市检测奶牛136头份，检测奶羊732头份，检测种用猪800份。对检测出布鲁氏菌病阳性的奶牛、羊进行扑杀净化无害化处理。

农机管理

【概况】 2022年，兴宁市农机总动力31.78万千瓦，全市水稻“耕、种、收”综合机械化水平77.1%。新增大中型拖拉机30台、无人机17台、高速插秧机22台。召开春季农业生产暨农机闹春耕现场会，举办兴宁市2022年水稻秋收减损技术培训暨机收减损竞赛现场会。

【农机总动力】 2022年，兴宁市农机总动力31.78万千瓦，全市水稻“耕、种、收”综合机械化水平77.1%，机耕面积3.99万公顷，机收面积3.9万公顷，机插面积1.13万公顷，机耕率98.9%，机收率96.9%，机插率28.6%。全年新增大中型拖拉机30台，新增无人机17台，农业无人机总数47台，新增高速插秧机22台，插秧机总台数达122台（其中，高速74台、手扶式48台），直播机5台，钵苗机5台，育秧播种线成套设备6条。全市代烘、代收、仓储、收购水稻3.6万吨，冷库建设2万多立方米，储粮能力3万多吨，烘干机新增装机容量650吨，日烘干能力1600吨，谷物烘干机械化能力位居梅州各县区首位。

▲2022年3月11日，兴宁市召开春季农业生产暨农机闹春耕现场会（陈芳芳 摄）

▲ 2022 年 11 月 15 日，兴宁市在永和镇举办 2022 年水稻秋收减损技术培训暨机收减损竞赛现场会 （练碧桢 摄）

【农机技术推广应用】 2022 年，兴宁市选送农机人员参加省举办的农机维修工、农机使用一线技能人才培训 2 批次 8 人，其中：林志兴代表梅州参加全省第五届全国农业行业职业技能大赛——广东省选拔赛（农机修理工）获一等奖。依托省推广部门举办的农机线上农机人才培训活动，动员农机人员通过手机等网络形式参与培训活动。11 月，在永和镇举办兴宁市 2022 年水稻秋收减损技术培训暨机收减损竞赛现场会，全市约 80 位农机管理人员及机手参与理论培训和现场活动，有 6 位选手参加比赛。柒农米公司选手曾剑源获一等奖，润丰种粮专业合作社选手周小科获二等奖，辰兴种粮专业合作社选手谢国雄获三等奖，3 家合作社获组织奖。通过活动倡导各类新型经营主体等要树立减损意识，推动农机社会化服务，促进农机转型升级，农机人才培育。

【农机监理】 2022 年，兴宁市农业农村局办理拖拉机、联合收割机注册登记发放农机牌照 20 台；拖拉机、联合收割机年审 145 台；农机安全技术检验 161 台；农机驾驶证、行驶证和过户等相关业务 12 台（本）；开展报废监销联合收割机 2 台。开展农机法律法规安全宣传活动 12 次 48 人次，共发放各类宣传资料 985 份，制作悬挂农机安全生产宣传横标 15 条。开展农机安全生产隐患排查整治 24 次 96 人次，检查拖拉机、联合收割机 253 台，排除农机安全生产隐患 12 宗。2022 年，兴宁市农业农村局与兴宁市公安交警部门开展拖拉机上道路行驶交通安全专项整治联合执法行动 2 次 16 人次，检查上道路行驶拖拉机 58 台，交警部门实施行政处罚 12 宗。其中，查处变型拖拉机 5 台，手扶拖拉机 7 台。

特色农业

【概况】 2022 年，兴宁市重点打造丝苗米、肉鸽、油茶、茶叶、预制菜、生猪、柚果（沃柑）7 大产业集群。

【兴宁鸽产业】 2022 年，兴宁市肉鸽产业园肉鸽年出栏量 4900 万羽，肉鸽上市量占全省总量 15%，占梅州地区总量的 68%；主导产业综合产值 22 亿元，第二、三产业占产业园总产值比例为 52%。

【兴宁丝苗米产业】 2022 年，兴宁市丝苗米产业园人均增收 1853 元，实现联农带农 4775 户。其中，紧密型 251 户、松散型 2101 户、辐射型 2423 户。产业园内农民人均可支配收入 24082 元，高于全市农民人均可支配收入 9%。

【茶叶产业】 2022 年，兴宁市有茶叶主营类省级龙头企业 2 家；茶叶加工厂房 100 多家，其中取得加工许可 9 家；茶叶主营类合作社 50 多家，其中部级示范合作社 1 家、省级示范合作社 4 家；茶产品商标 60 多个，“兴宁单丛茶”取得国家地理标志商标；全国“一村一品（茶叶）”示范村 1 个（径南镇浊水村）；省级茶叶专业镇 1 个（径南镇）；省级“一村一品”茶叶专业村 11 个；

茶叶协会2个；“客家茶文化研学基地”1个（广东富荣农业科技发展有限公司）；茶叶类高素质农民培育省级示范基地4家；广东省生态茶园认定企业1个（广东晨露茶文化旅游产业园）；省级“菜篮子”基地4个；“粤字号”农业品牌示范基地2个（广东茶叶马山示范基地、广东茶叶宝峰示范基地）。

（陈芳芳　朱明俊）

林业

【概况】 2022年，兴宁市林地面积13.52万公顷，其中生态公益林面积6.89万公顷，森林覆盖率67.1%，林地绿化率99.1%，活立木总蓄积量734.38万立方米，全市建成12个自然保护地（整合优化后），其中7个森林公园（1个国家级、2个市级、4个县级），1个湿地公园，4个自然保护区（1个省级、3个市级）。

【林长制改革】 2022年，兴宁市成立兴宁市林长制事务中心，印发林长巡林计划，市主要领导（市第一总林长）带头率队巡林，各级林长深入责任区域开展常态化巡林督导，组织协调解决重点难点问题。联合兴宁市公安局出台《兴宁市关于建立“林长+警长”工作机制的实施意见》，创新机制形成共治合力，强化森林资源保护力度。制定2022年度林长制工作考核实施方案，对全市17个镇和福兴街道办林长制实施情况进行考核。推进林长制体系信息化建设，完成兴宁市林长制管理平台（智慧林长）上云部署工作。

【林业生态建设】 2022年，兴宁市完成中央森林抚育1500公顷，实施高质量水源林造林495.27公顷，完成广东省2021年南岭山地森林及生物多样性保护项目——南粤古驿道（兴宁段）造林绿化建设任务66.67公顷，推进实施133.33公顷广东南岭山区韩江中上游山水林田湖草沙兴宁市2022—2023年纯林林分改造工程（高质量水源林人工更新），完成515.53公顷高质量水源林（水土保持林）新造林抚育。严格落实“一树一档”，制定《兴宁市古树名木保护管理制度》，全面完成古树名木资源补充调查和挂牌保护工作。完成《广东省兴宁市国家森林城市建设总体规划（初稿）》和《广东省兴宁市国家森林城市标识系统规划（2021—2030年）（初稿）》编制工作，其中《广东省兴宁市国家森林城市标识系统规划（2021—2030年）》通过专家评审。

【森林资源管理】 2022年，兴宁市林业局开展6个自然保护地科学考察、勘界立标和总体规划编制工作。落实发放全市6.12万户林户损失性补偿资金2973.58万元；投入30万元开展省级以上公益林核查和优化，成果数据上报省林业局审核。严格执行采伐限额指标和林地保护管理制度，全年依法作出林木采伐许可证134份，采伐面积1022.8公顷，采伐蓄积9.42万立方米，占全年木材采伐限额的61%；上报梅州市林业局征占用林地审批项目26宗，面积121.69公顷，其中临时使用林地6宗，面积49.91公顷。加强项目批后监管，对伐区和使用林地项目不定期检查，向属地镇街推送项目审批信息，加强市、镇两级联动监管。同时，完成天然林核定与完善落界数据对接梳理工作，确认兴宁市天然林面积为3.01万公顷。

【森林资源保护】 2022年，兴宁市林业局投入30万元印制防火宣传资料，投入420万元支持鼓励镇街、林场开设防火隔离带293千米，维护防火隔离带425千米；在铁山林场、黄陂、黄槐林区置高点建设瞭望塔3座；联合市应急管理局开展全市森林消防应急队员、护林员技能培训和森林防火业务知识培训14场次。是年，制定并实施《兴宁市松材线虫病疫情防控五年攻坚行动实施方案（2021—2025年）》。全面完成当年监测任务，切实组织开涉木涉苗企业开展检验检疫工作，依法依规签发产地检疫合格证书和调运检疫证书。

【林业产业发展】 2022年，兴宁市持续发展油茶种植，加快低产低效林改造，组织并完成油茶新造林513.33公顷，低产低效林改造1666.67公顷。兴宁市油茶产业发展基地被授予首批广东省林业特色产业发展基地称号。

组织广东鸿利丰生物科技有限公司年产量1000吨牛大力加工项目申报成为2022年梅州市重点项目。

【野生动物保护】 2022年，广东兴宁铁山渡田河省级自然保护区管理处实施红外相机监测野生动物项目，豹猫、白眉山鹧鸪、白鹇、小麂、倭花鼠等动物影像被央视《秘境之眼》收录播出5集，并由梅州民生820、南方网等主流媒体报道2次。做好居住区野生动物保护工作，全年接收放生蛇类21条、蜥类1只、鸟类2只。与梅州市生态环境局兴宁分局、广东兴宁铁山渡田河省级自然保护区管理处共同举办"国际生物多样性日"宣传活动。

（刘颖莲）

2022年兴宁市古树名木一览表

表12　　单位：年

镇（街道）	村	树种	树龄	古树等级	生长地点
福兴街道	梅子村	雅榕	960	一级	祖师殿
径南镇	双梧村	白桂木	800	一级	双梧村委会上双下
合水镇	双溪村	马甲子	600	一级	双溪村委会巨川围
罗浮镇	浮中村	雅榕	500	一级	浮中村委会罗浮中学门口
福兴街道	梅子村	榕树	500	一级	神光山石古大王
大坪镇	朱坑村	雅榕	420	二级	朱坑村委会社下
石马镇	石岌村	雅榕	420	二级	石岌村委会新济围
径南镇	圩下村	雅榕	400	二级	圩下村委会榕树下
石马镇	蕉联村	山牡荆	400	二级	蕉联村委会黄竹塘
石马镇	上庄村	樟	400	二级	上庄村委会元队樟树下
大坪镇	布骆村	雅榕	380	二级	布骆村委会榕树下
黄槐镇	槐东村	雅榕	350	二级	槐东村委会中心小学
罗浮镇	蕉坑村	杉木	350	二级	蕉坑村委会蕉坑街伯公树
刁坊镇	向阳村	细柄蕈树	350	二级	神光山国家森林公园
刁坊镇	向阳村	细柄蕈树	350	二级	神光山国家森林公园
刁坊镇	向阳村	细柄蕈树	350	二级	神光山三山洞
福兴街道	梅子村	豺皮樟	350	二级	神光山祖师殿
大坪镇	兰亭村	雅榕	340	二级	兰亭村委会兰亭小学幼儿园
罗浮镇	罗栋村	枫香树	300	二级	罗栋村委会茶头排
坭陂镇	理中村	木荷	300	二级	理中村委会白墓岭
石马镇	三社村	雅榕	300	二级	三社村委会三社村址

说明：至2022年末，兴宁市登记在册古树有367株，此表仅罗列一级、二级古树

水利水务

【概况】 2022年，兴宁市有大、中、小型水库136宗，其中：大（2）型水库1宗（合水水库）、中型水库3宗（和山岩、石壁、温公水库）、小（1）型水库39宗、小（2）型水库93宗；大小河流121条，山塘1044宗，水电站132宗，大中型水闸6宗，重点中型灌区1宗（合水水库灌区），灌溉面积9113.33公顷；一般中型灌区4宗，灌溉面积4360公顷。

2022年，兴宁市累计投入5.47亿元，实施城乡供水工程、水库除险加固、中小河流治理、万里碧道、河长制管护等43宗水利项目建设。

【规划编制】 2022年8月，兴宁市印发《兴宁市水利发展“十四五”规划》，匡算总投资38.32亿元，重点谋划实施防灾减灾、农村水利、水资源保障、水生态环境保护、水利改革与管理5大类。11月，编制《兴宁市推进水利高质量发展的实施意见》，提出发展目标、拟建设的主要工程等内容，与“十四五”规划实现有机衔接。

【重点水利工程建设】 2022年，兴宁市水利工程累计投入5.47亿元，实施43宗项目，包括老城区供排水升级改造（一期）、韩江治理工程（广东梅州段）兴宁段、径南镇宝山河（新洲段支流）生态清洁型小流域综合治理、宁江河碧道兴宁大桥至米寨大桥段、宋声河（续建）治理工程、小型水库除险加固、农村饮水巩固提升、永和水山洪沟防洪治理、河长制日常管护、水库移民后期扶持基金项目及水库移民直补等。其中：老城区供排水升级改造项目（一期）总投资3.03亿元，为2022年度梅州市重点项目，至年底完成投资2.43亿元，开展施工作业区域累计14个，工程施工进度85%，完成供水管道敷设1.5万米、雨水箱涵及雨水管道8185米、污水管道1.05万米；小型病险水库除险加固工程总投资7072.42万元，包括嶂肚里、邹洞、黄桐坑、毛公寨、和山、热水、响水寨、铁坑塘、龙塘、卓形坑、乐群、枚子、芋坑、豺颈坑、小丰15宗，至年底均完成主体工程。

【水资源保护利用】 2022年，兴宁市水务局按照最严格水资源管理制度“三条红线”（水资源开发利用控制红线、用水效率控制红线、水功能区限制纳污红线）控制指标，开展取用水管理专项整治，至年底，安装完成17个河道外重点取水户的安装远传超声波在线计量设备（设施）、采集设备和远传设备等相关设备；完成水务局机关及局属13个水管单位的水利行业节水型单位建设；常态化巡查监管26个饮用水源保护区，实现水源地监管责任到人，保护饮用水源水质。开展罗浮水流域范围污染源排查监测，开展相关污染整治工作。在文化广场组织开展《公民节约用水行为规范》主题宣传活动暨“节水中国、你我同行”宣传活动。

【小水电清理整改】 2022年，兴宁市推进小水电清理整改和绿色转型升级，落实小水电工程生态流量泄放措施。全市涉及中央环保督察有关省级自然保护区核心区缓冲区内电站14宗，2022年度退出电站5宗。小水电站生态流量核定工作完成并报上级备案，完成23宗监测设施安装。

▲2022年，兴宁市宁江河碧道（宁江公园段）

（兴宁市水务局提供）

【水旱灾害防御】 2022年，兴宁市抓好防汛安全检查和山区防灾安全隐患排查、整改工作，抓好在建水利工程安全度汛工作，完善各类防汛应急预案；实行汛期24小时值班和领导带班制度，全面开展水旱灾害风险普查工作；加强业务知识培训，提高各级防汛责任人防御指挥决策水平和应急处置能力，减少灾害损失。

【水库安全管理】 2022年，兴宁市水务局完成132宗小型水库维修养护及标准化建设工作，配合广东省水利厅、梅州市水务局完成剩余36宗小型水库标准化建设验收，落实水库“三级责任人”［地方人民政府责任人、水库主管部门责任人、水库管理单位（产权所有者）责任人］、“三个责任人”（小型水库防汛行政责任人、防汛技术责任人、防汛巡查责任人）及“三个重点环节”［指水雨情测报、水库调度运用方案、水库大坝安全管理（防汛）应急预案］。

【水利安全生产】 2022年，兴宁市水务局开展“安全生产月”“安全生产万里行”和专项整治行动等，围绕水利行业安全生产、病险水库、河道采砂等主要涉水安全问题，全年组织3次全市范围拉网式水利安全生产和消防隐患排查活动，排查出一般事故隐患12宗，消除12宗。

【水行政执法】 2022年，兴宁市水务局持续加大对破坏生态、非法采砂、侵占河道等涉水违法犯罪打击力度。完善水利行业监督体系，强化涉水事务监管。强化信用管理，规范水利建设市场主体行为。开展取用水管理专项整治，加强对全市侵占江河湖泊违法违规建设等“四乱”问题、饮用水源保护区库湾养鱼、禁泳禁钓行为专项整治。全年开展执法巡查63次、出动执法人员293人次、执法车辆63辆次，巡查河道长度1205千米，水域面积14.8平方千米，现场制止违法水事行为为15起。完善饮用水水源地监管机制，对划定的26个饮用水水源保护区纳入三级网格巡查监管，配合上级开展镇级水源地应急能力建设实地调研。同时，开展罗浮水流域范围污染源排查监测和污染整治工作，确保罗浮水园潭电站断面水质考核达标。开展罗浮涉水企业日常执法监督行动，出动执法人员23人次，检查企业13家。

【河长制推行】 2022年，兴宁市各级河长累计巡河25288人次，发现问题31个，处理31个，问题处理率100%。持续推进河湖“清四乱”“清漂”规范化常态化，完成水利部交办河湖“四乱”问题整改9宗，投入资金1052.35万元，累计清理河道长度942.93千米，清理水域面积80.46平方千米，总清理漂浮物3.67万吨；完成2022年度河湖管理范围和水利工程管理与保护范围划定项目。

（曾　华）

■工业

综述

【概况】 2022年，兴宁市工业经济总量稳中有进，规上工业企业81家，实现规上工业总产值79.05亿元，比上年增长9.2%；规上工业增加值19.16亿元，增长7.1%；完成工业投资比上年下降7.1%，技改投资下降35%，新开展技术改造企业12家；新增“小升规”企业8家，年产值亿元以上企业数量20家，省“专精特新”中小企业数量14家，均创历史新高；市中小企业服务中心入选2022年度国家中小企业公共服务示范平台，金雁电工上榜2022年广东省制造业500强的企业名单。

【工业经济发展】 2022年，兴宁市科工商务局聚力“保规上、扶规上、育上规、强投资”，抓好经济运行监测分析，重点跟踪服务6家梅州市重点骨干企业、21家增长点企业、22家“保规上”企业、17家拟培育上规企业，助力企业稳产保供。是年，全市完成规上工业总产值79.05亿元，比上年增长9.2%；规上工业增加值19.16亿元，增长7.1%，增速在梅州各县（市、区）排第三位；新增省“专精特新”中小企业12家、“小升规”企业8家、年产值亿元以上企业6家，超额完成市下达年度目标任务。

【工业项目建设】 2022年，兴宁

市科工商务局抓好工业项目服务，全年有11个新工业项目纳入统计项目库，新备案7个技改投资项目、计划总投资0.98亿元，推动计划总投资43.12亿元的10个梅州市重点工业投资项目（固定资产投资5000万元以上）动工建设、计划总投资23.56亿元的23个工业项目建成投产。是年，全市完成工业投资比上年下降7.1%，技改投资下降35%，新开展技术改造企业12家。

【行业管理】 2022年，兴宁市科工商务局开展民爆行业安全生产、“地条钢”死灰复燃、非法改装货车等整治排查工作，全年出动检查人员308人次，检查局属企业、工业企业、商贸物流企业146家次，发现一般安全隐患26处，均完成整改。全市没有货车生产企业及非法改装行为，6家中频炉使用企业未生产不锈钢、工模具钢，全年实现安全生产零事故。做好中药材、酒等产业的调研，推进3个广东省中药材产业化基地建设，推荐辰浩医疗科技（广东）有限公司纳入广东省公共卫生应急物资产能储备企业名单。组织兴宁市联发纺织有限公司申报广东省老幼病残用品分类目录。推动2家企业开展清洁生产审核。

【信息化建设】 2022年，兴宁市科工商务局推进信息基础设施建设，开展5G基站建设、“三线”整治、无线电销售备案等工作。全市累计备案无线电销售主体98家，建成5G基站718座，实现5G网络城区全覆盖，其中当年新增261座。推动企业数字化转型，鼓励广东辰丰谷物有限公司打造实施“5G+工业”互联网标杆示范项目，引导8家开展数字化转型，全市累计有31家规上工业企业完成数字化转型升级改造。推动互联网产业园项目建设，完成主体建筑的85%以上。

【工业短板】 兴宁市工业总量小、工业企业少、产值小、规模小的问题长期存在，企业间缺乏联动合作，产业链不完整。2022年，兴宁市工业增加值占全市地区生产总值比重约为16%；规上企业占梅州市的14.9%，规上工业增加值仅占梅州市的7.3%，工业经济发展相对落后。转型升级慢。全市玩具、纺织、工艺等传统产业以及部分电子信息业还是以劳动密集型为主，数字化智能化程度较低，用工成本较高。要素制约大。作为粤东北山区县城，地理位置偏、交通不发达、要素成本高，原材料和产品“两头在外”，企业发展难壮大。

（李敏芝　陈　玮）

东莞石碣（兴宁）产业转移工业园

【概况】 2022年，东莞石碣（兴宁）产业转移工业园规划面积10.39平方千米。至年底，已开

2022年兴宁市规模以上工业企业主要行业情况统计表

表13

行业名称	规模以上工业企业数量（个）	规模以上工业总产值（亿元）	比上年增速（%）	占规模以上工业总产值比重（%）
装备制造业	16	22.39	-5.1	28.3
生态特色食品产业	9	13.97	34.5	17.7
现代轻工纺织产业	19	10.48	4.9	13.3
生物医药与健康产业	8	7.73	34.8	9.8
新一代电子信息产业	9	13.93	42.8	17.6
新材料产业	17	8.68	-22.2	11
新能源产业	2	1.13	3.5	1.4
其他	1	0.74	1.9	0.9
合计	81	79.05	9.2	100

发3.89平方千米，共收储土地25.84公顷；有进园企业83家，其中投（试）产企业69家、在建12家、筹建2家，规模以上工业企业28家，高新技术企业16家，省市工程中心23家。

8月19日，由省药监局和兴宁市政府共建、总投资约50亿元的广东兴宁医疗器械产业园在兴宁·天河创新产业园揭牌，万创投资、市园投公司签约战略合作协议，联合组建合资公司，共同开发建设运营医疗器械产业园。至年底，有蓝韵医疗、深圳思卓瑞、旭泰等企业在园区注册13家新公司。

【园区工业经济】 2022年，东莞石碣（兴宁）产业转移工业园实现工业总产值36.68亿元，比上年下降3.1%；规上工业增加值8.32亿元，下降8%；固定资产投资7.52亿元，增长12.6%（其中工业固投2.77亿元，下降15%）；税收1.24亿元，下降20.5%。

【基础设施建设】 2022年，东莞石碣（兴宁）产业转移工业园累计建成兴宁·天河创新产业园首期、二期的标准厂房23.6万平方米并投入使用，约14万平方米的三期标准厂房主体实现封顶；兴宁医疗器械产业园完成初步规划设计，首期启动区（黄塘背地块）启动建设；叶塘安置区城市棚户区改造二期项目竣工，三期项目在推进中；兴业大道竣工，园区“六横六纵”路网基本建成通车。

【项目引进与建设】 2022年，东莞石碣（兴宁）产业转移工业园与广东蓝韵医疗科技有限公司、广东恒兆科技有限公司等企业新签约10个项目，计划总投资17.1亿元；新动工广东红禾朗（兴宁）电工有限公司、润丰新材料（梅州市）有限公司等10个项目，计划总投资9.7亿元；新投产广东省赐裕鞋业有限公司、辰浩医疗科技（广东）有限公司等11家企业。辰浩医疗购地项目实现竣工投产。至年底，有进驻标准厂房企业10个（其中9家投产），合计租赁面积9.6万平方米，计划投资总额8.85亿元，预计年产值12.5亿元。其中广东热导精密科技有限公司、国旭科技（梅州）有限公司等6家企业实现“当年签约、当年动工、当年建设、当年投产”。

【安全生产和环境保护】2022年，东莞石碣（兴宁）产业转移工业园全面落实《兴宁市工业园区等功能区安全专项整治三年行动工作方案》，安全生产塔式管理网格基本形成，督促企业严格按照规范要求处置工业危险废物，鼓励企业对资源回收再利用。全年园区未发生生产安全、环境保护责任事故，无超限量排放的情况。

（陈鹏飞　廖志彬）

暖企服务

【概况】 2022年，兴宁市为49家次企业争取工信、商务、科技等扶持资金2030万元，开展政银企融资对接活动3场，全年为14家企业发放增信贷款1485万元，走访指导服务企业945家次。举办2022年广东省“一起益企”志愿服务促进中小企业发展活动（梅州兴宁站）。

【政策扶持】 2022年，兴宁市科工商务局牵头制定《兴宁市促进医疗器械产业发展的若干措施》，扶持医疗器械产业发展，加大政务新媒体建设力度，利用微信公众号“惠企兴宁”精准推送各级政策资讯，指导协助企业争取各级资金支持，打通政策落地的“最后一公里”。是年，为49家次企业争取工信、商务、科技等扶持资金2030万元。

【金融扶持】 2022年，兴宁市科工商务局开展政银企融资对接活动3场，组织100多家企业与农业银行兴宁支行、兴宁农商银行等金融机构进行对接交流，解决企业与银行信息不对称造成的融资难问题。发挥兴宁市中小微企业信贷风险补偿基金作用，鼓励引导银行增信和放大贷款，全年为14家企业发放增信贷款1485万元。

【中小微企业服务】 2022年，兴宁市科工商务局落细落实市领导挂点服务、企业座谈会、“一起益企”等工作机制，制定《关于调整挂点服务规上工业企业和高新技术企业工作方案的通知》《局领导挂点服务2022年度拟培育

▲2022年12月21日，兴宁市中小企业服务中心承办2022年广东省“一起益企”志愿服务促进中小企业发展活动（兴宁站）

（李敏芝　摄）

上规企业工作方案》。全年累计走访指导服务企业945家次，协调解决跃速体育用地、爱家日用品用电、万通工艺通道影响验厂、精维进报建和融资等问题诉求47个。举办2022年广东省“一起益企”志愿服务促进中小企业发展活动（兴宁站），累计开展企业技术、信息服务、人才培训、管理服务等培训活动26场，培训企业1237家次，培训人员1283人次，助推中小企业加快转型升级。

（李敏芝　陈　玮）

工业企业选介

【广东明珠珍珠红酒业有限公司】 成立于1999年，是一家从事酿酒制造的规模以上工业企业，前身是城镇酒业联营社。累计获得授权专利9件，其中实用新型专利3件，外观专利6件。投资12亿元在径南镇黄蜂窝旅游区内兴建“珍珠红诚意酒城”，打造集酿酒、藏酒、酒文化传播及产学研基地于一体的酒文化产业园。2022年，公司有员工224人，其中中级以上技术人员7人；实现产值7145万元，比上年增长17.1%。

【兴宁市奥浦合金工业有限公司】 成立于2000年，是一家专门从事精密金属零配件和机械零件设计研发、铸造加工的国家高新技术企业。2022年有员工200余人，其中高级工程师5人、中级职称11人。公司产品符合国标、美标等不同材质标准的生产要求，并取得德国莱茵ISO9001、欧盟压力设备（PED）、DNV.GL等专业认证，适用于航空航天、船舶潜艇、工程机械、医疗器械、食品器械、水处理、石油化工、五金、建筑等行业，主要出口欧洲、北美、日本等多个国家和地区。公司与Sulzer、FLOWSERVE、KSB、Andritz、Danieli、Alfa Laval等世界知名企业建立稳定合作关系。2022年，实现产值10038万元，比上年增长33.4%，缴纳税金536万元。

【兴宁市龙江建材实业有限公司】 成立于2004年，是一家以生产水泥、粉煤灰、普通砂浆、特种砂浆、商品混凝土为主的国家高新技术企业，前身是兴宁市国营龙田水泥厂。公司与广东工业大学、南京水泥研究院等大专院校建立长期稳定的产学研合作关系，先后建成梅州市、广东省工程技术研究中心，拥有实用新型专利18项、发明专利6项。公司产品“丰江牌”水泥于2013年获评为“广东省著名商标”。2022年，有员工200余人，其中各类技术人员60多人；实现产值5923万元，比上年下降17.3%，缴纳税金80.44万元。

（李敏芝　陈　玮）

【广东红禾朗（兴宁）电工有限公司】 红禾朗（惠州）电工有限公司计划投资6.3亿元在东莞石碣（兴宁）产业转移工业园新建电工产品生产、加工、销售项目［项目实施公司为红禾朗（兴宁）电工有限公司］。其中计划固定资产投资3.5亿元。项目用地6.4公顷。公司采用“租建同步”形式进驻园区，先行租赁园区标准厂房1.73万平方米，于2022年10月开始试产，2022年完成产值1298.4万元，缴纳税金12.49万元。

【广东热导精密科技有限公司】 广东热导半导体精密热沉部件制造项目计划投资1.2亿元，由东莞市烽泰五金塑胶有限公司投资建设，在兴注册成立项目实施公司——广东热导精密科技有限公司，主要从事新能源汽车和5G高端精密热沉部件制造，产品供比亚迪、蔚来等新能源汽车使用。2022年3月，公司进驻广州天河（兴宁）产业转移工业园，首期租赁兴宁·天河创新产业园标准厂房C3栋南侧，并于4月投产运营。12月，该公司继续实施增资扩产，租赁标准厂房C3栋北侧，打造新材料产业大楼。2022年实现产值4300万元，缴纳税金86.1万元。

（陈鹏飞　廖志彬）

■ 商贸流通

商业贸易

【概况】 2022年，兴宁市完成外贸进出口总额7.14亿元，比上年增长8.1%；实际利用外资5297万元，增长414.8%；完成社会消费品零售总额103.11亿元，下降0.9%；新增限上商贸流通企业6家；完成电商交易总额59.48亿元，增长1.2%；兴宁市“电商物流+农村客货同载+商超联运”项目入选全国第三批农村物流服务品牌；兴宁市被评为第一批国家县域商业行动示范县。

【外资外贸】 2022年，兴宁市科工商务局新增办理对外贸易经营者备案登记企业14家，指导符合条件的24家外贸企业完成短期出口贸易信用保险投保。支持企业开拓国际市场，组织48家次外贸企业参加广交会、粤澳名优商品展等境内外展会，助力企业抓订单、稳份额、促增量。是年，兴宁市完成外贸进出口总额7.14亿元，比上年增长8.1%，增速在梅州各县（市、区）中排第一位，完成梅州市下达全年目标任务的99.4%；实际利用外资5297万元，增长414.8%，增速在梅州各县（市、区）中排第二位，完成梅州市下达全年目标任务的220.7%。

【商贸服务】 2022年，兴宁市科工商务局牵头组织大型商贸流通企业，精心策划系列主题促销活动10余场，组织发动20家企业参加2022年消费券发放活动、3家企业参加2022年家电“以旧换新”促消费活动，间接撬动消费超千万元。培育消费新模式，构建“互联网+”消费生态体系，鼓励商贸企业与饿了么、美团、抖音等互联网平台加强合作，指导欧尚超市等10多家商贸企业开展网红探店、直播带货等活动。是年，兴宁市完成社会消费品零售总额103.11亿元，比上年下降0.9%，增速在梅州各县（市、区）中排第四位；新增限上商贸流通企业6家。

【县域商业体系建设】 2022年，兴宁市科工商务局推动国家电子商务进农村示范项目、县域商业建设行动示范县项目建设，制定《国家电子商务进农村综合示范县项目尾款500万元使用方案》《兴宁市县域商业体系建设工作实施方案》等，支持农村流通基础设施建设、农产品上行、直播带货人才培训，累计拨付扶持资金166.64万元；加大电商人才培育力度，举办抖音直播带货等培训活动22场，累计培训电商人才722人次；成功获批建设国家县域商业行动示范县，获得中央资金1080万元，预计撬动社会资金4500万元；举办2022广东首届县域商业促销活动暨“嗨购兴宁·礼享生活”促销展销活动，推动汽车家电等大宗商品下乡、农产品上行，为期4天的展销活动销售总额2107.5万元。

（李敏芝　陈　玮）

商品供销

【概况】 2022年，兴宁市建成县域助农服务综合平台1个；建成大坪镇等镇级助农服务中心15个；创办庄稼医院3个；创办领办农民专业合作社17家；创办农民专业合作社联合社2个；创办农村综合服务社6家；新增土地托管等农业社会化服务4666.67公顷；组建村级供销社7个；开展“三位一体”综合合作试点的基层社1个；建设农业产业化联合体12个；创建省级以上农民专业合作社示范社4家；省企业通过联合合作带动市、县级社企业1个；市县供销社建设特色农产品全产业链示范基地2个；成立认定供销农场8个；培训“粤菜师傅”600多人。

【天兴冷链物流基地】 2022年，天兴冷链物流基地累计冷藏冷冻茶油种子、油茶籽、葡萄、果汁、盐焗鸡等食品、农产品等 1.3 万吨，产值 300 多万元。为当地提供大量就业岗位，平均带动农户增收 10% 以上。12 月，与全省供销社冷链物流配送中心网点联网贯通，兴宁农产品走向粤港澳大湾区及省内外市场。

【广东供销农产品直供配送兴宁服务中心】 2022 年 1 月 6 日，广东供销农产品直供配送兴宁服务中心成立，是广东省放心农产品直供配送网络子平台，公司主要经营食品配送、农产品收购、初加工、运输、储藏、批发、零售等。11 月 3—10 日，派出车辆 10 余次，向丰顺供应爱心包（包含腊肠、火腿、面、蔬菜等）1.5 万份，累计配送约 56 吨应急物资，支援丰顺疫情防控。

【农业社会化服务】 2022 年，兴宁市供销合作社联合社成立兴宁市宁禾农业科技服务有限公司，开展以作物病虫害统防统治、病虫害监测、土地种植托管、飞防施药作业等的专业性与综合性相结合、经营性与公益性相结合的综合农业社会化服务。至 2022 年底在新圩镇、永和镇、宁新街道办事处作业水稻统防统治 753.33 公顷。

（杨飞龙　罗华丽）

烟草专卖

【概况】 2022 年，兴宁市烟草专卖局（分公司）开展专卖、营销警示教育，打击各类涉烟违法犯罪活动，维护卷烟市场秩序、消费者利益和未成年人身心健康。全年销售卷烟 3.19 万箱，比上年增长 6.2%，纳税 4631 万元。

【专卖管理】 2022 年，兴宁市烟草专卖局（分公司）开展“金叶 2022”烟草打假联合行动，查获涉烟案件 104 件、烟丝烟叶案件 3 件、向未成年人销售卷烟案件 2 件、电子烟案件 2 件，查获涉案卷烟 595.83 万支，查获烟丝 20.86 吨，案值 509 万元。移送公安机关调查案件 8 件、协助公安机关抓获犯罪嫌疑人 6 人，刑拘 16 人，判刑 3 人。加强真烟非法流通治理，当年平均守法经营率 93.3%，比上年提升 1.7 个百分点。深化“放管服”改革，严格执行许可证轮候制度。加大电子烟监管力度，发放电子烟零售许可证 7 份，联合公安、市场监管等部门查获 2 件电子烟案件，查获 2 处非法经营电子烟案件，在兴宁破获 1 件“上头电子烟”案件，逮捕 27 人，刑拘 8 人。

【卷烟营销】 2022 年，兴宁市烟草专卖局（分公司）推进“易灵通”上线和“支付体验”工作，推广第三方支付和聚合支付，依托 20 同话、梅州 K 吧等阵地，开展“直播带货”探索，打造 24 条农网终端形象提升“示范一条街”，开展农网“三转”终端建设 109 户，开展“客户服务月”“卷烟营销在基层”活动，帮助客户提升盈利水平。是年，销售卷烟 3.19 万箱，比上年增长 6.2%；卷烟单箱销售收入 38451 元，增长 2041 元；销售毛利（不含税）3.29 亿元，增长 12.9%。

（刘颖丹）

食盐经营

【概况】 2022 年，广东省盐业集团梅州有限公司兴宁分公司（以下简称兴宁盐业公司）保障食盐质量安全和供应安全。全年销售食盐 2562 吨，碘盐合格率 100%，碘盐覆盖率 99.6%。

【食盐营销】 2022 年，兴宁盐业公司合理布局季节性用盐的供应，保证群众从合法渠道购进盐产品；较好完成政府储备盐的储存管理工作，做好食盐价格稳定，掌握食盐价格动态，防止囤积居奇，哄抬盐价行为，特别是保障边远地区食盐价格平稳和合格碘盐供应；做好食盐电子追溯系统建设，完成食盐产品来源可追溯、去向可查证、责任可追究的食盐安全可追溯体系，强化品牌、新增品种、提高品质、优化服务，使“粤盐”品牌深入人心。销售食盐 2562 吨，碘盐合格率 100%，碘盐覆盖率 99.6%。

【盐政宣传】 2022 年，兴宁盐业公司参与兴宁市政府部门开展的“3·15”消费者权益日宣传活动和 5 月 14 日“众志成城战疫情　科学补碘保健康”防治碘缺乏病日主题宣传活动，接受现场咨询 300 余次，发放宣传资料

2356 份，张贴海报 60 张。利用各新闻媒体渠道和食盐安全知识宣传活动，倡导科学用盐，让食盐经销商及消费者对食盐安全有积极、正面的认识。

（张　诚）

■ 金融

银行

【概况】 2022 年，兴宁市有银行 10 家，银行业营业网点 97 个，证券公司 2 家，保险分支机构 19 家，小额贷款公司 3 家，典当行 4 家。全年全市人民币各项存款余额 434.78 亿元，各项贷款余额 282.84 亿元，存贷比 65.1%。中国人民银行兴宁市支行全年为实体经济注入央行资金 2.2 亿元，带动全市贷款较年初增加 25.37 亿元，比上年增长 10.8%。其中：全市涉农贷款余额 177.93 亿元，增长 24.2%，全年新增 34.71 亿元；发放普惠小微贷款 1096.77 万元，支持辖内法人银行向普惠小微企业新增发放贷款 6.62 亿元，为激发市场主体活力和经济社会发展提供金融支持。

【货币政策】 2022 年，中国人民银行兴宁市支行运用再贷款再贴现、普惠小微贷款支持工具等货币政策工具加大对实体经济的支持力度，围绕乡村振兴、普惠小微、制造业等领域，创新“再贷款 + 农业”的场景运用，为增强金融供给提供政策便利。全年累计发放再贷款 2.2 亿元，比上年增长 33%，惠及 99 户小微企业主和个体工商户。利用普惠小微贷款支持工具为符合条件的法人银行提供激励资金支持 1096.77 万元，普惠小微企业贷款余额较年初新增 6.62 亿元。投放设备更新改造贷款，累计发放贷款金额 600 万元。

【金融稳定】 2022 年，中国人民银行兴宁市支行加强金融监管与风险预警，维护辖区金融稳定。密切关注银行业金融机构资产质量变化和法人银行特别是村镇银行风险，通过风险监测、早期纠正、存款保险宣传等方式，对苗头性、倾向性、趋势性问题，做到早发现、早处理、早化解。完善存款保险制度建设和机构处置，加强存款保险宣传、存款保险标识巡查和对商业银行的窗口指导，对商业银行执行信贷政策风险及时进行约谈。加强舆情监测，切实维护群众利益。加强与市检察院、法院、司法局的沟通联系，充分发挥金融村官、金融特派员、特邀检察官助理优势，共同推出金融消费纠纷非诉化解模式等创新成果。全年接听来电咨询 100 人次。

【征信服务】 2022 年，中国人民银行兴宁市支行依法合规提供征信查询服务，全年查询企业征信报告 414 笔，个人信用报告查询 20792 笔，处理异议申请 4 笔。引导金融机构对接中征应收账款融资服务平台、“粤信融”平台，着力扶持中小微企业。联合金融工作局组织召开兴宁市金融支持乡村振兴座谈会，引导涉农金融机构把业务重心放在“三农”上。指导兴宁珠江村镇银行创新推出“乡村振兴贷”，至年末，发放贷款 8943 万元，为 742 户农户缓解经营压力。推动兴宁农商行整村授信，提升农村金融服务质效，为乡村振兴赋能，至年末，兴宁农

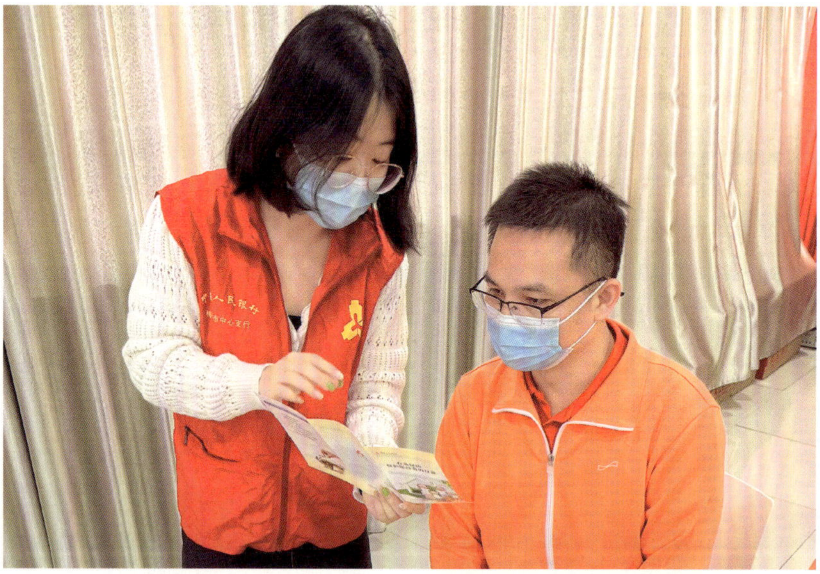

▲ 2022 年 4 月 8 日，中国人民银行兴宁市支行到广东跃速体育产业园有限公司开展金融知识宣传　（中国人民银行兴宁市支行提供）

商行对辖内504个建制村（社区）开展整村授信，授信金额50.55亿元。其中，对78657户农户授信36.62亿元，用信17.89亿元。

【企业对接服务】 2022年，中国人民银行兴宁市支行为召开2022年助企纾困促经济稳增长政银企座谈会，现场宣讲金融政策。联合市金融工作局、辖内银行机构到各镇（街道）开展小微企业融资专项宣传。协调收集有融资需求的名单，建立银企对接清单，组织银行机构开展线上线下精准对接。摸排新型农业经营主体、文旅企业、科技创新企业等220余户，成功对接160余家。银行分管领导到广东跃速体育产业园有限公司、广东宝宁农牧科技有限公司等重点企业调研，与困难企业“一对一”对接、“面对面”协调，了解企业的实际困难，提升银企对接的质量和效率。强化信息协调，创新专属金融服务和产品，优化服务流程，联合市金融工作局组织辖区金融机构梳理汇编相关产品信息。

（刘丹丹）

【广东兴宁农村商业银行股份有限公司】 2022年，广东兴宁农村商业银行股份有限公司（以下简称兴宁农商银行）有营业网点43个，资产总额192.99亿元，各项存款余额159.98亿元、市场份额36.8%，各项贷款余额101.34亿元、市场份额40.1%，存贷款市场份额持续居兴宁市金融机构首位。是年，缴纳税款8976.09万元，居全市企业第一，获得“兴宁市2022年度纳税大户”称号。

助力乡村振兴 兴宁农商银行与兴宁市委、市政府签署战略合作、乡村振兴2份“户户通”相关协议，建立共同推进乡村振兴的全面战略合作关系。至年末，完成对504个村社区的整村授信，覆盖率100%，构建“村村通政务+户户通金融”乡村服务格局，打通农村普惠金融“最后一百米”。

政银企合作 2022年6月16日，由兴宁市政府主办、人行兴宁支行与兴宁农商银行承办的政银企座谈会在兴宁农商银行召开。兴宁市领导、市直有关单位、金融机构负责人及19家企业代表参加会议。会议现场进行重点项目授信签约仪式，兴宁农商银行现场向3个重点项目授信3.2亿元。

新市民金融服务示范网点建设 兴宁农商银行在兴宁宁新、永和支行挂牌成立“新市民金融服务示范网点”，网点设立于大型居民住宅小区、工业园区、工厂、商圈、农贸批发市场、旅游景区等区域，服务新市民业务占比较高，是兴宁农商银行做实做细新市民金融服务的重要工作举措。同时，推出“新市民贷”专属信贷产品，保障新市民在创业、就业、消费的融资需求。

（张建锋）

【中国工商银行股份有限公司兴宁支行】 2022年，中国工商银行股份有限公司兴宁支行（以下简称工商银行兴宁支行）辖属支行营业室、兴宁高华支行、兴宁曙光支行、兴宁兴南大道支行4个营业网点，设有北门、机场2个离行式自助柜员机。是年，工商银行兴宁支行人民币各项存款余额34.73亿元，各项贷款总额27.21亿元；实现经营收入1.4亿元，拨备前利润9244万元。

工商银行兴宁支行根据当地经济特点，抓住活跃的经济群体，通过对园区企业进行调查分析，并结合重点客户与上下游企业的业务和结算方式，设计融资产品，重点推介税易通、结算贷等普惠金融产品，满足不同经营实体及小、微、创客群的融资需求。2022年末，普惠贷款客户数较年初增长55户，普惠贷款新增3356万元。拓展个人信贷业务市场，重点发展个人消费贷款、个人经营贷款。全年累计发放个人贷款2.69亿元。将反诈、反假、反洗钱工作要求纳入业务流程、日常管理和具体操作之中，及时化解和消除风险隐患，保护人民群众财产安全，实现全年零案件、零重大事故工作目标。

（周永辉）

【中国建设银行股份有限公司兴宁支行】 2022年，中国建设银行股份有限公司兴宁支行（以下简称建设银行兴宁支行）辖属支行营业室、曙光支行、鸿源支行、兴南支行4个营业网点，另设商都酒店离行式自助柜员机。至年末，有一般性存款余额36.11亿元，其中：对公存款余额8.67亿元，比年初新增0.92亿元，新增四行占比 21.6%，新增四大行排名第一位；个人存款余额 27.44 亿元，比年初新增 4.19 亿元，新增四行占比 21.5%。各项贷款余额 29.68 亿元，比年初新增 5.64 亿元，新增市场占比 48.8%，新增四大行排名第一位。存贷比 82.2%。

“普惠金融、住房租赁、金融科技”三大战略　2022 年，建设银行兴宁支行推进普惠金融战略，采取免抵押信用贷、云税贷、税易贷等融资模式，实现全线上流程办理，着力解决地方实体企业、中小企业融资难问题；推进住房租赁战略，推进租赁业务平台上线房源、在线签约、客户端注册，推行住房租赁支持贷，实现住房租赁支持贷授信 0.78 亿元，发放粤东西北首笔住房租赁支持贷授 0.55 亿元；推进金融科技战略，将物理渠道建设成为智慧型建行窗口，把金融服务渗透至校园、乡村、社区等领域，为各类客群提供支付、缴费等便利。承接水利、住建、教育、卫生等部门的专项债超 4 亿元，同时实现“债管易”业务突破。为当地招商引资重点项目，授信绿色信贷（新源能光伏贷款）3.8 亿元，发放贷款 2.5 亿元。

助力乡村振兴　2022 年，建设银行兴宁支行推行县域振兴贷、供应链融资、账户云贷、农担贷等融资模式；裕农通服务点 100% 覆盖全市村委，铺设裕农终端 103 台，搭建裕农通民生缴费场景，签约农户发放协农贷款等。

“劳动者港湾”品牌优势　2022 年，建设银行兴宁支行利用 4 个“劳动者港湾”服务点为社会公众提供饮水休息、手机充电、老花镜、轮椅、微波炉等便民服务，向社会传递爱和温暖。

案件防控　2022 年，建设银行兴宁支行推进“合规平安年”工作，强化合规经营，落实监管部门案防工作意见，加强反洗钱工作，打击治理电信网络新型违法犯罪，做好业务风险排查、员工行为排查工作，加强案防宣传教育，强化案件防范工作，实现全年安全运营无事故。

（蒋晓峰）

【中国银行股份有限公司梅州兴宁支行】　2022 年，中国银行股份有限公司梅州兴宁支行下辖支行营业部、兴宁兴江路支行、兴宁天誉花园支行和兴宁福兴支行 4 个营业网点，在新陂镇“东莞石碣（兴宁）产业转移工业园”设立 1 个离行式自助银行。支行被省行党委授予“中银优秀管辖支行”“第九届中国银行广东省分行文明单位”称号。

至年末，该行人民币各项存款余额 38.01 亿元，比上年增加 4.03 亿元，其中，储蓄存款余额 31.25 亿元，增加 3.46 亿元；对公存款余额 6.76 亿元，增加 0.57 亿元。人民币各项贷款余额 22.08 亿元，当年新投放 8.71 亿元。全年国际结算业务量 5364 万美元，完成跨境人民币结算 1168 万元，实现营业收入 9298 万元。

2022 年，兴宁兴城支行迁址至宁江新城三期对外营业并更名为“兴宁福兴支行”。9 月，支行旗舰型网店成功通过省行验收，年内成功独立获批一笔中型客户贷款，是梅州分行旗舰网点首笔获批的大公司贷款。转变经营服务理念，将支行营业部打造成梅州市首家养老网点，为老年客户提供银发场景个性化服务，组织开展“银发上手乐”“老年书法展示”等主题活动。加强员工“八小时以外”的日常管理，强化“反洗钱”“反电信诈骗”工作，实现经营管理“零事故”“零案件”。

（罗远文）

【中国农业银行股份有限公司兴宁市支行】　2022 年，中国农业银行股份有限公司兴宁市支行设支行营业部、宁中支行、东岳宫支行、兴福支行、兴田支行、教育路支行、兴南支行、碧桂园支行、坭陂支行 9 个营业网点；龙田镇设 1 个金融服务点，在各镇（街道）设“惠农通”助农取款服务点 134 个。至年底，该行各项存款余额 49.20 亿元，比年初增加 5.62 亿元；各项贷款余额 42.59 亿元，比年初增加 3.06 亿元；存贷比 86.6%。

2022 年，该行加大重点项目建设支持力度，围绕工业园区重点招商引资客户及医疗教育设备更新贷款工作，受理 6 户大额资产业务，金额约 8 亿元；涉农贷款增量 2.04 亿元；普惠贷款增量 1.25 亿元。配合公安机关，全年排查涉案账户 21.07 万户，并对其中的 3.63 万户异常账户进行管控。同时，联合中国人民银行兴宁市支行、市法院到乡镇、企业、社区等开展打击电信诈骗犯罪宣传活动，提高市民、群众的反诈意识和能力。

（何　东）

【广发银行股份有限公司梅州兴宁支行】 2022年，广发银行股份有限公司梅州兴宁支行支持国家重大战略及服务实体经济，加大对制造业、战略性新兴产业和绿色产业的支持力度，全年发放制造业贷款8892万元。个人贷款方面，主要是加强与当地主要楼盘开发商和房地产销售公司的合作，加强与当地工商和个私协会的合作，主推“抵押易”贷款业务，对存量按揭、生意红优质客户进行挖掘转化，扩大个人经营性贷款业务。至年底，该行各项存款余额12.03亿元，比年初增加2.11亿元；总贷款余额10.22亿元，其中对公贷款余额3.78亿元，个人贷款余额6.44亿元。

（周　鹏）

【中国农业发展银行兴宁市支行】 2022年，中国农业发展银行兴宁市支行做好县级储备粮轮换工作，完成储备食用油任务，确保县级储备粮轮换资金及时足额供应。加强粮食风险基金管理，落实储备粮轮换价差，督促粮食风险基金拨补及时、规范，确保粮食收购资金封闭管理。支持地方棚户区改造项目，其中：累计向兴宁市产业转移工业园投资开发有限公司发放贷款1.09亿元用于叶塘安置区城市棚户区改造二期项目，向兴宁市城市投资发展有限公司发放贷款7542.89万元用于兴宁南部新城棚户区改造三期（宁新安置区C区）项目一期工程。积极开展网银业务，至年末，有网银客户28户，电子渠道客户覆盖率87.5%。

2022年末，各项贷款余额10亿元，日均贷款余额9.29亿元，累计发放各类贷款2.37亿元，累计收回各类贷款1.16亿元，贷款余额比年初增加1.21亿元；各项存款余额1.85亿元，比年初增加6538.47万元，日均存款余额1.74亿元；收回贷款利息4564万元，实现账面利润527万元。

（中国农业发展银行兴宁市支行）

【中国邮政储蓄银行股份有限公司兴宁市支行】 2022年，中国邮政储蓄银行股份有限公司兴宁市支行（以下简称邮政储蓄银行兴宁市支行）拥有储蓄营业网点27个，采用“自营+代理”经营模式，其中营业部、兴福路支行、黄槐支行为自营网点，其余24个网点由邮政公司兴宁市分公司代理。代理网点业务涵盖储蓄、代收付、国债、保险、理财等业务，自营网点还包括公司结算、信贷融资等多元化业务体系。至年底，该行各项存款余额88.65亿元，比上年增加6.46亿元。其中：个人存款余额86.93亿元，对公存款1.72亿元。各项贷款余额16.29亿元，比上年增加7846万元。

普惠金融　2022年，邮政储蓄银行兴宁市支行践行普惠金融战略，推出小企业贷款、科创信用贷、“三农”贷款（乡村振兴信用户贷款、产业链贷款、极速贷等）、消费贷款（房贷、车贷、优享贷、综合消费贷款等）等多种融资产品，采用线上、线下灵活方便快捷的受理模式，助力中小型企业、个体商户、种养殖户融资发展；推广智慧社区、智慧医院、粤邮生活等电子支付及金融服务平台，为群众提供生活缴费购物等便利服务。

服务实体经济　2022年，邮政储蓄银行兴宁市支行通过“科创信用贷”特色产品，为科创企业发展提供金融支持，累计发放贷款1500万元。为中小微企业提供自助式、极速化的融资服务，为企业提供结算、融资、财富管理等综合金融服务，累计办理“邮e贴”7818万元。做好疫情防控期间金融服务工作，给予企业客户政策支持其纾困，累计发放无本续贷款9885万元。

助力乡村振兴　2022年，邮政储蓄银行兴宁市支行加大对农户的金融支持力度，累计发放3548万元的涉农贷款。推动农村普惠金融发展，推出乡村振兴信用户贷款，评定为信用户的农户，无需任何抵押、担保，申请便捷、操作简单，全程线上操作，满足农业“短、频、急”的融资需要，评定信用村465个村，信用户数量11926户，授信信用户277户，发放贷款金额1831万元。

反电信诈骗　2022年，邮政储蓄银行兴宁市支行通过在营业网点摆放反电信诈骗宣传资料、网点人员宣讲、网点视频播放反诈宣传教育片及组织业务人员到学校、社区开展反诈知识宣讲等方式，向公众普及“反电信网络新型违法犯罪”的有关防范知识，提高广大群众的识骗防骗能力。

（刁伟云）

主要保险公司

【中国人寿保险股份有限公司兴宁市支公司】 2022年，中国人寿保险股份有限公司兴宁市支公司开办的业务有疾病保险、医疗保险、意外伤害保险、教育保险、年金保险、基金险等300多个险种，全年总保费1.25亿元。是年，给付退保金1124.79万元；死亡给付634.23万元；医疗给付440.34万元；满期给付2234.76万元；年金给付727.68万元；赔款支出514.89万元。配合市民政局推进“银龄安康行动”，承保60岁以上老人20.3万人，投保覆盖率100%；推出“保单服务专员”项目，吸引人员就业。至年末，公司各类销售人员约350人。

（中国人寿保险股份有限公司兴宁市支公司）

【中国人民财产保险股份有限公司兴宁支公司】 2022年，中国人民财产保险股份有限公司兴宁支公司全险种保费收入1.72亿元，比上年增长27.9%。其中车险保费收入5851万元，增长16.7%；商非保费收入3267万元，增长8.9%；农险保费收入8083万元，增长48.8%。

2022年，该公司引入大商所专项生猪期货补贴资金，开发生猪价格指数和饲料价格指数保险，为生猪养殖户提供因市场价格波动造成的风险保障，提升养殖户养殖信心。与市农业农村局共同推动农业保险高质量发展。为配合做好复耕复种工作，发放20台旋耕机到各乡镇。运用“保险+科技+服务”创新模式，推广风险减量管理思维，提供防赔并重的风险管理一揽子解决方案。6月，持续“龙舟水”对农作物、畜禽等造成较大损失。该公司建立理赔服务绿色通道，派出8个查勘工作组128人次、调度救援车辆8台，启动大灾预赔付，对受损农业预赔付800多万元，快速帮助受灾农户恢复生产，发挥农业保险惠农强农作用。因山体滑坡造成石马镇村民不幸遇难，该公司在接报案后24小时内就将赔偿款40万元支付到账，让受灾群众及时得到赔偿。

（中国人民财产保险股份有限公司兴宁支公司）

■ 城乡建设

住房和城乡建设

【概况】 2022年，兴宁市完成全市房屋建筑调查工作、经营性自建房整治、农房抗震改造任务、绿色社区创建任务、农村削坡建房任务、城投公司体制改革、兴宁市方舱医院的建设、12个老旧小区改造；全市17个乡镇达到“宜居圩镇”标准，合水镇、石马镇达到“示范圩镇”标准；加强建筑业、房地产业监管和疫情防控工作，全力推进“问题楼盘”问题化解，成功推进鸿贵园2区12—16栋的交付；推进各项重点项目建设。

【村镇建设】 2022年，兴宁市住房和城乡建设局统筹协调各镇实施水口镇等6镇圩镇人居环境提升项目，由各镇自行组织招标实施，工程约完成总进度96%。完成12户梅州市下达兴宁市的农房抗震改造任务，并通过验收。完成梅州市下达的9个绿色社区的创建任务。农村削坡建房风险点整治任务数1688户，广东省下拨资金2237.6万元，均按时竣工。申请省级涉农资金150万元用于历史文化保护，全年完成31处历史建筑测绘建档，印发石马镇刁田村历史文化名村保护规划（2021—2035年）及建成兴宁市历史文化保护传承体系数据库。

“刁坊、坭陂、新圩”三镇美丽乡村连片示范项目 2022年，刁坊、坭陂段因初期受河水水位上涨未具备施工条件、后期受财政资金未能拨付到位等因素影响，项目未施工；新圩段完成总进度的60%。

房屋建筑调查 2022年，兴宁市根据广东省第一次全国自然灾害综合风险普查房屋建筑调查工作的部署和要求，派出3795

人，10 天内完成全市房屋建筑调查 356402 栋，房屋总面积 8875.61 万平方米，其中城镇房屋 30823 栋、农村房屋 325579 栋，完成率 100%。调查实际完成的房屋建筑总计 356402 栋，软件质检合格率 100%，抽样核查合格率 95%。完成数据汇交和梅州市数据核查。

自建房安全专项整治　2022 年，兴宁市依托全国房屋建筑和市政设施调查系统，对全市自建房开展排查整治。初步排查录入自建房 209905 栋，其中经营性自建房 12523 栋。2436 栋存在安全隐患，包括经营性自建房 67 栋，已完成整治 254 栋，经营性自建房整治率 100%。

【污水处理设施建设】 2022 年，兴宁市住房和城乡建设局继续完善兴宁市环境综合治理与修复项目，累计铺设污水管网 321.6 千米，城区、镇级主管网全部铺设完毕，重新排查梳理，完善截污工程，做到污水应接尽接。同时，完成兴宁市污染防治城市水环境东灌沟华威新苑接入和山河段雨污排水整治项目，推进建设市民广场周边雨污管网工程。

【美丽圩镇建设】 2022 年，兴宁市 17 个镇基本动态完成“三清、三拆、三整治”工作，均完成镇级美丽圩镇建设行动方案，均配置 1 个生活垃圾转运站和 1 辆以上密闭垃圾运输车辆。17 个镇全部通过梅州市住建局验收，达到“宜居圩镇”标准，合水镇、石马镇达到“示范圩镇”标准。

【重点项目建设】 2022 年，兴宁市径南镇二级消防站项目通过竣工验收，完成建设。新建、升级改造宁新街道、石马镇等镇级垃圾转运站，石马镇垃圾转运站基本完成建设，宁新街道垃圾转运站已进场施工；购置黄槐、黄陂、水口镇垃圾转运站压缩、除臭设备，给各镇（街）购置分类垃圾桶 3837 个，所购设备和分类垃圾桶于年初移交相关镇（街道）投入使用。宁江公园二区项目工程进度完成 59.5%。锦绣大桥下穿西堤公路工程项目总进度完成 60%。完成城镇老旧小区改造范围周边市政设施升级改造一期工程（标段一、标段二、标段三）、宁新东风村 5 号小区和 9 号小区城镇老旧小区改造及周边市政道路配套设施工程、宁新大岭片区（和平小区、文兴花园等小区）老旧小区周边市政基础设施升级改造项目、宁新紫金山片区（交通宿舍、税务宿舍等小区）老旧小区周边市政基础设施升级改造项目、市委片区（市委宿舍、招待所宿舍等小区）老旧小区周边市政基础设施升级改造项目等的改造工程。东苑路片区（东苑小区、怡兴花园等）老旧小区周边市政基础设施升级改造项目分标段一、标段二建设，标段一工程总进度完成 95%，标段二工程总进度完成 75%。兴田街道环城北路片区（人民银行宿舍、保险公司宿舍等）老旧小区周边市政基础设施升级改造项目（标段一），工程进度完成 70%。

【依法治建】 2022 年，兴宁市住房和城乡建设局承接政协提案 8 件，均办理完毕，答复满意率 100%，人大议案《关于完善南部新城多所学校周边道路建设及相关设施的建议》被选为优秀案例进行报送；制作并送达催缴文书 1 份，通过向法院确认主动执行和电话催缴的方式，追缴欠款合计 114.47 万元。

【建筑业管理】 2022 年，兴宁市工程建设招投标备案项目 12 项；完成工程消防设计审核项目 14 个；消防验收备案项目 32 个，发出消防验收意见书 9 份；完成工程竣工验收备案 45 宗，验收总面积约 150 万平方米，合格率 100%。对建设工程项目开展专项检查，全年出动检查人员 136 人次，检查在建项目 29 个，发出整改通知书 52 份，发现存在问题 86 处，整改 86 处，整改率 100%，移送违反安全管理规范线索案件 3 宗，处罚金额 27 万元。对全市受监工程的责任主体、有关机构履行质量责任的行为、工程实体质量开展监督检查。对抽查发现有责任主体不规范的行为，发出质量整改通知书，并跟踪监督整改情况。对抽查发现有工程实体质量不合格的，责成施工单位按相关规定进行整改。2022 年对预拌混凝土生产过程监督检查 10 次，抽查水泥、砂、石各 10 组，砼试块 8 组，发出整改通知书 7 份。完成钢筋原材物理性能试验 4386 组、混凝土试块抗压 11268 组、砂子物理性能试验 295 组等。发布《兴宁市工程造价信息》，向政府职能部门和各企事业单位发放造价信息书600本，书内新增关于工程造价动态管理咨询问题解答和调整的相关政策文件21篇。全年开展工程造价监督检查36次，抽查咨询企业工程造价成果文件54份，发出工程造价整改单18份，发出工程造价不良行为扣分通知书2份；提供造价行政指导和咨询服务12次；对应当招投标的建筑工程按要求进行最高投标限价备案，全年完成工程造价备案3宗，备案工程造价金额11998万元。加强与市人社局劳动监察大队的联合执法力度，组织协调处理欠薪约60次，涉及人数约300人，涉及欠薪金额3000万元，化解因欠薪导致的跳楼事件4宗。

【房地产业管理】 2022年，兴宁市新批准预售商品房面积29.24万平方米，比上年减少63.1%，新批准预售商品房套数2412套，减少62.9%。新建商品房销售面积55.36万平方米，减少13.2%；销售套数4415套，减少14.2%；销售金额32.02亿元，减少24.6%。12月，全市商品房平均成交价格5874.68元／平方米，减少3.8%。

【房屋征收】 2022年，兴宁市登记丈量房屋77户，比上年减少56%；签订房屋征收补偿安置协议109份（户），减少38%；拆除房屋143户（座），减少46%。发出房屋征收补偿决定书5户，申请法院执行5户，依法强制拆除房屋1户（座）。完成宁新B区、福兴二期部分店铺交付工作。

【“问题楼盘”专项治理】 2022年，兴宁市住房和城乡建设局与市自然资源局等部门合作，采取“一楼一策”治理。市自然资源局出台《兴宁市加快解决不动产登记若干历史遗留问题的实施意见》，推进解决“问题楼盘”相关问题。同时，根据上级关于房地产住宅项目“保交楼”专项借款的相关工作要求，将出现建设资金短缺的经典名城、鸿贵园2区、宁江新城九期、胜雄花园4个房地产项目纳入“保交楼”专项借款范围，且正在申报的14个房地产项目列入“保交楼”专项借款范围，避免出现楼盘“烂尾”情况。2016年以来，全市清查出“问题楼盘”48个，至2022年底已化解31个。部分问题楼盘化解取得阶段性进展，齐昌星城完成消防验收工作，成功推进鸿贵园2区12—16栋的交付。

【体制改革】 2022年，原兴宁市住房和城乡建设局下属企业城投公司成立后以政府职能部门模式开展业务，未以企业的运行体制管理运营，存在政企难分、公司自主能力弱、内控管理制度不健全、公司主营业务不突出等问题，严重制约公司发展。为有效化解城投公司的经营风险，统筹盘活利用兴宁市国有资产资源，根据《中华人民共和国公司法》《中华人民共和国企业国有资产法》等法律法规、《广东省人民政府关于印发广东省推进国有资本投资、运营公司改革试点实施方案的通知》等文件精神，结合城投公司发展实际，完成兴宁市城市投资发展有限公司管理体制改革。下属兴宁市散装水泥管理事务中心事业单位建制被撤销，其在编在岗人员分流至兴宁市建筑工程质量安全监督检测站。

（邹紫明）

▲2022年，兴宁市住房和城乡建设局检查宁江新城八期安全生产工作
（余文睿 摄）

乡村振兴

【概况】 至2022年底，兴宁市建成乡村振兴示范带3条，在建7条；新增叶南渔村1个省级休闲农业和乡村旅游示范点。2022年，兴宁市举办兴宁市农村工作会议暨实施乡村振兴战略工作推进会和梅州实施乡村振兴战略工作推进会径南现场考察点，推进“茶果飘香·醉美径南”乡村振兴示范带建设。全面完成20个镇（街）镇域乡村振兴规划编制、458个建制村村庄规划编制，2429个自然村建立村民理事会，完成“三清三拆三整治”和建制村环境基础整治任务，推进农村厕所问题摸排整改“回头看”。基本完成2022年度农村村内道路建设48条。出台“千村示范·万村整治”项目建设奖补办法，投入奖补资金6960万元，撬动社会资金投入1.05亿元，实施4批次美丽村屋、美丽村道项目348个。

【驻镇帮镇扶村】 2022年，兴宁市建立健全党委全面统一领导、政府负责、农业农村工作部门统筹协调的乡村振兴工作领导机制。全面完成镇域乡村振兴规划与驻镇帮扶五年规划编制，同时，按年度细化工作目标任务，制订驻镇帮扶年度计划，构建乡村振兴“1＋N”工作机制，制定《兴宁市乡村振兴驻镇帮镇扶村主要工作任务清单》，出台《兴宁市乡村振兴驻镇帮镇扶村资金管理使用细则》。

【乡村产业发展】 2022年，兴宁市做强茶叶产业，以省戒毒局和广东工业大学两家单位驻叶塘镇帮扶工作队打造高品质的茶叶为突破口，依托广东工业大学与径南镇茶叶协会建立的产学研合作实践基地，通过专业团队指导茶叶企业、种茶农户从茶叶选种、种植到深加工等全流程各方面发力，推进茶叶产业标准化、规范化、科学化管理，打造高品质的“广工一号”茶叶品牌。做强油茶产业，实施改造低产油茶2.5万亩（1666.67公顷），全年实现茶油产量9700吨，产值4.8亿元。推广提倡农业机械化田间作业，落实农机优惠政策，全市水稻“耕、种、收”综合机械化水平77.5%。全市培育区域性辐射带动能力的水稻全程机械化综合服务体2个，初步搭建起以区域性水稻生产全程机械化综合农事服务的构架。探索农村集体经营性资产股份合作制改革，出台《兴宁市发展光伏产业壮大村级集体经济奖补方案（试行）》，推进发展壮大村级集体经济。全市458个建制村有447个村集体经济收入达到10万元以上，占比98.3%。兴宁市丝苗米省级现代农业产业园实现联农带农4775户，比上年增加575户。落实扶持肉鸽产业发展措施，建成兴宁鸽预制菜加工基地（一期）并投产，每天可生产5万只兴宁鸽预制菜。兴宁鸽“陈小鸽风味乳鸽”入选广东省现代农业产业园百家手信（畜禽预制菜）。

【防止返贫监测帮扶】 2022年，兴宁市守住不发生规模性返贫底线，对10567户26139人脱贫户重点落实“四个不摘”（不摘责任、不摘政策、不摘帮扶、不摘监管）政策，对75户323人防返贫监测对象强化产业、就业、“三保障”（义务教育、基本医疗、住房安全）和兜底、保险托底、资产收益、社会力量参与6个方面的帮扶。开展“万企兴万村”行动，有206家企业对接帮扶419个行政村，覆盖率91.5%。是年，全市安排资金105.6万元，对有意愿参与的有劳力低保户和三类人员监测对象落实产业奖补、就业奖补等帮扶。

【农村人居环境整治】 2022年，兴宁市持续完善农村人居环境长效管护机制，印发实施《兴宁市2022年村庄清洁行动工作方案》，推进农村生活污水整治和农村垃圾源头分类处理试点，村庄保洁覆盖面和垃圾处理率100%。全市村庄100%达到干净整洁村标准，70%以上村庄达到美丽宜居村标准。

农村厕所建设和整改 2022年，兴宁市巩固厕所革命工作成果。以自然村为单元，按实际需求新建农村公厕1418座（其中中央财政资金14座、省财政资金1379座、扶贫基金会25座），为建档立卡贫困户建设户厕140座；开展农村厕所问题摸排整改工作，对全市458个建制村内的20.95万户的户厕进行全面摸排整改，发现问题厕所399座并完成整改，摸排完成率100%，整改完成率100%。

生活垃圾和生活污水治理 2022年，兴宁市建立完善“户分类投放、村集中、镇转运、市处理”的农村生活垃圾收运模式，完成“一市一场”“一镇一站”和“一村一点”建设。全市建制村生活垃圾收运处置体系覆盖率100%，保洁覆盖面100%。全市规划建设16座镇级污水处理厂，配套管网149.28千米，全市在建、已建和计划实施的农村生活污水处理设施101座（包括一体化设施、氧化塘、人工湿地），全市自然村生活污水收集率89.1%。

村内道路建设 2022年，兴宁市印发《兴宁市农村村内道路建设攻坚行动方案》《兴宁市农村村内道路硬底化建设奖补方案》，将村内道路建设规划与驻镇帮镇扶村镇域乡村振兴规划相结合，把各镇（街道）村内道路建设工作纳入乡村振兴战略实绩考核的范畴，村内道路硬化建设在2022年列入省十件民生实事。全年完成录入“村路通”系统的48条总计16.21千米村内道路建设总任务。加快农村村内道路项目实施，2429个自然村全部实现硬底化（通20户以上自然村道路）。2022年兴宁市获评“四好农村路”全国示范县创建单位。

（陈芳芳　朱明俊）

城市综合管理

【概况】 2022年，兴宁市城市管理和综合执法局（以下简称兴宁市城综局）开展人性化执法，提升城市精细化管理。全年管辖绿化养护面积76.25万平方米（比上年增长7.5%），行道树2.7万株；管辖路灯维护供电线路总长约280千米，各种LED路灯9481盏，路灯专用变压器18台，路灯亮灯率96%以上，设施设备完好率98%以上；城区清扫保洁面积385.74万平方米（比上年增加16.51万平方米），公厕29座（一类公厕1座、二类公厕17座、三类公厕11座）、垃圾转运站9座（分体式压缩转运站6座，连体式压缩转运站3座）、生活垃圾无害化Ⅱ级填埋场1座、静脉产业园垃圾焚烧处理厂1座。全年无害化处理全市生活垃圾17.31万吨，日均无害化处理全市生活垃圾474.29吨，城区生活垃圾实现全收集、全封闭压缩转运，无害化处理率100%。

【市容秩序管理】 2022年，兴宁市城综局开展市容市貌集中整治行动，对城区主次干道、公园广场、农贸市场、车站、学校周边等重点区域的占道经营、建筑垃圾和生活垃圾乱堆放、噪声油烟污染、私搭乱建等行为展开地毯式排查整治，发放宣传资料9700多份，清理占道广告招牌600多块，拆除广告招牌50多块；纠正乱摆卖4300多宗次，取缔占道经营摊点520多宗，清理横幅800多条、太阳伞100多把；依法查处违规处置建筑垃圾68宗、罚款11110元，查处乱丢乱倒生活垃圾166宗、罚款10320元，查处占道摆卖592宗、罚款32720元。做好建筑余泥渣土的监管及审批工作，全年审批城市建筑垃圾准运证4宗、城市建筑垃圾排放证4宗；依法按职责审批门店招牌3块、绿化带内竖式招牌1块，从事城市生活垃圾经营性清扫、收集、运输服务审批1宗。是年，设置公益广告画布约3800平方米，悬挂国家安全教育横幅12条；户外LED显示屏滚动播放相关公益性广告标语190多条次，确保公益内容不低于广告产权人或发布者所有广告发布时间或版面30%的比例。春节期间，投入99.6万元，组织明珠文化广场水池边安装大型花灯灯组1套，文化广场、兴田路、人民大道（永泰路至文峰一路口）、亲水公园等地段路灯杆悬挂各式大红布灯笼434套（个），高速出口、振兴路、兴佛路、宁江东西堤、司前街、福兴大道、凤英长廊、神光山公园等城区主要街道和公共场所绿化树悬挂各式红胶灯笼（3个连串直径30厘米）63350个。

【规划建设管理】 2022年，兴宁市城综局建立中队网格化管理机制，发现违法建设立即启动“即查即拆”工作响应，同时成立专门巡查力量推动违法建设治理，建立半月通报违法建设制度，及时通报违建行为，最大化实现协同共治。是年，拆除或局部拆除新增及存量违法建设67宗次，面积1.26万平方米；行政处罚立案22宗，缴纳罚款数额54.1万元。约谈工地负责人及小区物业公司63人次，清理城区存量堆放建筑垃圾1.15万立方米。发出关于依法查处违法建设行为的函38份，违法建设监管情况通报26期。

【环境卫生管理】 2022年，兴宁市城综局按照定点收集、定时清运、定人收尾的工作模式，确保全市日均474.29吨生活垃圾日产日清；全年无害化处理全市生活垃圾17.31万吨，无害化处理率100%，累计发电量9975.6万千瓦时，同时处理黄泥坑生活垃圾填埋场渗滤液94155吨（场内处理82509吨、外运处理11646吨）。是年，坚持源头管控和驻点蹲守、视频监控和沿线巡查、定时执法和错时执法相结合，依法查处乱丢乱倒生活垃圾和破坏垃圾收集桶的违法行为100宗、处罚金额6150元，清理城区存量堆放建筑垃圾1.15万立方米。通过科学规划，适度添加原有垃圾收集点的箱桶数，完成第一阶段城区生活垃圾收集整治试点及试点区域内15个居民小区内的生活垃圾收集点设置工作，摆放240升垃圾桶78个。

【城市绿化管理】 2022年，兴宁市城综局投入约120万元，在城区范围内补种行道树约80株，补种、加密和改造袋苗约35万袋，补种草皮2.5万平方米。节日期间，在兴宁大道（含东环大道）绿化带增种一串红、石竹、海棠等节日莳花约1400平方米，在会展中心、明珠文化广场、财政分流岛、火车站分流岛等城区主要公共场所及绿化节点种植石竹、矮牵牛、赤壁穗冠、百日草等应节莳花约2500平方米，摆放菊花、石竹等盆栽近3000盆，种植变叶木、春羽、醉蝶花等约180平方米。是年，加强行道树安全隐患排查工作，对城区各主次街道约2000株高大树木进行截干修枝减负；组织250多人次，对全城主干道、窗口地段、公共场所等2.7万株行道树进行涂白，增强行道树抗病御寒能力；出动200多人次，处理人民大道、官汕路、兴佛路、迎宾大道、怡华路等多处地段危树倒树，及时清理影响交通安全的路障。

【城市亮化管理】 2022年，兴宁市城综局持续做好城区道路照明工作，管辖路灯供电管线总长约280千米、各类LED路灯9481盏、专用变压器18台的日常管理维护工作。开展城市道路、城区8处景观亮化设施设备以及文化广场音乐喷泉补亮、灯光“微改造”、路灯提质改造行动；投入约10万元实施亮化改造提升中山东路、体育公园篮球场等5个场所的路灯，及时维修城区故障路灯1050多盏、故障线路230多处，城区路灯亮灯率96%以上，设施设备完好率98%以上。

【市政工程管理】 2022年，兴宁市城综局推进兴宁市新人民医院周边市政配套工程、兴宁市静脉产业园项目（二期工程餐厨垃圾处理厂）重大项目建设；投入资金600多万元，对体育公园、和山河周边蜘蛛兰绿地进行提升改造；完成凤英长廊改造、公园路公厕改造、城北巷路灯安装等市政基础设施建设；完成兴东路、兴佛路、兴田路、团结路等19条市政道路21.9万平方米沥青路面维护；对曙光路、怡苑路、东城路、农民街等30多条城市下水道清淤疏浚0.6万立方米；完善市政道路安全设施，划设标线2.17万平方米，增划停车位580个。

【安全生产监督管理】 2022年，兴宁市城综局加强对环卫设施设备的安全隐患排查，做好环卫设施设备的日常维修保养；做好户外广告安全检查、路树安全隐患排查和城区路灯设施管理维护等工作。推动落实兴宁市餐饮场所燃气浓度报警装置安装工作，制定《兴宁市推进餐饮场所安装燃气浓度报警装置工作方案》，印发《兴宁市人民政府关于餐饮等行业安装可燃气体报警装置的公告》3200份。全市有餐饮经营场所1602家，安装浓度报警器1602家，餐饮场所燃气浓度报警装置安装率100%。全年撤销燃气供应站点8个；扣押车辆1辆，实瓶105个，作出罚款5万元。组织燃气安全宣传教育，督促、指导各燃气经营企业在气站和供应站点悬挂安全生产月主题活动安全宣传横幅18条，举行燃气安全知识咨询宣传活动进圩镇、进社区、进校园、进企业43场，发放宣传资料6.8万份。检查瓶装燃气库和供应点184家次，出动检查人数422人次，排查安全

▲2022 年，兴宁市城综局在黄陂镇检查燃气安全工作　（吴　丹　摄）

隐患 46 处，发出责令限期整改通知书 22 份。

【兴宁市数字化城市管理中心】 2022 年 1 月，兴宁市数字化城市管理信息系统正式运行，与梅州市数字城管中心实现数据和视频对接，在原有监控视频的基础上，接入静脉产业园监控视频、城区重点地段环卫部门监控视频和局辖农贸市场监控视频。全年通过数字城管信息系统上报涉及城市管理问题 1010 宗，按时办结率 100%；提醒处置 5658 宗；协助查处乱丢乱倒生活垃圾行为 15 宗、破坏公共设施行为 1 宗。

【兴宁市静脉产业园】 2022 年，兴宁市静脉产业园持续做好垃圾无害化处理。一期项目生活垃圾焚烧处理厂投入使用，全年无害化处理全市生活垃圾 17.31 万吨（日均处理量 474.29 吨），无害化处理率 100%，累计发电量 9975.6 万千瓦时。二期项目餐厨垃圾处理厂在实施中，预计投资 1509.5 万元，处理规模为 25 吨 / 天，采用“破碎 + 压榨脱水 + 油水分离 + 干化焚烧”工艺，经油水分离产生的粗油脂作为工业用油脂外售利用，干化后的固渣送至焚烧厂焚烧，废水送至静脉产业园污水处理厂。二期项目取得建议书、可研、环评、稳评、实施方案、物评、财评等批复。

（陈梦婵）

▲2022 年，兴宁市静脉产业园一期项目通过环保竣工验收并正式投入商业运行　（黄胜龙　摄）

供水

【概况】 2022 年，兴宁市齐昌供水有限公司承担兴宁城区和附城 11 个镇街居民的生活、生产用水的责任，全年企业供水设计能力 15 万吨 / 日，用水户 12.7 万户，服务人口 50 多万人。

【智能水表应用】 2022 年，兴宁市齐昌供水有限公司加快推进智能水表的应用，共计安装使用无线远传 NB 表、卡式水表 4 万多个。智能水表的应用可完成任意阶段的抄表流程，节省人力成本，水表精度提高。

【管网维护】 2022 年，兴宁市齐昌供水有限公司组织管网测压 93 次，对城区管网进行分区分片进行测漏，全年测出漏点 1320 处，受理报漏 4981 次、维修阀门 301 处、大小漏点 4826

▲ 2022 年，兴宁市老城区供排水升级改造项目（一期）东风路箱涵铺设施工现场　（兴宁市齐昌供水有限公司提供）

多处，查处私自拆表、无表用水、私接消防栓等违章用水及损坏管网行为 81 单，追回费用 6.35 万元。

【供水设施建设与改造】2022 年，兴宁市老城区供排水升级改造项目是梅州市和兴宁市“十四五”规划重点建设项目，概算总投资 3.03 亿元。主要建设内容包括改造 DN1200 输水管道 1.4 千米、新建给水管网 55.47 千米、新建雨水管网 5.75 千米、新建污水管网 14.03 千米、新建团结路一体化排涝泵站 1 座（排涝规模为 5 米 ^{3}/ 秒）、迎宾大道一体化排涝泵站 1 座（排涝规模为 8 米 ^{3}/ 秒）。该项目至 2022 年底完成工程施工进度 85% 以上，主要工程量有：完成甘塘村 DN1200 输水管道改造、团结路排涝泵站 DN1800 顶管约 960 米、东风路箱涵约 890 米、朝天围箱涵 635 米、市政给水及小区管网管道 28.65 千米、雨水管道累计完成 5.7 千米、污水管道 10.83 千米。项目建成后可完善（雨、污水）供排水管网系统，解决老城区内涝问题及科学处理污染物排放、旧城区居民日常用水紧张、水压偏低、输水管漏损严重等问题。

【供水便民服务】2022 年，兴宁市齐昌供水有限公司整合内部业务办理流程，健全一窗受理，实现客户业务网上办理。企业用水户可在政务服务中心办理“用水申请报装”，实行“一站式”服务。

（彭　瑜　刘　嫦）

供电

【概况】2022 年，兴宁市境内有 35 千伏及以上变电站 19 座，其中 220 千伏变电站 2 座、110 千伏变电站 9 座、35 千伏变电站 8 座。供电面积 2105 平方千米，用户 45 万户。电网连续安全稳定运行超过 25 年。最高负荷达 37.3 万千瓦，比上年增长 8.7%；完成售电量 14.82 亿千瓦时，增长 1.1%；实现营业收入 8.18 亿元，增长 7.9%；期末资产总额 16.73 亿元，增长 5%；当年电费回收率 100%。客户平均停电时间（低压）4.44 小时 / 户；客户平均停电时间（中压）4.71 小时 / 户。中压线路故障率 3.64 次 / 百公里·年，下降 11%。综合线损率 3.8%，下降 0.1 个百分点。选派精干力量赴英德抗洪复电。第三方客户满意度达历年最高 89 分，实现连续 3 年稳步提升。“兴连心”蓝公益光明学堂获得“梅州市最佳志愿服务项目”称号，团总支获得兴宁市“五四红旗团（总）支部”称号。

【电网建设】 2022 年，兴宁市电网建设提速升级。完成总投资约 9300 万元、186 个配网项目，新建 10 千伏线路 118 千米、配电变压器 128 台，新增配变容量 3.51 万千伏安，新建低压线路 202 千米，解决 15 个网架薄弱、2 条重过载线路、47 个低电压台区问题。政企协同主动承担主网输电线路建设属地协调任务，高效完成线行、铁塔征地青赔，全力保障 500 千伏五华站配套 220 千伏线路工程等重点项目顺利实施。投资 300 多万元提前谋划 10 个光伏接入配套电网项目，新增新能源并网容量 6.1 万千瓦，实现“应并尽并、全额消纳”。新建市人民医院 10 千伏双回路线路提前竣工投产。

▲2022 年，兴宁市新建的公共充电桩

（广东电网有限责任公司梅州兴宁供电局提供）

【供电服务】 2022 年，兴宁市发动全市 23 家企业用户，调动市场化需求响应能力 79.41 兆瓦，守住“决不发生拉闸限电”底线，保障全市电力供应平稳有序。有力有效应对 2008 年以来最严重低温冰冻灾害，全力抗击石马等乡镇 50 年一遇“龙舟水”。全力保障叶塘方舱医院和刁坊亚（准）定点救治医院的建设用电。全面服务乡村振兴，投入产业帮扶资金 48 万元，巩固新圩、刁坊镇帮镇扶村成果；全力服务新建自来水厂用电，为 15 个乡镇污水处理点快速装表用电。推行企业“一证办电”，供电方案现场答复，竣工验收送电环节同步进行等服务措施，22 项用电业务实现“一次都不跑”，“用上电”让用户办电流程“快”起来。用电报装工程投资界面延伸至用地红线政策为节约企业和群众办电成本约 2000 万元，2144 家用电报装容量 160 千瓦及以下小微企业实现用电报装“零投资”。助力中小企业纾困解难，6 家困难小微企业和个体工商户享受到阶段性“欠费不停供”政策。落实电价市场化改革，为 5.1 万户工商业用户开展代理购电业务。加快充电基础设施建设，新建公共充电站点 10 个、充电枪 26 支，为 1131 台个人充电桩快速装表接电。

（钟钦华）

■交通运输

交通建设与管理

【概况】 2022 年，兴宁市交通运输局各类项目投资总额 6.85 亿元。兴宁市高铁干线路网及站前综合广场和配套工程（一期）完成投资 3.91 亿元，于 6 月 10 日正式启动征地拆迁工作，于 7 月 15 日开工建设，至 2022 年底完成房屋测绘 211 户（占比 99%），签约 205 户（占比 97%），拆除已签约房屋 118 户；12 月启动汕梅高速公路改扩建项目前期工作。启动 S228 龙田至径南段路面大修工程，至年底基本完成前期工作。全年投入资金 300 多万元，对兴宁市各县道实施绿化美化种植香樟树、大红花、红继木等各类乔灌木 3 万多株。投入资金 7000 万元实施县道公路的大、中、小修、水毁工程，以及县道公路养护、水毁修复等养护工作，完成农村公路自动化检测 994.1 千米。水口、径南、黄陂、罗浮、新陂、水口、大坪 7 个治超非现场监测点于 3 月试运行，刁坊、永和、新圩 3 个超限检测点（即治超卸货场）于 9 月竣工，提高检测质量和执法效率，强化综合执法能力。兴宁市成功入选“四好农村路”全国示范县，客、货、邮物流体系成功申报为国家级农村物流服务品牌。

【交通运输与管理】 2022 年，兴宁市交通运输局查处各类违法案件 213 件，罚款总额 49.49 万元。开展货运行业乱象专项整治、客运市场专项整治、路域环境综合整治等专项行动。对超限超载违法行为作出处罚，立案 66 宗；全年追查源头 45 次，发出抄告函 4 份，回复函 29 份；在全市开展路域环境大整治工作，查处扬撒案件 3 件，处罚 3000 元，污染公路案件 12 件，处罚 5500 元；配合相关职能部门开展扫黑除恶、驾培市场整治、打假打私、成品油治理、网约车违规经营、未经备案客车非法营运、非法改

▲ 2022年，兴宁市S225至济广高速叶塘互通口公路——两镇五村“四好农村路”示范路（兴宁市交通运输局提供）

装、危化品运输等专项整治行动。

客货运输

【概况】 2022年，兴宁市有客车212辆，其中农村客运152辆；货运车辆2167辆，危货运输车辆75辆。全市有市际路线41条，农村客运路线15条，公交路线23条、校园公交专线8条。

【城乡公交一体化】 2022年，兴宁市有客车212辆［其中县际以上客车60辆（含包车客运），农村客运152辆（含镇通村）］，共41条市际线路，15条农村客运线路，不断推进农村客运公交化，优化线路，提高农村客运通达率和服务水平。

【公交运输】 2022年，兴宁市公交路线23条，新增校园公交专线8条，城市公交投入运营的纯电动车有276辆，电动快速充电站2座，双枪直流充电桩46台；新能源巡游出租车6辆，充电桩7台，全市公共交通纯电动化比例100%。9月，全市276辆公交车在原有设备的基础上，全部加装人脸识别刷卡功能，投入2000万元推动落实“特定群体”免费乘车民生实事惠民政策，全年累计服务898.10万人次。

【铁路运输】 2022年，兴宁火车站主要办理铁路客运业务，有开往广州、深圳、东莞、汕头、武昌等方向列车。全年发送旅客11.54万人，开行旅客列车6列；货运装车4373车、卸车1475车。

【货物运输】 2022年，兴宁市有货运营运车辆2167辆、危货运输车辆75辆。做好医疗物资、鲜活农产品、重点生产生活物资、农业生产资料（化肥、农药、种子等）、能源物资、邮政快递等各类重点物资运输保障工作。

（钟蔓婷）

公路事务中心

【概况】 2022年，兴宁市辖养全市省养公路总里程238.36千米，覆盖全市20个镇（街道）。其中，国道3条、59.91千米，省道3条、178.45千米。按技术等级分，二级以上公路148.31千米。

【公路建设】 2022年，兴宁市公路事务中心投入工程建设资金5636.2万元。省道226线兴宁市妇幼保健院至高速公路兴宁东出口段改建工程，全长8.57千米，计划投资2.02亿元对该路段按一级公路进行升级改造，是年完成投资5100万元，占总投资的25.3%。投入资金536.2万元，用于国道205线兴宁市洋里至茅塘段绕城公路（北环大道）与机场路交叉口扩宽工程和国道205线兴宁市松口岭机场路口（K2673+110）平交扩宽工程。

【公路养护】 2022年，兴宁市公路事务中心投入养护资金3211.46万元。投入资金2035万元，完成国道205线K2617+000—K2628+000段公路修复性养护工程（全长11千米）；投入资金512.3万元对国道205线K2625+800—K2626+000段，即南蛇岗重点水毁路段进行削坡治理；投入资金338.2万元对国道205线黄进塘段进行安全隐患治理；投入资金179万元对国道355线横石寨桥、白水桥、通民第桥、白水寨桥、吴田桥进行危桥加固改造；为推进乡村振

▲2022年，兴宁市公路事务中心对国道205线南蛇岗重点水毁路段上边坡削坡治理（兴宁市公路事务中心提供）

兴产业社区试点建设，投入资金146.96万元，对国道205线K2614+820—K2617+920段公路绿化美化及安防提升，全长3.1千米，在公路两侧绿化带范围内补种灌木、草木花卉及铺植边坡地被。

【公路巡查】 2022年，兴宁市公路事务中心路政部门按照相关规定依法行政，做好与交通综合行政执法局业务协作，对在公路上加水洗车、摆摊设点和春秋收割季节在公路上打场晒粮等违法行为进行整治，加强对路面、桥梁、涵洞、公路设施的保护。全年上路出勤巡查3.46万千米，巡查人数3730人次；处理交通事故损坏公路路产案件18件，结案率100%；路政巡查发现违法案件24件，自行制止14件，抄告交通综合行政执法局10件，联合交通综合行政执法局整治污染公路车辆54部，组织较大型的整治大行动5次；清理在公路上加水洗车点6处、乱摆卖摊点22处；拆除违章招牌236块（条），面积428平方米；清除路障杂物183处，332立方米；清除路肩上种植农作物320平方米，收回侵占路产（公路用地）597平方米。

（刁志勇）

▲2022年，省道226线兴宁市妇幼保健院至高速公路兴宁东出口段改建工程铺设沥青施工现场（兴宁市公路事务中心提供）

邮政·通信

邮政

【概况】 2022年，兴宁市有29个邮政普遍服务网点覆盖城乡20个镇（街道）。全市设立投递站21个，投递邮路73条、投递人员76人，邮政储蓄网点24个；全市504个村（社区）实现村村通邮，通邮率100%。全市设兴槐线、兴水线、兴浮线、兴石线、城区线5条主干汽车邮路，城区为双频次发运，农村为单频次发运；全市邮政物流主干线运输车辆13辆，城区和农村配送点到户投递均用摩托车、电单车投递；所有物流配送人员配备手持PDA作业。全年全市邮政物流包裹进口总量480多万件、出口包裹总量245万件。2022年，中国邮政集团有限公司广东省兴宁市分公司（以下简称兴宁邮政）累计实现业务收入1.49亿元，完成全年计划进度的102.8%，比上年增长11.7%。

【业务管理】 2022年，兴宁邮政金融专业累计实现业务收入1.27亿元，完成进度102.6%，比上年增长12.8%，增收1435

万元。余额规模不断扩大，累计实现规模 75.23 亿元，年新增 6.12 亿元。1—12 月，月日均余额 7.25 亿元，增加 1.27 亿元，完成上级下达年目标 6.2 亿元进度的 117%。全年新增保险收入 1484 万元，增长 44.7%，增幅在梅州全市排名第一。

是年，兴宁邮政全年寄递业务累计实现业务收入 1280.91 万元。邮务类业务的传统函件专业累计实现业务收入 163.5 万元，完成年进度的 100.3%，同比持平；集邮专业累计实现业务收入 93.46 万元，完成年进度的 101.6%，比上年增长 25.6%；报刊专业累计实现业务收入 243.7 万元，完成年进度的 100.3%，增长 26.3%。

2022 年，兴宁邮政农村电商业务通过金融优惠购形式开展徐闻菠萝、茂名荔枝、阳东渔品等团购活动，通过消费帮扶平台南粤分享汇帮扶农产品上行，通过邮乐平台开展粮、油、梅州柚等农产品营销，全市累计实现分销业务收入 209 万元，完成年进度的 243%。协同项目稳步推进，邮银协作不断深入，共同推动融资 E“突围战”、惠农项目“攻坚战”，建立“专班 + 专业 + 支局 + 渠道经理”协同营销模式，新增贷款 676.8 万元，完成年进度的 120.8%。

【基础建设】 2022 年，兴宁邮政加强代理金融网点的整治建设，完成对城南、福兴、叶塘 3 个代理金融网点进行“微整治”或财富中心建设，满足代理金融网点功能分区布局和财富管理转型，打造网点内部场景建设，提升客户体验。加强对县乡村三级物流体系建设投入，投入 160 万元对宁新邮件处理中心进行设备升级改造。加强寄递能力建设投入，结合“邮快合作”“交邮合作”以及自提点建设的推进，提高邮件处理能力。加强邮政网点形象标识整治，结合集团店招三年整治计划，对网点的老旧店招、时间铭牌和灯箱按新标准进行更新。

2022 年，兴宁邮政推进三级物流体系建设项目落地实施，完成县级宁新共配中心的改造建设，完成镇级黄陂、罗岗、叶塘、新圩 4 个支局共配中心的改造建设，完成全市 17 个乡镇中心、458 个村级综合便民服务站的建设目标。全市规划农村投递道段（不含圩镇道段）21 条、完成“私车公助”汽车 14 辆，超额完成上级下达 80% 的占比目标。并对 4 条县乡邮路进行优化，完成年进度的 100%。邮快合作方面，易邮自提系统代投社会快件量 3.1 万件，完成年进度的 100.3%；全市建制村邮快合作覆盖率 100%。

【邮政服务】

揽投网改革优化 2022 年，兴宁邮政实施城区揽投网作业优化改革，建立快包揽投专段，由普服道段辅助特快邮件投递，实现特快邮件、快包邮件差异化服务，进一步提升特快邮件、普服邮件处理时效、投递时限质量。全面实施揽投网格化，城区范围全面实施网格化作业。持续推进城区投递的自提点建设，进一步提升快包邮件的自提比例。改革优化农村投递网，全面推进农村投递汽车化。全市有汽车化农村道段 17 条，占全市优化后农村投递道段（不含圩镇道段）21 条的 80.9%。

邮运网络组织优化 2022 年，兴宁邮政结合三级物流体系建设调整县乡邮路，通过合理调整交换点、减少站序，减少邮路单趟里程，解决邮件运输仓容不足问题，提高进口邮件时限。持续推进内部处理优化，以路长制为抓手，抓好进、出口邮件处理时限，提升作业效率，时限指标、作业效率与按量计酬综合评价系数挂钩；完成宁新邮件处理中心小件分拣机建设项目，进一步提升邮件处理效率，压降处理成本。

邮政服务质量提升 2022 年，兴宁邮政普遍服务重点指标全面达标，各项指标均达到上级下达的管控目标要求，无重大质量事故和中央级、省级媒体负面曝光事件，2022 年全市邮政机要通信无发生失泄密事件、无保密安全突发事件发生，完成冬奥会、两会、各类涉密考卷等重大活动和特殊秘密载体的机要通信服务工作。

【邮政管理】 2022 年，兴宁邮政调整预算编制思路，按照零基预算思路，以利润预算为目标，以经营预算为牵头预算，围绕业务发展需求配置各项资源，按照分类管控的理念确定各类专业、产品的有效收入目标，编制2022年利润预算模型。强化预算过程管控，按月开展监控分析，确保成本开支、现金流出与业务发展相匹配；加强预算执行偏离度监控，开展滚动预算；加强预算变动性成本的预算管控，全市邮政完成利润7367万元，完成上级下达目标进度的104.9%，超利润目标347万元。

是年，兴宁邮政做好资金资产管理。完善欠费管理规章制度，规范业务合同，强化欠费管控及客户信用管理，欠费治理取得成效。加大业务清欠工作，每月对用户逾期欠费、未清分资金及ERP资金平台监控业务核销欠费异常数据进行通报；2022年，资金回笼率95.2%，达成上级下达95%的管控目标。落实年度目标任务，通过租赁权拍卖，加强盘活闲置资产，探索房产经营管理思路，不断提升管理水平，全年房产出租收入35.8万元（剔除因新冠疫情减免租1.8万元）。三大环节件均成本较2021年有所下降。其中：收寄环节件均成本1.4元/件，比上年下降4.7%；投递环节件均成本2.2元/件，下降3.2%；管理支撑环节件均成本0.18元/件，下降14.3%。

（曾祥波）

电信通信

【概况】 2022年，中国电信股份有限公司兴宁分公司（以下简称电信兴宁分公司）投入160万元用于网络线路基础维护，推进“数字乡村”建设，全年新增签约120个数字乡村、5个数字乡镇；新增10个智慧社区，新建5G站42个。

【业务管理】 2022年，电信兴宁分公司推进“数字乡村”建设，建设数字乡村示范村195个，新增村级数字监控，全年新增签约120个数字乡村、5个数字乡镇。推进城市“智慧燃气”“智慧小区”建设，全年新增10个智慧社区。围绕“云改数转”，聚焦各大重点行业，拓宽生态伙伴，全年签约行业及政企项目426个、ICT（信息与通信技术）项目49个。

【网络建设】 2022年，电信兴宁分公司持续优化无线网络、骨干网络、接入网络等基础网络。全年新建5G站42个，累计开通5G基站250个，实现5G网络城区重点区域、主干道、重点产业园区、乡镇范围全覆盖；持续加厚4G移动网络及物联网覆盖，新建4G站点182个，累计开通585个站点，城区及乡镇建制村4G信号覆盖率100%，20户以上的自然村覆盖率80%；新建光宽端口3488个，累计建设23.5万个光宽端口。完成XGPON工程建设740个PON（无源光纤网络）口，将千兆光网络延伸千家万户。

【基础建设】 2022年，电信兴宁分公司全年光网新建（驻地网和农村）合计投资65.96万元，新建光宽端口3488端口数；ODN（光分配网）光缆建设投入35万元，网络线路中继优化投入48.46万元；光网调优项目112个点，进行二级OBD（分光器）延伸50多千米；全年投入160万元用于网络线路基础维护，落实中继光缆线路、中继纤芯、

▲2022年3月9日，电信兴宁分公司党员志愿者到水口镇新坪村挖沟布线，解决革命老区40多年来通信难问题　（电信兴宁分公司提供）

光交箱等巡视巡检及隐患处理。

（曾　卉）

移动通信

【概况】2022年，中国移动通信集团广东有限公司兴宁分公司（以下简称移动兴宁分公司）加大投资进行基础网络管线建设，重点建设5G基站，新建4G站点42个。加快5G客户发展，开展“宽带普惠”行动，降低宽带资费和提升宽带服务品质，光纤宽带用户14.1万户。

【网络建设】2022年，移动兴宁分公司加大投资进行基础网络管线建设。无线网络方面，全年重点建设5G基站，完成700M和2.6G站点开通283个，基本实现兴宁城区重点区域及乡镇村委连片覆盖；有线网络方面，基本实现兴宁全区域的光缆覆盖，累计新增光缆皮长1027.9千米。基础设施方面，完成8个传输机房的投产，为5G网络及千兆光网络全面升级创造基础承载条件。新建4G站点42个（包含老旧站点置换），完成40个室分网络的开通。至年底，累计建成4G基站1658个，4G实现县城、乡镇、建制村网络全覆盖。落实国家“网络强国”战略，将更多主干杆路资源投入乡镇农村，加快光纤网络的覆盖建设，建制村光纤到达覆盖率100%，20户以上自然村光纤到达覆盖率100%。光纤端34.4万口，覆盖用户39.8万户。网络保障方面，完善物资装备配置，将应急物资下沉到乡镇一线。全年累计完成应急通信保障7次，累计出动应急通信保障人员85人次，出动应急通信车7辆次。

【市场营销服务】2022年，移动兴宁分公司加快5G客户发展，至年底5G流量客户增长50%、5G终端客户增长49%、5G套包客户增长59%。开展“宽带普惠”行动，进一步降低宽带资费和提升宽带服务品质。光纤宽带用户14.1万户，100M宽带客户占比超过90%，千兆宽带客户占比10%。推进移动看家、全屋Wi-Fi、大屏电视业务发展，配合当地政府打造“数智乡村”标杆。聚焦社会热点，助力安装联网型感烟探测报警器和燃气报警，配合开展民生实事、老旧小区改造、乡村振兴等重点工作。配合市消安委推广移动烟感、燃气报警方案，安装4000多个烟感器、近500个燃气报警点。

【客户服务】2022年，移动兴宁分公司持续开展“为民服务创先争优”总经理接待日活动，现场解答客户在使用各项业务过程中的疑难问题、听取客户意见建议、征求客户对公司服务等切身体验感知。落实开展“携号转网”，提升用户服务水平、维护公平竞争秩序、保障用户合法权益等。加强“平安乡村”建设，增加平安监控。升级政务OA办公平台建设，为全市统一提供电子政务办公服务，并接入粤政易平台，为政府数字化管理提供支撑；助力发改部门建设“智慧粮仓项目”，提高粮库储粮和管理自动化、信息化和智能化水平，建设国内领先的智能化粮库。助力交通部门打造治超非现场执法项目，在兴宁市7个主要路段建设智能治超点，推动公路治超从传统方式向现代化、智能化执法，提高监管效能。升级智慧校园平台，升级家校共育、教务管理、校园办公、平安校园、健康管理等功能，丰富5G+智慧教育应用。助力兴宁市肉鸽产业园实现肉鸽孵化、生长、加工全程可视、标准可查，为肉鸽产业园规模发展、特色加工、品牌培育、市场开发等方面提供重要支撑。助力兴宁全域旅游大数据平台建设，精确分析实时的游客类型和需求，助力兴宁创建全域旅游城市。

（黄玉梅）

联通通信

【概况】2022年，中国联合网络通信有限公司兴宁市分公司（以下简称联通兴宁分公司）致力于发展数字经济，让数字赋能需求在乡村振兴、社会基层治理、智慧城市建设和数字政府打造等方面更加凸显。探索“农村通信合作社”模式，在兴宁永和镇永星村成立全省系统内首个“宽固共建”数字乡村标杆项目，将千兆宽带网络建设到家家户户，与镇村共同推进数字乡村运营、智慧农业推广、智慧家庭惠民等。加入合作社的会员不仅可以享受到优惠的通信资费和更优质的服务，还能享受村集体经济的定期分红福利，打通为民服务“最后一公里”。

【网络建设】 2022年，联通兴宁分公司完成新型通信基础设施、网络覆盖补强投资6000万元，全年在兴宁城区开通4G、5G信号313个站点，重点扩大4G、5G广度和深度覆盖，新建接入国标小区千兆光纤50个。完善民生提速降费网络服务，以及市县数据节点机房新建、加速兴宁地区通信数字化升级（其中5G基站室分建设投资占比44.9%）。投资新建数字乡村4G基站190个，新增千兆光纤接入端口数2.8万个。

▲ 2022年10月12日，联通兴宁分公司介绍永和镇数字乡村指挥平台（联通兴宁分公司提供）

【客户服务】 2022年，联通兴宁分公司发布“U悦服务”品牌，公开承诺治理“亮码支付卡顿”“千兆宽带Wi-Fi、装移修慢”“业务定制差错”三大用户急难愁盼的顽疾。用户可扫码进入“联通U悦”小程序，对以上三项问题进行上报。亮码支付卡必赔承诺，即需亮健康码或按支付需求扫支付码进行应用体验，出现亮码扫码失败，可获得相应赔付；千兆宽带慢必赔承诺，即用户在使用时遇到千兆Wi-Fi网速慢、服务慢时可申请赔付；业务定制差错必赔承诺，即出现未征得用户明确同意，为用户定制收费业务的行为，可获得赔付。同时，为老龄与残障人士推出贴心服务，持续提升跨区域通办能力和携号转网服务能力，以差异化的优悦服务，提升品牌形象。

【防范打击电信网络新型违法犯罪】 2022年，联通兴宁分公司加强警企联动，全年涉诈线索推送4起，兴宁市反诈中心根据公司提供的线索成功打击实施电信网络诈骗的犯罪团伙4个，抓获嫌疑人20人；通过自行开发的本地话务模型系统加强监控，采用语音筛查模型、短信筛查模型、短信信令高频数据监控，系统会自动检测不良号码，每天专人跟进号码使用动态，对异常号码及时进行溯源关停。全年沃猎网系统检出关停105户，通话异常关停218户，高频发短信109户，对考核不合格的7个代理商暂停合作整改、4个渠道责任人予以警告处理；发送防诈公益短信148.75万条，发放反诈宣传单7万张、海报1500张。

（黄苑兰）

文化

■ 教育

综述

【概况】 2022年，兴宁市教育系统有各类学校389所，校外教育基（营）地10个。其中，小学139所，九年一贯制学校12所，初级中学18所，普通高（完）中11所，中等职业学校1所（不含技工学校），教师发展中心、开放大学、特殊教育学校、少年宫各1所，幼儿园204所（公办52所、民办152所）。全市有全日制学生155617人，其中，普通高中学生16651人、中职学生2973人（不含技工学校）、初中学生35809人、小学生71876人、特殊教育学校学生166人、在园幼儿28142人。

【教育体制改革】 2022年，兴宁市继续实施教育集团化办学管理模式。通过“名校带新校”“名校带薄弱学校”方式，使集团内学校之间实行管理互通、资源共享、研训齐动、质量同进、文化联建、特色发展，提升薄弱校办学质量、实现“学区化”办学、缓解“大班额”现象。在2022年广东省教育厅开展的第二批广东省优质基础教育集团遴选培育项目上，兴宁市第一中学教育集团、兴宁市实验教育集团入选第二批省级优质基础教育集团培育对象名单。2022年7—8月，兴宁市实施第二轮中小学教师“县管校聘”管理改革。按照“全员考核、竞争聘用，充分挖潜、统筹配置，激活资源、稳妥推进”的原则实施，全市75所中小学校共8931名教职工重新竞聘到相关岗位，其中，跨校交流99人、从教辅助岗位转换到教师岗位22人。

【督导评估】 至2022年底，兴宁市拥有国家级示范性高中1所，广东省一级学校3所（含幼儿园），广东省义务教育标准化学校178所，梅州市一级学校33所（含幼儿园），兴宁市一级幼儿园37所，广东省规范化幼儿园156所。

【办学条件】 2022年，兴宁市学校占地面积431.73万平方米，校舍建筑面积161.59万平方米，拥有独立的科学馆或综合楼36座，实验室381个，多媒体电教室1545个，语言实验室47个，计算机室216个，电脑10285台。

【教育惠民】 2022年，兴宁市落实城乡义务教育阶段学生免费政策，全年为107685名（初中35809名、小学71876名）学生免收书杂费，免收金额15747.35万元。为义务教育阶段家庭经济困难学生发放生活费补助21001人次，总金额6284875元；为普通高中学生2933人次发放国家助学金，补助金额293.3万元。严格做好申请受理、条件审核、合同签订、数据汇总、开行审批、贷款资金划拨、利息清缴等生源地信用助学贷款各项工作，全年为1693名学生办理生源地信用助学贷款，贷出金额1872万元。

【平安文明校园构建】 2022年，兴宁市推进文明校园创建，完善人防、物防、技防“三防”建设，全市学校实现“四个100%”（封闭式管理、“一键报警装置”安装、校园视频监控全覆盖和监控存盘时间达标、配备持证上岗的专职保安员均100%）目标。联合相关部门开展校园安全及周边环境综合治理专项行动，确保师生平安和校园稳定。至年底，兴宁市有广东省文明校园先进学校3所，广东省安全文明校园5所，广东省“书香校园”5所，广东省交通安全文明示范学校1所，广东省网络安全示范校4所，梅州市“文明校园”55所。

【足球特色学校建设】 2022年，兴宁市大力发展校园足球，聚焦“教会”“勤练”“常赛”要求，依照《兴宁市青少年校园足球“满天星”训练营分营建设方案》，把足球课列为学校的校本课程，扩大普及面。探索校园足球发展模式，体教融合、抓牢青训工作，不断完善联赛机制带动校园足球全面发展。定期举办各种赛事，选派足球教练员参加培训，提升师资队伍水平。兴宁市有市级以上足球特色（推广）学校155所，其中全国青少年校园足球特色学校32所；全国足球特色幼儿园9所；广东省足球传统项目学校1所；广东省足球推广学校33所；梅州市足球传统项目学校4所；梅州市校园足球示范学校3所；梅州市足球传统特色学校10所；梅州市校园足球特色学校19所、推广学校44所。是年，有6名学生入选广东省青少年校园足球夏令营选拔最佳阵容，参加全国校园足球夏令营总营活动，并获国家二级、三级运动员证书。

【学校营养改善计划实施】 2022年，兴宁市实施营养改善计划学校26所，其中，农村中学17所、农村小学8所、特殊学校1所，共惠及学生4297人，其中，春季学期1549人、秋季学期2748人；广东省下达营养改善计划专项资金147万元，梅州市级配套资金12万元，兴宁市配套支出本级资金55.85万元，2022年度实际支出资金214.85万元。

【学校艺术】 2022年，兴宁市建立美育工作联席会议制度，对学校美育工作加强管理，积极引导学校艺术特色项目的正常开展。制订《艺术特色教育发展规划》，把艺术特色教育内容和要求列入年度工作计划，定期到校指导检查艺术教育课程实施。把美育工作与各科、各项教学工作有机结合，定期开展美育学科科研活动，加强教学教研，传承特色，以“艺术特色学校”创建为抓手，不断深化学校艺术教育改革。开展“戏曲进校园”“山歌进校园”“版画进校园”培养学生戏曲艺术兴趣，了解兴宁五句半、杯花舞、马灯舞的相关知识，提升学生综合素质。至年底，全市有6所学校配备室内音乐厅，8所学校拥有室内展厅，中小学音乐专用教室72个，美术专用教室93个，17个建制镇中心小学都有一个100平方米左右、用于音舞教学和练习的综合活动室。

【校外实践教育平台建设】 2022年，兴宁市发挥兴宁市少年宫校外培训教育作用，通过创新素质教育活动、联合学校举办名师公益课堂等形式，为中小学生学习、活动、教育、素质拓展等活动提供服务，服务学生约3800人次。兴宁市和山农业中小学生研学实践教育基地、兴宁市苏林湾中小学生研学实践教育基地、兴宁市红色光夏中小学生研学实践教育基地、兴宁市云山谷中小学生研学实践教育基地4家研学基地成功通过验收。各基（营）地围绕爱国主义、客家传统文化、劳动教育、心理健康、环保、科创及人文地理教育等方面内容，开展研学活动。9月，兴宁市伟泓中小学生综合实践活动教育基地被梅州市教育局授予“梅州市中小学生劳动教育实践基地”与“梅州市中小学生示范性综合实践教育基地”称号。

普通教育

【学前教育】 2022年，兴宁市加快普惠性学前教育资源建设进程，严格配建标准，积极推进住宅小区配建幼儿园治理工作。碧桂园（毅德城）项目配套幼儿园移交使用，增加学位270个；宁新中心幼儿园项目建成，增加学位180个。全市有合格幼儿园201所，有2所幼儿园创建梅州市一级幼儿园，4家幼儿园创建兴宁市一级幼儿园，156所幼儿园被评为“广东省规范化幼儿园”，学前三年教育入园率

98.6%。

【义务教育】 2022年，兴宁市制定《兴宁市义务教育发展专项行动方案（2021—2025年）》与《兴宁市中小学幼儿园公办学位建设专项规划（2021—2025年）》，进一步深化教育供给侧结构性改革，营造良好教育生态。2022年，全市小学适龄儿童入学率100%，初中阶段毛入学率111%；义务教育辍学率为0；小学五年巩固率98.5%，初中三年巩固率101%。

【普通高中教育】 2022年，兴宁市通过提前谋划备考、实施目标管理、加强教研指导和向外学习取经等模式，指导高中学校积极备考；完善高中阶段学情分析平台，继续发挥"互联网+教育"作用，提高复习效率。全市高考本科上线率42.4%，600分以上考生人数居梅州各县（市、区）首位，有2人达到北京大学医学部录取分数线，全市11所完中连续3年实现本科全覆盖、首次实现特殊类型控制线考生全覆盖，农村中学本科上线人数首次超100人。

【民办教育】 2022年，兴宁市制定《兴宁市人民政府购买民办义务教育学校学位实施方案》，通过在民办义务教育学校实施学位补贴等方式增加公办义务教育学位供给，实现规范民办义务教育和控制民办义务教育学校在校生数占比达到上级规定目标。根据市财政实际情况，2022—2023学年度兴宁市卓越中英文学校每个学位补贴3000元（包含义务教育财政补助）。

【德育教育】 2022年，兴宁市坚持以社会主义核心价值观、爱国主义教育和培育民族精神为主线，坚持立德树人根本任务，把未成年人思想道德建设贯穿于学校教育教学全过程，落实在学校德育的各个环节，纳入学生日常行为习惯和道德品质全过程，形成全员育人、全程育人、全方位育人的德育工作格局。是年，获评广东省优秀学生干部2人，获评广东省优秀共青团员1人，获评广东省优秀少先队员3人；获评梅州市优秀学生干部6人，获评梅州市优秀共青团员19人，获评"最美梅州少年"3人，获评梅州市优秀少先队员35人。梅州市"新时代好少年"6人，梅州市"三好学生"180人。

职业与成人教育

【概况】 2022年，兴宁市有中等职业学校2所，学生7059人。其中教育部门办1所，人社部门办1所，无民办中职学校。

（刘海燕　刘伟平）

【梅州市卫生职业技术学校】 2022年，梅州市卫生职业技术学校以卫生类中职教育为特色，开设护理、药剂、康复技术、助产、农村医学、中医护理、婴幼儿托育等专业，其中护理专业是学校的品牌专业，药剂、康复技术专业是学校培育专业，中医护理专业和婴幼儿托育专业是新开办专业。有米寨校区、洪溪桥校区和鸦鹰岭实训校区3个校区。是年，有在校全日制中职学生2973人，全日制大专学生152人；当年毕业生1124人，毕业生就业率98%。教职工141人，其中91人为正式在编教职工（全额拨款18人，差额拨款73人），50人为学校聘用教职工；专职教师108人，专业教师80人，高级教师12人，讲师35人，助理讲师61人，双师型教师43人，占专任教师比例39.8%。

联合办学　学校与惠卫职院联合办学开设全日制大专护理专业班共152人，与广东药科大学、广东医科大学等高校合作办成人教育班，共有学生387人，与惠卫职院和肇庆医专的百万高职扩招基层医务人员学历提升大专学生472人。

教学育人　学校积极开展教科研项目建设，钟民将老师的《标本采集》教改项目被广东省教育厅认定，彭晓老师的《在线精品课程》教改项目被广东省教育厅立项，韩冬凤老师的《卫生类中职学校实习环节课程思政实践路径的研究》被广东省卫生职业教育协会立项。全年学校教师获得县级以上荣誉33人次，其中李幸欢老师获得广东省中小学青年教师教学能力大赛二等奖，刘利华老师获评梅州市优秀班主任，吴丽红老师获得梅州市护理技能大赛指导老师一等奖。学生获得县级以上荣誉51人次。其中幸梓如获得广东省优秀学生称号，李秀文获得梅州市优秀学生骨干称号，廖国润等6人获得梅州市“三好学生”称号，薛柯菲等18人获得兴宁市“三好学生”称号，罗利婷等12人获得兴宁市“优秀团员”称号。

实习实训基地建设　学校护理、助产、农村医学实习基地均为各地市二甲综合医院，共计48家；药剂专业实习基地主要为药品营销企业、药厂及医院药房，共计11家；康复技术专业的实习基地主要为医院康复科及相关康复机构，主要有兴宁市人民医院、兴宁市中医院、五华人民医院、华南康复医疗集团旗下（五华、梅县）残疾人康复医院及深圳五洲医院。12月，与深圳市景田医院达成初步合作协议。

（钟民将）

【兴宁市高级技工学校】2022年，兴宁市高级技工学校有电商实训基地、省级粤菜师傅培训基地、广东省粤菜师傅大师工作室和汽车检测与维修实训中心、省级示范性创业孵化基地、国家级众创空间，是集技工学历教育、职业技能培训、技能鉴定、就业服务和创业孵化于一体的区域性职业教育基地。2022年，开设汽车维修、中式烹饪、护理等中高级专业15个，招收中高级工班学生1805人，其中三二分段大专班招生199人，高级工班招生1100人，全日制在校生4086人。

基础建设　2022年，学校争取到地方政府专项债券资金1.47亿元，启动升级技师学院一期建设项目，新建高技能公共实训基地大楼和中区学生宿舍楼各1栋，新购置价值1000多万元的实训设备，升级改造实训、教学场室6个，校园道路铺设沥青路面，对曾坑河、荷花池等进行围栏建设。

专业建设　学校结合兴宁市产业需求，新开设新能源汽车检测与维修、无人机应用技术2个专业，电气自动化和汽车维修专业提升为预备技师专业。

师资水平　2022年，新招录用紧缺专业教师7人；有21名教师获得技师技能等级证书。有1名教师获省级荣誉，4名教师获评梅州市级优秀教师，23名教师获评兴宁市优秀教师，其中李伟苑获评广东省技术能手、梅州市“五一劳动奖章”，潘文锋获评兴宁市第八批专业技术拔尖人才。

教学育人　2022年，学校有8名教师在第三届梅州市青年教师能力大赛中获一等奖；有4名老师在第三届广东省青年教师能力大赛中获奖；由省教育厅、省人力资源和社会保障厅、省军区学生军训工作办公室组织举办的全省普通高校和技工院2022年秋季入学新生军事理论知识竞赛中学校获得参赛单位三等奖；有3名同学获得个人一等奖；有2名同学获得个人三等奖。罗佳怡、余林富、王忆萍3名同学获国家奖学金。梅州市教育学会和梅州市教师发展中心2022年度“优秀教育案例”评比中以及主题班会、主题谈话设计比赛共有5人次获奖。

合作交流　2022年，学校推进产教融合，与兴宁市叶塘工业园区、辰浩医疗、美的集团、东莞南园教育集团等52家企业开展校企合作，实现学校与产业、企业资源共享、合作共赢。推进“青梅计划”，宣传当地企业，引导学生到当地企业实习就业。

三项工程　2022年，学校发挥主阵地作用，承办兴宁市第四届“客家菜师傅”和第二届“南粤家政”技能大赛。孙炎彬老师获得兴宁市第四届“客家菜师傅”技能大赛三等奖，张紫嫣和余林富2位同学获得健康照护师优胜奖。郭华群、黄波2位教师获得梅州市三星级、二星级“粤菜师傅”称号，“粤菜师傅”大师工作室设计的“宴席设计与菜品开发”课程获评梅州市级精品课程。组织举办2022年客家菜预制菜产业发展研讨会，积极打造客家预制菜技能人才培养基地。

培训鉴定　2022年，学校开展各类培训班10期，累计培训618人；开展兴宁市退役军人技能提升培训班3期共127人；与兴宁、平远14家企业开展企业新型学徒制培训756人；开展专项能力鉴定4场次，合计145人；开展合格证考试共4批，合计160人；协助应急局开展安全管理培训、协助金绿集团开展农村实用人才培训共3场，培训274人。全年组织1138人次进行职业技能等级认定，通过819人，通过率91%，开展专项能力鉴定265人，通过243人。合格证鉴定160人，通过159人。

创新创业　2022年，学校师生参加各类创新创业大赛，共有6个项目获奖。其中《客家娘酒焗牛掌》项目获2022年广东“众创杯”创业创新大赛创富赛铜奖；广东省技工院校首届科技创新大赛共有3个项目进入决赛；梅州市第三届工业设计大赛有3个项目分获一银一铜一优秀奖。

（赖亦环）

【兴宁开放大学】 2022年，兴宁开放大学在开设本、专科汉语言文学、会计学、法律、计算机应用、行政管理、教育管理、工商管理等27个专业的基础上，新增工程管理、学前教育等招生专业6个。2022年学校招生人数452人，毕业人数263人。与广州昇腾教育等3家校外教育机构联合办学，联办招生人数1162人。至年底，学校在籍本（专）科学生人数2326人。在职在编教师13人，其中副高职称4人、中级职称7人、初级职称1人、专职管理岗位1人，临聘人员9人，兼职外聘教师30多人。

非学历教育 2022年，兴宁开放大学投入资金30多万元发展社区教育、老年教育，开办舞蹈、书法、古筝、吉他等培训班14期，实现社区教育与老年教育的突破，全年招生培训1673人次，被梅州开放大学体系评为“2022年度社区教育先进单位”称号。与广东省在职研究生实践基地举行“在职研究生”联合招生培训，与兴宁鹿鸣书院联合举办“暑假书法、写作短期培训”，培训人数300多人。

村干部学历提升“千人计划” 2022年，学校围绕兴宁文化教育振兴发展战略，立足兴宁市情，面向基层、面向行业、面向社区、面向企业、面向农村办学。联合中共兴宁市委组织部启动村“两委”干部学历提升“千人计划”方案，“千人计划”依托开放大学体系的学习平台，对口培养，着眼于农村干部培养，全面提升兴宁村干部学历层次与管理能力，实施村“两委”干部学历提升学费减免优惠措施。2022年招收村干部326人，学费减免230万元。

（杨思变）

教育管理

【概况】 2022年，兴宁市加强教师队伍建设，新招聘教师90人，引进优秀青年教育人才8人。开展校内课后服务，开设“名师面对面系列公益课程”。加强校外培训机构综合治理，开展校外培训机构专项整治工作。做好奖教助学活动，兴宁市级各类教育基金发放奖教助学资金711.8万元。

【教师队伍建设】 2022年，兴宁市有公办教职工9182人，其中，高中1274人、初中2743人、小学4640人、幼儿园308人、其他学校217人，教师学历研究生率0.5%、本科率75.4%、大专率20.1%，高级职称教师占22.9%、中级职称教师占65.4%。新招聘教师90人，引进优秀青年教育人才8人，安排定向师范生25人到相关学校任教，其中，华南师范大学定向培养硕士研究生7人，华南师范大学师范类全日制本科毕业生8人。

2022年，全市评选出梅州市“优秀教师”22人、“优秀班主任”17人、“最美乡村教师”6人、“教学工作先进个人”17人、“优秀教育工作者”22人，兴宁市“教育先进集体”10个、“优秀校长”10人、“优秀教师”178人、“优秀班主任”132人、“优秀教育工作者”65人、“教学工作先进教师”67人、“图音体信息技术优秀教师”10人。评选表彰1名“范剑冰突出贡献奖”和52名“范剑冰优秀奖”。

【“双减”工作】 2022年，兴宁市积极开展校内课后服务。全市义务教育阶段学校76所，学生107685人，参与校内课后服务学校76所，参与托管学生80112人，参与开展服务工作教师6387人。成立6个工作督查组，定期通过“听、看、查、谈、议、宣”等多种形式，以高效的督查力度，推进校内课后服务各项工作持续健康发展。同时，为提升校内课后服务质量，校内课后服务专班积极组织、开设“名师面对面系列公益课程”，作为校内课后服务的延伸，共举办3期“名师面对面公益课程”，从第一期只开设“美术”“科创”2门课程，到第三期特别引进“合唱”“旗舞”“足球”“篮球”“花样跳绳”等10门优质素质教育课程，培养学生广泛的兴趣爱好。加强校外培训机构综合治理，出台《兴宁市人民政府办公室关于成立兴宁市校外培训机构专项整治工作领导小组的通知》，由市教育局制定《兴宁市校外培训机构专项整治方案》，开展持续一年的、以“属地管理、部门协作、综合治理”为原则的专项整治工作。2022 年度，兴宁市原 38 家持证校外培训机构中注销 15 家，剥离义务教育阶段学科类培训业务 23 家，压减率 100%。风险保证金缴纳率 100%，且全体均纳入全国校外教育培训监管与服务综合平台的全流程监管中，支付渠道开通率 100%。全年出动执法人员 24 人次，检查督察 60 余人次，发放整改通知书 2 张。

【奖教助学】 2022 年，兴宁市各级各类教育基金发放奖教助学资金 711.8 万元。其中，张庆华教育基金、范剑冰奖教基金、曾浩仁慈善基金会 3 个县级教育基金发放资金 254.15 万元；20 个镇街发放奖教助学资金 282.65 万元；其他项目奖教助学资金 175 万元。

（刘海燕　刘伟平）

教师发展中心

【概况】 2022 年，兴宁市推进教研基地建设，在兴宁一中、齐昌中学、齐昌小学、第一幼儿园建立高中、初中、小学、幼儿园 4 个教研基地，40 个学科教研工作室入驻对应学段基地。组织教师参加青年教师能力大赛、微课比赛等各级各类比赛，做好课题立项工作。组织全市教师参加各级各类培训，对全市教师开展信息技术培训工程 2.0 培训工作，提高教师使用现代化教学的技能。至年底，初中以上学校全部完成语音实验室的装备，完成 15 所中考实验操作考点的设备安装。

【教育教研】 2022 年，兴宁市建立健全教研体系，扎实推进教研基地建设，紧跟义务教育“双减”和新课标改革的步伐，分别在兴宁一中、齐昌中学、齐昌小学、第一幼儿园建立高中、初中、小学、幼儿园 4 个教研基地，40 个学科教研工作室入驻对应学段基地。打造一支由“中心教研员 + 学科教研工作室主持人 + 入室成员 + 校本教研员 + 教师个人研修”五位一体、覆盖各学段的教研团队。出台政策激发动力，先后制定兴宁市教研基地工作管理制度、学科教研工作主持人考核办法；同时以线上或线下相结合的方式加强教研队伍培训；在管理待遇、评优评先、经费保障等方面，激励教研团队。积极开展分片教研、高质课堂、送教送培等丰富多彩的教学教研活动，累计深入 20 个乡镇、50 多所学校，开展各类研修活动 120 多场次。同时，组织广大教师参加青年教师能力大赛、微课比赛、作业设计评比等各级各类比赛，发挥集体智慧，强化赛前磨课，以赛促教师教学教研能力提升。坚持学情监测倒逼教研教学，严格落实“双减”政策，认真组织开展国家义务教育质量监测、期末质量检测和学生核心素养能力知识问答等活动，促进学校狠抓教学主责主业，努力办好人民满意教育。认真组织教师做好课题立项工作，兴宁市第一小学罗虹教师《基于语文核心素养的山区小学课堂教学研究》等 4 个项目获《广东省教育科研规划 2022 年度中小学教师教育科研能力提升的项目》的立项。大力推广阅读，共建书香校园、书香兴宁活动，锦绣学校在梅州市推进课外阅读指导工作年度评比中被评为读书育人优秀单位。

链接：兴宁市教师发展中心

2019 年 9 月，兴宁市委、市政府整合原教师进修学校、兴宁市教学研究室、教仪电教站、兴宁市教育信息中心、兴宁市教育局勤工俭学办公室，设立兴宁市教师发展中心，是兴宁市教育局所属公益一类正科级事业单位。2020 年 9 月，兴宁市投入 2653 万元在刁坊镇罗坝村原双岗小学规划新建办公场所，占地面积 9917 平方米，建筑面积 5718 平方米。兴宁市教师发展中心成立之初，在宁江中学借用一幢教学楼临时办公，于 2022 年 12 月迁入新址办公。

【师资培训】 2022 年，兴宁市教师培训工作坚持为教育教学服务的宗旨，以自主课堂模式构建为主要培训内容，以进课堂培训为主要形式，以校本培训为主要载体，组织开展形式多样的专项培训。2022 年，兴宁市有广东省名师工作室 2 个，广东省特级教师 2 人；梅州市级学科名师 4 人；兴宁市学科带头人 98 人，骨干教师 54 人。组织全市教师参加各级各类培训，国家培训 8300 人次，梅州市级培训 1.25 万人次，兴宁市级培训 2.25 万人次；

组织开展2022年中小学“百千万人才培养工程”省级培养学员走进乡村教育活动；遴选确认兴宁市名教师、名校长、名班主任工作室主持人48名，评选各工作室成员共348人并通过工作室团队开展送培送教活动。

【教育保障】 2022年，兴宁市教师发展中心以平台建设为抓手，提高学校信息化水平，着力建设高中阶段学情分析平台。在全市11所完中建设《高中阶段学情分析平台》，整合兴宁教育资源公共服务平台空间应用、教学应用、家校共育、智慧校园应用、学情分析等多维度数据，为教育的管理、监控和展示提供统一的数据化呈现，为全市高完中学校提供直观有效的决策支持、预警研判依据。利用资源优势，提高教育教学质量，对全市教师开展信息技术培训工程2.0培训工作，提高教师使用现代化教学的技能，为提高教育教学质量提供技术保障。进一步完善学校实验室设施设备，对初中阶段学生实验操作与人机对话现有设备进行调研，规划好学校实验室的装备项目。至年底，初中以上学校全部完成语音实验室的装备，完成15所中考实验操作考点的设备安装。

（谢洪波　何柳慧）

学校选介

【兴宁市齐昌幼儿园】 2022年，兴宁市齐昌幼儿园位于兴宁市南部新城，占地面积约2.45万平方米，建筑面积8331平方米，户外活动面积1.16万平方米，绿化面积1万平方米。开设23个教学班，有867名幼儿，每班配备2名教学老师、1名保育员。

师资队伍　2022年，幼儿园有学前教育专任教师63人，具有医师资格证的园医2人，专职会计师1人，临聘职工35人。高级教师7人，一级教师15人。大学本科学历65人，专科学历1人。

办学特色　幼儿园利用场地宽阔的有利条件，精心打造1个爱国主义红色游戏基地。结合幼儿的年龄特点，通过玩红色游戏深刻体会革命先辈们的艰难与不易，把思政教育渗透于幼儿园的活动中，落实立德树人的根本任务。实施“以研促教创体艺特色课程”的教育模式，以课题研究为突破口打造体艺特色课程。如省级课题《快乐体育客家传承——客家文化传承下的幼儿武术融合》，把客家赏灯舞狮融入幼儿园的课程体系，孩子通过学习客家舞狮的动作、鼓点节奏、表演，领略客家舞狮的乐趣与魅力，通过舞狮艺术活动让客家非物质文化在校园得到传承。同时借助全国足球特色幼儿园的名片及省级课题《幼儿足球游戏活动开展的研究与实践》，通过科学的足球游戏课程教学让幼儿掌握足球运动的基本知识和运动技能，提高幼儿团结、合作能力，培养幼儿的良好品质。通过实践，探索出适合幼儿园开展的足球运动内容，编辑形成园本足球游戏教材《幼儿足球游戏60例》，同时收集全园教师大量的研究资料，装订成《兴宁市齐昌幼儿园足球主题课程案例》集。

（曾金云）

【华南师范大学附属广梅园小学】 2022年，学校占地面积3.51万平方米，建筑面积2.98万平方米，建设有学生宿舍楼1栋、教职工公寓楼1栋，2个标准篮球场以及标准的400米塑胶环形跑道。可开设36个教学班，提供1600多个优质学位。至2022年底，学校开设一至五年级，11个班，共有39名教师，学生482人。专任教师本科学历达标率100%。

2022年春季，通过华南师范大学“华附联盟”教育集团办学视导；教师获得市级以上表彰奖励85人次，其中谢雨欣老师获梅州市优秀少先队辅导员表彰，何瑞琼、胡彬2位教师获兴宁市优秀教师称号。50多名学生在兴宁市级各类竞赛中获奖，其中刘佳琪同学、蓝炜盈同学被评为2021—2022学年华南师范大学“华附联盟”教育集团“砺儒学子”“鸿鹄学子”。学校连续两个学期获得兴宁市颁发的“教学质量优秀奖”。周边学校组团到校参观交流，组织开展梅州兴宁市水口镇教学开放日、兴宁市分片教研活动，参观交流学习的教师约230人。

（曾　锋）

【兴宁市第一中学】 2022年，兴宁市第一中学在校学生4220人，其中高中3492人，初中728人；共85个教学班，其中高中71个教学班，初中14个教学班。在职教职工419人，3名正高级教师，6名特级教师，2名广东省名师工作室主持人，2名国家级荣誉获得者，17名省级荣誉获得者，3名国家级骨干教师，14名省级骨干教师，14名梅州“嘉应名师”；18名研究生学历教师，202名高级教师。兴宁市第一中学教育集团被评为第二批省级优质基础教育集团培育对象。

▲2022年，兴宁市第一中学心理健康指导中心揭牌

（兴宁市第一中学提供）

教学教研 2022年，学校开展自主学习、竞赛性学习、纠错性学习、目标学习、课堂提问等活动。派出教师到挂钩学校广州中学跟岗学习；推进“青蓝工程”，促进新进教师成长。学校有4项省市级课题结题，2项地市级课题立项。中青年教师参加梅州市、兴宁市能力大赛，14人获奖。教师发表论文，国家级1篇，省级10篇，县级2篇；教师获奖论文，国家级1篇，省级2篇，市县级22篇。加强校本教材建设，当年度出版校本教材4部。

德育活动 2022年，学校以学习贯彻党的二十大精神为主线，开展国防教育进校园、“新时代好少年”学习宣传、“传承红色基因”、中华优秀传统文化传承、学雷锋志愿服务、劳动社会实践、阳光成长心理健康教育等主题教育系列活动。做好学校综治工作站建设和未成年人思想道德建设和心理健康教育。8月2日，兴宁市第一中学校园综治工作站揭牌。11月4日，兴宁市心理健康教育研究基地、兴宁市第一中学心理健康指导中心揭牌。德育课题梅州市级、兴宁市级各有1项立项。坚持立德树人，做到全面育人，学校被授予“广东省网络安全示范校”称号；学生1人获得“广东省优秀共青团员”称号，2人获得广东省宋庆龄奖学金，26人被评为梅州市“三好学生”，77人被评为兴宁市“三好学生”，2人被评为梅州市“新时代好少年”，4人被评为兴宁市“新时代好少年”。

办学成效 2022年高考，共1424名学生参考，有2名学生达北京大学录取分数线，48人获600分以上成绩，特控线（含地方专项）572人，本科1371人、入围率96.3%。物理科2人满分。2022年中考，联盟班学生全部考入兴宁市第一中学，其中有5人进入兴宁市前10名。普通班电脑派位生上兴宁市第一中学线55人（含体育），上兴宁市第一中学入围率28.8%，总分平均分居全市第一。竞赛方面，物理、生物、数学和化学科参加全国中学生学科竞赛，其中物理科获全国三等奖1人，梅州市一等奖2人，二等奖8人；生物科获全国二等奖1人，三等奖1人；化学科获全国三等奖1人。

校园建设 2022年，学校进一步加强校园“四化”（净化、绿化、美化、文化）建设，特别是在净化、绿化和美化的基础上，首倡校园“文”化建设优先，打造内涵发展的文明校园。紧紧围绕“读万卷书”“蟾宫折桂”“金山龙凤”“开心是福”文化主题，打造校园励志植绿特色文化景观。加强设施建设，改善办学条件，进行学生宿舍和高水平人才宿舍改造，改造高考英语口语室、教师多媒体和义务教育理化生实验考试用室；全力推进新校史馆的建设。

（廖 辉）

【兴宁市齐昌中学】 2022年，兴宁市齐昌中学有84个班，其中初中54个班，高中30个班，学生4600多人；有教职工324人，其中研究生8人，全国优秀教师、广东省特级教师2人，南粤优秀

▲ 2022 年 12 月 8 日，兴宁市齐昌中学举行五周年校庆系列活动
（丘华东 摄）

教师 4 人，嘉应名师等梅州市级以上荣誉的优秀教师 34 人，兴宁市拔尖人才 3 人，兴宁市学科带头人 20 人，兴宁市骨干教师 87 人。4 月 25 日，梅州首个学校综治工作站在兴宁市齐昌中学挂牌。

办学成果　2022 年高考，600 分以上 2 人，高分优秀生 61 人，本科线以上 337 人，本科率 58.1%；体艺类双上线 49 人，本科率 83.1%。2022 年中考，兴宁一中实际录取分数线以上 240 人，突破 200 人大关；齐昌中学实际录取分数线以上 306 人。其中，1 人被华南师范大学附属中学“海航班”录取（全省仅 33 人），实现兴宁“零”的突破；1 人在东山中学创新班自主招生测评中，获梅州市第一名。

教学教研　2022 年 7 月，学校开展第二轮“县管校聘”工作。95 名教师符合直接聘用条件，229 名教师通过校内竞聘并竞聘成功。8 月 11 日，嘉应学院省级中小学教师发展中心执行主任林爱芳一行到该校交流座谈，并签署齐昌中学教育教学管理团队能力提升培训委托协议。齐昌中学教育教学管理团队 52 人，分 2 次共 5 天，到嘉应学院省级中小学教师发展中心参加教育教学能力提升培训。11 月 1 日，兴宁市中学英语“推阅行动”启动仪式在学校举行。

五周年校庆　2022 年 12 月 8 日，学校举行五周年校庆系列活动，活动包括编纂校志、购置校服、拍全家福、立石植树、召开庆祝大会和举行文艺会演。庆祝大会和文艺会演采取线上线下同步进行的方式举行，各班师生及外地校友通过云端连线的方式观看活动直播。

（李文科　王柳萍）

【兴宁市宁中中学】2022 年，兴宁市宁中中学校园面积 9.33 公顷，绿化覆盖面积 98.5%，有教学大楼 6 幢、科学馆 1 幢、图书馆 1 幢、生物园和地理园各 1 个、标准塑胶 400 米环形八跑道的综合运动场 1 个等教学设备设施。有教学班 59 个，学生 3626 人，其中高中教学班 38 个，初中教学班 21 个，教职工 287 人，其中具有高级职称的教师 124 人，中级职称的教师 136 人。

办学成果　2022 年，学校进行校级公开课 153 次，教师 6 人参加兴宁市级公开课，101 人参加校级高质课堂评比，10 人参加兴宁市级高质课堂评比，其中 2 人获得兴宁市一等奖、4 人获得兴宁市二等奖、4 人获得兴宁市三等奖；组织教师到兄弟学校参加各种教研听评课活动 5 次。教师获得兴宁市级以上表彰奖 42 人次，2 个梅州市级课题、8 个兴宁市级课题立项，121 人次学生在兴宁市级以上各项比赛中获奖。2022 年中考，一中线以上 52 人，比上一年增加 14 人；高考本科特控线（本科重点）上线 2 人，本科上线数 44 人，增加 7 人。

德育教育　学校利用开学典礼、每周一的升国旗仪式、国旗下讲话、重大节日、重大事件纪念日等，开展爱国主义教育和革命传统教育，引导学生弘扬民族精神，增强爱国情感。学校还利用每周星期一升旗前分年级举行消防演练或地震避险演练，各年级利用班会课组织召开各种形式的主题班会，通过梅州安全教育平台向学生宣传、讲授各种安全知识，特别是将严禁学生驾驶机动车上下学列入学校安全管理常规工作，让学生自觉养成文明出行的良好行为习惯。

体艺活动　学校以体育为载体，以艺术为纽带，全方位搭建全校师生展示风采的大舞台。组

▲ 2022 年 9 月 21 日，兴宁市宁中中学高三年级举行班级篮球决赛
（兴宁市宁中中学提供）

织师生参加教育局主办的教职工“钟声杯”足球赛、“市长杯”初中组足球赛、总工会主办的职工乒乓球团体赛，校内举行校运会、拔河比赛、中长跑测试、跳绳测试、男生引体向上测试等校际大型活动，组织高一、高二、高三年级班际篮球赛。举行传统赛事教职工气排球赛和乒乓球赛。报名参加体育竞赛的学生超过 2000 人次，接近半数的教职工参加文体活动。

（陈兰洁）

■ 科技

科学技术

【概况】 2022 年，兴宁市实施创新驱动发展战略，培育创新主体，组织申报科技项目，抓好科技应用服务，创新能力得到提升。是年，全市存量国家高新技术企业 30 家，认定科技型中小企业 35 家，新增梅州市工程技术研究中心 2 家；获批立项 2022 年度省科技创新战略专项重点产业创新发展项目 1 个、农村科技特派员下乡服务项目 2 个，获批立项 2023 年广东省农业科技社会化服务成果集成示范项目 1 个；绿粮农业成为兴宁市首家获得 2021 年度广东省科学技术进步一等奖的企业。

【科技创新】 2022 年，兴宁市科工商务局强化科技项目实施，推动各类创新资源向企业集聚，做好科技计划项目管理，全年验收科技项目 12 个，立项省、梅州、兴宁科技计划项目 16 个，其中 2022 年省科技创新战略专项（“大专项 + 任务清单”）立项重点产业创新发展项目 1 个、农村科技特派员团队下乡服务项目 2 个，获得资助金额 149 万元；2023 年度广东省农业科技社会化服务成果集成示范项目立项 1 个，获得科研经费 100 万元。金绿现代获得 2021 年度叶剑英科学技术进步奖二等奖，联康药业、市人民医院联合市妇幼保健院获得三等奖，绿粮农业成为兴宁市首家获得 2021 年度广东省科学技术进步一等奖的企业。培育高新技术企业，鼓励企业与科研院所、高等院校开展产学研对接，提升产业链协同创新。是年，全市存量国家高新技术企业 30 家；认定科技型中小企业 35 家；新增梅州市工程技术研究中心 2 家，存量省级 9 家、梅州市级 29 家。

▲ 2022 年 5 月 31 日，兴宁市科工商务局联合市科协举办兴宁市科技成果展暨科普宣传志愿服务活动
（陈　玮　摄）

【科技服务】2022年，兴宁市科工商务局做好科技服务驻镇帮镇扶村工作，全面摸清全市农业农村科技需求，实施“一对一”精准帮扶，推动科技服务同乡村振兴有效衔接。加强农村科技特派员队伍建设，举办全市农村科技特派员培训会，提高农村科技特派员工作服务能力。组织科普进社区、企业、乡镇、学校等系列活动，进一步提高群众科学素养，用科技知识助力乡村振兴。举办兴宁市科技成果展暨科普宣传志愿服务活动等8场次，向公众发放各类科普物资3000余份。

（李敏芝　陈　玮）

气象

【概况】　2022年，兴宁市平均气温22.0℃，较常年（21.4℃）偏高0.6℃，年内气温起伏大，其中2月、5月和12月气温明显偏低1.5℃以上，1月、3月和11月气温明显偏高2.2℃以上。2月1—24日出现持续低温阴雨寡照天气，为历史少见。全年高温日数67天，比常年多35.5天，极端最高气温39.3℃，与历史极端最高气温纪录持平。降水量1686.4毫米，比常年（1484.2毫米）偏多13.6%，汛期降水“前多后少”，特别是“龙舟水”期间（5月21日至6月20日）降水量为488.4毫米，较常年同期（275.5毫米）偏多77%，为历史同期第4多，具有“累计雨量大，降水时间长，影响范围广、短时强降水明显”特点。其间有2次全市大范围暴雨，局部大暴雨和1次局地大暴雨天气过程。后汛期（7—9月）降水明显偏少，降水量229.5毫米，比常年（460.2毫米）偏少50%。9—10月，气候总体呈现“暖干”特征，平均气温（26.5℃）较常年同期偏高1.6℃，为历史同期最高，而降水量仅23.3毫米，较常年同期偏少84.6%，为历史同期最少。年内有2个台风给兴宁市带来较明显降水影响。7月1日20时至4日20时，受2203号台风“暹巴”影响，兴宁市中南部普降大雨到暴雨，平均雨量39毫米；11月1日8时至3日8时，受2222号台风“尼格”影响，兴宁市普降大雨到暴雨，平均雨量49.3毫米。

2022年，兴宁市全年天气气候总体特征表现为“开汛偏早、龙舟水强、汛期降水前多后少、极端高温频发、台风影响轻”的特点。

【气象灾情】　2022年，兴宁市出现2次较严重的气象灾情。6月14—20日，受持续强降雨影响，兴宁市发生洪涝灾害和地质灾害。据兴宁市应急管理局统计，20个镇（街道）394个建制村6466人受灾，紧急避险转移1237人，紧急转移安置3411人，因山体滑坡死亡2人，倒塌房屋155户203间，严重损坏房屋88户130间，一般损坏房屋间数297户422间，农作物受灾面积1523.07公顷，其中粮食作物面积1257.43公顷，死亡大牲畜92头，水产养殖受灾面积46.28公顷，直接经济损失1.36亿元。9月20日8时至21日8时，兴宁市出现局地强对流天气影响，其中石马镇累计降雨量65毫米，合水镇降雨42毫米。据兴宁市应急管理局统计，受降雨影响，20日，合水镇罗英村发生一起地质灾害（滑坡），造成1户2间房屋严重受损，3人受灾，紧急避险3人，无人员伤亡，直接经济损失约2万元。

【气象服务】　2022年，兴宁市气象局强化公共气象服务意识，做好重大灾害性、关键性、转折性天气预测预报。全年发布各类气象预警信号97次，发布重大气象信息快报59期，专报13期。

【气象防灾减灾能力建设】　2022年，兴宁市政府印发《兴宁市气象灾害应急预案（2022年修订）》，进一步健全完善气象灾害防御应急机制，提升应对气象灾害的预防、预警和应急处置能力；兴宁市减灾委印发《关于兴宁市基层气象服务体系全面融入基层应急管理体系的通知》，全面推进基层气象应急防灾减灾组织体系整体建设和融合发展；与兴宁市融媒体中心等部门建立完善气象信息发布工作联动机制，不断提升气象预报预警信息的时效性和覆盖面；多途径加强气象防灾减灾科普宣传，提升公众气象防灾减灾意识和应急能力。

【气象现代化建设】　2022年，兴宁市气象局贯彻落实《气象高质

▲ 2022 年 3 月 17 日，兴宁市气象局工作人员更换气象观测站观测设备（吴慧珍 摄）

量发展纲要（2022—2035 年）》总体要求。5 月，兴宁市政府召开兴宁市气象高质量发展会议并印发《关于研究推进我市气象高质量发展工作的会议纪要》，为加快推动兴宁气象事业高质量发展提供政策保障；推进《梅州市气象事业发展"十四五"规划》，兴宁市气象站探测环境质量提升工程项目完成用地选址、勘测等项目建设前期工作。

（李思敏）

■ 公共文化

文化管理

【概况】 2022 年，兴宁市文化广电旅游体育局积极通过完善基层文化设施建设、丰富群众文化活动、加强文物和文化遗产保护利用等举措，不断提升公共文化服务效能。

【基层文化设施建设】 2022 年，兴宁市文化广电旅游体育局完成第七次全国县级以上公共图书馆评估定级申报工作。持续推进县级图书馆、文化馆总分馆制建设，实现文化馆总分馆建设全覆盖，建成图书馆分馆服务点 4 个。市博物馆入选广东省 2021 年度博物馆名录。对基层综合文化站和村（社区）综合性文化服务中心的运行管理开展排查整治。推进"两中心融合"和"粤书吧"建设，在叶塘镇鸭池村建设"两中心融合"项目，建成兴宁市旅游集散中心粤书吧，在建兴宁市联富美食农家院粤书吧。全面落实"三馆一站一中心"免费开放制度。

【群众文化活动】 2022 年，兴宁市文化广电旅游体育局持续开展"文化进万家""我们的节日""文化和自然遗产日""强国复兴有我""戏曲进乡村"等群众性主题活动。全年在线上线下共开展竹板歌、杯花舞、群众歌咏等演出展示活动 20 场，举办非遗项目、小古文、书法、舞蹈、器乐等培训班 74 期，举办非遗、美术书法、戏剧曲艺创作等讲座、交流活动 16 期，开展《兴宁市全国优秀版画作品展》《廉洁书画作品展》《广东文博 40 年》《大埔籍战地记者——邹建东摄影展》等展览活动 13 场，开展全民阅读系列活动 21 场，惠及群众 15.3 万人次。

【群众文艺创作】 2022 年，兴宁市文化广电旅游体育局持续推进群众文艺创作，客家方言快板节目《精准扶贫的贴心人》和歌曲《围屋情思》分别获 2021 年度全省群众文艺作品二等奖和三等奖；在 2021 年度梅州市群众文艺作品评选中，全市有 8 个戏剧、曲艺、音乐、舞蹈作品获二等奖和三等奖，兴宁市文化广电旅游体育局获组织奖；山歌表演唱节目《驿道行者》获安徽省 2022"界首杯"优秀曲艺作品网络展演活动优秀作品奖，并受邀参加"广东曲艺专场省内巡演第四站·梅州龙村"展演；选送 4 个节目参加 2022 年梅州市"喜迎二十大·奋进新征程"群众文艺会演活动暨客家文化非遗艺术周；山歌音乐情景剧《我爱北京天安门》进入 2022 广东省群众艺术花会（少儿艺术）决赛；联合兴城中心小学制作少儿竹板歌《防疫先锋我来夸》MV；创编《接种疫苗莫拖延》《客家精神爱传承》等竹板歌音像作品。

【物质文化遗产传承保护】 2022 年，兴宁市设立兴宁市文物局，何天炯旧居、恒云楼被公布为第十批广东省文物保护单位。完成

▲ 2022 年 6 月 9 日，山歌表演唱节目《驿道行者》参加“广东曲艺专场省内巡演第四站·梅州龙村”展演　（邓　威　摄）

棣华围修缮工程（第一期）工作，编制完善广东省文物保护单位两海会馆和磐安围保护规划，其中磐安围保护规划通过专家评审，完成 9 处省级文物保护单位保护范围和建设控制地带矢量数据的完善工作。开展县级文物保护单位保护范围和建设控制地带划定与罗浮镇红五十团团部旧址布展工作。开展文物讲解员培训及综合实践活动，招募 21 名学生担任义务讲解员。

【非物质文化遗产活化利用】2022 年，兴宁市文化广电旅游体育局推进非物质文化遗产传承发展。新增省级非遗代表性项目 3 项、梅州市级代表性项目 3 项、县级非遗代表性项目 6 项；新增梅州市级非遗项目代表性传承人 3 人。兴宁市文化馆、广东明珠珍珠红酒业有限公司获评第八批省级非物质文化遗产代表性项目保护单位；广东明珠珍珠红酒业有限公司（兴宁珍珠红酒酿制技艺）、东云藤器厂（兴宁藤编技艺）获评第一批梅州市非物质文化遗产生产性保护示范基地；“兴宁市杯花围屋赏灯游”入选为第一批梅州市非遗主题旅游线路；“杯花舞非遗传播交流”“竹板歌非遗传播交流”被评为梅州市非物质文化遗产代表性项目优秀实践案例；广东珍珠红酒业有限公司（珍珠红）获“梅州老字号”品牌称号。兴宁市非物质文化遗产“墨烟张墨条”在日本东京举行的“匠心南粤·美美与共——中国广东非物质文化遗产交流展”中展出；兴宁版画、兴宁珍珠红酒酿造技艺、兴宁李家教拳参加广东省第八批省级非物质文化遗产代表性项目图片展，其中，兴宁版画作品《稻香》入选实物展。组织开展非遗项目展演交流活动 10 场，非遗文化展览 4 场，非遗进校园、进乡村、进社区活动 61 场；出版《竹板声声韵悠扬——兴宁竹板歌纪事》；推出兴宁非遗宣传片《兴宁非遗·异彩纷呈》、“文化进万家——视频直播家乡年”客家锣鼓、火把节、兴宁上灯习俗宣传小视频等宣传视频 6 个；制作客家山歌、杯花舞“非遗大学堂”系列慕课 5 期，设计制作非遗纪念手摇扇、环保袋各 5000 个。配合星海音乐学院、广州大学等高校学生到兴宁开展暑期竹板歌等非遗项目调研活动；与仲恺农业工程学院签约，推动广东省非遗项目“杯花舞”进校园；在径南镇星耀村设立兴宁上灯习俗传习所；在兴宁市第二小学挂牌“国家级非物质文化遗产保护项目竹板歌传承基地”，服务在校学生 5000 余人次。

【行业监管】2022 年，兴宁市文化广电旅游体育局加强文广旅体行业监管，规范文广旅体市场经营秩序。优化行政审批，全年换发许可证件（年审）15 家企业，新批娱乐场所 10 家、高危体育项目（游泳池）11 家。做好日常执法检查，组织出动执法人员 2349 人次，检查各类企业 617 家次，收缴非法出版物 50 多本，发出责令改正通知书 31 份，责令 14 家无证经营场所停止经营活动，发现整改 39 处安全隐患，立案查处 8 件行政处罚案件。常态化开展扫黑除恶斗争、打击整治养老诈骗、文旅市场扫黄打非、校园周边文化市场专项整治等各类专项整治行动，强化安全生产排查整治，加强有线电视“小片网”监管和非法卫星电视接收设施整治工作，督促文旅体企业落实常态化疫情防控措施。

（彭子欢　吴梓苑）

表 14

2022 年兴宁市各级文物保护单位一览表

名称	级别	年代	类别	所在地	公布登记日期
兴宁学宫	省级	明	古建筑	兴田街道办事处司前街兴民中学内	第三批，1989 年 6 月
两海会馆	省级	清	古建筑	兴田街道办事处西沿江南路 2 号	第四批，2002 年 7 月
磐安围	省级	清	古建筑	叶塘镇河西村	第六批，2010 年 5 月
文峰塔	省级	清嘉庆十九年（1814 年）	古建筑	宁新街道办文星村长陂岭	第七批，2012 年 10 月
兴宁古城墙	省级	明成化三年（1467 年）	古建筑	兴田街道环城东路与石光街交叉口西南 100 米	第七批，2012 年 10 月
善述围	省级	清光绪十年（1884 年）	古建筑	罗岗镇柿子坪村	第七批，2012 年 10 月
棣华围	省级	1914 年	近现代	刁坊镇周兴村	第七批，2012 年 10 月
玉成围	省级	1922 年	近现代	合水镇霞洞村	第八批，2015 年 12 月
李和美屋	省级	清光绪七年（1881 年）	古建筑	宁新街道佛岭居委	第八批，2015 年 12 月
何天炯旧居	省级	1920 年	古建筑	石马镇新群村	第十批，2022 年 7 月
恒云楼	省级	1928 年	传统民居	径南镇星耀村	第十批，2022 年 7 月
五里大黄屋	市级	明正德十六年（1521 年）	古建筑	福兴街道办事处五里村	第二批，2014 年 1 月
坭陂进士第	市级	清乾隆二十五年（1760 年）	古建筑	坭陂镇汤一村	第二批，2014 年 1 月
永生文蔚第	市级	清	古建筑	永和镇永生村双塘片	第三批，2015 年 2 月
坪宫崇德围	市级	清嘉庆九年（1804 年）	古建筑	径南镇坪宫村大王屋	第三批，2015 年 2 月
胪声耀堃第	市级	1932 年	传统民居	径南镇胪声村云湘	第三批，2015 年 2 月
星耀光绍庐	市级	1925 年	传统民居	、径南镇星耀村	第三批，2015 年 2 月
星耀拙庐	市级	中华民国	近现代	径南镇星耀村	第四批，2016 年 6 月
星耀荆荣第	市级	清	古建筑	径南镇星耀村	第四批，2016 年 6 月
长征罗屋	市级	清	古建筑	刁坊镇长征村洋岭上	第四批，2016 年 6 月
下走马岗罗屋	市级	清	古建筑	宁中镇丝新村	第四批，2016 年 6 月
群星村万安围	市级	明	古建筑	叶塘镇群星村	第五批，2017 年 3 月
坪里龙田世基	市级	明	古建筑	龙田镇五一村坪里	第五批，2017 年 3 月

续表 14

名称	级别	年代	类别	所在地	公布登记日期
五里黄粤兴屋	市级	清	古建筑	福兴街道五里村	第七批，2020 年 3 月
邓逸凡故居	市级	清道光十年（1830 年）	古建筑	水口镇小丰村	第八批，2021 年 12 月
高陂明光楼	市级	1931 年	近现代	龙田镇高陂村	第八批，2021 年 12 月
墨池寺	县级	宋	古建筑	福兴街道办墨池村神光山南端	第一批，1980 年 10 月
合水革命烈士纪念碑	县级	1959 年	近现代重要史迹	合水镇合水水库西岸山巅	第一批，1980 年 10 月
瑶兴石拱桥	县级	清	古建筑	罗浮镇瑶兴村	第四批，2009 年 12 月
金子甲石拱桥	县级	清	古建筑	罗浮镇中和村	第四批，2009 年 12 月
合水古塔	县级	明末	古建筑	合水镇合水水库湖心岛	第四批，2009 年 12 月
长兴围	县级	明崇祯八年（1635 年）	古建筑	宁新街道办大圳村花罗墩	第四批，2009 年 12 月
刘氏总祠	县级	始建清康熙三十九年（1700 年），2008 年重建	近现代	黄陂镇联丰村榕树下	第五批，2010 年 12 月
刘氏始祖开七公墓	县级	南宋嘉定十七年（1224 年）	古墓群	黄陂镇土墩村蚌湖头	第六批，2014 年 8 月
明始祖讳鄷幸公墓	县级	明洪武二十三年（1390 年）	古墓群	径南镇圩下村旺生塘	第六批，2014 年 8 月
永泰关	县级	清	古建筑	兴田街道办事处西郊居委	第六批，2014 年 8 月
莲塘背肖屋	县级	清	古建筑	叶塘镇大路下村莲塘背	第六批，2014 年 8 月
报福寺	县级	明嘉靖二十七年（1548 年）	古建筑	叶塘镇大众村前丰	第六批，2014 年 8 月
桂安围	县级	清道光二十年（1840 年）	古建筑	大坪镇朱坑村	第六批，2014 年 8 月
磐石围祠堂	县级	明	古建筑	龙田镇龙盘村	第六批，2014 年 8 月
龙兴围	县级	清	古建筑	龙田镇金星村三样片	第六批，2014 年 8 月
何子渊故居	县级	1930 年	名人故居	石马镇马下村	第六批，2014 年 8 月
继述围	县级	1912 年	传统民居	合水镇湖岭村	第六批，2014 年 8 月
南阳世居	县级	清	古建筑	合水镇溪唇村永茂	第六批，2014 年 8 月
文魁屋	县级	明末	古建筑	合水镇富和村老屋	第六批，2014 年 8 月
新宝丰昌张屋	县级	1947 年	近现代	宁中镇	第六批，2014 年 8 月

续表 14

名称	级别	年代	类别	所在地	公布登记日期
和山寺	县级	明正德十二年（1517 年）	古建筑	宁中镇和山村和山岩	第六批，2014 年 8 月
灵化寺	县级	宋末	古建筑	永和镇锦洞村鸡鸣山顶	第六批，2014 年 8 月
刘氏大夫第	县级	清	古建筑	叶塘镇河西村	第七批，2015 年 12 月
龙岭围	县级	清	古建筑	龙田镇金星村	第七批，2015 年 12 月
大宾公祠	县级	明	古建筑	黄陂镇龙溪村	第八批，2017 年 9 月
石禾坪屋	县级	明	古建筑	宁中镇和一村	第八批，2017 年 9 月
泰和围	县级	明、清	古建筑	黄陂镇中心村	第八批，2017 年 9 月
叶池罗屋	县级	清	古建筑	刁坊镇河塘岭村	第八批，2017 年 9 月
五翰堂	县级	清	古建筑	叶塘镇下洋村	第八批，2017 年 9 月
祥安围	县级	清	古建筑	叶塘镇彭陂村	第八批，2017 年 9 月
胜公围	县级	清	古建筑	叶塘镇汤湖村	第八批，2017 年 9 月
龙安围	县级	清	古建筑	龙田镇鸡公桥村	第八批，2017 年 9 月
鸡公桥龙兴围	县级	清	古建筑	龙田镇鸡公桥村	第八批，2017 年 9 月
炽昌楼	县级	中华民国	近现代	合水镇白泡村	第八批，2017 年 9 月
鑑光庐	县级	中华民国	近现代	宁中镇古塘村	第八批，2017 年 9 月
宝善围	县级	中华民国	近现代	径南镇宝山村	第八批，2017 年 9 月
龙和围	县级	清	古建筑	龙田镇鸡公桥村	第九批，2021 年 12 月
墩仔下屋	县级	明天顺五年（1461 年）	古建筑	宁中镇和新村	第九批，2021 年 12 月
将军宜庐	县级	1938 年	近现代	坭陂镇将军村	第九批，2021 年 12 月
将军老李屋	县级	清嘉庆十三年（1808 年）	古建筑	坭陂镇将军村	第九批，2021 年 12 月
罗屏汉故居	县级	清	古建筑	大坪镇屏汉村	第九批，2021 年 12 月
红旗村红色交通站	县级	中华民国	近现代	罗岗镇红旗村	第九批，2021 年 12 月
洋门三眼桥	县级	明	古建筑	石马镇洋门村	第九批，2021 年 12 月

说明：2022 年，兴宁市有各级文物保护单位 69 处。其中，省级文物保护单位 11 处，市级文物保护单位 15 处，县级文物保护单位 43 处

（兴宁市文化广电旅游体育局提供）

2022 年兴宁市各级非物质文化遗产代表性项目一览表

表 15

级别	项目类别	项目名称	公布时间	保护单位
国家级	曲艺	竹板歌	2021 年 5 月	兴宁市文化馆
省级	传统舞蹈	杯花舞	2007 年 6 月	兴宁市文化馆
省级	传统体育游艺与杂技	兴宁李家教拳	2022 年 4 月	兴宁市文化馆
省级	传统美术	兴宁版画	2022 年 4 月	兴宁市文化馆
省级	传统技艺	兴宁大坪布骆包子豆腐制作技艺	2018 年 5 月	兴宁市大坪镇文旅教体服务中心
省级	传统技艺	兴宁珍珠红酒酿造技艺	2022 年 4 月	广东明珠珍珠红酒业有限公司
省级	民俗	兴宁罗家通书推算法	2012 年 2 月	兴宁市文化馆
省级	民俗	兴宁上灯习俗	2018 年 5 月	兴宁市文化馆
市级	传统音乐	兴宁客家山歌	2011 年 4 月	兴宁市文化馆
市级	传统音乐	兴宁客家锣鼓	2022 年 12 月	暂未认定
市级	传统舞蹈	马灯舞	2011 年 4 月	兴宁市大坪镇文旅教体服务中心
市级	传统舞蹈	梳妆舞	2022 年 12 月	暂未认定
市级	传统舞蹈	铙钹花	2022 年 12 月	暂未认定
市级	传统技艺	罗岗镇高山茶油制作工艺	2011 年 4 月	兴宁市罗岗镇文旅教体服务中心
市级	传统技艺	兴宁老酒酿造工艺	2011 年 4 月	兴宁市兴田街道文旅教体服务中心
市级	传统技艺	墨烟张墨条制作技艺	2012 年 7 月	兴宁市文化馆
市级	传统美术	兴宁花灯	2013 年 7 月	兴宁市文化馆
市级	传统技艺	兴宁黄粄制作技艺	2014 年 8 月	兴宁市文化馆
市级	传统技艺	新陂乐仙腐竹制作技艺	2014 年 8 月	兴宁市文化馆
市级	传统技艺	陈华记凉茶制作技艺	2019 年 1 月	兴宁市文化馆
市级	传统技艺	兴宁根雕技艺	2019 年 1 月	兴宁市文化馆
市级	传统体育游艺与杂技	刁家教拳	2019 年 1 月	兴宁市文化馆
市级	传统美术	兴宁烙画	2020 年 12 月	兴宁市文化馆
市级	传统技艺	兴宁藤编技艺	2020 年 12 月	兴宁市文化馆

续表 15

级别	项目类别	项目名称	公布时间	保护单位
县级	民间文学	兴宁革命歌谣	2020 年 6 月	兴宁市文化馆
县级	传统音乐	水口山歌	2007 年 3 月	兴宁市文化馆
县级	传统音乐	石马山歌	2007 年 3 月	兴宁市文化馆
县级	传统音乐	罗岗山歌	2007 年 3 月	兴宁市文化馆
县级	传统技艺	客家围龙屋	2007 年 3 月	兴宁市文化馆
县级	传统技艺	编织	2007 年 3 月	兴宁市文化馆
县级	传统技艺	管岭打铁工艺	2010 年 6 月	兴宁市文化馆
县级	传统技艺	宁中镇毛笔制作工艺	2010 年 12 月	兴宁市文化馆
县级	传统技艺	黄陂镇煎堆制作工艺	2010 年 12 月	兴宁市文化馆
县级	传统技艺	客家黄酒	2013 年 3 月	兴宁市文化馆
县级	传统技艺	兴宁单丛茶制作技艺	2022 年 5 月	兴宁市茶叶协会
县级	传统技艺	罗岗礤风径仙人粄制作技艺	2022 年 5 月	兴宁鹏远食品厂
县级	传统技艺	兴宁客家龙狮制作技艺	2022 年 5 月	兴宁市超记工艺厂
县级	传统技艺	兴宁叶南温泉瀌菜制作技艺	2022 年 5 月	兴宁市叶南渔村农产品开发有限公司
县级	传统技艺	兴宁蓼花制作技艺	2022 年 5 月	梅州市贵和兴食品有限公司
县级	传统医药	雄狮牌八宝惊风散	2008 年 3 月	兴宁市明珠医药公司
县级	传统医药	雄狮牌人参卫生丸	2008 年 3 月	兴宁市明珠医药公司
县级	传统医药	雄狮牌湿热片	2008 年 3 月	兴宁市明珠医药公司
县级	传统医药	雄狮牌解表追风丸	2008 年 3 月	兴宁市明珠医药公司
县级	传统医药	雄狮牌健身安胎丸	2008 年 3 月	兴宁市明珠医药公司
县级	传统医药	刘氏快针疗法	2022 年 5 月	刘宇坤诊所
县级	民俗	火把节	2009 年 10 月	兴宁市文化馆
县级	民俗	关帝出行	2009 年 10 月	兴宁市文化馆

说明：2022 年，兴宁市有各级非物质文化遗产代表性项目 47 项。其中，国家级非物质文化遗产代表性项目 1 项，省级非物质文化遗产代表性项目 7 项，市级项目 16 项，县级项目 23 项

（兴宁市文化广电旅游体育局提供）

文化场馆

【博物馆】 2022年，兴宁市博物馆收藏有馆藏文物3959件（套），其中一级文物（编钟）6件（套）（兴宁新圩出土）、二级文物9件（套）、三级文物194件（套）、级外文物3750件（套）。长年对外开放的展览有《客家民俗生产生活用具》《馆藏历代陶瓷》。全年接待游客3万多人次。

宣传教育 2022年，兴宁市博物馆履行展览教育职能，组织《百年记忆·世纪画梦——林风眠艺术人生》《广东文博40年》《大埔籍战地记者——邹建东摄影展》《兴宁市非物质文化遗产图片展》等图片展，与兴宁市美术家协会共同举办“5·18”国际博物馆日——兴宁市各级文物保护单位美术风采作品展（线上展览）活动，送专题展览《风雨同行——鲁迅与共产党人》到兴宁市司城中学，与兴宁市誉蕾幼儿园举办“迎国庆爱国主义教育”幼儿手工图画作品展览。

（罗爱萍）

【图书馆】 2022年，兴宁市图书馆内设有外借书库、报刊阅览室、电子阅览室、少儿阅览室、地方文献室、古籍室、祝枝山书房等开放功能区，拥有藏书40多万册，其中新增普通图书文献28114册、电子图书10万册、古籍6000多册、善本44册134卷；有效持证读者18494人；开展全民阅读系列活动21场次，惠及群众2583人；举办展览9场，累计参与1152人次。

▲2022年6月29日，兴宁市图书馆、兴宁市文化馆总分馆联动——兴宁杯花舞走进锦绣学校开展传承教学活动 （邓 威 摄）

总分馆制与“馆校联盟”建设 2022年，兴宁市图书馆积极完善图书馆总分馆制与“馆校联盟”建设。在兴宁市图书馆总馆一楼大厅增设1台朗读亭，完成龙田镇分馆碧园村、兴宁市人民武装部图书服务室、福兴街道分馆水岸帝景、刁坊镇分馆圩东村4个服务点的建设任务；完成兴宁市锦绣学校和兴宁市司城中学的“馆校联盟”建设任务。

品牌建设 2022年，兴宁市图书馆增强品牌意识，提升服务效能。持续推进“阅百年历程、传精神力量，向优秀共产党员学习”“粤读越精彩·小小阅读推广人”、《小荷才露尖尖角》、党史图书专柜等品牌建设。

数字化建设 2022年，兴宁市图书馆推进图书馆数字化建设，对外服务的数字资源总量343.76TB。其中，在兴宁市图书馆微信公众号平台新增“服务大厅”，实现在线预约、办证（电子证）、续借、查询等实用功能；新增“历史故事库”“中华诗词库”2项功能。

（蓝森威）

【文化馆】2022年，兴宁市文化馆结合总分馆制和数字化服务建设，举办线上线下舞蹈、美术、书法、摄影、声乐、非遗项目等各类公益培训班74期，公益讲座4场，文艺演出20场，展览10个，选派辅导干部到社区、农村、学校开展辅导活动8场，组织群文、非遗研讨会12场，文化志愿服务活动11个；组织文艺节目参加省、市级比赛6个；组织群众文艺作品24件上送省、市参评；入选广东省级非遗项目3项、市级非遗项目3项、县级非遗项目6项，被评为梅州市级非遗传承人3人；申报国家级非遗传承人1人。

群众文艺创作 2022年，兴宁市文化馆坚持以人民为中心的创作导向，推动群众文艺创

▲ 2022 年 3 月 5 日，兴宁市文化馆组织版画创作讲座 （邓 威 摄）

作活动，促进文艺精品创作生产。6 月，由广东省文化和旅游厅公布 2021 年度全省群众文艺作品评选结果，曲艺类客家方言快板《精准扶贫的贴心人》获省二等奖、音乐类歌曲《围屋情思》获省三等奖；11 月，由梅州市文化广电旅游局公布梅州市 2021 年度群众文艺作品评选结果，曲艺类客家方言快板《精准扶贫的贴心人》、戏剧类小戏《我爱北京天安门》《楠木无价》3 个作品获市二等奖；音乐类歌曲《围屋情思》《党是春风我是花》、舞蹈类《心路》、戏剧类小戏《杨伯的牵挂》、小品《màn 书屋》5 个作品获市三等奖；兴宁市文化广电旅游体育局获组织奖。8 月，联合梅州市文化馆创排山歌音乐情景剧《我爱北京天安门》入选 2022 广东省群众艺术花会（少儿艺术）决赛。10 月，客家山歌表演唱《驿道行者》获安徽省 2022“界首杯”优秀曲艺作品奖。12 月，选送传统舞蹈、群舞、重唱和武术表演 4 个节目参加 2022 年梅州市首届群众文艺会演活动暨客家文化非遗艺术周决赛。

2022 年，兴宁市文化馆调动全市群文作者的创作积极性，不断发掘、培养新人，壮大作者队伍和骨干力量，组织召开群文座谈、研讨会 7 场，采风 1 期；召开群文创作表彰会、评选颁奖会 1 次；邀请各门类专家授课，组织群文作者参加梅州市群文作品创作培训班、兴宁市戏剧曲艺创作技巧讲座、版画创作讲座等 4 场；组织群文作者创作“防控疫情 共克时艰”系列群文作品 8 篇、“家风家训”系列群文作品 2 篇；由文化馆收集辅导，上送戏剧曲艺作品 12 件、音乐作品 11 件、舞蹈作品 1 件参加梅州市 2022 年度群众文艺作品评选，其中，由梅州市推荐兴宁市群文作品 3 件（音乐类歌曲《祖国，我们在旗帜下集结》、戏剧类小品《最近比较烦》、舞蹈类《小书迷》）上送广东省参评。编辑印刷内部刊物（年刊）2021 年度《宁江文艺》700 册，出版内部交流资料《竹板声声韵悠扬——兴宁竹板歌纪事》800 册。

文化惠民 2022 年，兴宁市文化馆总馆和各分馆联动，以“宁江风情”“我们的中国梦·文化进万家”品牌系列活动，结合“喜迎二十大·奋进新征程”“我们的节日”“文化和自然遗产日”“弘扬客家文化·唱响客家山歌”“强国复兴有我”等主题，举办兴宁市庆祝中华人民共和

▲ 2022 年 4 月 23 日，兴宁市举办庆祝“五一”国际劳动节文艺展演 （邓 威 摄）

国成立73周年文艺晚会、庆祝“五一”国际劳动节文艺展演、庆“七一”、“舞出中国红”活动等线上线下各类文艺演出20场，其中线上文艺演出7场，山歌表演唱《驿道行者》受广东省曲艺家协会邀请参加“广东曲艺专场省内巡演第四站·梅州龙村”展演；文化馆利用场馆设施、学校等阵地组织举办兴宁版画创作讲座、书法讲座、戏剧曲艺创作技巧讲座等公益性文化艺术讲座4场，书法笔会活动每月1期，举办非遗进大坪镇中心小学、杯花舞走进锦绣学校、总分馆联动活动走进司城中学等进校园系列活动6场；在文化馆展览厅和数字化服务平台举办兴宁市非物质文化遗产图片和实物展、兴宁市版画作品展（选展）、廉洁书画作品展等线上线下各类型展览10场，其中线上展览5场，利用VR技术推出线上全景观展3场，为广大群众搭建文化艺术学习、交流的平台和艺术展示空间。

文艺培训 2022年，兴宁市文化馆结合总分馆制建设在全市范围推动开展公益培训活动，通过增加班次、削减每班学员、制作线上教学视频推广等方式推动培训安全开展，在文化馆艺术培训中心、各镇分馆、城乡中小学，同时联合社会培训机构，举办各类公益培训74期，其中少儿美术、舞蹈、音乐、客家山歌、小古文、书法、李家教拳等未成年人公益培训班25期，服务各年龄段青少年1000余人次；举办成人及社区中老年人舞蹈、声乐、古筝公益舞蹈培训等49期，培训社区、乡镇各年龄段人员2000余人次；结合数字化服务建设，开展线上培训活动，通过数字文化馆向广大市民长期免费提供慕课鉴赏服务，并录制少儿美术、客家山歌、杯花舞教学视频10期，上线微信公众平台供市民学习交流。

文化志愿者活动 2022年，兴宁市文化馆文化志愿者服务队注册人数83人，比2021年增加30人，累计服务时长7453.67小时。兴宁市文化馆在文艺演出、公益培训、宣传推广等方面组织志愿者协助演出、培训、比赛的举行，完成迎“六一”·戏曲进校园——竹板歌·客家山歌传承展示活动、大家唱群众歌咏活动、竹板歌客家山歌公益培训班等志愿服务活动11个。“兴宁市文化馆总分馆非遗进校园、进乡村系列公益培训活动”获评兴宁市最佳志愿服务项目；兴宁市文化馆文化志愿者服务队获兴宁市最佳志愿服务组织称号。

（杨佳妮）

【人民公园】 2022年，兴宁市人民公园有老年娱乐亭、山歌亭、四角亭、圆形亭、曲桥亭廊、气排球场、羽毛球场、乒乓球场、游泳池、钟楼广场及广场舞台等20多个休闲娱乐场所，还有人工湖、湖边塑木栈道、北门停车场、隐形音箱、安防监控设备、兰花场、花圃场及造型各异的绿化景点，公共卫生设施有东、西公厕2处。

2022年，兴宁市人民公园广泛开展社会主义核心价值观及创文创卫宣传，累计制作并悬挂精神文明建设宣传横幅12条，通过宣传栏、LED显示屏投放精神文明建设标语300余次，利用园内喇叭循环播放创文创卫宣传语8000余次。

（陈益新）

【兴宁市历史纪念馆】 2022年，兴宁市历史纪念馆发挥爱国主义教育基地功能，接待游客1万余人、单位团体38批次；常态化开展党史学习教育，举办党史宣教活动8场，组织群众性教育实践活动7场，承办18所学校的未成年人党史学习教育实践活动，受教人数超1.4万人次。

群众性主题教育实践活动 兴宁市历史纪念馆紧跟新形势需要，充分挖掘重大纪念日、重大历史事件蕴含的爱国主义教育资源，组织干部群众开展“清明节英烈纪念活动”“抗战胜利77周年纪念活动”“缅怀革命先烈赓续精神血脉”等系列庆祝纪念活动和群众性主题教育实践活动7场，参与近3000人次。

未成年人党史学习教育实践活动 2022年，兴宁市历史纪念馆发挥红色研学基地作用，承办兴宁市第一中学、沐彬中学、实验学校、汉芬小学、育蕾幼儿园等18所学校的未成年人党史学习教育实践活动，全年到馆师生超2000人。同时走进光夏小学、齐昌小学、大坪中学等8所学校，开展校园党史宣教活动，累计受教超9000人次。

▲ 2022 年 9 月 2 日，兴宁市历史纪念馆干部在馆内党史宣教大厅为兴宁市第一中学团委师生做“不朽丰碑——宁江儿女抗日纪事”主题宣讲
（兴宁市委党史研究室提供）

党史宣教大厅改造 2022年，兴宁市历史纪念馆为增加馆内党史学习教育服务的深刻性和交互性，在一楼增设党史宣教大厅，组建讲师团，编制主题课件4篇，为到馆的单位团队提供党史宣教服务。

（沈钰汎）

党史研究

【概况】 2022 年，中共兴宁市委党史研究室（以下简称兴宁市委党史研究室）有序推进党史和文献征研工作，推进专题史初稿撰写并完成初审 2 部，写作论文 2 篇，开展地方史研究课题 1 个；发挥党史铸魂育人功能，举办宣讲活动 8 场，捐赠红色书籍 240 册；推进革命遗址保护利用，主持布展方案 3 项，协助红色资源保护利用 2 处，打造红色长廊 1 处。

【党史文献征编】 2022 年，兴宁市委党史研究室完成《中国共产党兴宁历史第二卷（1949—1978）》的初稿撰写、内部审核、外部专家审核及统稿工作。10 月，《宋声红色印记》初稿撰写完成，该书主要记叙水口镇宋声地区自土地革命时期至中国特色社会主义新时代的故事。12 月，撰写论文《兴宁红色交通线研究》《封锁线上的交易——兴宁商号在苏区封锁时期的作用研究》，入选“新时代苏区‘用好红色资源 加快振兴发展’学术论坛”论文集。

【地方党史研究】 2022 年，兴宁市委党史研究室新增党史研究课题“兴宁红色地下交通线（站）”，以文献征集和实地调研作为主要研究方式，完成对兴宁红色地下交通线（站）的勘查、核实，并完成论文《兴宁红色交通线研究》。

【红色文化进校园】 2022 年 5—10 月，兴宁市委党史研究室联合市教育局开展“传承红色基因，弘扬红色文化——红色文化进校园”活动。选派干部 5 人组成宣讲小组，针对学生年龄层级特点研究编写《赤色的土地 不变的情怀》《弘扬苏区精神 强国复兴有我》《不朽丰碑 精神永存——宁江儿女抗日纪事》

▲ 2022 年 10 月 11 日，兴宁市委党史研究室到市锦绣学校做党史宣讲
（兴宁市委党史研究室提供）

▲ 2022 年 6 月 21 日，兴宁市委党史研究室宣讲人在兴宁市沐彬中学做党史宣讲　（兴宁市委党史研究室提供）

《革命志士破危局　武装暴动撼人心》《解放战争　烽火兴宁》5 篇中国共产党兴宁地方史专题课件，活动以小初高中全覆盖及城乡全覆盖为原则，以现场 + 直播 / 录播作宣讲形式，共开展活动 8 场，累计受教人数超 9000 人次，并向学校捐赠红色书籍 240 册。

【革命遗址保护利用】 2022 年，兴宁市委党史研究室完成旺兴水匣西侧万里碧道红色主题公园“中央苏区县——兴宁”的展陈内容编写及审核。全程参与大坪镇罗屏汉故居、黄文杰故居的改造修缮工程，对展陈方式及展陈内容进行审核，并提供建议和咨询。完成东江红军第五十团团部旧址——罗浮镇瑶兴村葆光厦展陈材料的编写与审核。完成罗岗镇红旗村红色交通站遗址展陈内容的编写、审核和上墙排版设计工作。完成宁中镇朱振汉故居的展陈内容编写、审核和上墙排版设计工作，并启动撰写青少年党史学习教育读本《少年朱振汉》一书。

（沈钰汛）

地方志事业

【概况】 2022 年，兴宁市地方志办公室完成《兴宁年鉴（2022）》《兴宁县山志校注》《祝允明岭南诗文辑注》3 本书的公开出版。积极推动镇、村志编修工作，全年有 7 个镇启动修志工作，《大坪镇志》于 9 月由江西人民出版社出版。组织撰写原创推文，在“方志兴宁”微信公众号发布地情文章 57 篇。做好方志资源开发利用和数字化等工作，拍摄“美丽新洲•化茧成蝶”微视频，建立方志电子文档管理系统。是年，《兴宁年鉴（2021）》在梅州市年鉴质量评价中被评为优秀年鉴，在广东省年鉴质量评价中被评为二等优秀年鉴。

【《兴宁年鉴（2022）》编纂】 2022 年 3 月，兴宁市地方志办公室为提升年鉴供稿质量，举

▲ 2022 年，《兴宁年鉴（2022）》《兴宁县山志校注》《祝允明岭南诗文辑注》公开出版　（何伟婷　摄）

办兴宁市首次年鉴工作培训会，邀请省方志办年鉴专家为全市年鉴供稿员授课。邀请省年鉴专家为特约编审，对《兴宁年鉴（2022）》全书进行审稿。至年底，《兴宁年鉴（2022）》由方志出版社公开出版。全书335页，字数65.5万字，设10个类目，61个分目，99个次分目，964个条目，表格27张，用图175幅，全面记述兴宁市2021年经济建设、政治建设、文化建设、社会建设和生态文明建设等方面情况。

【镇村志编修】 2022年，兴宁市地方志办公室大力组织、推动兴宁全市镇、村志编修工作。1月，召开兴宁市镇（街道）志、村志编修工作动员会暨业务培训会，兴宁市副市长吴思波出席会议并作动员讲话，邀请广东省史志办原副主任侯月祥、梅县区方志办原副主任叶永生为各镇（街道）分管领导、编纂人员等100多人进行业务培训。加强修志督促指导，全年有永和镇、黄槐镇、石马镇、合水镇、龙田镇、新圩镇、坭陂镇7个镇启动镇志编修工作。是年，《大坪镇志》在通过三审三校后，经过数月的修改补充，9月由江西人民出版社出版。

【兴宁历史文献丛书】 2022年，兴宁市地方志办公室实施“兴宁历史文献丛书”整理项目3项，其中《兴宁县山志校注》《祝允明岭南诗文辑注》2部当年完成出版，《兴宁县乡土志点校》完成送出版。

《兴宁县山志校注》 成书于清光绪十三年（1887年）的《兴宁县山志》是一部具有特色的区域山志，详细著录兴宁县属名山、宗教碑刻和掌故。《兴宁县山志校注》以罗香林教授《兴宁县山志》抄本为底本，以市地方志办公室保存的残本进行对校，采取繁简转换、句读、校勘、注释等方式进行整理，于11月由中州古籍出版社出版。全书22万字，印刷3000册，有助于当地历史文化的传承与旅游资源的开发利用。

《祝允明岭南诗文辑注》 于12月由广东人民出版社出版。全书辑注祝允明在岭南及其前后期间所作的诗117首，文65篇，词2首，共计184篇作品，其中辑补《祝氏集略》未收诗文29篇，全书32万字，印刷2000册。该书每本都附有祝允明像原装版画一幅，体现兴宁传统技艺。该书被列入广东省哲学社会科学“十三五”规划2020年度岭南文化项目、广州市哲学社会科学“十三五”规划2020年度项目，并列入兴宁市“十四五”规划2021年度重点文化项目。“吴中四子”之一的祝允明就任广东兴宁知县近六年，任内修纂《正德兴宁志》、参修《广东通志》，作为“弘正新变”代表人物及书法名家，广东在祝允明的一生创作中占有重要的地位，其岭南诗文兼具文学史、思想史与地方文献研究的价值，对岭南风物、民俗的书写则呈现出丰富的明中晚期岭南文化和民俗意象，体现关心民瘼、勤勉政事的士人情怀。

《兴宁县乡土志点校》 以省立中山图书馆藏《兴宁县乡土志》抄本为底本，以市地方志办公室、梅州剑英图书馆藏抄本进行对勘，进行文字简体化、句读等整理工作。是年，整理工作基

▲2022年1月6日，兴宁市在市委党校举办2022年兴宁市镇（街道）志、村志编修工作动员暨业务培训会（李晨阳 摄）

本完成。

【方志资源开发利用】 2022年，兴宁市地方志办公室继续依托“方志兴宁”微信公众号，组织撰写兴宁历史人文原创推文。全年发布推文57篇，总阅读量突破10万人次，关注数突破1300多人。多篇推文被《梅州日报》以及“梅州日报”“侨乡梅州”“方志梅州”等微信公众号刊登转载。郑桂元撰写的《明清“兴宁八景”变迁》一文在“方志广东”粤故事一栏推出；李晨阳撰写的《梅州市兴宁学宫——尊经阁》一文在“方志广东”志说广东一栏推出。开展“多彩乡村，弘扬岭南文化”主题教育实践活动，组织拍摄“美丽新洲·化茧成蝶”微视频，征集投稿作品上报省主办单位。其中，谢振国创作的石马镇乡村振兴组诗获得诗歌类二等奖，卢腾辉创作的黄陂镇采风绝句二首获得诗歌类优秀奖。落实省地方志办编纂《广东乡村经典菜肴》要求，调查了解各镇（街道）乡村特色菜肴，突出起源和流传，体现地方乡味，展现乡村饮食文化魅力，完成上报兴宁乡村经典菜肴20个。

【方志数字化建设】 2022年，兴宁市地方志办公室采购1台服务器，建立方志电子文档管理系统，集合展示、阅读（包括在线阅读）和查询方志资料、地方史料等功能，部分文献已实现条目检索甚至全文检索功能。推进140多部志鉴史、地情书、谱牒等书籍文献资料的数字化，并上传至方志电子文档管理系统。完成《兴宁年鉴（2021）》《嘉靖兴宁县志校注》的数字化并上传至广东省情数据库。

【方志服务】 2022年，兴宁市地方志办公室挖掘地方志（史）资料，为粤北华南历史研学基地活化利用、文物保护单位评选，以及“兴宁老酒”“兴宁龙眼”地理标志证明商标申报、“兴宁老字号”品牌打造等文化资源的活化利用提供史料支撑。协助省地方志办驻永和镇帮镇扶村工作队做好“百年奋斗，圆梦小康——广东乡村脱贫成果巡回展”在永和镇新中村的布展工作。协助径南镇做好“茶果飘香，醉美径南”乡村振兴示范带新洲村史馆建设，为村史馆建设提供资料，审核布展内容等工作。

（何伟婷）

档案事业

【概况】 2022年，兴宁市档案馆新接收党史学习教育档案278件，照片档案53张。接待来馆查阅利用档案人员195人次，查阅利用档案699卷又45件。是年，档案馆新馆建成并投入使用。

【档案收集整理与保管保护】 2022年，兴宁市档案馆始终把档案安全保管保密放在档案工作首位，认真贯彻“以防为主，防治结合”工作原则，认真做好做实做细档案资料的保管保护保密工作。健全完善档案资料管理规章制度，对馆藏档案、资料按门类、载体、系统等进行分库存放，排列有序；认真做好“十防”工作，定期更换防虫药，用多功能档案杀虫机进行消毒杀虫；加强档案安全检查，定期对馆藏档案资料进行翻动、抽查，对重点全宗的档案进行数字化备份，确保档案实体的完整与安全。做好温湿度记录，按标准控制好库房温湿度；安装视频监控设备，对查阅档案全过程进行监控，确保档案安全。全面加强网络安全防护水平，对本单位的网络安全、数据安全开展全面自查，对所使用的数字化档案管理系统的安全性以及数据进行检查和备份操作，确保数据安全，防止数据丢失。

【档案馆新馆建成】 2022年12月，兴宁市档案馆新馆建成并投入使用。新馆位于兴宁市南部新城核心区，按县级一类国家综合档案馆标准设计，总投资5000万元，建筑面积4857平方米，其中库房面积1948平方米，一楼库房面积1164平方米，二楼库房面积784平方米。楼高三层，一、二楼设置对外服务用房和功能用房，有阅览室、档案接收、编目扫描复印以及电子档案接收室、计算机室等对外服务用房、功能用房和办公用房共26间；三楼为报告厅（与图书馆共用）。至2022年底馆藏10多万卷资料，可满足未来30年档案的馆藏需求。

（朱楚幸）

融媒体工作

【概况】 2022年，兴宁市融媒体中心（兴宁市广播电视台）拥有广播（兴宁电台FM98.9）、电视（兴宁时政综合频道）、报纸（《今日兴宁》报）和“兴宁发布”微信公众号、“兴宁发布”App、“兴宁广播电视”微信公众号、兴宁市人民政府网新闻板块以及抖音、微信视频号、快手等互联网平台。品牌栏目节目有《兴宁新闻》《城乡一线》《行风热线》等。是年，兴宁市融媒体中心围绕市委、市政府的中心工作，重点聚焦疫情防控、党建工作、产业发展、乡村振兴、民生实事等重要内容加强策划，开展各项宣传报道工作。

【时政报道】 2022年，兴宁时政综合频道和《城乡一线》栏目制作播出新闻2400多条，广播制作播出新闻2365条，“兴宁发布”微信公众号发布新闻1360余条，总阅读量达164.8万人次；“兴宁广播电视”微信公众号发布新闻1420余条，总阅读量达132.7万人次；“兴宁发布”App发布新闻5300余条，总阅读量超2633.2万人次；抖音、微信视频号等平台发布新闻3200余条，总阅读量达5360万人次。持续播出疫情防控、创文创卫、垃圾分类、预防电信诈骗等公益宣传片和标语。

【专题宣传】 2022年，兴宁市融媒体中心（兴宁市广播电视台）做好重要会议、重大项目、重点工作的宣传报道。围绕“喜迎二十大”主题，通过设立“喜迎二十大·奋进新征程”“兴宁这十年”专题专栏等形式，开展学习宣传贯彻党的二十大精神，开设“一把手访谈”“新时代新征程新伟业”新闻专栏，与党校合作开展党的二十大精神党课录制传播。同时，在“兴宁发布”App中开设“学习习近平新时代中国特色社会主义思想专栏”“文明实践”，内容涵盖全市各级各部门学习贯彻习近平总书记重要讲话、重要指示批示、社会主义核心价值观等内容；发布相关新闻内容120多条，阅读量198万人次。先后采写《兴宁：全力推动医疗器械产业加快发展》《兴宁：推动工业园区成为做强实体经济主力军》《兴宁：13个“打粮食”项目收入囊中 计划投资总额31亿多元》等新闻，展现兴宁经济发展情况。

【融媒体中心建设】 2022年，兴宁市融媒体中心投入建设资金30多万元，购置一批高清非线性编辑系统、升级改造调频广播电台设备配套系统、4K超高清摄像机等采编设备，实现“一次采集、多种生成、多元传播”的全媒体内容生产分发。

【有线电视网络建设】 2022年，兴宁市广播电视台完成城区有线网络线路日常维护业务发展工作。全年中心工程技术人员处理各类型故障8320次，新装用户948户，增装（更换）用户57户，迁移用户108户；先后完成东风段九厅十八井、鸿达花园、西郊酒厂周围、新陂家庄围、望江俄一等区域线路整改工作，协助金源花园、新兴御苑、广安小区、106号区、新兴雅苑等小区加装电梯线路迁改工作，铺设同轴干线5.3千米，更换光节点设备9台（套），受益用户近2000户。做好新建小区的有线电视网络规划、设计、建设工作。全年完成泰山盛景时代小区、碧桂园凤悦台小区（二期）、碧桂园名仕首府、敏捷奥园等有线网络工程，铺设光缆5.5千米、同轴干线3000米、设置光节点设备35套。做好乡镇有线电视网络建设工作。完成石马、黄槐、径南、叶塘、刁坊等乡镇有线网络光纤建设，铺设光缆8.5千米，增设光节点设备13台（套）；维修乡镇广播电视站相关设备1100多台（套），抢修乡镇光缆69次。

【便民惠民服务】 2022年，兴宁市融媒体中心（兴宁市广播电视台）通过《城乡一线》栏目反映城乡群众的诉求。积极介入群众关注的网络热点问题，准确报道事件真相。《城乡一线》与梅州电视台《民生820》《服务900》等栏目做好交流、对接工作，承接他们反馈回来的信息并落实采访，部分新闻播出后都得到相关方的重视。全年播出《行风热线》节目20期，接群众热线电话223个，解决问题率100%。全年为955户低保户办理相关减免手续955宗，减免收视维护费14.7万元，办理相关军人家庭手续35宗，减免收视维护费6300元，办理抚恤用户减免手续36宗，减免收视维护费6480元。

（何建强）

■ 旅游

【概况】 2022年，兴宁市文化广电旅游体育局坚持“以文塑旅、以旅彰文”的发展理念，通过强化政策保障、提升公共服务、完善设施建设、深挖文旅资源等，不断推进文旅深度融合。9月15日，兴宁市被公布为第五批广东省全域旅游示范区。全年兴宁市接待旅游总人数89.12万人次，旅游总收入6.63亿元。

【旅游业态发展】 2022年，兴宁市文化广电旅游体育局紧抓文化旅游融合发展，着力打造以“旅游+”模式为载体的文旅融合发展新型业态。完善体制机制，出台《兴宁市扶持旅游产业发展若干措施（试行）》，每年安排专项资金1000万元，促进旅游产业发展。推进纾困政策落实到位，协助熙和湾客乡文化旅游产业园在广东省高端旅游项目视频PK中取得第二名并获得400万元专项资金，指导5个旅行社申请暂退旅游服务保证金。开通神光山、熙和湾旅游交通专线。成立兴宁市旅游协会，建成3个旅游驿站，建成珍珠红诚意酒城旅游区、粤东云山谷生态旅游区的游客服务中心，建成十里版画长廊。5月6日，兴宁市粤东云山谷生态旅游区、兴宁市珍珠红诚意酒城旅游区被评为国家AAA级旅游景区；同月，兴宁市旅游集散中心正式启用，全域旅游大数据平台、“畅游兴宁”微信小程序上线使用。9月15日，兴宁市通过广东省文化和旅游厅验收，获评第五批“广东省全域旅游示范区”，旅游公共服务体系全面建成，文化赋能的全域旅游发展格局基本形成。

【旅游项目建设】 2022年，兴宁市文化广电旅游体育局紧抓重点项目建设。水口前锋红色文化旅游基地、和山休闲农业旅游产业园2个重点文旅项目全年完成投资1.06亿元。

【旅游宣传】 2022年，兴宁市文化广电旅游体育局在明珠文化广场举行“5·19”中国旅游日主题活动，开展系列促消费优惠活动，推出“暑期文旅大礼包”，制作并印发全域旅游手绘地图、宣传折页等旅游宣传材料5万多份，发放宣传材料3多份，接待参观群众800余人。7月11—15日，组织重点文旅企业参加“活力广东·客都梅州、和美汕头、古韵潮州、温润揭阳”（重庆、成都）文化旅游推介会。

（彭子欢　吴梓苑）

■ 体育

【概况】 2022年，兴宁市文化广电旅游体育局通过完善体育场地设施、开展各类赛事活动、提高竞技体育综合实力、推动体育产业健康发展，提高全民健身水平。

【体育基础设施】 2022年，兴宁市文化广电旅游体育局加强对体育设施的日常管理，完善明珠体育公园的健身路径，为全市66个村配建全民健身器材321件。新建2个社区体育公园（径南镇陂蓬村社区体育公园、罗岗镇黄龙寨体育公园）。完成大坝里体育场、兴宁市综合训练馆（全民健身中心）信息化建设。

【群众体育】 2022年，兴宁市举办第八届“市长杯”足球联赛、“全民健身日”系列活动启动仪式暨“中国体育彩票杯”骑行活动、大学生“篮协杯”夏季篮球联赛、“中国体育彩票杯”小学生篮球赛4项体育活动，参与活动约3000人。出台《兴宁市全民健身实施计划（2021—2025年）》，组织开展2022年国民体质监测与运动健身指导、《国家体育锻炼标准》达标测验活动。

【竞技体育】 2022年，兴宁市蹦床项目代表梅州市参加广东省第十六届运动会蹦床队项目获得4枚金牌、1枚银牌、2枚铜牌，实现省运会金牌“零”的突破，蹦床队获得广东省体育道德风尚奖。兴宁市跆拳道项目代表梅州市参加广东省第十六届运动会跆拳道项目获得3枚金牌、4枚铜牌。跆拳道队代表梅州市参加广东省“中国体育彩票”青少

▲ 2022 年 12 月 19 日，兴宁市第八届“市长杯”足球联赛开赛　（兴宁市文化广电旅游体育局提供）

年跆拳道锦标赛获得 2 枚金牌、2 枚银牌。是年，兴宁市开展赛风赛纪专项整顿治理工作，营造风清气正的良好竞赛环境。

【体育产业】 2022 年，兴宁市文化广电旅游体育局加强体育彩票的销售管理，推动体育产业健康发展。全市在线销售体彩店 55 个，各体育彩票销售体彩店的销量合计 4939 万元，比上年增长 34%。红旗、跃速、新昌 3 家重点体育企业全年累计产值 3.29 亿元，税收 3432 万元，带动就业 4782 人。

【足球事业发展】2022 年，兴宁市举办第八届“市长杯”足球联赛，组建 2 个足球队代表兴宁参加梅州市足球联赛。育新足球俱乐部代表梅州市在 2022 年广东省足球协会室内五人制足球锦标赛(U14)中勇夺青少年组冠军。兴宁市足球代表队参加梅州市青少年男足梯队精英选拔赛取得 2 个冠军、1 个亚军。兴宁籍陈胜于 2022 年 12 月获得足球国家级裁判员认证。

（彭子欢　吴梓苑）

【业余体育】2022 年，兴宁市业余体育学校新增学生 180 人，新增国家一级运动员 7 人、国家二级运动员 3 人，1 人进入广东蹦床队成为正式队员，上送 21 名女足队员到梅州市体校训练；组建的蹦床、跆拳道 2 个项目，在第十六届广东省运动会上摘金夺银，为梅州、兴宁争得荣誉；与育新足球俱乐部开展合作，共建 5 个年龄梯队（2009—2010 年龄段、2011 年龄段、2012 年龄段、2013 年龄段、2014 年龄段）的男子足球训练队伍，共同推进足球青训。

（郭惠明）

社会生活

■ 民政事务

【概况】 2022年，兴宁市民政局聚焦特殊群体和群众关切，践行“民政为民、民政爱民”工作理念，做好基层政权和社区建设、社会组织管理、婚姻登记、殡葬服务、区划地名管理等民政社会服务。

【基层组织建设】 2022年，兴宁市46个社区居民委员会全部成立下属环境和物业管理委员会。推广应用“社区协商工作规范”和“五民主五公开”工作法，按时开展民主评议工作，村务公开次数4次及以上的村达到100%；召开村民会议1次及以上和召开村民代表会议4次及以上的村达到100%；召开居民会议1次及以上的社区达到100%。

【社会组织管理】 2022年，兴宁市在册社会组织300家，社会组织党委所属党支部17个，有党员90人。兴宁市民政局办理社会组织行政许可66宗，其中：成立登记9家（社会团体成立登记4家，民办非企业单位成立登记5家），注销登记18家（社会团体注销登记7家，民办非企业单位注销登记11家），变更登记39宗。新成立社会组织党支部3个。投入9.3万元重点打造社会组织党建示范点。引导社会组织参与等级评估，兴宁市善小助学协会获评5A级社会组织。做好2021年度全市社会组织年度报告工作，提交2021年度年报的社会组织267家。开展规范社会团体分支（代表）机构专项整治工作及社会服务机构非营利监管专项行动，依据各社会组织提交的自查自纠资料，未发现存在需要整改的情况。联合市审计局等部门开展行业协会商会领域乱收费乱摊派专项清理整治“回头看”工作，随机抽查4家行业协会，未发现行业协会存在乱收费乱摊派的问题。联合市教育局、市人力资源和社会保障局，引导各社会组织助力高校毕业生等群体就业。

【民政信访】 2022年，兴宁市民政局按照“三到位一处理”（群众诉求合理的解决问题到位、诉

▲2022年11月4日，兴宁市委组织部到兴宁市善小助学协会调研党建情况
（李宇峰 摄）

求无理的思想教育到位、生活困难的帮扶救助到位、行为违法的依法处理）原则，畅通信访渠道，做好政策解释和群众思想工作，实现有序回访和依法治访，解决群众合理诉求，维护群众合法权益。全年受理群众来电来访351批次378人次，受理群众来信69件，所有信访件均按程序依时、依法办结。

【婚姻登记】 2022年，兴宁市民政局办理国内结婚登记3843对、离婚登记申请1500对、国内离婚登记1131对，办证合格率100%。规范档案管理，指定专人负责，保护婚姻登记信息。制定应急预案，积极应对2月22日和5月20日的婚姻登记高峰。完成辖区内1960年至2021年5月31日档案电子化417306份。

【殡葬管理】 2022年，兴宁市民政局开展深化规范殡葬业价格秩序、安葬（放）设施建设经营专项整治行动。联合市卫生健康局、市市场监管局对全市相关医疗机构进行全面排查，未发现违法违规行为。对兴宁市土地卫片执法违法用地涉嫌殡葬行业开展整改工作，6宗均整改完成。全年节地安葬（放）总数4322具，市殡仪馆安全接运遗体7744具，馆内办丧处理遗体1967具，累计火化遗体7703具，免除七项基本殡葬服务费用受益人群7327户次。

【区划地名】 2022年，兴宁市民政局加强区划地名管理，对兴宁城区街道路牌做好现场拍照巡查、维护工作。做好广东省与江西省行政区域界线第四轮联合检查工作，联合江西省寻乌县民政局共同完成“粤赣线”兴宁—寻乌段外业检查工作及联检材料汇报。完成国家地名信息库的兴宁地名信息录入工作。严格地名命名更名审批管理，做好路牌街牌设置及地名的确认，规范建筑物、住宅小区、街道等命名、更名管理规定，加强城镇、村地名标志设置和质量管理。全市城区命名的道路街巷有440条。

（陈杏婷）

■人力资源

【概况】 2022年，兴宁市人力资源和社会保障局（以下简称兴宁市人社局）推动就业与再就业工作，完善公共就业、人才服务机制和社会保障体系，努力构建和谐劳动关系，稳步推进市高级技工学校创建技师学院，实施“人才振兴16条”及“青梅计划”等“1+N”人才政策，推进“粤菜师傅”“广东技工”“南粤家政”三项工程高质量发展。

【就业与再就业】 2022年，兴宁市城镇新增就业4080人；城镇失业人员再就业2550人；就业困难人员就业250人；城镇登记失业率低于3.5%。是年，兴宁市人社局加大政策宣传力度。开展“送政策、送资金、送服务”“职业指导下基层”等宣传活动，让企业和群众知晓人社惠企惠民政策。全年开展政策宣讲活动30多场次，派发宣传资料2万余份。营造“大众创业、万众创新”氛围。全年促进创业404人，创业带动就业1616人。开展就业援助月、春暖梅州、“百日千万网络招聘专项行动”等就业专项服务活动，满足企业用工需求。全年开展各类线上线下招聘会60场，累计提供就业岗位9310个，达成就业意向2858人。做实就业创业补贴服务。贯彻落实上级有关就业创业的政策、方针，充分利用就业专项资金促就业，为高校毕业生、退役军人、就业困难人员等各类群体就业创业，提供一次性创业资助、创业带动就业补贴、灵活就业补贴等政策资金支持。全年累计使用中央和省就业创业专项资金1223.37万元；全年发放小额担保贷款540万元，发放贴息110.79万元。落实社保“降、缓、返、扩、补”政策，确保稳增长稳市场主体保就业助企纾困措施落实到位。全年减免、补贴资金8695.08万元。全年开展各类职业技能提升培训3322人，发放各类职业技能培训补贴312.65万元。持续做好常态化疫情防控下稳定劳动关系工作。加大就业形势监测研判，防范应对失业风险。全年对2752名可联系失业人员建立失业人员随访制度。全市未发生规模性裁员、因裁员和失业引发的群体性事件发生。

【专业技术人员管理】 2022年底，兴宁市事业单位各级各类专业技术人员12865人，其中正高职称

38人，取得副高级专业技术职称人员2750人，中级专业技术职称人员6659人，助理级2695人，员级723人；全市公有经济企业经营管理人才、专业技术人才124人。是年，兴宁市人社局加强职称评定工作，完成专业技术资格评审申报材料审核、推荐等工作，全年推荐职称评审750人；审核发放2021年度初、中级专业技术资格证书226份；发放2021年全国会计专业技术初级资格考试证书111人；完成26名“乡村工匠”专业人才的职称审核推荐申报，通过24人。指导监督中、初级专业技术资格评委会开展评审（认定）工作。做好全市职称评审委员会及职称申报点、信息收集整理、专家入库等相关工作。做好2022年公有制经济人才年报统计工作。

【退休人员管理】 2022年底，兴宁市纳入机关事业单位养老保险制度的退休人员11860人，企业职工退休人员71136人。全年为818名机关事业单位干部职工办理退休审批手续；审批企业职工退休4753人，其中，审批企业职工提前退休20人，企业、机关早期离开人员94人。做好国有企业退休人员档案托管工作，累计接收国有企业退休人员社会化管理档案3134份，其中2022年接收8份，并同步做好信息录入工作，建立规范统一的退休人员信息库。加强退休职工档案资料管理，累计管理27183份人事档案，其中，2022年接收退休职工档案972份，接待退休人员咨询70人次，查阅档案1035人次，出具相关证明（复印）资料1035份。

【工资福利】 2022年，兴宁市工资统发单位341个，每月统发1.5万人，其中事业单位262个、人数1.2万人，教育系统离休28人。1月起为事业单位15736人增加一个薪级工资，人均增资94元。调整部分人员乡镇工作补贴，乡镇工作年限计算至2022年12月，凡满5年、满10年、满15年、满20年、满25年、满30年以上的1406人，向上调整一个档次标准，人均增资每月50元。调整基本工资。会同组织、财政部门按照国家文件从2021年10月起，调整机关事业单位在职人员基本工资（人均300元/月）、离休干部基本离休费（人均429元/月），并在2022年2月审批补发2021年10月至2022年1月基本工资、基本离休费。发放绩效奖金。会同组织、财政部门按照国家、省、梅州有关绩效奖金文件，从2022年1月起，发放机关事业单位在职人员基础绩效奖金、离退休人员慰问金，并在2022年3月审批补发2022年1—3月的基础绩效奖金、离退休人员的慰问金。固化住房补贴。事业单位在职人员自2021年1月起对住房补贴，参照公务员做法按个人2020年度水平固化发放。2022年4月落实固化发放，并按多退少补的原则对2021年1月至2022年3月完成差额清算。开展事业单位绩效考核，对全市事业单位开展绩效考核工作。审核是年新进事业人员的档案，进行信息采集，核定新参加工作人员的工资发放。上年参加工作的人员，经单位或主管部门同意后进行转正定级，核定转正后工资。落实抚恤金及遗属生活困难补助。审批事业在职人员（含工勤人员）、事业离休干部抚恤金人数26人，遗属生活困难补助61户。审批2021年度考核优秀人员2360人，标准为每人一次性奖励1500元。

【人力资源管理】 2022年底，全市事业单位377家，有管理人员、专业技术人员、工勤技能人员15537人，其中，管理人员2051人、专业技术人员12865人、在管理岗位工作的专业技术人员（即“双肩挑”人员）612人、工勤技能人员1233人。机关单位有后勤服务人员361人。2022年，兴宁市人社局批准新设立人力资源服务机构2家（广东家乐人力资源有限公司、兴宁市园区人力资源服务有限公司）。至年底，全市有人力资源服务机构9家，其中公益性机构3家，经营性机构6家。组织事业单位公开招聘188人；引进急需紧缺人才21人。做好“三支一扶”（指大学生在毕业后到农村基层支农、支教、支医和扶贫）工作。征集、汇总上报2022年“三支一扶”的岗位需求，接收派遣“三支一扶”人员38人，有在岗“三支一扶”人员57人；指导、协调服务单位落实服务岗位并提供后勤保障，监督、检查服务单位对在岗“三支一扶”大学生的日常管理工作；做好2020届服务期满人员（28人）的考核和就业推荐工作。2022年订单定向培养安排工作49人，其中公费定向培养粤东西北地区中小学教师25人、订单定向培养医学生24人；落实2022年公费定向培养粤东西北地区中小学教师13人协议、订单定向培养医学生40人计划协议。做好事业单位人员调配、岗位设置、人员聘用和年度考核的审核备案工作，以及增人计划卡的管理使用。全年登记发放增人计划卡823张；办理岗位聘用手续1669人；办理事业、企业单位人员调动80人，办理转业士官政策性安置9人。推进事业单位管理岗位职员等级晋升工作。会同组织部制定《兴宁市事业单位管理岗位职员等级晋升工作实施细则》，至年底，审核移交档案213份，完成职员等级晋升61人，其中十级晋升九级3人，九级晋升八级48人，八级晋升七级10人。协助做好2022年兴宁市公开招聘“广东兜底民生服务社会工作双百工程”社工笔试、面试等考务工作。协助做好梅州市公开招募2022年度基层公共就业创业服务岗位工作人员面试工作，兴宁市招募8人。

【公共人才服务】 2022年底，兴宁市公共人才服务中心保管各类人事档案59442份，其中该年接收大中专毕业生和流动人员人事档案5466份，转出流动人员人事档案1320份。全年接收高校毕业生报到171人；为流动人员出具各类证明、政审、工作鉴定213人次；发出各类人员调档函、商调函141份，转递大中专毕业生档案1320份；对1635名离校未就业高校毕业生进行“一人一档”电话跟踪服务；对2名困难高校毕业生“一人一策”进行就业援助，实现100%就业；举办4场线上线下的高校毕业生系列招聘暨就业创业政策宣传会活动，提供就业岗位600多个。全面完成市镇两级乡村振兴人才驿站建设任务。市级乡村振兴人才驿站是在原投资360万元的人才驿站基础上，筹集25万元资金，重新进行升级改造而成，17个乡镇完成建设镇级乡村振兴人才驿站任务，3个街道设立人才服务窗口。镇级乡村振兴人才驿站统一设立政务服务终端和“一站式”人才服务窗口、人才帮扶室、多功能培训室等功能设施，安排或聘请1名以上专职人员驻站开展工作。举办42场人才活动，全力把乡村振兴人才驿站打造成为“乡土人才之家”，促进各类人才投身乡村振兴建设。落实高校毕业生就业创业补贴政策。发放《兴宁市高校毕业生就业创业专项资金补贴知识手册》《促进就业九条》等各类政策宣传资料3000多份；办理1名高校毕业生一次性创业资助，81名高校毕业生岗位补贴，77名高校毕业生到基层就业补贴，20名高校毕业生就业见习补贴，9名高校毕业生小微企业社保补贴，共享受政策人数188人，补贴资金97.78万元。落实青年就业见习计划。审核16个单位为梅州市就业见习基地，开发见习岗位数301个，组织80名毕业2年内未就业高校毕业生到就业见习基地参加就业见习活动。

【人才培训教育】 2022年，兴宁市人社局组织全市专业技术人员通过广东省专业技术人员继续教育管理系统，完成2022年度继续教育公需科目的免费学习。督促指导各级行业主管部门和用人单位，组织开展本行业专业技术人员2022年度继续教育专业科目和选修科目培训。对1961名确定为“2021年度优秀”的机关事业单位人员继续教育完成情况进行年度验证。开展职业技能培训，引导广大异地务工人员、贫困人员、企业职工等群体参加新型学徒制、农村电商等技能培训，全年开展各类技能晋升培训3322人，其中：开展新型学徒制培训204人，“粤菜师傅”培训200人，南粤家政培训1576人，农电商培训920人，低压电工培训170人，网格员培训252人；发放各类职业技能培训补贴312.65万元。开展职业技能鉴定582人，为雄鹰职业培训学校增设家庭保洁培训工种，为高级技工学校增设家庭餐制作培训工种。开展技能培训帮扶。引导帮扶贫困家庭学生就读技工院校，在读市内技工院校学生生活费补助发放率100%。

【“粤菜师傅”工程】 2022年，兴宁市全面推进“粤菜师傅”工程，全年培育“粤菜师傅”236人，

▲2022 年 9 月 25 日，兴宁市人社局组织开展 2022 年兴宁市医疗护理（孕产妇和新生儿患者护理）培训班　（兴宁市人社局提供）

完成年度工作计划的 118%，带动就业创业 250 人。举办第四届“客家菜”师傅技能大赛，选送 6 人参加梅州第五届粤港澳大湾区“粤菜师傅”技能大赛选拔赛；完成 6 个客家小吃菜团体标准制作（至年底完成 18 个客家菜品团体标准制作）；有 2 家企业被评为梅州市“乡村工匠”技能大师工作室（叶南渔村农产品开发有限公司、商都大酒店有限公司）；有 2 个产品（梅州金绿公司的肉鸽和红烧乳鸽）入选 2021 年“粤字号”农业品牌；市肉鸽省级现代农业产业园“陈小鸽风味乳鸽”入选广东省现代农业产业园百家手信（畜禽预制菜）；召开 2022 年客家菜预制菜产业发展研讨会，兴宁市高级技工学校与叶南渔村共建客家菜预制菜产业学院。

【“广东技工”工程】　2022 年，兴宁市持续推进“广东技工”工程，全年完成“广东技工”培训 3322 人，完成年度工作计划的 110.7%，带动就业创业 4300 人。出台《兴宁市推动“广东技工”工程高质量发展实施方案》，持续推进高级技工学校创建技师学院和梅卫职校创建省重点中职学校工作。市高级技工学校新增 4700 万元地方政府专项债券支持，并获得国家发改委设备更新改造贴息贷款 2000 万元额度支持，学校基础设施、师资力量、专业建设进一步增强。结合产业发展和就业需要，调整优化专业设置，增设新能源汽车检测与维修、无人机应用技术 2 个专业。

【“南粤家政”工程】　2022 年，兴宁市实施“南粤家政”工程，积极宣传“南粤家政”工程相关政策，指导家政行业协会及培训机构开展培训工作，激励家政服务从业人员提升职业技能。全年开展家政服务培训 1576 人，占年度培训计划的 175.1%，带动就业创业 1800 人；开展 2 场家政专场招聘会；有 2 个社区（永泰社区和西郊社区）被评为“南粤家政”基层服务示范站；举办梅州市第二届“南粤家政”技能大赛兴宁选拔赛。

【劳动保障监察】　2022 年，兴宁市建立健全 17 项保障农民工工资支付工作机制，加强日常巡回监察及劳动工资支付专项检查和隐患排查等活动，从源头上预防化解劳资矛盾纠纷。抓好根治拖欠农民工工资工作。全年立案办理各类劳动违法案件 112 件，其中申请法院强制执行 10 件，为 562 名劳动者追回拖欠工资等待遇 800 多万元，法定时效结案率 100%；开展日常巡回监察用人单位 255 家次，监察督促各类企业补签、完善劳动合同 1000 多份，发出限期改正指令书 27 份、行政处理决定书 24 份。推进劳动合同签订。全年签订劳动合同企业 453 户，劳动合同签订率 98%。建立最低工资评估机制，健全与经济发展水平相适应的最低工资标准调整机制，依据省市文件要求的最低工资标准（1620 元）执行。严格执行省市文件要求的高温津贴标准为每人每月 300 元；如按照规定需按天数折算高温津贴的，每人每天 13.8 元。加强对企业执行劳动保障法律法规情况的监督，引导企业建立和完善用工管理台账，动态掌握企业的用工状态，规范企业用工行为，要求各用人单位做好高温津贴发放工作。做好薪酬调查和企业人工成本监测，在住宿和餐饮业、制造业、批发和零售业、电力、热力、燃气及水生产和供应业等 18 个行业门类的单位中确定 33 家样本企业。加大法律法规宣传力度。广泛开展《工伤保险条例》《中华人民共和国社会保险法》等劳动保障政策法规宣传，印发《劳动保障法规选编》书籍和宣传资料，增强社会各界劳动保障法治意识。

【工伤认定】 2022年，兴宁市人社局加大《工伤保险条例》《中华人民共和国社会保险法》等法律的宣传力度，特别是加强建筑业工伤保险和特定人员参加工伤保险的宣传。全年受理劳动事故伤害案件401件，其中工伤认定103件，结案103件，劳动能力鉴定88件，其他咨询解答及协议调处210件。

（邓心平）

■社会保障

社会保险

【概况】 2022年，兴宁市养老保险参保50.2万人，其中，企业职工基本养老保险参保9.2万人，机关事业单位养老保险参保2万人，城乡居民基本养老保险参保39万人。失业保险参保5.4万人，工伤保险参保6.6万人。全年各险种共征收基金14.6亿元，其中企业职工养老保险8.7亿元，失业保险1377万元，工伤保险716万元，城乡居民基本养老保险3205万元，机关事业单位养老保险3.57亿元，职业年金1.79亿元。全年足额支付各项待遇26.52亿元。

【职工基本养老保险】 2022年，兴宁市职工基本养老保险参保11.2万人，其中企业职工养老保险参保9.2万人，机关事业单位养老保险参保2万人；征收职工基本养老保险基金12.27亿元，其中企业职工养老保险8.7亿元，机关事业单位养老保险3.57亿元。是年，兴宁市社会保险基金管理局审批企业职工退休4753人，其中审批企业职工提前退休20人，企业、机关早期离开人员94人。推进兴宁市机关事业单位养老保险新办法计发待遇工作，推进机关事业单位职业年金实账积累工作，对未启用新办法计发待遇的退休“中人”进行职业年金切分。

【城乡居民基本养老保险】 2022年，兴宁市城乡居民基本养老保险参保39万人，征收城乡居民基本养老保险基金3205万元。落实困难群体城乡居保最低缴费标准全额代缴养老保险费政策，为4402名建档立卡已脱贫人员、致贫返贫人员和9820名重度残疾、精神和智力残疾人员及8245名低保、特困群体缴纳城乡居民医疗保险；为1.6万名困难群体发放城乡居民养老保险待遇。

【失业保险】 2022年，兴宁市失业保险参保5.4万人，失业保险基金实现省级统筹。审核认定享受按月领取失业保险金人员711人，发放失业保险金5837人次851.03万元，缴纳职工医保费5937人次208.34万元，发放求职补贴2542人次76.58万元，发放失业补助金4111人次236.21万元，发放一次性留工培训补助2823家企业1283.57万元。

【工伤保险】 2022年，兴宁市工伤保险参保6.6万人。全年支付工伤保险待遇241人857万元，其中支付医疗伤残待遇239人655万元、工亡待遇2人202万元。落实广东省新就业形态就业人员职业伤害保障业务经办和征收管理规程（试行）相关政策。开展新业态从业人员职业伤害保障试点工作，将出行、外卖、即时递送、同城货运等平台试点企业的灵活就业人员纳入职业伤害保障范围。

（杨思苑）

【医疗保险】 2022年，兴宁市职工医保参保83792人，城乡居民医保参保80多万人。全市各项医保基金收入11.71亿元，其中职工医疗保险基金征收收入3.68亿元，城乡居民医疗保险基金征收收入2.52亿元，职工补充医疗保险基金1123.26万元，各级财政补助5.4亿元。支付各项医保待遇8.05亿元。

【医保基金监管】 2022年，兴宁市医疗保障局加大医保基金监管力度，严厉打击医保领域违法行为。4月，在全市开展以“织密基金监管网，共筑医保防护网”为主题的2022年基金监管集中宣传月活动。制定《2022年兴宁市医疗保障基金监管专项整治工作方案》，对全市28家定点

▲ 2022 年，兴宁市开展医保基金监管集中宣传月活动，图为启动仪式（兴宁市医疗保障局提供）

医疗机构开展自查自纠和专项检查，收回违规支付基金 19.19 万元。结合随机抽取和日常行政检查，对 48 间定点零售药店和 11 间定点医疗机构开展对医疗保障基金使用情况的行政检查，收回违规支付基金 26769.11 元。11 月，对国家飞行检查发现问题清单开展自查自纠工作，收回定点医疗机构违规医疗保障基金 14367.3 元。

【医药服务管理】 2022 年，兴宁市 26 家公立医疗机构药品、耗材线上采购率分别为 99% 和 97% 以上。落实国家、省组织药品集中采购工作，全市药品价格平均降幅 50% 以上。推进医用耗材集中带量采购工作，特别是高值耗材采购，发挥平台价格优势，涉及球囊导管、人工晶体、新冠检测试剂类等，医用耗材特别是冠脉支架等高值耗材得到大幅降价，如心冠支架手术费用从几万元不等降低到几千元。建立医疗服务价格动态调整机制和新增医疗服务价格项目推进工作，及时调整医疗服务价格项目，规范价格收费标准。降低核酸检测产品价格，动态调整检测项目价格，新冠病毒核酸检测单人单检降至不高于每人份 13.5 元，多人混检降至不高于每人份 2.8 元。

【医保服务能力建设】 2022 年，兴宁市医疗保障局依托国家医疗保障信息平台和广东政务服务网，推进“互联网 + 政务服务”，推动“网上办事”和“指尖办事”。完善系统功能，加快实现各类政策、业务需求，智能审核、月结系统、采购监管子系统、医疗服务价格管理子系统等上线。加快实现门诊选点就医，进一步优化就医服务。石马镇医疗保障基层服务办事大厅被列为梅州市首家镇级全国医疗保障基层服务示范点创建单位。选定市内 7 家二级以上定点医疗机构全面推行门特病种认定和续期、就诊治疗“一站式”服务，方便参保群众直接享受门特病种待遇。全市约 40 万人开通医保电子凭证，推广医保电子凭证就医服务全流程使用，方便群众看病就医。

（赖清平）

【社保基金监督】 2022 年，兴宁市开展社保基金管理提升年行动，持续推进“清数”“筑墙”行动，夯实社保政策、经办、信息、监督“四位一体”风险防控体系，强化人防、制防、技防、群防“四防协同”。开展社保基金安全“警示教育月”活动，打

▲ 2022 年 7 月 21 日，兴宁市社会保险基金管理局到大坪镇开展社会保险政策宣传活动（兴宁市社会保险基金管理局提供）

击欺诈骗保、侵占社保基金违法行为，举行政策宣传、专题学习、教育培训等28场；发挥稽核内控部门职能作用，做好经办业务内控监督检查，严格按政策、法规经办业务。

【社保经办服务】 2022年，兴宁市社会保险基金管理局推行“一网通办”，政务服务应上尽上事项100%上线，“网办”办结率实现100%。利用“粤省事”“广东人社”App等线上载体开展社保经办业务，以“网上办”“掌上办”“自助办”等方式让数据多跑路、群众少跑腿。全年办理社保业务20万笔，实现零差评。推进“一站式”服务，在市退役军人事务局设立社保专窗，配合做好退役军人社保转移接续工作。

（杨思苑）

社会救助

【概况】 2022年，兴宁市民政局以保障和改善民生为主题，完善“大救助”工作体系，努力构建标准科学、对象准确、评议公正、进出有序的社会救助工作格局，切实维护困难群众基本生活权益。全年累计支出低保资金1.14亿元、特困人员供养资金5525.48万元、临时救助资金223.82万元。

【最低生活保障】 2022年，兴宁市低保标准由原来的城市800元、农村551元提高到城市828元、农村580元，月人均补差水平由城市631元、农村286元提高至城市653元、农村300元。全市在册低保对象13707户27879人，其中农村低保12732户26285人、城市低保975户1594人。全年支出低保资金1.14亿元。是年，清理低保对象1081户2497人，新增低保对象910户1995人，实现“应保尽保，应退尽退”的动态管理。

【特困人员救助供养】 2022年，兴宁市特困人员供养标准由原来的城市1280元、农村890元提高到城市1325元、农村928元。在册特困供养对象3633人，其中城市特困供养对象153人、农村特困供养对象3480人。全年支出特困人员供养资金5525.48万元（1—5月提标补发金额67.38万元）。

【临时救助】 2022年，兴宁市民政局临时救助群众3937人，支出223.82万元。开展困难家庭中特殊群体排查救助专项行动，对504个村（社区）困难家庭“六类人员”进行摸排，排查出29人，其中办理低保12人、特困供养2人，给予临时救助3人，发放残疾人“两项补贴”（困难残疾人生活补贴和重度残疾人护理补贴）7人。做好规范社会救助兜底保障动态管理专项行动工作，开展脱贫建档立卡贫困人口全面入户核查，对符合低保和特困供养条件的继续纳入，推进最低生活保障边缘家庭和支出型困难家庭的认定工作，落实单人保政策。至12月，兴宁市原建档立卡贫困户有10559户26104人，纳入最低生活保障5590户11943人，纳入特困供养2456人。

【流浪乞讨救助】 2022年，兴宁市民政局优化生活无着的流浪乞讨人员救助管理服务，健全寻亲送返服务机制。依托互联网平台，运用人脸识别、DNA数据比对等方式提升流浪乞讨滞留人员救治、寻亲返乡的工作效率和精准度。全年救助76人次，其中，站内救助38人次，站外救助38人次，协助返乡15人次，送医6人次。

（陈杏婷）

【医疗救助】 2022年，中央、省拨付兴宁市医疗救助资金5120万元，主要用于为特殊人员（含三类监测人员，低保、五保，孤儿，低收入户）进行参保缴费和医疗费用“兜底”。同时，对参保人员中患大病、重病所产生的医疗费用也给予一定比例的医疗救助。为符合条件的全市32116名特殊人员购买2023年度城乡居民医疗保险。对经民政部门确认符合医疗救助条件的对象，发放医疗救助金额达4322.11万元、69052人次。

（赖清平）

社会福利

【概况】 2022年，兴宁市民政局推进社会福利事业发展，组织实施老年人、残疾人和孤儿等特殊群体权益保护，指导福利职业职能建设工作，推动落实全市儿童福利机构和未成年人救助保护机构相关工作，指导和监督养老服务、老年人福利、特困人员供养服务机构管理工作，营造社会福利事业发展的良好环境。全年累计发放80—99周岁高龄补（津）贴593.46万元、百岁长寿保健金52.71万元、残疾人“两项补贴”7207.51万元、孤儿基本生活保障金136.15万元、事实无人抚养儿童生活保障金429.47万元、艾滋病毒感染儿童金额保障金9191元。

▲2022年10月26日，兴宁市政府领导调研兴宁市智慧养老综合监控平台运行工作 （吴秋燕　摄）

【老年人福利】 2022年，兴宁市民政局全面落实高龄老人津（补）贴制度，发放80—99周岁高龄补（津）贴593.46万元、百岁长寿保健金52.71万元。严抓安全生产工作，50家养老机构全部通过消防审验，均取得消防审验（备案）。投入75万元建成智慧养老综合监控平台，以视频远程监控方式对全市养老机构进行远程安全监管。开展安全生产风险隐患排查整治、养老服务领域防范化解诈骗与非法集资风险专项行动、打击整治养老诈骗专项行动。做好养老项目的资金分配，及时推进项目实施。鼓励更多符合条件的养老机构申报临时运营补贴及床位补助，加大对民营养老机构的资金扶持力度。加大政府投入，将29家民营养老机构入住老人伙食标准提高至每人每日23元。加大培训力度，提高养老机构工作人员专业服务水平。投入75万元为全市18个镇街的250户特殊困难老年人家庭提供适老化改造。于11月底起实施“集中供养特困人员日常照料护理质量大提升”工作，为特困人员提供中药泡澡、泡足、洗头等服务，是全省创新型的服务项目。投入福彩公益金50万元用于曙光社区德爱街长者饭堂试点建设，为60岁以上老人提供优质实惠的餐饮服务。

【儿童福利】 2022年，兴宁市提高孤儿基本生活最低养育标准：集中供养孤儿由每人每月1883元提高到1949元，社会散居孤儿由每人每月1227元提高到1313元，事实无人抚养儿童由每人每月1227元提高到1313元。印制宣传品、使用宣传屏幕、流动宣传车等多种方式开展政策进村居宣传活动。开展儿童督导员、儿童主任业务能力培训，提升工作能力。落实“福彩圆梦”孤儿助学工程，争取广东省“孤儿医疗康复明天计划”项目资金，首次对42名社会散居孤儿开展常规体检和传染病筛查。落实临时监护职责，开展临时监护服务对象6人、申请司法救助2次；办理收养登记11宗。开展儿童福利、未成年人保护工作整治和提升工作，印发《兴宁市2022年儿童福利和未成年人保护工作全面集中整治实施方案》，开展孤儿、事实无人抚养儿童认定申请受理“跨省通办”工作。组织兴宁市社会组织参与“牵手行动”，联系社会各界爱心企业和爱心人士，开展“圆梦红包”“助学资助”“结对关爱”“成长辅导服务”等活动。

（陈杏婷）

【残疾人福利】 2022年，兴宁市残联联合民政部门做好残疾人“两项补贴”发放工作，确保按月及时足额发放到位，做到应发尽发。继续为12365名符合条件的重度残疾人、精神和智力残疾人缴纳城乡居民养老保险费118.78万元。做好全市7068名重度残疾人（不含已纳入低保和五保对象）2023年度城乡居民基本医疗保险缴费每人每年350元，参保费共247.38万元的请款工作；做好从2024年起，全市重度残疾人（不含已纳入低保和五保对象）城乡居民基本医疗保险参保缴费资金列入每年度市级财政预算的请示工作。该两项事项均由市政府常务会议研究通过，形成决议并实施。

（刘俊锋）

【福利彩票】 2022年，兴宁市进一步加强本地区彩票市场管理，有序开展营销促销活动。加大宣传力度，提升品牌形象，新增福利彩票投注站2间，销售福利彩票2978.39万元。

（陈杏婷）

慈善事业

【概况】 2022年，兴宁市民政局利用“国家扶贫日”“中华慈善日”“国际志愿者日”“广东扶贫济困日”等重要时间节点，开展形式多样的慈善宣传活动，营造浓厚慈善氛围。市慈善会全年收到捐款1406.51万元，拨付资金985.23万元。

【兴宁市慈善会】 2022年，兴宁市慈善会参与疫情防控志愿服务；支出2.5万元购买防疫物资，把采购的口罩、防护服等应急物资送到民政服务机构，助力兴宁市疫情防控工作。支出5.98万元为332名有重大疾病的困难群众购买二次保险“保尚保”。举办“广东扶贫济困日”活动暨启动仪式，向全市各机关团体、企事业单位、社会组织、广大干部群众发放《兴宁市2022年“广东扶贫济困日”活动倡议书》，通过电话、微信、互联网等方式进行多方慈善宣传、募捐动员，动员社会爱心企业、爱心人士参与“帮镇兴村”行动。与村镇银行、广发银行和建设银行协商开设“绿色通道”，专门设立接收捐赠款窗口，扶贫济困日收到捐款133.77万元。

（陈杏婷）

住房保障

【概况】 2022年，兴宁市做好住房保障相关工作，落实上级关于疫情防控期间减免租金的政策和工作要求，对符合条件的369户经营性租赁户（商家）减免租金40万元；完成50户农村危房改造工作；持续推进宁新安置区C区、福兴安置区三期的建设；发放低收入住房困难家庭租赁补贴142户、25.35万元；办理房改房上市交易108户，经济适用房上市交易18户，出具未享受房改房等住房优惠政策证明133份，审核发放货币补贴申请4份。

（邹紫明）

【公房管理】 2022年，兴宁市完成小青瓦屋面改造19宗，完成公房中修维修工程58宗、小修维修工程360宗。加强城区危房安全隐患排查整治，全年排查出C级危房62户、D级危房60户。落实上级关于疫情防控期间减免租金的政策和工作要求，对符合条件的369户经营性租赁户（商家）进行租金减免，减免金额合计40万元。9月，重新制定调租方案，对原来脱离租赁市场价格的直管公房进行租金调整，租金增长率13%。

【直管公房稽查】 2022年，兴宁市公房租赁经营管理有限公司对公房资产基数进行汇总统计，对古城墙拆迁安置项目河背街89—103号、兴宁市纱线厂南街33号房产开展交易确权手续，做好资产变动登记工作。

【房地产测绘】 2022年，兴宁市公房租赁经营管理有限公司完成兴城沿江新居A、B栋及华泰雅苑实测等测量工作合计建筑面积2.4万平方米。

【白蚁防治】 2022年，白蚁防治公司完成直管公房白蚁灭治，完成福兴安置区、宁新安置区、永和安置区、福兴碧桂园、宁江新城八期、兴宁市图书档案馆等新建房屋白蚁预防施工面积共18万平方米。

（彭晓芳）

【农村危房改造】 2022年，兴宁市完成农村危房改造任务50户

（含国家任务 12 户），50 户均已竣工，完成验收拨款。

【棚户区改造】 2022 年，兴宁市持续推进安置区建设。宁新安置区 C 区一期完成总工程量的 84%；宁新安置区 C 区二期取得工程施工许可证，施工单位、监理单位人员已进场；福兴安置区三期先行建设 12 栋（26#、28#—30#、33#—38#、43#、44# 楼）及地库一 C 区，完成总工程量的 80%，各主体工程已封顶，进入装修阶段。

（邹紫明）

【住房公积金归集支取业务】 2022 年，兴宁市归集缴存总额 5.82 亿元，办理购房、还贷、退休、下岗失业、调动、离职等支取住房公积金 82631 人次，购房、还贷、离职等支取 4.41 亿元。

【住房公积金贷款业务】 2022 年，兴宁市全年放贷 972 户、放贷金额 2.16 亿元，完成存贷比 71.9%。收回贷款 1.26 亿元。累计总放贷 20.89 亿元、总放贷 11633 户。

【住房公积金便民惠民服务】 2022 年，梅州市住房公积金管理中心兴宁管理部业务有 36 个事项可实现全流程网办，占全部事项 73.5%，缴存职工可以通过微信公众号、“粤省事”微信小程序、网上办事大厅等渠道办理住房公积金业务。购房还贷提取“两个签约”工作，通过摆放宣传册、在台面设置“温馨提示”等方式主动引导办理“对冲”“划拨”业务，提高线上业务办结率。推出主动服务“上门办”、延迟服务“随时办”等举措，成立上市企业服务专班，推行“一对一”服务模式，为企业提供住房公积金专项服务。

2022 年 6—12 月，兴宁市受新冠疫情影响的企业，可按规定申请缓缴。受新冠疫情影响的缴存人，在 12 月 31 日前不能正常偿还住房公积金贷款的，不作逾期处理，不进行罚息，不作为逾期记录报送征信部门。提高职工租房提取额度，缴存职工家庭在该市范围内无房产且正常缴存、租赁住房的，可按需提取，最高提取额不超过 1080 元 / 月。

（钟文彬）

■ 卫生健康

综述

【概况】 2022 年，兴宁市牢固树立“人民至上、生命至上”理念，科学精准高效做好疫情防控，统筹推进医疗卫生各项工作，全力保障人民群众生命健康安全。

【新冠疫情常态化防控】 2022 年，兴宁市快速精准落实防疫措施，实行分级分类管理。做好医疗资源提质扩容、药品供应、重病救治等工作。

【医药卫生体制改革】 2022 年，兴宁市 26 家公立医疗机构药品线上采购率达 99.3% 以上。进一步理顺全市公立医疗机构基本医疗服务价格体系，按照《梅州市医疗保障局 梅州市卫生健康局 梅州市财政局 梅州市市场监督管理局关于制定和调整我市公立医疗机构基本医疗服务价格的通知》要求，督促各医疗机构及时执行新的价格项目编码和目录，各医疗机构于 2022 年 3 月 1 日执行新的医疗服务价格。

【医疗卫生重点项目建设】 2022 年，总投资 14.55 亿元的兴宁市人民医院异地（整体）搬迁新建项目，整体项目建设完成 96%，其中，主体结构和外墙装修全部完成，传染科楼、高压氧舱楼、核医学门厅楼、职工宿舍楼、连廊、行政综合楼和南区地下室基本完成装修，进入收尾验收阶段。兴宁市福兴街道社区卫生服务中心（社区医院）整体搬迁建设项目完成投资 3500 万元，该项目发热诊室、门卫室及预检分诊建筑结构已完成，进入室内装修施工阶段；公卫科综合楼及门急诊住院综合楼地下室建筑结构已完成；公卫科综合楼、门急诊住院综合楼完成主体封顶。

【老龄工作】 2022 年，兴宁市投入经费 245.15 万元，为全市 203286 名 60 周岁（含）以上老年人购买老年意外伤害综合保险。争取 668 万元中央专项彩票公益金用于黄陂镇卫生院、径南镇卫生院医养结合项目建设（护理型床位建设），其中：径南镇卫生院医养结合项目资金 280 万元，黄陂镇卫生院医养结合项目资金 388 万元。

【卫生监督执法】 2022 年，兴宁市卫生健康局出动监督员 4900 余人次，督查各类监管场所 3250 多间次，制作各类监督文书 3000 多份，其中限期整改意见书 1200 多份；作出行政处罚 119 宗（公共场所 41 宗、医疗机构 76 宗、职业卫生 1 宗、饮用水卫生 1 宗），罚款 20.3 万元，办结 117 宗；受理群众投诉 35 件，均按信访工作要求办结。

【卫生健康宣传与教育】 2022 年，兴宁市卫生健康局围绕“健康兴宁”建设、疫情防控知识、疫苗接种、开放三孩政策、深化医改、卫生医疗重点工程等开展主题宣传，先后在广东卫生信息、“南方 +”、《梅州日报》、兴宁广播电视台等主流媒体或行业媒体刊播。通过兴宁市卫生健康局官方网站、“兴宁卫健”微信公众号集中推送，及时发布市疫情防控指挥部下发的通知通告和疫情通报。发布网站信息 1828 条，其中含新闻动态 836 条，市直镇（街）卫生信息 46 条，通知通告 238 条，视频 17 条，政策法规 46 条，疫情信息 501 条，健康科普 52 条，医政医管 92 条。微信公众号粉丝量 33264 人，发布信息 1295 条。发放疫情防控知识宣传资料 3 万多份。

【卫生健康惠民】 2022 年，兴宁市印发《关于推进我市慢性病患者健康管理工作的通知》，提升慢性病患者管理服务质量，引导慢性病患者优先到基层医疗卫生机构就诊，并通过提供家庭医生签约服务和国家基本公共卫生服务提升患者就医获得感。

（陈　东）

医疗卫生

【概况】 2022 年，兴宁市卫生健康系统有医疗卫生机构 698 个，其中，公立医院 6 个，镇级乡镇卫生院 17 个，社区卫生服务中心 3 个，社区卫生服务站 2 个，村卫生站 511 间；民营医院 5 间（鸿惠医院、神光眼科医院、网雨大医院、均康医院、宁康医院），个体诊所 149 间，门诊部 4 家，血液透析中心 1 间。二级甲等医院有人民医院、中医医院、妇幼保健院。全市年门诊量 2489352 人次，住院 57048 人次。全市医疗卫生机构有编制床位 3157 张，平均每千人拥有病床 4.05 张。全市公立医疗卫生机构有现职卫生工作人员 3838 人（专业技术人员 3339 人，占 86.9%）。

【医疗卫生服务和管理】 2022 年，兴宁市印发 2022 年度兴宁市国家基本公共卫生服务项目镇村职责任务分工方案，进一步推动全市公共卫生服务项目管理水平。逐步建立有效的医防融合机制，将疾病关口前移。做实公共卫生服务，成立慢病管理中心，建立市、镇、村三级医生家庭医生签约团队，以高血压、糖尿病防治为切入点，逐步建立慢性病县镇村三级管理网络，在县域内实现筛查、确诊、转诊、随访的服务链。成立治未病管理中心，各分院设置治未病协同点，让健康理念融入生活，实现未病先防的目标。

【预防接种服务】 2022 年，兴宁市开展 4 轮免疫规划工作日常督导，督导 180 多人次；全市累计接种免疫规划疫苗（不含新冠疫苗）14.28 万剂次，非免疫规划疫苗 9.39 万剂次，全市免疫规划疫苗接种率 99% 以上，无接种安全事故；做好异常反应监测工作，全年报告 42 例疑似预防接种异常反应个案，其中 21 例一般反应、1 例异常反应、18 例偶合症、2 例心因性反应。

【妇幼保健】 2022 年，兴宁市开展城乡妇女“两癌”（乳腺癌和宫颈癌）免费筛查项目，全年检查任务数 9000 人，完成筛查 9139 人。

【公共卫生服务】 2022 年，兴宁市开展 14 项国家基本公共卫生服务项目工作。开展高血压、糖尿病日宣传活动，组织相关专业人员为现场群众义诊，设立医学知识宣传栏，提高群众知晓率，现场测量血压、血糖共 300 多人，开展心理咨询 200 多人，发放宣传资料和宣传物资 500 多份。

【中医药事业】 2022 年，兴宁市卫生健康局组织基层中医药人员参加兴宁市新型冠状病毒感染中医药协定方培训班、基本公共卫生服务中医药健康管理服务项目培训班，共计培训约110人次。发挥中医药特色优势，深入参与疫情防控，兴宁市中医医院制备“粤抗一号”汤剂，为辖区居民、医务人员、病患及家属等提供中药汤剂2230剂次。积极参与梅州市中医胸痛中心联盟“心电一张网”建设，5家基层医疗卫生机构与梅州市中医医院完成签约。在第五届广东省名中医评选工作中，石马镇卫生院原院长陈文智被评选为“广东省名中医”。

（陈　东）

疾病预防控制

【概况】 2022年，兴宁市疾病预防控制中心以提升疾控工作服务水平为重点，围绕传染病监测、重大疾病防治、免疫规划、卫生监测、地方病防治等工作目标要求，开展各类传染病的预防与控制工作。

【新冠疫情防控】 2022年，兴宁市疾病预防控制中心突出新冠感染流调溯源、核检采样、消毒消杀等重点，多层次开展专题培训及医院学校、养老机构、商贸物流、公共场所、园区企业等全方位疫情防控督导技术指导。投资100余万元新增2台PCR（聚合酶链式反应）扩增仪，提高应急检测、大范围群体性核酸检测的处置能力。

【疾病预防和控制】 2022年，兴宁市审核5083张传染病报告卡，总发病率652.16/10万，死亡率927.97/10万；核实处理各类预警信息1329起，报告突发公共卫生事件19起。法定传染病报告质量和管理现状调查，报告率96.7%、报告及时率100%。当地HIV/艾滋病病例随访率100%，CD4检测率98.5%，抗病毒治疗率93.4%。开展法定传染病和突发公共卫生事件报告管理质量调查工作，现场抽查603例法定传染病病例，平均报告率96.7%。开展死因监测工作质量评价，抽查死亡病例117例，报告115例，报告率98.3%。完成死因监测漏报调查培训工作，开展现场调查，完成数据核对录入工作及数据清理和分析。

【地方病防治与病媒生物控制】 2022年，兴宁市加强伊蚊密度和环境类型滋生率监测，全年设幼虫密度监测点（布雷图指数法BI）720个，设成蚊密度监测点（诱蚊诱卵器指数法MOI）45个。布雷图指数2.2（符合防控要求）。诱蚊诱卵器指数3.40（符合防控要求）。对城镇居民区、农村居民区、重点行业开展鼠密度监测，监测结果显示，农村居民区、重点行业鼠密度仍处于较高水平。鼠类病原分子生物学监测，结果全部呈阴性。抽取径南镇、刁坊镇、大坪镇、黄槐镇、宁中镇5个监测点，监测结果显示：合格碘盐覆盖率100%。根据评价判定标准，兴宁市防治碘缺乏病管理指标、技术指标均达到消除标准。加强饮水型地方性氟中毒监测。对4个镇20个村属于地氟病区进行调查，采集水样水氟含量均达到控制标准；对地氟病区村出生并居住的8—12岁209名儿童进行氟斑牙检查，20个病区村氟斑牙患病率均低于30%，达到控制标准。

【重点寄生虫病预防控制和职业病防治】 2022年，兴宁市疾病预防控制中心完成尘肺病病人随访，随访职业性尘肺病人525例，生存46例，死亡304例，失访75例。加强重点行业、重点人群的职业病监测。对14家用人单位开展职业健康检查工作，体检1690人，未发现疑似职业病，职业禁忌证96人。开展工作场所职业病危害因素监测。对20家用人单位进行定期检测，粉尘岗位数超标22.9%，粉尘工作场所超标14.6%；噪声岗位超标30%；接触粉尘328人，体检率75%；接触噪声274人，体检率86%。采用诱蚊灯法和室外全通宵人诱法每月进行2次消除疟疾项目媒介监测。5—10月在监测点共捕获蚊子382只，其中按蚊24只，均为中华按蚊，占6.3%，库蚊358只，占93.7%。完成消除疟疾“三热”病人血检，完成率100%，阴性400人。

【水质监测和慢性非传染性疾病监测】 2022年，兴宁市开展全市生活饮用水水质监测，监测点涵盖城区和辖区所有乡镇，主要包括城乡饮用水卫生监测、广东省用户水龙头水质监测、对自来水厂进行定期、每月抽查巡检监测、国家“双随机”监督抽查、疫情防控期间学校开学前、高考考场和住宿地生活饮用水水质监测，以及农村饮水安全工程实施前水源水质检测。全年监测38间集中式供水单位，共采样423份，监测262份水样，合格率88.9%。开展伤害监测，全年报告伤害病例31009例。开展肿瘤随访登记，一季度至三季度接报新发病例1255人，发送到各镇（社区）卫生院（社区服务中心）核实随访2505例。审核报告2398例心脑血管病例。

【公共场所监测】 2022年，兴宁市抽检监测公共场所28间，监测项目数合计251项，合格251项，合格率100%。加强消毒监测，共监测直属医疗单位5家、乡镇卫生院20家、血站1家、其他医疗机构2家，共采集样品总数597份，合格数521份。加强食品安全风险监测，食源性疾病监测覆盖率100%。全年审核报告食源性疾病病例118例，处理1起聚集性食源性疾病事件。

（兴宁市疾病预防控制中心）

慢性病防治

【概况】 2022年，兴宁市慢性病防治院主要承担精神病、结核病、皮肤性病等防治工作，麻风病、糖尿病、高血压、老年人管理、居民健康档案管理、医养结合等基本公共卫生服务项目管理工作。

【结核病防治】 2022年，兴宁市慢性病防治院完成新登记管治病人296例，同期辖区内肺结核病人成功治愈率93.1%；耐多药肺结核高危人群筛查率100%；病原学阳性肺结核患者耐药筛查率100%；肺结核患者密切接触者筛查率100%；肺结核病人艾滋病病毒感染者检查率100%；肺结核患者病原检查阳性率65.5%；痰涂片检查阴性的肺结核患者开展分子生物学检测率100%；基层医疗卫生机构肺结核患者规范管理率49.3%（部分未完成疗程）；耐多药肺结核患者纳入治疗率71.4%。

结核病归口管制 兴宁市直各综合医院网络直报肺结核及疑似肺结核病人641例（重报、住院和死亡病例除外），其中结防机构报告58例；转诊到位61例，转诊到位率9.5%；追踪到位506例，追踪到位率78.9%；其他到位0例，总体到位率97.5%。1—12月，市人民医院转诊到位17例；市第三人民医院转诊到位12例；市中医院转诊到位3例；市疾控中心转诊到位2例；梅州市人民医院转诊到位19例。中山附属第三医院粤东医院转诊到位1例；梅州市中医院转诊到位1例。

学校结核病管理 2022年，兴宁市发现学生肺结核12例，均落实管理治疗；对全市幼儿园、中小学、中等职业学校等入学人数34445人开展新生入学结核病检查，筛查中发现学生肺结核病2例和教职员工肺结核病1例；筛查发现结核菌素试验强阳性的学生191人，均建议预防性用药和定期健康监测，全市新生入学结核病筛查率94.2%；全市教职员工常规体检率30.2%。

【公共卫生服务】 2022年，兴宁市慢性病防治院高血压管理任务数3.03万人，管理人数45757人，任务完成率151%，规范管理人数人32627，规范管理率71.3%，血压达标人数39939人，高血压控制率87.3%；糖尿病任务数1.21万人，管理人数19742人，糖尿病管理任务完成163.2%，规范管理人数13970人，规范管理率70.8%，血糖达标人数12214人，血糖控制率61.9%；65岁以上老年人数122760人，接受健康管理人数69278人，老年人健康管理率56.4%；居民健康电子建档数754438份，电子建档率96.8%，电子健康档案动态记录档案份数312511份，动态使用率41%。

【性病和麻风病防治】 2022年，兴宁市通过网络直报共报告各类性病572例，其中梅毒208例，淋病44例，尖锐湿疣77例，生殖器疱疹59例，生殖道沙眼衣原体184例，高危人群干预5594例。

【严重精神障碍患者管理治疗】 2022年，兴宁市录入并管理严重精神障碍患者6710例，报病率8.6‰，严重精神障碍患者管理率93.9%，严重精神障碍患者规范管理率92.3%，严重精神障碍患者服药率93.6%，严重精神障碍患者规律服药率88%，精神分裂症患者服药率93.6%，精神分裂症患者规律服药率87.9%，年面访率88.9%。贫困精神病患者门诊每季度免费发药1846人。

（陈　倩）

计划生育

【概况】 2022年，兴宁市做好计划生育奖扶发放工作，提升人口和计划生育工作管理水平。

【计划生育奖扶】 2022年，兴宁市累计发放农村部分计划生育家庭奖励28477人，共计341.8万元；农村计划生育节育奖23372人，共计216.36万元；计划生育家庭特别扶助1260人，共计117.62万元，城市居民独生子女父母奖67660人，共计859.04万元；计划生育手术并发症补助72人，共计16560元。

【优生优育】 2022年，兴宁市为5700名孕妇免费提供地中海贫血、唐氏综合征、严重致死致残结构畸形的产前筛查，为全市5751名新生儿免费提供先天性甲状腺功能减低症、G6PD缺乏症（蚕豆病）、苯丙酮尿症、先天性肾上腺皮质增生症和新生儿听力筛查。

（陈　东）

主要医院

【兴宁市人民医院】 2022年，兴宁市人民医院（兴宁市人民医院医共体总院）医院编制总床位800张，实际开放床位800张。设有门诊部、急诊科、内外科、儿科、五官科、妇产科、麻醉手术科、ICU等29个临床专科；设有放射科、病理科、检验科、功能科等7个医技药剂科室和18个职能科室。全院干部职工1110人，含各类专业技术人员1028人，含高级专业职称人才178人，中级专业职称人才327人，初级专业职称人才523人。

2022年，医院完成门诊诊疗病人4.12万人次，健康体检4.08万人次，住院病人2.93万人次，施行大中小手术1.13万台次，业务总收入4.93亿元。

医疗业务　2022年，医院上报传染病病例2877例。全院病床使用率69.7%，平均住院日7.27天，危重病人抢救成功率平均85.8%，国家级、省级室间质量评价临床检验项目参加率100%，参加省慢病院、梅州疾病中心的HIV质量考评均取得优秀成绩。全年没有发生医疗事故。全年开展介入手术1200多例，其中心脏介入手术1032多例、外周介入手术108多例，神经介入手术60例。

医院专科建设　2022年，医院心血管内科分科独立设置心内一科和心内二科，新开设儿科生长发育特色门诊。胸痛中心建设是2022年的重点工作，举办市胸痛中心网络医院签约暨培训会，开展急性胸痛患者院外院内救治应急演练、“胸痛中心应知会知”全员培训与考核。6月，卒中中心启动建设，与市中医医院等9家单位签订卒中中心区域协同救治网络建设合作协议。12月29日，胸痛中心顺利通过网上评审。

医疗综合改革　2022年，兴宁市人民医院医共体总院对分院进行查房、“三基”培训与考核

▲2022年3月8日，兴宁市人民医院胸痛中心网络医院签约暨培训会议在医院举行　（兴宁市人民医院提供）

等帮扶，先后到水口、叶塘等17个医共体分院开展技术帮扶，派出2名专家长期驻点水口分院工作。为9个医共体分院调剂门诊特殊病种药品。广州市第一人民医院“组团式”紧密型帮扶第三批派出5名专家，驻点对口帮扶兴宁市人民医院。

新医院建设　医院异地（整体）搬迁新建医院进展顺利，项目全部完成主体结构施工和室外装修，除3#住院楼和后勤食堂楼未完成室内装修外，其余全部完成装修。特殊科室如手术室、介入科、重症医学科、供应中心、静脉输液配置中心、放射科和产科在二次装修和功能完善中。南区项目室外完成绿化、美化、亮化工程，北区项目绿化、道路硬底化在建设阶段。

（戴春娣）

【兴宁市第三人民医院】2022年，医院有编制床位250张，全院共283人，其中专业技术人员254人，在卫生专业技术人员中有中级职称59人，高级职称26人。医院设有急诊科、门诊部、内儿科、呼吸内科、妇产科、普通外科、骨伤科、麻醉科等临床科室，设有检验科、医学影像科、药剂科、临床功能检查等医技科室；设有医院办公室、人事科、财务科、设备科、总务科等行政后勤科室；设有医务科、护理部、院感科、质控科、预防保健科、信息科等职能科室。

医疗服务　2022年，医院业务总收入6902.68万元，门诊就诊病人11.08万人，急诊就诊病人1.4万人，发热诊室就诊病人6821人。完成临床检验6.98万人次，生化检验3.5万人次；电子胃镜249人，电子肠镜179人，心电图1.12万人，动态心电图396人，彩超B超2.93万人，CT检查8483人，放射科照片检查1.04万人，上消化道造影26人。血液透析202人，共1629人次。体检人数2.97万人。妇产科门诊就诊3.01万人，全年接生数1159人，住院分娩率100%，成功抢救产妇大出血17例，盆底肌肉康复治疗（包含筛查）3894人，分娩镇痛107人。理疗室药物离子导入、针灸、拔火罐、腰椎牵引2276人。全院住院病人5760人，其中内科住院病人1444人，综合科1416人，外科住院病人658人，骨科住院病人857人，妇产科住院病人1382人。全年抢救住院危急重病人76例，完成手术1255台次，其中二级手术701台次，三级手术308台次，四级手术59台次，处理外科门急诊小手术468例。同时，落实好中医药传承创新发展工作，在各个临床科室、理疗室推广使用中医适宜技术。

卫生健康惠民　医院联合银行、互联网公司开展“一码就医”服务项目，患者通过医院微信服务号即可进行门诊预约挂号、门诊缴费、查看报告、缴交住院押金等，并在院内放置2台多功能自助终端机。全年到院群众通过微信服务号进行门诊预约挂号23380人次、门诊缴费8.39万人次、缴交住院押金54人次。经省卫生健康委评定，医院2022年度电子病历系统应用水平分级评价由2级提升为3级。

（张映平　邓文彬）

【兴宁市第五人民医院】2022年，兴宁市第五人民医院（兴宁市水口镇中心卫生院）位于水口镇水东村，服务8万多人。设置200张床位，拥有进口CT、彩色B超、全自动生化分析仪、全自动化学发光仪、血气分析仪、血培仪、口腔全景机、电子胃肠镜、麻醉机等设备，有医务人员124人，其中高级职称11人、中级职称18人、初级职称95人，日常开展常见病、多发病诊疗及基本公共卫生服务。医院业务收入1037.62万元，其中收治门急诊病人50684人次，收治住院病人704人次。

医共体建设暨外科住院部揭牌　2022年8月24日，兴宁市人民医院组团式帮扶县域医共体建设推进会暨外科住院部科室揭牌仪式在市第五人民医院举行，通过借助帮扶机制，以点带面，采取技术帮扶、人才培养等方式，打造专科特色，促进医共体建设稳步、有序发展。新开设的外科住院部设备设施完善，配置5间手术室和50多张床位。医共体总院派出内科、外科2位副主任医师长期驻点，能开展体表肿物切除术、阑尾、骨折复位、疝修补术、腹腔镜手术等各种外科手术，填补医院该领域的空白，为群众提供更优质的医疗服务。

公共卫生服务　2022年，医院在兴宁市公共卫生服务项目工作考核成绩列全市第二名。按照《兴宁市2022年度国家基本公共卫生服务项目实施方案的通知》工作要求，做好国家基本公共卫生服务项目。成立专项领导小组，建立健全各项健康政策，发挥特色，制作《健康素养66条》《急救技术视频》等公益短片，在公共场合播放5760次，受益约1万人以上。医院代表兴宁市参加梅州市居民健康素养知识竞赛总结赛，获团队优秀奖、知识竞赛三等奖、最佳优秀组织单位奖。

（陈治中　刘　丹）

【兴宁市中医医院】 2022年，兴宁市中医医院占地面积6407平方米，建筑面积1.14万平方米。开放病床219张，设有急诊、内、外、骨伤、妇、儿、肿瘤、五官、口腔、肛肠、皮肤、针灸、治未病13个临床科室，其中独立设置的科室有内一科、内二科（肿瘤科）、内三科和骨外科4个；医技科室有药剂科、检验科、放射科、医技功能科4个。全院干部职工299人，省名中医1人，卫技人员265人，其中正高职称9人，副高职称53人，中级职称76人。

2022年，医院门诊量104859人次，收治住院病人5113人次，医疗业务收入7174万元。发热门诊就诊人数最高峰达102人/日，住院人数最高峰达216人/日。

医疗服务　2022年，医院在用中药饮片品种578种，中药配方颗粒312种。为患者提供中医特色服务，其中开展针刺疗法技术（耳穴压豆、穴位注射、穴位贴敷）54817人次；开展灸类疗法技术（艾条灸、艾箱灸）5229人次；开展药熨疗法（热罨包、封包、艾叶包、吴茱萸包、七子包）28857人次；开展敷熨熏浴类疗法［熏药、熏洗、足浴、冷热湿敷（打药酒）、贴敷（双柏散）］11605人次。继续开展特色膏方制作，在临床取得良好疗效。在大坪卫生院、龙田中心卫生院设立驾驶人健康体检便民服务点。

医院建设　医院通过二级中医医院等级复审工作。医院肾病科及针灸康复科通过2022年梅州中医特色专科。医院胸痛中心（基层版）于9月正式启动，进入建设工作阶段。加强人才梯队建设，做好广东省名中医师承“薪火工程”、梅州市名老中医药专家传承工作室和梅州市“十四五”优秀中医临床骨干研修项目建设，做好名学术继承人培养。

科研教学　2022年，医院申报梅州市科技计划项目立项1项，梅州市医药卫生科研课题1项。梅州市科技计划项目结题1项，梅州市医药卫生科研课题结题6项，课题阶段性进展报告2项。在国家级、省级医学杂志发表论文10篇。全年培训中医全科转岗、岗位和助理全科3+2等类型培训人员12人；全年接收进修生、实习生15人。加强基层中医药人才培养，开展基本公共卫生服务中医药健康管理项目专项督导3场次；组织业务骨干到各乡镇卫生院开展中医适宜技术指导培训班2场次；举办基本公共卫生服务中医药健康管理项目培训班1场次。

（肖国梅）

【兴宁市妇幼保健院】 2022年，兴宁市妇幼保健院开设200张病床。主要有产科、妇科、新生儿科、儿科等专业科室。在岗干部职工360人（含临聘人员112人），其中卫生技术人员305人，高中级专业技术职称135人（正高4人，副高45人，中级86人）。全年完成门诊诊疗177406人次，比上年下降7.7%。收治住院9317人次，下降3.2%，其中产科：3644人次（包括转往妇科212人次），下降13.9%；妇科2068人次（不包括产科转入212人次），增长3.3%；新生儿科1861人次，增长9.7%；大儿科1744人次，增长2.8%。施行大中手术2625例，增长8.7%。院内分娩3430人，减少14.1%。抢救危重孕产妇25人次，成功率100%；抢救危重新生儿134人次，成功率97%。

医疗业务发展　2022年，兴宁市妇幼保健院大力发展中医儿童保健，有专业的中医儿保医生，通过小儿推拿、针四缝、针灸、中药汤药增强儿童抗病能力，促进小儿生长发育，治疗厌食、疳积、斜颈、肌张力异常，足内外翻等。促进妇幼保健与中医药融合服务，提升妇幼保健机构中医药服务能力。

医联体合作　2022年，兴宁市妇幼保健院继续与广东省妇幼保健院开展医联体业务合作，省妇幼保健院派3名妇科肿瘤、乳腺、不育不孕专家每月1—2次到医院进行技术指导工作，对医院进行技术支持、人才培训。开通双向转诊绿色通道，提升医疗服务能力。

重大公共服务项目　兴宁市妇幼保健院承担着对乡镇卫生院妇幼人员，乡村保健员业务监督指导任务，同时担负国家“三网监测点”工作。2022年，全市活产5749人，住院分娩率99.7%，全市孕产妇系统管理5216人，管理率90.7%；7岁以下儿童58233人，纳入管理53147人，管理率91.3%；3岁以下儿童22728人，系统管理19747人，管理率86.9%。孕产妇死亡0人；围产儿死亡18人，死亡率3.1‰，婴儿死亡20例，死亡率3.5‰。5岁以下儿童死亡33人，死亡率为5.7‰。农村待孕育龄妇女免费减补叶酸发放2912人。免费婚检5731人，婚检率83.8%；进行新生儿遗传代谢性疾病筛查5610人，筛查率97.6%；进行新生儿听力筛查5292例，筛查率92.1%。孕产妇艾滋病病毒检测9496例，筛查率100%，确诊感染艾滋病毒0例；梅毒检测9496例，筛查率100%，确诊感染梅毒孕产妇4例，感染率0.4%；乙肝病毒检测9496例，筛查率100%，感染乙肝病毒612例，阳性率6.4%，所生婴儿免疫球蛋白的注射率99.8%，均由保健科给予建档追踪随访。完成对农村妇女宫颈癌检查9148例和乳腺癌检查9117例，宫颈癌早期诊断34例，乳腺癌早期诊断6例，均建议进一步检查治疗并建档追踪随访。

（兴宁市妇幼保健院）

■应急管理

【概况】　2022年，兴宁市围绕建立大安全大应急框架，健全完善应急管理体系和风险监测预警体系，统筹做好应急管理、安全生产、防灾减灾救灾各项工作。是年，全市发生5起一般生产安全事故（为生产经营性道路交通事故），未发生较大以上生产安全事故，死亡5人，无受伤；火灾234起，5人受伤，无死亡；森林火灾3起，无伤亡，安全生产形势总体稳定。

【应急管理体系建设】　2022年，兴宁市应急管理局全年365天实行24小时值班值守和领导带班值守制度，确保及时、准确上报信息；完善应急指挥平台建设，纵向实现省市县镇村五级互联互通，应急处置“一网统管”实现全领域、全覆盖视频指挥调度；完成《兴宁市突发事件总体应急预案》《兴宁市防汛防旱防风防冻应急预案》《兴宁市森林火灾应急预案》《兴宁市自然灾害救助应急预案》《兴宁市地震应急预案》5个市级应急预案编制和印发工作；20个镇街应急管理办公室从机制上实现部门整合、职能整合、指挥调度整合、力量整合，构建全市应急物资保障体系，建成应急物资仓库24个，组建应急救援队伍25支910人，并完善全市应急管理专家库名录和兴宁市应急救援协会建设。

【安全生产监督检查】　2022年，兴宁市应急管理局以安全生产专项整治三年行动为抓手，推进九大重点行业领域安全生产专项整治，全市应急系统全年累计检查生产经营单位833家次，出动1713人次，发现隐患1236处，完成整改1101处，狠抓“打非治违”工作，作出行政处罚22宗，行政处罚金额27.47万元。

矿山领域安全方面　对全市非煤矿山企业开展安全生产执法检查96家次，监管执法184次；发现一般隐患322处，重大隐患1处，责令整改323处，完成整改100%；行政处罚3宗，罚款共计6万元；约谈主体责任落实不到位企业8家次。推进智慧矿山建设5家。

危险化学品方面　召开危化品安全生产工作会议6次，3次联合演练和2次宣传活动，制定《兴宁市危险化学品安全风险集中治理方案》《兴宁市集中开展醇基燃料安全专项整治工作方案》等文件；对1家生产企业、2家气体厂、91家加油站和1家在建油库进行全覆盖大检查，检查出一般隐患68处，全部完成整改。

烟花爆竹领域安全方面　出动执法人员930人次，检查烟花爆竹经营单位434家次，排查治理安全隐患610处，共查处烟花爆竹非法违法行为18宗（其中移送公安机关处理6宗，治安拘留6人；市应急管理局行政处罚

12宗，罚款11.17万元）。

工贸领域安全方面　对工贸企业实行重点企业全覆盖大检查，开展“工贸行业安全生产专项整治百日清零行动”，对全市钢铁铝加工、粉尘涉爆、液氨制冷等行业进行专项治理。全年检查企业114家，排查隐患235处，全面完成整改。

【森林防火灭火】　2022年，兴宁市应急管理局坚持“预防为主、积极消灭”工作方针，坚持森林火灾“打早、打小、打了”原则，完善装备设施，投入196万元到市、镇两级，增添水罐消防车1台、无人机等防灭火装备；高火险期间在全市重点区域设立临时检查站475个，每个临时检查站都设置“防火码”，发放禁火令、防灭火倡议书等宣传资料23.8万份；全年度火险高发期派出应急综合救援队和专职防护员深入重点林区开展驻防工作，科学高效组织处置3起森林火灾，其中一起为较大以上森林火灾（水口“10•2”森林火灾），未造成人员伤亡。

【防汛防旱防风】　2022年，兴宁市应急管理局严格落实防汛防旱防风隐患排查整治和风险防控，全面开展汛前防汛备汛安全检查，强化安全隐患排查治理，建立风险隐患排查和整治台账，及时制定有效整治措施和消除隐患，同时狠抓涉水在建工程安全，全面加强防灾风险管理，降低灾害风险。全年共启动5次应急响应，发布20次预警信号。动员4828名镇村干部，深入504个建制村，联系到户11万人次，排查在册地质灾害隐患点37个、巡查风险点11895处、削坡建房户13499户、依山建房户19755户、临山临水户3819户、其他隐患点建房户14747户，转移群众3411人，做到应转群众全部转移。投入救灾资金物资。向各镇（街道）、相关单位下拨救灾资金249.8万元；紧急调拨防汛救灾物资帐篷10顶、折叠床118张、棉被38床等一批。做好灾后复工复产工作。汛期发动6524名党员干部参与抗洪救灾工作，共投入资金744.8万元到灾后重建，组织3个救灾工作组到各镇（街道）开展灾情核查、慰问工作。中国人民财产保险兴宁分公司派出3个工作组开展受损农房查勘理赔，尽最大可能减轻群众受灾损失。是年，在“三防”方面未造成群死群伤事件。

【防灾减灾救灾】　2022年，兴宁市应急管理局按相关采购流程，完成172.12万元的应急物资采购及108.72万元应急物资调拨和配送工作；组织指导受灾群众“全倒户”2户和“严损户”13户完成因灾毁损房屋的恢复重建工作，全年完成160万元的《兴宁市政策性农村住房保险》、160万元的《兴宁市自然灾害公众责任险》、90万元的《兴宁市应急费用补偿保险》续保工作；开展全国综合减灾示范社区和示范县创建工作，全面开展村级防灾减灾救灾“十个有”（有组织体系、有大喇叭、有警报器、有避难场所、有风险地图、有明白卡、有应急值守、有应急照明、有小册子、有宣传栏）建设工作，共有5个建制村（社区）成功创建全国综合减灾示范社区。

【应急管理宣传教育】　2022年，兴宁市应急管理局开展“防灾减

▲2022年4月11日，兴宁市应急管理局约谈非煤矿山企业
（兴宁市应急管理局提供）

灾月”“安全生产月”、安全“生产五进”（进企业、进农村、进社区、进学校、进家庭）等活动。全年摆放宣传展板200块，悬挂宣传横幅100条，派发各类安全宣传资料2.7万份，宣传展板、海报200张，约5000人次参加；组织安全监管执法人员网上培训8次，培训安全监管执法人员160多人次。举办6期培训班，培训1300多人。其中：举办非煤矿山企业安全培训1期，共180名从业人员参加培训；举办危化企业继续教育培训班1期，120名从业人员参加培训；举办烟花爆竹经营（零售）单位从业人员安全知识培训班2期，共590人参加培训；举办一般生产经营单位主要负责人和安全管理人员继续教育培训班2期，共400人参加培训。通过省、市媒体加强应急宣传，共有省、市级宣传推文17篇。

（汤建华）

■消防

【概况】 2022年，兴宁市消防救援大队完成各类急难险重任务347起，开展火灾隐患治理和消防安全宣传工作，确保社会面火灾形势和队伍管理“双稳定”。福兴消防救援站被共青团中央表彰一星级全国青年文明号。大队及下辖福兴消防救援站获得省部级表彰8次，地市级表彰1次，47人次受到省、市各级组织表彰奖励，3人次荣立个人三等功。福兴消防救援站被广东省消防救援总队记集体三等功1次，大队被兴宁市委、市政府记党的二十大消防安保专项集体三等功一次。大队连续7年获评全省基层建设标兵大队、福兴消防救援站连续4年获评全省基层建设标兵站，是粤东片区消防救援队伍中唯一“双标兵”单位。

【消防救援行动】 2022年，兴宁市消防救援大队有消防车18辆，地震、水域、森林灭火专业救援队伍各1支，涉疫警情处置专业队伍1支，配备个人防护、高空防护、森林灭火、水域救援、疫情处置等器材装1800余件。年内接警出动347起，其中火灾234起，抢险救援及社会救助111起，其他警情2起，出动车辆809辆次，出动指战员4057人次，抢救被困人员49人次，疏散被困群众56人次，抢救保护财产251.6万元。完成冬奥会安保、全国两会和“龙舟水”期间抗洪防汛、党的二十大消防安保等重大任务，确保辖区消防安全形势持续稳定。

【火灾隐患排查】 2022年，兴宁市消防救援大队开展检查社会单位564家，督促整改隐患260处、挂牌重大火灾隐患单位4家，下发《行政处罚决定书》24份，临时查封6家，责令“三停”（停止施工、停止使用或停产停业）11家，罚款41.99万元。全市各镇街共排查“三小”（小档口、小作坊、小娱乐场所）场所17190家，开设逃生窗口1417个，实施防火分隔1729家，安装智慧烟感4133个，建成电动自行车停车棚数27个，安装集中充电装置40套。在党的二十大期间，立足辖区实际，阵线前移，派出宣传组和工作组共计15组45人蹲点帮扶兴田、宁新、福兴3个街道办事处，提升场所经营者火灾隐患自检自查自改的能力，自攻坚行动开展以来，发动各行业部门出动检查组603

▲2022年6月14日，兴宁市坭陂镇发生管涌渗水，兴宁市消防救援大队连夜奋战成功排险（高 龙 摄）

个，出动力量2824人，检查单位2556家，发现隐患1110处；发动20个镇街出动检查组1595个，检查单位14664个，督促整改火灾隐患12126个；发动其他行业部门出动检查组408个，检查单位945个，督促整改火灾隐患890个。

【消防工作管理】 2022年，兴宁市召开18次会议研究部署消防工作，推动各行业部门开展行业消防安全标准化管理工作，督促镇（街道）落实属地责任，网格化消防安全管理工作，确保各级明确“三管三必须”的消防安全监管责任。市主要领导和其他分管领导带队开展消防安全检查22次，持续落实《市、镇(街道)领导干部消防安全“责任清单”》。为提升消防安全综合治理水平，兴宁市印发《兴宁市镇（街）消防所创建工作方案》和《乡镇消防执法工作指引》。大队提请市政府常务会审议通过组建兴宁市专职消防队相关事宜，按照“一镇一队”目标，“三年清零”工作要求，一次性同意大队依法依规新增12支政府专职消防队，新增专职消防员72名。全力推进径南镇专职队正规化建设水平，打造全市乡镇专职消防队样板工程。承办梅州市专职消防队建设现场会，为全市提供“一镇一队”建设的工作模式和样板工程，推动兴宁市多种形式消防救援队伍建设。全市20个镇（街道）和1个省级工业园消防所全部实体化运行，共配备消防所专职消防监督员79人。依托综合网格管理平台和镇（街道）综合执法队，结合执法权限下放和委托执法进一步加强基层乡镇消防监督执法力量，全力完善基层三级网格职能、定位、责任等机制体系。组织召开高层建筑“消防安全行业标准化管理”现场会，规范高层建筑消防安全标准化管理，建立有效的工作机制，提升物业服务企业消防安全管理能力。

【消防宣传】 2022年，兴宁市消防救援大队举办兴宁市“119”消防安全宣传月媒体通气会，与各大新媒体建立共建协议，运用“传统+新型”宣传方式拓宽宣传渠道，确保消防宣传全面覆盖。联合市委宣传部、市文化馆精心编排客家话版快板《消防安全要牢记》并被“学习强国”学习平台采编推广。联合移动公司签订彩铃业务协议，为大队全体人员开通消防安全提示彩铃，通过以自身为载体，以点带面将消防安全知识普及身边家属、亲戚、朋友等群体，突破以往消防宣传的传统模式，通过个性化宣传手段，增强消防安全宣传效果。利用5G应急广播平台、宣传示范街、户外大型广告牌、LED屏、影院放映厅、电视机开机画面、公交专线、广告宣传车、消防生活用品等多项宣传措施开展渗透式宣传工作，共发展消防安全志愿者3090人。开展消防安全志愿者、社工活动70次，科普基地开放51次，队站接纳群众参观3000人。组织政府专职消防员、文员、基层网格员开展“敲门入户”宣传活动981场，组织张贴海报2万余份，派发宣传资料6万余份。在《南方日报》、“南方+”等省级媒体发布消防工作动态信息98条，在《梅州日报》、掌上梅州、梅州市电视台、兴宁电视台和“兴宁发布”等平台发布消防工作动态信息215条。

（王苗苗）

■ 民族宗教事务

【概况】 2022年，兴宁市民族宗教工作坚持依法管理，坚持宗教中国化方向，积极引导宗教与社会主义社会相适应，推进民族宗教事务治理制度化、法治化。全市有佛教、道教、天主教和基督教4大宗教，宗教团体4个（市佛教协会、市道教协会、市天主教爱国会、市基督教协会），依法登记的宗教活动场所80处，其中佛教33处、道教10处、天主教2处、基督教35处，已备案宗教教职人员76人，有信教群众35649人。

【少数民族工作】 2022年，兴宁市民族宗教事务局加强铸牢中华民族共同体意识宣传教育，在公共文化设施、城市标志性建筑等的LED显示屏、电子显示屏、宣传栏进行标语、海报、公益广告等主题宣传。发挥兴宁市第一中学民族团结进步教育基地带动作用，加强学校宣传工作，开展校园宣传活动3场次。加强服务管理。把少数民族流动人口纳入城市流动人口服务管理体系，纳入网格化管理，进一步提升就业落户、社会保障、房屋租住、子女教育、卫生健康、法律援助等公共服务均等化水平，合理照顾各民族风俗习惯。在户口迁移、子女入学、矛盾纠纷等方面给少数民族流动人口提供帮助，是年累计帮助3人次。推进民族团结进步宣传教育。通过“家长义教”课堂讲解民族知识、民族政策和法律法规宣传、“推广普通话”主题班会、民族歌曲赏析课等形式进机关、进社区、进学校，提升广大人民群众民族团结进步意识和民族政策水平。是年9月，开展2022年兴宁市民族团结进步宣传月活动。在活动期间，全市开展民族团结进步宣传活动6场次，参与群众2000多人次，发放宣传资料2000多份，悬挂宣传标语、电子标语32条。

▲2022年9月26日，中共兴宁市委统战部开展2022年民族团结进步宣传月系列活动 （中共兴宁市委统战部提供）

【宗教事务管理】 2022年，兴宁市民族宗教事务局加强宗教事务管理，指导宗教活动场所建立健全各项管理制度，督促指导各宗教活动场所成立管理组织，实行民主管理，加强宗教活动场所七项制度的落实，建立健全财务、治安、消防、文物保护等管理制度。加强对宗教活动场所的安全检查工作，健全和完善对宗教活动场所的定期和不定期检查制度。是年8月，兴宁市道教协会完成换届，选举产生道教协会新一届领导班子。

【宗教界服务】 2022年，兴宁市民族宗教事务局坚持宗教中国化方向，引导宗教与社会主义社会相适应。鼓励支持宗教界参与扶贫济困等公益慈善活动，全年兴宁市宗教界为社会公益慈善捐款35万多元。

【政策法规宣传】 2022年，兴宁市民族宗教事务局继续加强宗教政策法规宣传培训教育，组织开展各类宗教政策法规宣传培训教育活动。常态化组织统战、宗教工作干部及宗教教职人员参与各类宗教政策法规宣传培训教育，开展《中华人民共和国民法典》学习活动，做好国务院新修订的《宗教事务条例》和《广东省宗教事务条例》《宗教活动场所财务管理办法》宣传贯彻落实工作，编印下发《宗教活动场所财务管理办法》《广东省宗教事务条例》1200多份。在宗教政策法规学习月，通过悬挂横幅36条、微信推送180多次、发放宣传单1000多份等多种方式，广泛宣传宗教政策法律法规。是年7月，联合市公安局举行反宗教极端思想和打击非法宗教宣传活动。

（刁　玲　罗稳基）

生态环境

■ 综述

【概况】 2022年，兴宁市生态环境保护立足国家重点生态功能区、省生态发展区功能定位，持续深入打好污染防治攻坚战，力促生态环境质量持续改善，城市环境空气质量优良率100%，在全省区县环境空气质量排名第九。集中式饮用水水源地水质达标率100%，国控监测断面水口水洋年平均水质达III类；东江支流罗浮水水质年均值达II类，均达到控制目标要求。是年，兴宁市通过国家生态环境质量考核，获得国家生态转移支付资金2.13亿元，获得省级东江生态补偿资金660万元。

【生态环境质量】 2022年，兴宁市环境空气质量保持优良水平，有效监测天数358天，其中优为249天，良为109天，优良率100%，空气质量综合指数为2.43，在全省区县环境空气质量排名第九。城市集中式饮用水水源地水质达III类水质以上，达标率100%；国控监测断面水口水洋水质年均值达III类标准；东江支流罗浮水水质年均值达II类标准。城市区域环境噪声昼间等效声级平均值是56.2分贝(A)，比上年下降0.2分贝(A)；城市道路交通噪声昼间等效声级平均值是67.9分贝(A)，下降0.5分贝(A)。

【生态恢复】 2022年，兴宁市实施铁山嶂废弃矿山废水应急处理工程，投入资金900多万元，建设1座日处理废水3000吨的污水处理应急设备，削减铁山嶂废弃矿区污水污染物浓度，确保官田河及下游石马河、宁江水环境安全。投入资金312.47万元，实施合水镇龙北废弃铁矿堆料场治理修复工程。对山塘与黄陂河分水岭进行堵漏，开展受污染山塘水净化应急处理、受污染山塘淤泥以及污泥应急处理，建设隔绝山塘与黄陂河相通的围堰，

▲2022年4月15日，梅州市生态环境局兴宁分局调研铁山嶂废水处理站选址建设工作（王志龙 摄）

▲2022年4月19日，兴宁市领导带队到华雨金属开展中央环保督察案件“回头看”工作（王志龙 摄）

对受污染山塘水经应急处理设备进行处理后达标排放，对受污染山塘淤泥以及污泥就近进行稳定化填埋封场复绿处理，有效解决白泡废弃铁矿堆料场对合水水库污染隐患问题。实施兴宁市大坪镇废弃稀土矿山综合治理工程，项目总投资3300万元（中央资金2640万元、本级配套资金660万元），完成矿山生态修复面积35.33公顷，主要通过采取边坡治理、植被恢复、土壤修复等工程，对废弃矿点矿山进行生态修复。

【生态环境督察案件整改落实】2022年，兴宁市认真落实中央生态环保督察问题整改工作。第二轮中央生态环境保护督察交办的31批140件信访案件，全部办结，结案率100%；第二轮中央生态环境保护督察反馈意见涉及兴宁市问题14项，完成整改5项，整改达到时序进度9项，对2项较为缓慢的问题发出提醒函。

■ 污染防治和减排

【农村生态环境整治】2022年，兴宁市2429个自然村成立村民理事会，全域推进农村人居环境整治，完成“三清三拆三整治”和建制村环境基础整治任务，全市村庄100%达到干净整洁村标准，40%以上村庄达到美丽宜居村标准。建立健全村庄长效保洁管护机制，各镇（街道）聘请全日制保洁员，落实村庄环境卫生保洁制度、村级保洁员管理考核制度和保洁员亮证亮牌上岗制度等3项制度，完善村规民约，明确村民责任义务，实行“门前三包”制度，确保实现农村人居环境干净、整洁、有序。开展村庄清洁春季、夏季战役等系列行动，彻底清理农村生活垃圾、村内沟渠池塘淤积、村巷道乱堆乱放，全面推进畜禽圈养和粪污治理，确保做到村前巷尾清洁有序，房前屋后干净整洁，河塘沟渠清洁无臭，村庄美化亮化。加强农村人居环境整治暗访工作，聚焦农村人居环境突出问题，围绕落实责任、工作措施、整治成效、长效管护等，加大暗访力度，不断提高农村人居环境整治水平，巩固提升整治成效。加强农村生活垃圾管理，建成“一镇一站一村一点”，在运营正常的情况下，农村垃圾收运处理基本做到日产日清，生活垃圾有效处理率100%，村庄保洁覆盖率100%，132个建制村完成农村人居环境综合整治并通过验收。

【水污染防治】2022年，兴宁市积极完善饮用水水源地监管机制。对划定的26个饮用水水源保护区纳入三级网格巡查监管，实现水源地监管责任到人，配合上级开展镇级水源地应急能力建设实地调研。强化罗浮水水质保护。开展罗浮水流域范围进行污染源排查监测，针对排查结果，开展相关污染整治工作，确保罗浮水园潭电站断面水质考核达标。开展罗浮涉水企业日常执法监督行动，出动执法人员23人次，检查企业13家。全力开展合水灌区水环境整治，排查筛选出340处污染源，制定整治方案，实行逐一整改、逐一销号，完成122处污染源整改，完成率35%。对全市17条河流、20个湖库开展排查工作，排查河流472千米、湖库143千米，排查出入河排污口1899个。开展梅江畲江官铺断面水质治理攻坚。完成65个自然村农村生活污水治理任务，包含5个示范村民生实事治理任务，完成率100%，制订《兴宁市农村生活污水运维管理方案》。

【大气污染防治】 2022年，兴宁市开展涉VOCs（挥发性有机物）排放企业深度治理。督促企业规范治理VOCs，督促重点监管企业金雁电工有限公司开展深度治理，重点强化对化工、工业涂装、包装印刷等企业废气排查，督促企业大气污染防治设施正常运行。开展重污染天气应对工作。做好涉废气工业污染源管控工作，对兴宁城区及周边涉挥发性有机物工业企业，认真组织拉网式检查，确保废气治理设施正常运行。开展兴宁城区加油站油气回收检查，确保油气回收系统正常运行，减少挥发性有机物产生。开展柴油车污染治理和非道路移动源检查工作，定期组织人员开展柴油车上路执法检查、用车大户入户调查、非道路移动执法、机动车检测站监督检查、砖瓦行业企业分级窑炉检查等工作。严格落实能源消费总量和单位生产总值能耗“双控”措施，鼓励压减非发电散煤消费，消减重点行业煤炭消费总量。

【土壤污染防治】2022年，梅州市生态环境局兴宁分局协助上级开展重点行业企业土壤污染调查工作，督促对4家用地企业和福兴街道社区卫生服务中心（社区医院）开展土壤地块调查，督促重点监管单位依法落实自行监测、隐患排查等要求，并将相关报告上传至广东省土壤环境信息平台，督促相关责任主体开展必要的污染成因排查、风险评估和风险管控工作。开展核与辐射许可证核发工作，各单位完成新申请手续1家，重新申领手续5家，完成延续申请手续7家，完成变更申请手续4家。

【固体废弃物管理】 2022年，梅州市生态环境局兴宁分局联合开展汽修行业危废规范化整治，逐渐规范汽修行业废机油的管理工作，一、二类汽修全部实现固废平台申报，在省固废平台信息系统注册申报的用户，完成2022年度危废申报93家，申报率52.3%。实现对固体废物的产生、贮存、转移、处置等各个环节实行全程监管。全年一般工业固废产生量7.26万吨，处置利用率100%；危险废物产生量9082.59吨，处置利用率98.2%；医疗废物产生量72.17吨，处置率100%；生活垃圾产生量23.17万吨，无害化处理率100%。

【节能减排】 2022年，兴宁市落实碳达峰碳中和部署，强化能耗“双控”（能源消费总量和强度双控），坚决不引进“两高”（高耗能、高排放）项目，加快高耗能行业绿色化改造和园区循环化改造，发展光伏发电、绿色建筑等新能源新材料产业，推行清洁生产，淘汰落后产能。加快市镇村生活污水处理设施全覆盖，深入实施涉挥发性有机物（VOCs）企业分级管理和深度治理，深化工业锅炉和炉窑分级分类治理，推动移动源管理，加强消耗臭氧层物质管理和噪声污染防治。加强“散乱污”工业企业整治，强化建筑工地、道路扬尘、露天焚烧、烟花爆竹燃放和餐饮油烟废气管控，确保主要污染物排放总量持续下降，空气质量优良天数比例达梅州下达指标，消除重污染天气。全年主要污染物化学需氧量减排681.51吨、氨氮减排191.25吨、氮氧化物减排24.36吨。

■环境监管

【生态环境监测】 2022年，梅州市兴宁生态环境监测站开展饮用水水源、地表水、城市环境空气质量、声环境质量、酸雨等常规监测任务。全年水环境常规监测共采样130个样品，获取监测分析数据4068个，出具监测报告200多份，发出专项环境预警报告10多份。协助对兴宁市24家“千吨万人”农村饮用水源地进行点位确认及采样监测。

【污染源监测】 2022年，梅州市兴宁生态环境监测站做好污染源监测，完成40余家次污染企业的监督性监测，对黄陂等6家镇级生活污水处理厂进行监测，共监测10多次，每年上下半年对列入监测全覆盖名单的16家农村生活污水处理设施出水各监测1次。对20个镇（街道）33个跨界交接断面水质进行考核监测，每月组织对37个断面（含对照断面）进行监测。协助梅州市监测站完成环境质量监测，对兴宁市3个风险点位和7个基础点位开展省级网土壤监测点位现场采样监测。

【环境信访】 2022年，梅州市生态环境局兴宁分局受理环境信访案件144件，调查处理率100%，依时回复率100%。开展“无信访”单位创建活动，落实领导下访制度11次，排查化解生态环境信访积案4件。

【环境执法】 2022年，梅州市生态环境局兴宁分局加强对涉及宁江水系水质稳定企业和规模化养殖业专项检查，共出动执法人员1329人次，检查企业443家次，对排污企业发出环境违法限期改正通知书27份，给予行政处罚3家，累计处罚金额7万元，实施查封并案件移送公安部门1家，清退关闭散乱污企业和牛蛙养殖共5家。开展集中式饮用水水源地违建别墅专项排查，解决1家因清淤工程而出现水质影响的情况。开展安全生产领域八大专项整治，开展62家次的企业环境安全生产检查，提出并整改完成轻微安全隐患7处。开展对9家非煤矿山环境安全隐患排查，发现并促进完成整改17项；开展“散乱污”工业企业（场所）综合回头看，关闭取缔3家；开展拉网式排查重点河流区域的非法采砂巡查监管，共出动执法人员23人次。严格“双随机、一公开”执法，将1386家排污企业和283家建设项目列入广东省量化监管平台信息库，并对随机抽查的33家排污企业和28家建设项目进行现场检查。同时开展“商务双随机检查”21家。建立监督执法正面清单企业287家，共开展清单内企业非现场检查176家次，通过非现场方式发现问题3个。

【生态环境服务能力】 2022年，梅州市生态环境局兴宁分局优化行政审批服务，围绕企业关心的环评审批和申领排污许可证问题，主动做好重点项目的服务工作，对奥浦合金等公司提前介入，对排污许可证申领和环评文件的编制提出科学建议，解决企业环保存在问题。全年审批建设项目50个，登记备案155个，环评豁免6个，发放排污许可证51份。开展核与辐射许可证核发工作，完成新申请手续4家，重新申领手续4家，完成延续申请手续13家，完成变更申请手续30家。积极申请环保专项资金，全年申请专项资金入库项目6个、中央库1个、省级库5个，申请总资金6627.64万元。

【生态环境空间管控体系建设】 2022年，兴宁市贯彻落实梅州市“三线一单”生态环境分区管控方案，推进规划环评、项目环评与“三线一单”成果衔接，划定生态保护红线511.47平方千米，占比24.6%；一般生态空间119.36平方千米，占比5.8%；生态空间630.83平方千米，占比30.4%，生态环境分区管控体系初步建立。

【生态环境宣传教育】 2022年，梅州市生态环境局兴宁分局开展生态环境保护宣传工作“五进”活动，制订《关于开展2022年环境保护宣传月活动的通知》，印发《梅州市生态环境局兴宁分局2022年度环境宣传教育工作计划的通知》。联合市林业局、广东兴宁铁山渡田河省级自然保护区管理处、环保志愿者开展“生物多样性日——为所有生命构建共同的未来”为主题的宣传活动，发放宣传资料500份，环保袋400个。开展“共建清洁美丽世界”、“六五”环境日主题系列活动，向全市人民发放倡议书500多份、张贴倡议书200多处。在微信平台举办一场为期5天的线上答题有奖宣传活动，参与答题人数189人次，发放现金红包150多个。制作《“十三五”生态环境保护工作成效视频》，在文化广场、超市等公众宣传栏滚动播放。全年在“梅州生态环境”微信公众号推送宣传稿件43篇，在官网公开各类信息225条，公开重点领域环保信息169条。

（陈幸玲）

镇（街道）

■兴田街道

【概况】 2022年，兴田街道位于市境西南300多平方千米的宁江盆地中部，是兴宁的政治、经济、文化中心。东连宁新街道，南接福兴街道，西靠新陂镇，北邻宁中镇，总面积14.86平方千米。辖16个社区和6个建制村，街道户籍人口17.8万人，常住人口13.2万人。耕地面积367.53公顷，水田面积328.67公顷。粮食种植面积573.53公顷，总产量3952吨。其中，水稻种植面积（“两造”）548公顷，总产量3866吨。镇级财政预算内收入1.22亿元。

【基层党建】 2022年，兴田街道以学习宣传贯彻党的二十大精神为主线，开展集中学习90次、党课教育74次，在“亮丽兴田”微信公众号专设“我心向党学在路上”学习专栏，实现4100余名党员学习教育全覆盖；依托新时代文明实践所（站）、围龙讲堂等平台，开展“听党话、感党恩、跟党走”“文化进万家”演出近20场；规范街道党校和分教点建设，城北社区党校分教点被评为兴宁市星级镇街党校分教点；严格落实党内政治生活，整改排查共性问题9个；从严把好党员“入口关”，发展预备党员15人，培养入党积极分子63人；开展谈话提醒50余人次，签订党风廉政建设责任书72份，办结信访件7起，立案3宗，给予党纪处分2人。

【共建共治共享】 2022年，兴田街道筹资150万元通过集体土地租赁、收回出租门店，新建和改扩建城北社区、鹅三村党群服务中心；发挥街道“大工委”和社区“大党委”工作机制优势，推动小区“党支部+业主委员会+物业公司”三方联动，创新设立小区党群服务驿站和“党群议事厅”等平台，召开党建联席会议32次；派出党建指导员推进快递、物流等新业态新就业群体的党建工作，在大新社区试点建设“暖蜂驿站”，为快递小哥、网约车司机等搭建“临时小家”；签订《城市党建共驻共建协议书》54份，组织

▲2022年，改扩建后的兴田街道城北社区党群服务中心（刘海燕　摄）

近4000名在职党员到社区报到、认领任务、开展服务；用好需求、资源、服务“三张清单”，共办“微实事”2200多件，实现“微心愿”1000多个；街道建立防汛救灾应急救援队、野外防灭火突击队，各村（社区）建立志愿服务队。

【重点项目建设】2022年，兴田街道城市扩容提质XT3地块完成征收57.8%，XT4地块完成征收66.7%，XT5地块完成征收94%，XT6地块完成征收106%；完成鹅湖村椒仔坝温屋依法征收集体土地执行强制收回和清表围蔽，涉及征收集体土地面积1.07公顷、征地37户；有序推进“一江两岸”旅游公路项目征地拆迁，土地丈量6.86公顷、签约3.38公顷、移交土地3.71公顷，房屋丈量26座、签约13座、拆除12座；协调推动西郊、城北“三旧（旧城镇、旧厂房、旧村庄）”改造，争取上级专项资金1亿多元对怡兴片区30多个老旧小区进行管线、外立面和周边市政道路改造提升；投入约20万元在明珠社区打造“家风家训”便民小广场和示范小区，城北社区老张屋等背街小巷安装路灯实现出行亮化安全。

【生态环境】2022年，兴田街道开展以城中村、城乡接合部和农村为重点的生活垃圾收集清运集中整治大行动15次，聘请保洁人员对重点路段进行12小时保洁；新设垃圾分类点5个，在河背社区江湾御景旁绿化带打造垃

▲2022年7月15日，兴田街道开展“更好发挥人大代表作用”主题活动，图为代表们在永泰社区调研城市垃圾分类工作　　（兴田街道提供）

圾分类主题公园；镇、村各级河长巡河945人次，发现并整改沿河搭建及非法捕鱼问题2个，高规格完成清漂任务2次，清理河面9000平方米、水面漂浮物18吨；发现并及时劝阻焚烧垃圾、秸秆的行为30余起。

【社会治安综合治理】2022年，兴田街道排查化解信访矛盾纠纷470多宗，解决持续几十年的历史遗留问题2宗，完成特别防护期信访工作；开展禁毒、反诈、扫黄打非、反邪教等宣传教育活动100多场，将电诈发案情况纳入网格考核，网络电信诈骗案发数及案损数出现双下降态势；开展易制毒场所排查活动400多场次。全年辖区未发生极端暴力事件。

【安全生产】2022年，兴田街道聚焦危险化学品、烟花爆竹、道路交通、建筑施工、城镇燃气、自建房、人员密集场所消防等重点领域，检查经营单位1580多家次，发现安全隐患223项，均完成整改；对存在安全隐患的401家自建房建立明细台账，纳入“网格化”日常管控；对辖区内10家燃气供应站点定期开展安全检查和业务培训，引导辖区内368家餐饮场所安装燃气报警器。

【乡村振兴】2022年，兴田街道加快推进建设生态宜居美丽乡村工程，以点带面推进“美丽村屋”建设；分层分类帮扶脱贫不稳定户、边缘易致贫户以及基本生活严重困难户，坚决守住不发生规模性返贫底线；6个建制村集体经济年收入全部达10万元以上，完成总投资约51万元的兴宁市扶持壮大村集体经济试点村鹅湖村光伏发电项目建设工程，预计

每年集体经济收益 5.5 万元；参与兴宁市国家级电子商务进农村综合示范项目，上报镇级电子商务服务站点 1 个、村级站点 3 个，组织各社区（村）信息员和群众参加直播带货培训；全面完成农村房屋摸排和信息录入，有序推进农村房地一体调查登记发证和土地流转集约工作；完成复耕复种 80 多公顷。

【民生实事】2022 年，兴田街道全面落实各项民政政策，惠及残障、困难户、退役军人等群体 3000 多人；开展普法活动 60 多场次，解答群众咨询 5 万余人次；组织法律顾问进社区（村）接待群众法律咨询 190 次，参与调解 22 次，举办法治讲座 82 场次，遴选出“法律明白人”88 人；投入 50 多万元升级改造新时代文明实践所和省特级文化站阵地，成功申报非物质文化遗产代表项目《梳妆》舞；开展文化惠民活动 15 场、志愿活动 200 多场、家长学校家庭教育活动 70 场，联合兴宁开放大学在永泰社区开设老年社区大学。

【综合执法】2022 年，兴田街道建立完善综合行政执法队“一室三中队”（法制审查室、一中队、二中队、三中队），开展 9 期法律知识培训提升执法人员能力；加强对食品药品、农贸市场、学校食堂等场所的监管，严厉打击市场监管领域违法行为，受理消费投诉举报 1536 宗，发出责令整改通知书 39 份并全部完成整改，立案查处违法案件 6 件；完善土地动态巡查监察网，制止破坏耕地 17 宗，制止在萌芽状态 13 宗，依法拆除违法占地搭建行为 2 宗。

（陈怡玲）

■ 宁新街道

【概况】 2022 年，宁新街道位于兴城东南，东连永和镇、坭陂镇，南靠刁坊镇，西邻兴田街道、福兴街道，北毗宁中镇，总面积 29 平方千米。辖 12 个建制村和 8 个社区，年末总人口 5.08 万人。其中乡村人口 5801 人，城镇人口 45018 人。有耕地 711.93 公顷，其中水田 646.53 公顷。粮食种植面积 1236.2 公顷，总产量 8273 吨。其中，水稻种植面积（“两造”）1124.27 公顷，总产量 7890 吨。镇级财政预算内收入 6005.46 万元。

【重点项目建设】2022 年，宁新街道围绕城市提质扩容目标，推动城市一级开发十一、十二、十三地块征地拆迁和宁江公园二期、安置 C 区、“四馆一场”项目征收工作。全年，完成丈量登记房屋 6 户，签约 31 户，拆除房屋 73 户，拆除面积 1.46 万平方米，实施依法强拆行动 1 宗；兴宁市档案馆新馆正式启用。新实施高铁干线路网洋里段征拆项目土地房屋全部完成丈量，征拆工作有序推进。新实施北环大道至宁江中学公路新建工程项目，道路建成通车；完成机场路口和松口岭路口连接北环大道右转弯扩宽车道建设；完成省道 226 线妇幼保健院至高速公路兴宁东出口段改建工程前期摸底工作。

【乡村振兴】2022 年，宁新街道全面落实乡村振兴责任，9 个建制村集体经济收入 10 万元以上。完成问题户厕整改 13 户，完成率 100%。投入 200 多万元，建设洋里村大竹围屋和花丁围曾屋、大圳村花螺墩屋、佛岭社区李和美屋 4 个美丽村屋项目。投入 160 万元，完成复耕复种面积 175.13 公顷。强化产业支撑，引入 2018—2019 年度“花生淘宝全网销售冠军”梅州市浠涵家生态农业发展有限公司进驻，实现“公司 + 生产基地 + 电商”发展格局，支持农业产业振兴发展。

【民生民利】2022 年，宁新街道持续做好基础设施建设，投入 52 万元，完成大圳村机耕路项目建设；投入 60 万元，完成黄岭村机耕路项目建设；筹资 60 万元，实施洋里村排灌沟三面光工程；投入 60 万元，实施村级冬修水利，做好春耕备耕工作。加大社会保障政策宣传，完成 2023 年度医保缴费 39968 人，城乡居民养老保险参保 17432 人，领取待遇 6583 人；办理征地农民社保 10699 人，计提金额 9034 万元。设立 5 个社工站点，实现社会工作服务全覆盖；做好弱势群体帮扶，加强农村分散五保人员管理，投入 3 万元，完成 10 户高龄五保户“适老化”改造；为 23 名残疾人员配备辅助器具，引导残疾人员参加职业培训。

【文教卫生】 2022年，宁新街道深入开展创建国家卫生城市、省县级文明城市工作，推动城乡环境综合治理。建成43个垃圾分类亭（点），东风、曙光、商业城3个社区设立垃圾分类示范片区，涵盖27个居民小区；东岳宫农贸市场完成升级改造。加强精神文明建设，支持教育事业发展，投入38.7万元，支持宁新中心小学购置电脑设备；投入9万元，支持东风小学、大圳小学改造体育运动场；投入1.7万元，更换东风小学校园宣传栏，优化校园育人环境。

【社会治安综合治理】 2022年，宁新街道落实“中心+网格化+信息化”综治工作体系，主动调处化解征地拆迁、物业管理、小区建设等矛盾纠纷。深入实施“八五”普法教育，强化一村（社区）一法律顾问制度落实，开展法治宣讲52场，提供法律咨询近260人次。是年，受理综治、司法信访案件55件，结案50件；受理民事、土地纠纷103件，调解率100%，调解金额225万元。落实社区矫正安置帮教工作，安置率、帮教率均100%。加强精神障碍患者管理，统筹开展反电信诈骗、反邪教、禁毒、扫黑除恶工作，社会形势稳定向好。

【平安建设】 2022年，宁新街道做好消防安全、道路交通、建筑施工等各类重点领域和学校、托管机构等人员密集场所安全工作。深入开展“三合一”场所、群租房、无证幼儿园、校外培训机构消防安全大排查，是年，清理疏散通道192条，安装智慧烟感报警器219个，安装可燃气体报警装置218个，举办安全生产月宣传活动12场。加强农村房屋安全隐患整治，排查经营性自建房1551户，非经营性自建房6560户。强化综合行政执法力度，是年，查处各类案件12件，制止破坏耕地行为9宗，发出责令改正违法行为通知书70份，拆除、整改违法建设2200多平方米。

【基层组织建设】 2022年，宁新街道实施新一轮加强基层党组织建设三年行动计划，成立全市首个代驾平台党支部，新成立2个“两新”党组织，推进文峰新城物业党支部建成智慧物业、红色物业。推进城市共建共治共享，25个挂钩单位与社区签订共建协议，共同开展各类志愿活动60余次，解决民生实事36件。推进城南社区城市党建示范社区建设，深化民主法治示范社区创建活动，推动高质量党建示范建设。投入10万元，完善茶都社区党群服务中心功能，建设党员驿站。加强组织关怀，为14名50年以上党龄的老党员颁发“光荣在党50年”纪念章。

（廖梓添）

■ 福兴街道

【概况】 2022年，福兴街道位于宁江河西南岸，东连宁新、兴田，西邻五华转水，南毗刁坊，北靠新陂，广梅汕铁路、梅河高速、平兴高速、205国道、福兴大道、兴南大道、兴福路、省道225线纵横贯穿福兴，有国家AAAA级旅游景区——神光山国家森林公园，总面积34.94平方千米。辖10个建制村和4个社区，年末户籍人口36660人，其中城镇人口34857人，乡村人口1803人。有耕地面积370.33公顷，水田面积280公顷。粮食种植面积653.33公顷，总产量4900吨，其中水稻种植面积（“两造”）533.33公顷、总产量4000吨。水果种植面积8公顷、总产量120吨，茶叶种植面积2公顷、总产量3吨。镇级财政预算内收入7177万元。工农业总产值5.47亿元，其中工业总产值3.25亿元，农业总产值2.22亿元。

【基层党建】 2022年，福兴街道组织街道全体党员干部学习党章党规党纪及相关政策文件，举办观看警示教育片、开展谈心谈话、参加廉政宣讲等活动9次。开展党的创新理论、党务工作、乡村振兴和党风廉政建设等专题学习4场次，全年新进村（社区）“两委”干部9人，优化“两委”干部年龄、学历、性别等结构。在华丰工业园园区党支部建成1个人才驿站，召集“两新”组织党组织开展志愿服务活动7场次。突出党建引领，以“组织联建”“活动联办”“网格联动”为抓手，持续推进“大工委”“大党委”工作。整合辖区内各类资源，协同小区、物业党支部，组织小区内居民党员群众共同参与社区基层治理。常态化开展在职党员“双报到双服务”活动，着力解决居民群众、业主反映的“微心愿”。正式揭牌启用新福兴社区党群服务中心，打通服务群众“最后一公里”。全年发展党员15人，颁发“光荣在党50年”纪念章13枚。

【兴宁新城建设】 2022年，福兴街道土地房屋征收工作实现新进展，新增房屋丈量63户，结算50户，拆除50户，征收土地0.76公顷，全面保障新建市人民医院、兴福南路项目落地。

【撂荒地复耕复种】2022年，福兴街道投入资金138万元对照撂荒图斑数据，压实属地责任，要求挂点领导为第一责任人，由村级党组织负责人抓好复耕复种工作。通过统一组织开垦、宣传上级奖补资金政策等举措，吸引一大批农户主动参与复耕复种工作。连片1公顷以上撂荒图斑总面积101.09公顷，其中完成73.52公顷，剩余1.54公顷未复耕，26.03公顷不具备复耕条件。连片0.2公顷以上撂荒图斑总面积170.6公顷，其中完成复耕复种73.7公顷，96.9公顷不具备复耕条件。

【城乡环境综合整治】 2022年，福兴街道开展爱国卫生运动30余次，村庄卫生环境改善。垃圾分类工作高效推进，兴南社区和新城社区试点成效明显，强化“垃圾不出小区门”宣传力度，提升居民参与积极性。举办文明宣传活动。采取包户宣传的方法，组织网格化管理人员进社区、进小区向居民宣传文明知识，联合辖区内各中小学校举行创建文明城市专题文艺活动8场，开展“小手拉大手、共创文明城”活动29次。

【安全生产】 2022年，福兴街道开展安全大检查行动13次，对辖区内餐饮、娱乐、建筑工地等重点生产经营场所进行专项督查65次。做好午晚托教育机构安全整改工作，原有机构16间，关停5间，完成整改11间。完成136家商铺可燃气体浓度报警器安装工作。做好森林防火工作，对重点地带定期进行清杂，对路边、山边等交通便利地段进行淋洒，开设防火带15千米，组织人员清理“五边”长度合计3000米。

【社会治安综合治理】 2022年，福兴街道开展矛盾纠纷排查4次，接访群众来访138人次，上级交办信访案件124件，回复率100%，人民调解53件，调处50件，调处率92%。悬挂各类法治宣传标语50多条，发放村民学法用法读本宣传材料2000多份，开展法治宣传教育活动64次，受教群众1006人次，共解答法律咨询320件。

【文化卫生】2022年，福兴街道累计筹集奖教奖学基金155.29万元，建成足球场地4块，获得兴宁市“市长杯”足球比赛第四名。全年出生311人。全街道无偿献血135人，献血量3.06万毫升，免费“两癌”（宫颈癌、乳腺癌）筛查205人。

【民生保障】 2022年，福兴街道落实农村最低生活保障349户696人，五保户77人；落实医疗救助1621人次，救助金额108.14万元；为66户127人提供临时救助56836元；为8259人办理失地农民社会养老保险累计5643.72万元，为1.53万人办理城乡居民养老保险，为27068人办理城乡居民医保。

（曾　嵘）

■ 宁中镇

【概况】 2022年，宁中镇位于兴宁市城区东北面，东连永和，南毗宁新，西邻兴田、新陂、叶塘，北与龙田、石马接壤，总面积43.63平方千米。辖23个建制村和1个社区，年末户籍人口3.51万人。有耕地面积1273.86公顷，水田面积1095.13公顷。粮食种植面积1719.46公顷，总产量1.17万吨，其中，水稻种植面积（“两造”）1652.4公顷，总产量1.15万吨。镇级财政预算内收入3425.22万元。工农业总产值2.75亿元，其中工业总产值7721.5万元，农业总产值1.97亿元。农民人均纯收入0.97万元。

【农业产业发展】 2022年，宁中镇突出以撂荒土地复耕复种为重点，狠抓粮食生产，全镇完成连片15亩（1公顷）以上撂荒图斑复耕复种 767.47 亩（51.16 公顷），全面完成梅州市 3 亩（0.2 公顷）以上撂荒图斑 2082.16 亩（138.81 公顷）的复耕复种工作任务。向广大农户宣传水稻保险作用，做好水稻保险入保工作，全镇水稻保险入保率 100%。完成晚稻病虫害统防统治工作任务 166.67 公顷。

【农村人居环境整治】 2022 年，宁中镇紧密结合“美丽兴宁·美好家园”活动，深入开展全域无垃圾行动。清理村巷道及生产工具、建筑材料乱堆乱放 792 处；清理房前屋后和村巷道杂草杂物、积存垃圾 824 处；清理沟渠池塘溪河淤泥、漂浮物和障碍物 312 处。完成生活垃圾、生活污水、水体污染整治 252 宗，在完成农村人居环境整治任务的基础上，以示范创建为引领，以点带面、连线成片，建设具有兴宁特色的生态宜居美丽乡村，成功申报蔗塘村“兴宁市美丽家园建设示范点”。

【环境保护】 2022 年，宁中镇严格实行环境质量“一把手”负责制，确保各项生态环境措施真正落到实处。配合市水务局做好和山岩水库清淤工作；强化管控，严抓危废品防治和水资源环境保护。做好大气污染防治，累计发放禁止露天焚烧秸秆、生活垃圾倡议书 2000 多份，悬挂横幅 24 条，进入企业 15 家，增强企业和群众的环保意识。

【基层组织建设】 2022 年，宁中镇镇委党校举办主题班次 10 期，培训 1500 人次，覆盖全体党员。加强发展党员工作，严把党员入口关，注重吸收政治过硬、文化层次高，年轻有活力的人员入党，全年发展党员 16 人，其中大专以上 8 人，女党员 8 人，35 周岁以下 11 人。将“三会一课”、理论学习中心组、主题党日、专题学习会、党史宣讲活动等和中国共产党成立 101 周年活动紧密结合，推进党史学习教育深入群众、深入基层、深入民心。为 15 名 50 年以上党龄的老党员颁发“光荣在党 50 年”纪念章。

▲ 2022 年 6 月 14 日，兴宁市领导到宁中镇和山岩水库调研

（宁中镇提供）

【优化营商环境】 2022 年，宁中镇吸引 26 名大学生服务在公务员、“三支一扶”服务人员、社会工作者、乡村振兴志愿者等岗位；开展各类“接地气”的种植技术技能培训、实地走访企业考察等活动，深化作风，优化营商环境，在全镇机关党员干部中开展以“送服务进企业、推动发展解难题，联系群众办实事”为主要内容的便民利商活动。

【民生保障】 2022 年，宁中镇对全镇 537 户共 1062 人低保对象严格做好审核把关，应保尽保；准时为 126 户特困供养人员、3 名孤儿、15 名事实无人儿童发放基本生活保障资金，对全镇 584 名重度残疾人和 7 名百岁老人、998 名高龄老人准时发放津补贴。宁中镇社会工作服务站古塘村、文一村、和新村、石岭村、龙岗村服务点挂牌成立，村（居委）建成社会工作服务点 100% 覆盖，匹配 26 名“双百工程”社会工作人员，为在册困难群众和特殊群体建立一户一档及走访机制，为有需要的困难群众和特殊群体提供社会工作专业服务，打通为民服务“最后一米”；全力推动宁中教育强镇复评工作，通过创强复评验收。

【社会治安综合治理】 2022 年，宁

▲2022年12月7日，宁中镇热心乡贤支持宁中“教育强镇”复评捐赠仪式现场　　（宁中镇提供）

中镇调委会立案调解纠纷82宗，成功调处79宗，调解成功率99%。全年上级交办信访案件25件，办结25件，办结率100%。开展禁毒、反诈宣传30余次，开展法治宣传教育活动96次，出动宣传车48辆次，发放各类宣传资料1.3万份，解答法律咨询2580人次。

（胡君强）

■ 刁坊镇

【概况】 2022年，刁坊镇位于兴宁市东南部，东邻坭陂镇，南连五华县水寨、转水两镇，西接福兴街道，北依宁新街道，总面积58.01平方千米。辖22个建制村和1个社区，年末户籍人口约4万人。有耕地面积1461.27公顷，水田面积1344.6公顷。粮食种植面积2135.87公顷，总产量1.48万吨，其中水稻种植面积（“两造”）2061.4公顷、总产量1.46万吨；水果种植面积189.07公顷、总产量3694吨，茶叶种植面积14.13公顷、总产量33吨，油茶种植面积66.67公顷、总产量153吨。全年实现工农业总产值6.67亿元；农民人均收入1.74万元。

【基层组织建设】2022年，刁坊镇发放“光荣在党50年”纪念章19人；提拔任命5名青年干部充实股级干部队伍；开展能力培训，举办党支部书记、村级后备干部党务知识和政治素养培训会15场，培训人员1000人次；提高发展党员工作质量，培养积极分子60人，发展党员15人；全面巩固巡察反馈问题整改成效，督促被巡察村（居）、职能部门落实整改责任，落实整改措施219条。

【农村农业】 2022年，刁坊镇粮食总种植面积2135.87公顷，总产量1.48万吨。筹措近200万元复耕复种专项奖补资金，集约流转土地209.67公顷，完成3亩（0.2公顷）以上连片撂荒田块复耕复种面积3103亩（206.87公顷）、15亩（1公顷）连片撂荒田块复耕复种面积3484亩（232.27公顷）。推进“一村一品、一镇一业”项目建设，加快培育特色产业，引进15家农业企业。发展新型农业专业合作社，培育致富带头人、种粮大户8户（人）。全力扶持壮大村集体经济，金银村、黄沙村、新兴村、长征村4个分布式光伏发电项目实现并网发电，周兴村等10个光伏发电项目稳步推进，18个建制村集体经济年收入达10万元以上。

【重点项目建设】 2022年，刁坊镇涉及土地房屋征收项目包括梅龙高铁、高铁干线路网及站前综合广场和配套工程一期、广弘农牧、毅德物流园、城市一级开发项目刁坊2地块、教师发展中心等项目。用时1个月，完成高铁干线路网及站前综合广场和配套工程一期项目净地交付，实现无障碍施工；教师发展中心征拆任务全面完成；强力推进南部新城征地拆迁工作、交出净地4.23公顷；毅德物流园项目征收312户房屋，完成总任务的98.4%；刁坊2地块项目征收水田21.92公顷、房屋173户，完成总任务的95%；梅龙高铁项目、广弘农牧道路建设项目等征收拆迁工作稳步推进。

【基础设施建设】 2022年，刁坊镇投入700多万元完善圩镇基础设施，完成主要街道道路提

▲ 2022 年 5 月 3 日，兴宁市委主要领导到刁坊镇调研广弘农牧项目
（刁坊镇提供）

升、背街小巷整治等工程；投入 440 多万元对芋坑水库等 4 个水库进行除险加固、管护提升；投入 300 多万元完成新建、黄沙、长段、联新等村的全域自然村集中供水工程；投入 100 多万元完成圩东、周兴、长征、荷慕、郑江等村自来水供水网管扩网工程；基本完成长段村渠道建设等 3 个水利移民项目；投入 30 多万元建成兴宁市首批镇级乡村振兴人才驿站，入库博士专家 1 人、农林水专家 5 人、乡土专家 4 人。

【人居环境整治】2022 年，刁坊镇开展圩镇“六乱整治”行动 29 次；完善刁坊镇长效保洁机制，推进垃圾分类；加强农村公厕管护，推进农村“厕所革命”；精心实施美丽乡村建设，“宁江古韵·兴宁粮仓”乡村振兴示范带建设加快，建成“美丽村屋”项目 2 个、“千村示范·万村整治”项目 2 个。

【防返贫监测】2022 年，刁坊镇落实“四不摘”（不摘责任、不摘政策、不摘帮扶、不摘监管）要求，健全防返贫动态监测和帮扶机制，重点加大脱贫不稳定户、易致贫边缘户帮扶力度，全年完成入户排查 465 户 1101 人。

【民生民利】2022 年，刁坊镇全力解决星城自来水厂供水问题，满足周边群众用水需求；完成全镇 702 户低保、五保、低收入家庭、精准扶贫户年审工作，完成残疾人“两项补贴”（困难残疾人生活补贴、重度残疾人护理补贴）年度资格认定 676 人，完成精准康复系统录入 314 人；继续做好银龄安康保险政府统保工作；加强镇辖敬老院、托老机构的软、硬件环境建设；受理临时救助 106 户；受理慈善救济申请 12 件，发放金额 4.1 万元。

【社会治安综合治理】2022 年，刁坊镇严格落实安全生产责任制，高标准完成“喜迎二十大 安全保稳定”安全生产百日行动等专项整治行动，抓好食品药品、建筑施工、“三小”场所、出租屋（群租房）等重点领域的安全监管，累计检查 100 多次，排查整改一般安全隐患 75 处，排查整治“三小”场所和出租屋（群租房）421 家，清理违规停放和充电电动车 134 辆，安装联网型智

▲ 2022 年 8 月 25 日，刁坊镇开展道路交通安全及“六乱”整治行动
（刁坊镇提供）

能烟雾报警器 280 个，开设逃生窗口 50 个；推进农村派出所参与道路交通安全管理试点工作。

【文教卫生】 2022 年，刁坊镇开展“5·29”会员活动日暨卫生计生综合宣传服务活动、组织各村（居）委开展卫生健康宣传和关爱服务；开展爱国卫生运动，倡导文明健康生活方式，金银村成功创建“广东省健康促进村”；做好技校招生宣传工作，完成招生 34 人；发放教育基金 22 万元；完成省级文物保护单位棣华围修缮维护工程。

（刘 宇）

■ 坭陂镇

【概况】 2022 年，坭陂镇位于兴宁市中南部，东连新圩，西接刁坊、宁新，南邻五华县，北靠永和，总面积 87.87 平方千米。辖 31 个建制村和 1 个社区，年末户籍人口 8.04 万人，其中乡村人口 58462 人。有耕地面积 2538.87 公顷，水田面积 2301.53 公顷。粮食种植面积 3778.6 公顷，总产量 2.62 万吨。其中，水稻种植面积（“两造”）3537.2 公顷，总产量 2.48 万吨。水果种植面积 303.67 公顷，总产量 8847 吨；茶叶种植面积 1.33 公顷，总产量 3 吨；油茶种植面积 13.33 公顷，总产量 20 吨。镇级财政预算内收入 2487.11 万元。

【重点项目建设】 2022 年，兴宁市高铁干线路网及站前综合广场和配套工程（一期）坭陂段涉及红卫、新岭两村，涉及红线内建设用地面积 14.33 公顷，已测量 10.75 公顷，完成率 75%。需征拆房屋 160 户，已完成 159 户房屋丈量任务，丈量率 99.4%；158 户完成签约，签约率 99.4%；拆除 85 户，拆除率 53.8%。总投资约 3 亿元的梅州市重点项目——广东富农生物科技股份有限公司肉鸡产业融合示范园土地流转、用地报审及环评等有序进行；总投资 5.8 亿元中国能建（坭陂）光伏项目各项工作稳步推进；总投资 8500 万元的广东宝宁农牧二期养鸽产业园投入使用。

【基础设施建设】 2022 年，坭陂镇鹏智大道沥青路提升项目造价约 90 万元，项目进入收尾阶段；圩镇三线整治项目造价约 12 万元，包含坭陂圩镇主街道通信线路，规范后期线路走向等，项目进入财审阶段。筹资 360 多万元的九子坑河治理工程施工中；投入 280 多万元的宁江河坭陂河心固床陂工程建成使用。

【乡村振兴】 2022 年，坭陂镇按照“四不摘”及“三类人员”监测要求，向 50 户 206 人发放临时慰问金、务工奖补、安全住房修缮金等约 16 万元。乡村振兴项目库筹备工作有序开展，筹备一批美丽圩镇建设、美丽村屋项目打造、扶持农业企业发展等项目，总估算价约 400 万元。引进广东辰丰谷物有限公司在湖柏村流转 95.33 公顷打造兴宁市丝苗米省级现代农业产业园种植示范基地；引进广东利雅农业有限公司在陂宁、将军、宣明等村流转土地 240 公顷种植玉米；引进梅州市四方秉农业公司在柑子村种植 66.67 公顷优质水稻，初步打造 13.33 公顷制种基地。引导种粮能手、专业户等参与小面积撂荒土地流转，促进小地块向本土种粮大户集中。是年，全镇 255

▲ 2022 年，坭陂镇广东宝宁农牧二期养鸽产业园投入使用

（坭陂镇党政办提供）

个连片15亩（1公顷）以上图斑共7068.32亩（471.22公顷），其中复耕6382.69亩（425.51公顷），较好地完成市下达的复耕复种任务；共下拨复耕复种奖补资金191万多元，投入200多万元新建及修复水利设施。

【基层组织建设】2022年，坭陂镇新成立1个“两新”党组织——坭陂镇宝宁农牧科技有限公司党支部；筹措38万元扩建新湖、柑子2个村的党群服务中心；市委第四巡察组对坭陂镇党委以及8个村级党组织开展巡察监督，针对巡察反馈的问题清单，全部整改完毕。是年，增补选6名村“两委”干部，充实基层干部工作力量；吸收入党积极分子36人，发展党员15人，其中农村党员13人；持续深化“雏鹰计划”，共有后备干部51人；实施村干部学历提升工程，共组织31名村“两委”干部报读开放大学大专班；镇委党校充分发挥党校教育培训主渠道和主阵地作用，开展9期培训4000人次。

【民生民利】2022年，坭陂镇做好972户低保户、245名特困供养等人员的社会救助工作；做好1983名80周岁以上老人的高龄补贴发放信息核对工作。通过入户宣传、微信群等多渠道广泛宣传城乡居民医疗保险和城乡居民基本养老保险，基本实现全覆盖。为兴宁市技工学校输送学生65人。关心关爱困难家庭，为10名妇女、儿童、大学生争取各类政策性补助。

【文教卫生】2022年高考中，坭陂中学本科线以上43人、特控线（重点）7人。坜陂中学新校区在原主力小学校址上按照省一级学校标准全新设计建成，总占地面积1.23万平方米。全镇获评2022年兴宁市“我心中的三八红旗手”1人，获评2022年“兴宁好人”1人，获评2022年兴宁市“最美家庭”1户。全力推进新时代文明实践所和32个新时代文明实践站建设工作，依托新时代文明实践所开展主题活动21场，开展志愿者服务活动48场。

【社会治安综合治理】2022年，坭陂镇累计受理各类矛盾纠纷案件157件，成功调处148件，调处成功率94.3%；受理“12345”热线投诉267件，受理广东省一体化信访信息系统转派案件278宗，均已办结。各村（社区）实现法律顾问全覆盖，7名驻村（社区）法律顾问律师对坭陂镇32个村（社区）提供法律服务，重大决策注重听取镇村法律顾问的意见，共计法律咨询451人次，开展法治讲座128次，参与解决矛盾纠纷48件。

【平安建设】2022年，坭陂镇累计执法144次；拆除违法搭建11宗；办理行政执法案件36件（涉及自然资源类16件、林业类19件、市场监管类1件），其中结案15件，罚没入库141.9万元。是年，检查烟花爆竹零售点和辖区内危化品行业，针对排查出26处消防和安全生产隐患问题，均督促其整改完毕；打击非法私藏、销售烟花爆竹的行为2宗；劝导村（居）民安全出行2万多人次，完成摩托车“送考下乡”服务4批，约送考1000人次；排查重点三合一场所，推广安装智能烟感230多家次；100家餐饮企业全部完成燃气浓度报警

▲2022年，兴宁市坜陂中学新校区　　（坭陂镇党政办提供）

器安全；开展“电信反诈＋消防安全＋燃气安全＋防学生溺水＋森林防灭火”等敲门进户宣传活动，发出告知书及宣传资料1.2万份。

（刘　璟）

■ 龙田镇

【概况】　2022年，龙田镇位于兴宁市中部，东连石马镇，南接宁中镇，西邻叶塘镇，北界合水镇，距兴宁城区8千米，总面积45.9平方千米。辖16个建制村和1个社区，年末户籍人口4.29万人。有耕地面积1276.4公顷，水田面积1033.8公顷。粮食种植面积1842.13公顷，总产量1.23万吨。其中，水稻种植面积（“两造”）1613公顷，总产量1.15万吨。镇级财政预算内收入2011.68万元。

【农业发展】2022年，龙田镇水果种植面积725.07公顷，年产量11142吨。特色农业方面，扶持培育肉鸽产业龙头企业，兴宁鸽优势产业集聚效应明显，预制菜“陈小鸽风味乳鸽”入选广东省现代农业产业园百家手信（畜禽预制菜）。

果蔬种植　支持坪见沃柑基地粤和兴农业发展有限公司发展富硒无核沃柑种植，内夯产品质量，外拓品牌输出，无核沃柑成功出口泰国、新加坡等东南亚地区。

粮食种植　推广绿色高效农业，普及水稻精量飞播、红薯脱毒育苗、大棚集中育秧等技术，增华农业基地推广滴灌约20公顷，龙盘、环陂等村共建绿色高产高效项目面积134公顷；以土地流转、能人带动、大户经营的现代农业发展模式，发挥品牌引领农特产品外拓作用，增华农业、源江生态、君誉农业等企业品牌效益明显。

复耕复种　投入121万元作为启动资金，购买水稻、玉米等粮食种子，全力推动撂荒耕地复耕复种工作，进一步推进高标准农田建设，累计复耕复种面积212.93公顷，撂荒耕地基本实现复耕复种。2022年，垦造水田项目建设规模面积117.31公顷，集约水陂、石壁、碧园、羊岭等村土地66.67公顷。

【工业发展】2022年，龙田镇实施领导联系企业制度，加大挂点服务重点企业力度。支持龙江建材提升水泥、混凝土、瓷砖胶、制砂等生产线；支持新升科技提升失蜡融模铸造生产线，促进专利成果转化，扩大出口规模。科学规划凉伞、环陂等村内小型加工产业集聚带布局，完善园区标准化建设。龙江建材实现生产销售收入6397万元，全年上缴税收255万元；创强混凝土公司实现生产销售收入11352万元，全年上缴税收410万元；新升科技产值4136万元，生产销售收入4199万元，上缴税收16.8万元。精准落地“放管服”改革，加快推进“数字政府”建设，新办照个体户116户，新办企业37户、新办理食品经营许可证业务30份。

【基础设施建设】2022年，龙田镇公共基础设施往村覆盖、往户延伸，投入资金220万元，完善农村路、桥、水、电等生产生活配套设施，自然村主干道路硬底化及照明路灯基本覆盖；围绕美丽圩镇项目工程，推动兴平公路龙田穿圩段（希望路口至石马桥）道路提升、金龙街（示范街）改造项目建设，着力打造龙田大桥经兴合线到坪见沃柑基地道路、一江两岸鸳塘河到羊岭白鸽场道路美化亮化工程；开展落实管线改造、“3+1”新能源充电桩、智慧烟感等新型基础设施建设。

【乡村振兴】2022年，龙田镇深化巩固拓展脱贫攻坚成果同乡村振兴有效衔接，新增3名乡村振兴志愿者，充实壮大驻镇帮镇扶村队伍力量，加快推进驻镇帮镇扶村工作，常态化开展防止返贫动态监测和常态化帮扶工作。以“千村示范，万村整治”为契机，成功申报并顺利实施3个“美丽村屋”项目。发挥“湖光秀色·龙腾鸽飞”乡村振兴示范带等精品路线示范引领作用，优化农村人居环境，推进农村民居外立面改造，镇容村貌提档升级。促进适度规模经营，探索增收途径，2022年实现全部建制村集体经济收入10万元以上，其中50%村集体经济年收入50万元以上。

【民生民利】2022年，龙田镇通过

民生实事票决，选出并落实兴平公路龙田穿圩段道路提升工程项目、美丽圩镇建设（第一期）金龙街（示范街）改造工程项目。巩固脱贫攻坚成果，建立防止返贫和帮扶机制、坪见村“美丽村屋建设”项目、金星村、曲塘村、坪见村村道沿线房屋外立面整治项目等民生实事建设项目。镇村共落实“我为群众办实事”民生项目37项。推进就业创业，开展岗前培训和技能提升培训。推动“双百工程”和社会工作服务站建设，实现困难特殊群体服务全覆盖；用心用情做好困难群众救助帮扶工作，落实临时救助98户，2022年，为低保、特困群体、高龄老人、残疾人群体共计发放各类补贴、保障金约844万元。推进国家卫生镇创建工作，成功通过复评，获评广东省卫生镇。

▲2022年1月，龙田镇曲塘村村规民约　　（陈　燕　摄）

【文教卫生事业】2022年，龙田镇组织开展镇志、村志编修工作；全面完成辖区16个村村规民约修订完善工作，曲塘村村规民约入选省民政厅《共治共享“约”来粤好 广东百篇优秀村规民约（居民公约）汇编》。发挥17个村（居）学雷锋志愿服务站、新时代文明实践站站点作用，开展形式多样的志愿服务，打通宣传群众、教育群众、服务群众的“最后一公里”；持续开展志愿者活动，机关志愿者服务队注册志愿者227人，累计服务时长突破4500小时。2022年，获评广东省乡村治理“百镇千村”示范镇。举行2022年奖教奖学表彰大会，表彰优秀师生98人。2022年，龙田中学春季高考专科入围率100%，录取率87.8%，居农村中学首位。夏季高考本科上线20人。组织全省教育强镇复评迎检工作。

【社会治安综合治理】2022年，龙田镇夯实细化社会治理，防范化解社会矛盾风险，常态化开展扫黑除恶斗争、打击电信诈骗和禁毒等专项整治行动，发放宣传手册、画报1.8万份，制作大型广告牌2块，悬挂横幅标语100多条；开展“全民禁毒”、防范电信诈骗等现场宣传活动20余次，实现矛盾纠纷、信访案件“双下降”。

【基层组织建设】2022年，龙田镇深化党员培训教育，常态化开展“周一学习会”“午间课堂”“微党课”等活动，党员领导干部领学带学督学，邀请市委宣讲团成员向镇村干部讲党课，共开展党课、宣讲会等各类理论学习活动48场次，累计参学干部职工5000余人次，落实“第一议题”“三会一课”和“主题党日”制度，开展中心组学习15场、专题研讨班2场，各党支部共开展主题党日活动380多次。夯实基层党组织建设，高标准建设镇级人才驿站，新增创强混凝土党支部。优化党员队伍建设，严抓党员发展入口关、质量关，优化基层党员队伍年龄结构，2022年吸收预备党员16人，平均年龄为32.8岁。

（龙田镇党政办）

■ 合水镇

【概况】2022年，合水镇位于兴宁市中北部，距市区15千米，东连石马镇，西接叶塘镇，南与龙田镇相邻，北靠黄陂镇、大坪镇，东北与梅县西部交界；因“粤东明珠”合水水库坐落境内而得名合水。总面积 101.98 平方千米，是广东省“教育强镇”“广东省卫生镇”“兴宁市龙眼基地镇”和“茶叶基地镇”。辖 21 个建制村和 2 个社区，年末户籍人口 3.74 万人。有耕地面积 760.53 公顷，水田面积 728.07 公顷。粮食种植面积 1305.13 公顷，总产量 8711 吨。其中，水稻种植面积（“两造”）1174.27 公顷，总产量 8208 吨。水果种植面积 523.27 公顷，总产量 7569 吨。茶叶种植面积 658.73 公顷，总产量 624 吨。油茶种植面积 371.87 公顷，总产量 565 吨。镇级财政一般预算收入 513.1 万元。

【农业发展】 2022 年，合水镇按照“一镇一业、一村一品”发展思路，引导农户种植澳洲坚果、无花果、玉米草种子、板栗、猕猴桃等。签约嘉应大学农村科技特派员团队对口帮扶，引种澳洲坚果，至 2022 年底累计在 8 个建制村种植近 2000 株澳洲坚果苗。开展茶叶技能培训 2 场，指导茶农种好茶、做好茶，打响“合水茶”品牌，力量农业公司的“官田翠玉”获评梅州“客家炒绿优质茶”。发布《兴宁市合水镇土地流转启事》，全年新增土地流转 26.67 公顷，顺利推进拆旧复垦验收交易 4.67 公顷；完成“大于 15 亩连片撂荒土地复耕复种”76.47 公顷、“3 亩以上撂荒土地复耕复种”36.27 公顷。实施白泡村、石陂村、双溪村保障粮食安全农田水利提升改造工程和霞洞村引罗沟修复清理工程。

【乡村振兴】 2022 年，合水镇重点推进新转制 3 个村（原农场管理区）的“三清三拆三整治”工作，全镇 21 个建制村均达到干净整洁村标准。完成“厕所革命”回头看工作，厕所普及率 100%。成功申报 5 个“美丽村屋”项目，推进农村民居外立面改造提升项目，完成村内道路硬底化建设奖补项目 7 个。成立合水镇乡村振兴人才驿站，建立“两库一平台”，举办各类专业技能培训会 4 场，引进乡村振兴专业人才 4 人。常态化做好防返贫动态监测和帮扶工作，全年“三类监测”对象风险消除 9 户 26 人、新识别 1 户 5 人，共有监测对象 16 户 66 人。

【基层组织建设】 2022 年，合水镇严格程序规范发展党员，新发展党员 17 人，转正党员 14 人，积极分子 43 人。新设立力量农业党支部，设书记 1 人；党支部增补委员 2 人；调整撤销合水供销党支部。持续实行党务信息公开，党务公开信息中包含基层党组织“三会一课”“三重一大”等各项重要制度和决议，每月定期维护更新基层党组织的党务公开信息。

【基础设施建设】 2022 年，合水镇投入 252.28 万元进行自来水管网改造工程，修复受损饮水管网 1.8 万米，解决二三村、双溪村、富和村饮水问题。投入 11.21 万元实施龙北社区排污沟疏通与清理工程；投入 13.26 万元实施龙北 S225 线路灯安装工程；投入 79 万元实施龙北供销街提升工程；投入 32 万元完成龙北奇龙综合市场改造提升工程；全面补齐龙北社区基础设施建设短板。完成合水圩镇人行道提升改造工程设计规划工作。

【民生民利】 2022 年，合水镇投入 60 万元完成一江两岸鹧鸪排

▲2022 年 10 月，升级改造中的合水镇龙北社区街道　（吴腾江　摄）

桥至一八村主干道连接线工程，顺利实现通车，缓解老铁路桥交通压力。投入220万元完成上官村集中供水工程。新建二三村、四五村党群服务中心，升级改造明星村党群服务中心。争取资金310万元，完善四五村、明星村3.2千米道路硬底化建设、富龙移民新村排水排污建设、富龙移民新村文体广场建设。开展农村环境综合整治，引导镇村干部、群众积极参与"周四环境卫生日"活动。城乡居民医疗保险参保缴费25750人。推广"银龄安康""保尚保"等惠民保险，有效补充基本医保，提高医疗保障水平。合水社工站实现全镇社会工作服务站（点）、困难群众和特殊群体社会工作服务100%覆盖，获得2022年兴宁市学雷锋志愿服务先进典型、"最佳志愿服务组织"称号。重视退役军人事务工作，镇村两级下乡慰问、走访退役军人，实现走访联系全覆盖。

【文教卫生】2022年，合水镇启动《合水镇志》编修工作。举办2022年合水镇教育发展基金会成立暨奖教奖学表彰大会，合水学校获兴宁市中考教学质量综合奖。完成2022年度城乡妇女"两癌"（宫颈癌、乳腺癌）免费检查和无偿献血等任务，富和村成功创建为广东省健康促进村，全镇290户家庭获评健康促进创建家庭。发挥群团组织的作用，举办志愿活动16场次，服务时长达1920小时。抓好基层武装建设，被评为2022年度兴宁市征兵工作优胜单位。

【社会治安综合治理】2022年，合水镇健全矛盾纠纷情报预警机制，成功化解矛盾纠纷案件26件并签订《人民调解协议书》。畅通信访渠道，依法依规受理信访案件，全年受理160件。常态化推进禁毒、反邪教、反电信诈骗等宣传工作，全年举行"六进"禁毒活动23场次、反邪教宣传活动10场次、打击整治养老诈骗宣传活动16场次、"七进"反诈宣传教育活动20场次。

▲2022年10月，合水镇铁山茶场景色　　（吴腾江　摄）

【生态旅游】2022年，合水镇谋划乡村旅游路线，精品自驾游路线有罗陂溪唇"两镇八村"新农村连片示范点—合水圩镇—主坝—烈士纪念碑—四五村库湾—水库拦沙坝—岩背（国泰岩）—五联—龙北圩镇—龙北休闲公园—铁山茶场（矮寨岗森林公园）。

（王　凯）

■ 叶塘镇

【概况】2022年，叶塘镇位于兴宁市西北部，东邻龙田镇、合水镇，南接新陂镇、五华县，西靠龙川县，北连大坪镇，总面积166.81平方千米，是兴宁重点发展镇之一。辖41个建制村和1个社区，年末全镇总人口82313人。有山地面积6503公顷、耕地面积2871.8公顷、水田面积2448公顷。粮食总种植面积4295公顷，总产量2.94万吨，其中水稻种植面积（"两造"）4103.13公顷，总产量2.87万吨。水果种植面积724.13公顷，总产量1.31万吨；茶叶种植面积147.53公顷，总产量151吨；油茶种植面积786.67公顷，总产量812吨。全年实现工农业总产值7.53亿元，其中工业总产值3.7亿元、农业总产值3.83亿元；镇级财政预算内收入 2361.55 万元，农民人均纯收入 12717 元。

【重点项目建设】 2022 年，叶塘镇利用驻镇帮镇扶村工作队牵头单位广东省药品监督管理局的纽带作用，协办广东省医疗器械高质量发展助力乡村振兴行活动。完成广州天河（兴宁）产业转移工业园区征地面积 12.67 公顷，签约房屋 136 户，涉及征地拆迁、房屋及附属物补偿 1.15 亿元。完成富农肉鸡产业园征收土地 18.73 公顷，其中线内 10.63 公顷，发放房屋、迁移及安置补偿款约 1750 万元。安置区二期竣工交付，叶塘卫生院迁建和园区小学项目征地工作开始启动。

【基础设施建设】 2022 年，叶塘镇投入 150 万元，维护 20 千米农田灌溉水渠，修复 12 千米机耕道。通过调动村民参与乡村振兴建设的积极性，撬动社会资金，投资 384 万元推动“千村示范，万村整治”四期项目建设，完成 9 个四期项目申报。以政府引导、群众参与、财政奖补的原则，投入财政资金 60 万元，完成 7 个村内干路硬底化。投入 500 万元，完成圩镇环境提升改造工程。筹资 100 多万元，结合建设口袋公园、河岸景观，修建大路下村居民休闲步道 800 余米。筹集资金在大路下村完成叶塘人民公园前期建设。投入 240 万元，推进“四镇一园”生活垃圾处理模式，实现“垃圾不落地”和“日产日清”收运处理，垃圾无害化处理率 100%。完成危房改造 1 户，整治削坡建房风险点 111 户。投入 34.73 万元对朱坑河、麻岭河、洋陂河、九莱口河、宁西沟河进行清淤、清漂、除障工作。全面完成农村自然村全域集中供水项目。

【安全生产】 2022 年，叶塘镇开展非煤矿山、烟花爆竹、危险化学品、道路交通、自建房、“三小”场所（小档口、小作坊、小娱乐场所）、电气安全等重点行业重点领域的排查和整治工作，依法取缔非法经营烟花爆竹商铺 1 家，推进“三小”场所安装智能烟雾报警器 335 个，推动安装小区集中充电桩 3 个，完成安装燃气浓度报警器 70 个，检查生产经营单位 965 次，排查各类安全隐患 234 处，完成治理 225 处，整改率 96.2%。开展汛前、汛期水库、山塘、堤围安全巡查 105 人次。排查森林防火隐患点 1128 宗，投入资金 74.7 万元，开设森林防火隔离带 45 千米，维护防火隔离带 46 千米。

【文旅产业发展】 2022 年，叶塘镇依托“梦里围龙·温泉之乡”乡村振兴示范带的提档升级，主打围龙屋和温泉品牌，持续推进磐安围古民居活化利用，发挥玖崇湖温泉特色小镇、逍遥谷康养文体项目带动作用，发展特色农产品、版画周边产业，建立温泉漉菜加工厂并投产，探索发展“漉菜”预制菜产业。邀请华南农业大学团队，设计叶塘镇温泉大道景观提升方案和叶塘镇温泉康养小镇旅游规划，通过整合优势资源、提升人居环境，补足补齐旅游配套基础设施和服务短板。

【乡村振兴】 2022 年，叶塘镇落实耕地“进出平衡”，集约土地 70 公顷，完成胜青、苏京、洋陂、教礼、龙塘、麻岭、乌池、彭陂等村垦造水田任务。通过村干部带头种，动员农民复耕，引入种植大户、种植企业等方

▲ 2022 年 3 月，叶塘镇北塘村春耕生产现场　　（戴宇宇　摄）

法方式推进494.73公顷撂荒土地复耕复种，100%完成上级布置的全年粮食生产任务。依托驻镇帮镇扶村工作队牵头单位广东省药品监督管理局的行业优势，引进中药和新品种农业种植产业，完成大路下村10公顷仙草、高甜玉米套种示范种植。新发展柚果、油茶、茶叶等特色农业种植35.43公顷。发展北塘村、洋陂村、下洋村"稻鱼共生"立体综合种养项目46.67公顷。完成林业图斑整治14宗，抚育造林400公顷，发放生态林补偿款96.4万元。75%村集体经济收入达10万元以上。

【社会治安综合治理】 2022年，叶塘镇建立信访及矛盾纠纷调处领导包案制度，受理综治矛盾纠纷223件，调处率100%，调处成功率95%以上，制作人民调解一案一档20件。辖区内涉诈警情数比上年下降19.1%；立案数13件，下降18.8%，实现电诈警情和立案同比"双下降"的工作目标。组织禁毒宣传"六进"活动28场次，发放宣传单6.2万份。在2022年兴宁市国家机关"谁执法谁普法"履职评议活动中获得"优秀"等级。

【民生民利】 2022年，叶塘镇城乡居民医保参保人数5.8万人，城乡居民养老保险参保6352人，落实征地农民社保4403人，分配征地社保留存资金1895.25万元。完成兴宁市高级技工学校招生62人。落实退役军人抚恤救助优待政策，完成退役军人优待证办理工作；应急救助4人，核定救助金额18万元；临时救助12人，救助金额4100元。全年为低保户、特困户提供医疗救助10人次，发放救助金15.09万元；低保保障人口2323人，发放保障金932.92万元；特困保障人口325人，发放保障金357.57万元、照料费111.89万元。社会工作服务站和困难群众、特殊群体社会工作服务达到100%覆盖。

【文教卫生】 2022年，叶塘镇的叶南温泉漉菜制作技艺项目被列入兴宁市第十一批非物质文化遗产代表性项目名录。叶塘镇下中村张楚玲、叶塘中学刘曜乐分别在第十六届省运会上获得跆拳道女甲53公斤级冠军、跆拳道男子74公斤级冠军。梅州市叶塘教育发展基金会累计获得乡亲贤达等社会各界人士捐款500多万元，是年，表彰优秀教师和学生270人次，发放奖教助学金19.12万元。开展各类文明实践活动15次、理论宣讲11次。为农村妇女提供免费"两癌"（宫颈癌、乳腺癌）筛查481人次，全年参加无偿献血353人，献血量7.06万毫升。全镇150户家庭获得"广东省健康促进家庭"称号，岳桥村获得"广东省健康促进村"称号。是年，全镇出生人口743人，出生率8.8‰，政策生育率96.8%，人口自然增长率1.4‰。

【基层组织建设】 2022年，叶塘镇发展党员20人。完成补选村"两委"干部10人，累计储备村（社区）党组织后备干部人选53人；向市委推荐提拔、重用科级干部各1人，任免股级干部9人。聚焦党史学习教育、中共广东省委十三届一次全会会议精神、省第十三次党代会精神、《习近平谈治国理政》第四卷、

▲2022年6月22日，叶塘镇开展反诈、防范养老诈骗主题宣传活动
（叶塘镇人民政府提供）

党的二十大精神等主题，开展基层党员轮训等主题党校培训12场、“听党话、感党恩、跟党走”宣讲活动7场。开展“两新”组织党建工作和群团组织引领工作，参与党员团党员志愿服务活动820人次。开展庆祝中国共产党成立101周年系列活动，颁发“光荣在党50年”纪念章27枚；全镇各党（总）支部在春节和“七一”慰问老党员、困难党员286人。5月26日，叶塘镇乡村振兴人才驿站正式启用。

（戴宇宇）

■ 新陂镇

【概况】2022年，新陂镇位于兴城西郊，东连兴田、宁中，南邻福兴，北接叶塘，西与五华县毗邻，总面积43.08平方千米。辖13个建制村和1个社区，年末户籍人口3.89万人。有耕地面积999.67公顷，水（旱）田面积904.07公顷。粮食种植面积1674.73公顷，总产量1.13万吨。其中，水稻种植面积（“两造”）1543公顷，总产量1.08万吨。水果种植面积155.8公顷，总产量4726吨；油茶种植面积200公顷，总产量83吨。镇级财政预算内收入2587.1万元；工农业总产值10.61亿元，其中工业总产值5.67亿元、农业总产值4.94亿元；农民人均纯收入1.64万元。

【重点项目建设】2022年，新陂镇协助完成兴宁市静脉产业园一期生活垃圾焚烧发电项目的环评验收并正式投入运营，配合做好市静脉产业园二期项目（工程餐厨垃圾处理厂）建设前期工作；如期完成省天然气管网“县县通工程”兴宁（新陂）分输站征地工作；协调解决梅卫职校建设首期项目用地问题，保障项目建设顺利推进。

【农业产业发展】2022年，新陂镇大力发展“一村一品、一镇一业”富民兴村产业，通过“党支部+公司+基地+村集体+农户”的模式，盘活土地资源，发展规模种植，成功引进农业公司和龙头企业6家，打造种植基地10个，发展丝苗米、优质稻、玉米、黄豆种业、红薯、香芋、茭白、沉香、油茶等特色产业。投入超1600万元，推进11个村466.67公顷高标准农田工程规划建设，补齐农业基础设施短板。

【乡村振兴】2022年，新陂镇利用撂荒土地整治、农业综合开发和项目建设等措施，盘活闲置资源，通过自营、转租等方式，发展产业项目，进一步壮大村集体经济。至2022年底，全镇有11个村集体收入达10万元，占比85%；推进10项乡村振兴驻镇帮镇扶村专项资金，投入超800万元，推进美丽圩镇攻坚行动，打造美丽圩镇；进一步提升圩镇环境面貌、基础设施和公共服务水平。高质量完成穿圩段道路路面、绿化升级改造工程。投入150万元，完成先声村、福民村、新元村和新金村村内道路建设，推进“四好农村路”提档升级。

【人居环境整治】2022年，新陂镇持续巩固“广东省卫生镇”创建成果，引导村民自觉参与“三清三拆”工作，累计投入资金12万元，开展“三清理”41处，“三拆除”34处，镇村人居环境得到明显改善。建好用好农村污水处理设施，农村生活污水处理率60%以上，基本消除大面积农村黑臭水体。全面推动河长制落实，全镇各级河长开展巡河1300余次，投入17.6万元对河道进行清漂管护，突出抓好禽畜养殖污染和生活污水直排乱排整治，宁江河主要支流断面水质监测新陂考核断面III类占比达95%，无劣V类水质断面，超额完成年度考核目标。

【普惠社会民生】2022年，新陂镇落实全民参保政策，扎实推进社保扩面征缴工作，城乡居民医疗保险参保3万余人，养老保险参保率100%。健全城乡低保、大病医疗救助、社会救灾、临时救助等社会救助体系，完成妇女“两癌”（宫颈癌、乳腺癌）筛查360例，做好149名特困供养人员管理和生活供养工作。精心组织农村劳动力技能培训，完成技校招生36人。落实优抚优待工作，办理退役军人优待证，走访慰问优抚对象。管好用好奖教奖学助学基金，为80名学生发放奖学金6.15万元。

【社会综合治理】2022年，新陂镇累计办理信访案件15件，结案

▲2022 年，新陂镇开展义务植树活动　　（新陂镇提供）

15 件，司法调处群众矛盾纠纷 128 余件；全年完成 64 户削坡建房风险隐患户整治工作；开展各类安全隐患排查 200 余次，出动检查人员 780 人次，共计检查各类企业 450 家次，发现并整改安全隐患 780 多处，实现辖区生产安全事故、自然灾害、森林火灾“零发生”。

【行政服务效能提升】2022 年，新陂镇大力推动“党建网、治理网、服务网”三网融合，结合“我为群众办实事”实践活动，累计开展家门口的义诊、打击养老诈骗、燃气安全、消防安全、送法上门、人居环境整治等群众服务工作 50 余次，办理“民生微实事”300 余件，扎实推进 5 项年度民生实事落实落地。提升“一站式”服务水平，全年政务服务大厅共办理服务事项 4000 余件，公开政务信息 650 余条，办理网站群众诉求 20 余件、办理“12345”市民热线 133 件，办结率 100%。

【综合行政执法改革】2022 年，新陂镇抓实抓好营业执照登记注册、无照经营查处、食品安全监管等市场监督管理工作，市场经济秩序平稳有序。全年累计受理行政处罚案件 21 件，行政检查案件 5 件，其中移送公安机关 2 件，发出责令整改通知书 2 份，罚没金额 81 万元，办理商事主体登记事项 294 项，发放食品经营许可 22 份。

【基层组织建设】2022 年，新陂镇大力推进基层党组织标准化规范化建设，持续完善党群服务中心标准化建设，投入 12 万元完善福丰村党群服务中心平台建设。全年吸收入党积极分子 28 人，发展党员 10 人，转正党员 16 人。加强“两新”组织党建工作。选优配强 6 名党建指导员，提升“两新”组织党建工作标准化、规范化水平，其中康恒环保党支部获评兴宁市“两新”组织党建工作示范点。

（丘伟科）

永和镇

【概况】2022 年，永和镇位于兴宁市东部，东邻径南镇，西连宁新街道、宁中镇，南靠坭陂镇、新圩镇，北接石马镇。距市区约 10 千米，205 国道、梅河高速、兴畲高速贯穿其中，交通便利，地理位置优越，总面积 109.63 平方千米。辖 24 个建制村和 1 个社区，年末户籍人口 4.49 万人。有山地面积 9511.03 公顷，耕地面积 1394.67 公顷，粮食种植面积 2369.07 公顷，总产量 1.61 万吨，其中水稻种植面积（“两造”）2190.8 公顷，总产量 1.54 万吨。全年镇级财政一般预算收入 620 万元。

【重点项目建设】2022 年，永和镇引进中国能建广东火电建设 100 兆瓦农光互补项目，建设一座 110 千伏升压站，总投资 4.5 亿元，已完成投资 2.2 亿元，流转土地 66.67 公顷。9 月 30 日，该项目并网发电，全容量并网后可实现年纳税额 650 多万元。投入资金约 3000 万元推进仁里村田园综合体红色旅游项目，流转土地 66.67 公顷，其中复耕复种 53.33 公顷。持续推进熙和湾•客天下花灯文化特色小镇、205 国道、东环大道等安置区项目，全面完成梅龙高铁（永和段）征拆扫尾工作。做好工业园区服务管理工作，支持民营企业创新发展。是年，永和工业园区实现上缴镇级税收 181.94 万元，带动就业 581 人。

【农业农村经济】2022年，永和镇发放耕地地力保护补贴181.1万元。通过农村经济合作社平台，与梅州市柒农米生态农业科技有限公司、广东大鹏湾现代农业科技有限公司等7家企业开展粮食种植基地建设，共投入粮食生产及复耕复种资金125.36万元，完成复耕复种177.36公顷。打造“一村一品、一镇一业”，有熙和集团、辰丰谷物、勤丰生态种养等8个农业龙头企业和老社茶叶种植专业合作社、永湖养殖专业合作社2个省级示范社发展。有三枫村和林场村茶叶、蓝排村沙田柚、廉峰村和华岭村丝苗米、大成村莲藕、新寨村板栗南瓜等一批独具特色的乡村致富产业，带动群众增收。

【乡村振兴】 2022年，永和镇总结打造数字永和示范镇、复耕复种、巩固脱贫攻坚成果、建设乡村文化、因地制宜推动产业发展等方面可推广复制的经验，共被各级媒体报道21篇。其中，省级以上13 篇，梅州市级3篇。制定的永和镇镇域乡村振兴规划和帮扶规划获全省优秀乡村振兴规划评比三等奖。帮扶实例被评选为广东“千企帮千镇 万企兴万村”典型案例。撰写的《致力打造数字永和示范镇 助力乡村振兴新发展》作为5个民生实事帮扶案例之一入选《广东省乡村振兴驻镇帮镇扶村典型案例（2022年）》一书。在广东省“学习贯彻习近平总书记关于‘三农’工作的重要论述”主题征文活动中，获全省二等奖。巩固脱贫攻坚成果，发挥帮扶单位优势，开展帮销促产扶农，累计集中采购永和农产品销售金额超200万元。发展壮大村级集体经济，24个村集体经济年收入达10万元以上的有21个村，占87.5%。同时借力省联通公司帮扶优势，推进在永星、沙坪、新中3个村成立通信合作社，每村每年的通信合作社分红达2万元以上。高标准建设乡村振兴人才驿站，有13人被省农业农村厅评为“乡土专家”。在省地方志办的指导下，推动新时期《永和镇志》编修工作。通过推动举办镇志编修讲座、增设镇村方志驿站、组织开展广东乡村脱贫奔小康巡回展（永和站）、参观丘成桐故居村史馆等，提升文化自信与村民凝聚力。是年，永星村、沙坪村均被评为“省级乡村治理‘百镇千村’示范村”。

【宜居城乡建设】2022年，永和镇完成民生实事村内干路硬底化建设任务9条2.02千米。协助各村（社区）养护管理好乡村道路，综合好路率在90%以上。投入350多万元打造长安、石陂等村一河两岸美丽乡村，修筑休闲便道两条，全长1.5千米。完成农村危房改造3户，推进农村削坡建房整治121户，梅州市级完成验收18户。完成110多户农房风貌提升改造。落实河长制工作要求，更新河长制公示牌21块，河长巡河604次，清理漂浮物30吨，清淤疏浚河道20千米。全面完成5宗2021年度森林违法图斑整治。严厉打击占用耕地、林地、河库以及未批先建等违法建房行为，强力推进卫片执法图斑整改154个。切实做好农村削坡建房风险排查整治，共完成121户农村削坡建房风险点综合治理。全面完成锦洞村背下朱屋地质灾害点整治。严查严管野外违规用火行为，查处野外违规用火案件11件，处罚金额1800元。新开设防火隔离带31千米，维护防火隔离带41千米。

【安全生产】 2022年，永和镇全年排查企业单位354家次，排查消除隐患113处，其中当场责令整改33处，发出整改通知15家，落实整改15家；排查整治“三小”场所，安装简易喷淋系统2个，搬离违规住人139人，电线套管改造5家，清理违规停放电动自行车83辆；持续推进“三小”场所联网型智慧烟感器安装，全年安装智慧烟感器484个。全面做好农村自建房安全排查工作，全镇共有自建房约1.4万栋，全部排查完成（其中经营性自建房524户），排查出存在安全隐患30户，均完成整改。推动各类餐饮场所安装可燃气体报警装置，排查餐饮场所55家，报装55家，实现全覆盖。

【社会保障】2022年，永和镇统筹推进城乡居民养老保险、基本医疗保险参保工作，城乡居民医保参保人数超过3.3万人。为全镇低保、特困、低收入人群等1699人发放低保资金580.5万

▲2022 年，永和镇搭建的数字乡村应急综合指挥平台　（永和镇提供）

元、五保资金 220 万元。落实抚恤补助优待政策，发放慰问金及补助。2022 年度被征地农民养老保障任务 1058 人，已完成 1038 人，完成率 98.1%。加快社工站建设工作，全镇 5 个社工点按上级要求正常开展工作。

【平安建设】2022 年，永和镇大力开展“平安永和”建设，推进化解社会矛盾，开展矛盾纠纷排查调处。全镇上级交办、转办信访案件 26 件，办结 26 件，群众来访 84 件，办结 78 件，办结率 92.8%；“12345”政府服务热线 241 件，答复 240 件，答复率 99%。发挥人民调解“第一道防线”作用，永和镇人民调解委员会受理矛盾纠纷调处 62 件，调解成功 53 件。开展打击电信网络诈骗工作，营造全民防诈反诈的浓厚氛围，实现反诈宣传全覆盖，共建“无骗”永和。

【科教文卫】2022 年，永和镇推进创建足球特色学校，永和中心小学被评为“全国青少年足球特色学校”。推进新时代文明实践所（站）建设，开展志愿服务活动 15 次。永和中学被评为梅州市“文明校园”，连续 4 年获得“范剑冰中考综合质量奖”。加大力度巩固省卫生镇创建成果，加强重点领域健康教育及创卫的宣传。推动新时期《永和镇志》编修工作，成立《永和镇志》编纂工作领导小组，聘请主编、副主编和责任编写人员，至年底，完成初稿编写和第一轮专家审改，进入第二轮修改。

【法治政府建设】2022 年，永和镇办理行政处罚 13 件，罚没款共计 59.08 万元。开展法治政府建设，自觉接受人大监督、法律监督、民主监督和社会各界舆论监督，提高人大代表议案、建议办理质量，办理人大代表议案建议 4 件。全年组织开展法治讲座 1 次、禁毒宣传 24 次、防范电信网络诈骗宣传 10 次、专项校园安全隐患排查 4 次，向群众派发扫黑除恶宣传册 2500 余份、禁毒宣传册 2000 余份、信访条例宣传单 1000 余份。

【数字乡村建设】2022 年，永和镇以镇综治中心为载体，发挥乡村振兴驻镇帮扶单位资源禀赋及优势，推进应急指挥中心“智慧大脑”建设。加强数字乡村信息基础设施建设，以镇区为中心，投入约 300 万元建设镇区综合接入机房及通信管网，全镇及各村（社区）建设 25 个基站，镇区和帮扶重点村部署千兆光纤宽带，进一步缩小镇村“数字鸿沟”。投入 60 万元在全镇 56 个重点林区入口、山塘、水库部署“乡村卫士”防护系统，以数字化应用助力基层治理。搭建镇政府应急指挥中心平台，投入 35 万元建设指挥大屏、“三网合一”综合调度平台系统，实现各类调度系统的综合应用（粤视会、值班系统）、各类数据指标综合呈现（乡村振兴亮点工作成绩）。投入 30 万元在全镇安装 14 套“沃视通”基层党建系统，加强流动党员管理。

（李天文）

径南镇

【概况】2022 年，径南镇位于兴宁市东部山区，东邻梅县南口，南接新圩，北靠石马，西连永和。总面积 141.92 平方千米，山地面积 10431.13 公顷。辖 24 个建制村和 1 个社区，年末总户数 9854 户、总人口 33547 人；耕地面积 1302 公顷，水田面积 1233.87 公顷，粮食种植面积 2038.2 公顷，总产量 1.4 万吨，其中水稻种植面积（“两造”）1828.93 公顷，总产量 1.32 万吨。水果种植面积 869.27 公顷、总产量 2.81 万吨；茶叶种植面积 779.6 公顷、总产量 1418 吨；油茶种植面积 703.33 公顷、总产量 1356 吨。镇级财政预算内收入 1729.09 万元。

【农业发展】2022 年，径南镇制定发展特色农业产业奖补办法，重点奖补茶叶、果业、牲畜养殖等优势产业，带动整镇、整村、整片区特色产业规模发展。设立径南镇金融贷款贴息专项资金，充分发挥驻镇帮镇扶村资金杠杆作用，调动农业企业、种养大户和群众积极性。在双梧村引进梅州市宸辰生态农业有限公司流转撂荒土地，打造“金盾田园综合体示范基地”，探索绿色循环生态农业产业发展新路径。在半径村引进广东牛顺生态农业发展有限公司建立养牛基地，配套种植玉米等粮食作物，探索撂荒耕地复种与产业发展相融合模式。

【基础设施建设】2022 年，径南镇压实河长制，推进全域供水工程，加快推进“村村通”自来水和障肚里水库除险加固工程，加强 4 大河流管护工作，备齐备足 7 家水库防汛物资，完成 7 宗水库大坝安全鉴定。实施道路生命防护工程 5 千米，修复路基下陷点 4 处，划设道路标线 6 千米，树立交通标志牌 15 个。保障群众居住环境安全，对辖区内 203 户削坡建房户开展整治工作；解决群众生活饮水难问题，投资 13 万元新打 4 个抗旱井，解决饮水人口 5000 多人；抓实“四好农村路”建设，新增农村公路 3 千米，提升改造 13 千米，农村道路安防工程安装 2.9 千米。

【重点项目建设】2022 年，径南镇围绕“茶果飘香·醉美径南”乡村振兴示范带项目建设，在示范带沿线村完成农房外立面改造提升 380 户，改造提升示范带河道全长 10 千米，改造提升道路 20 千米，弱电管线落地 3.5 千米，实现农村饮用水安全工程覆盖 3000 多户、生活污水治理 2700 多户，拆除危旧房 6000 余平方米，完成新洲村村史馆、新洲人民广场、新洲茶室及新洲体验馆建设。

【乡村振兴】2022 年，径南镇扎实推进驻镇帮镇扶村工作，省戒毒局捐赠 2 台价值 15 万元的旅游观光车助力创建国家 AAA 级旅游景区，引入 7 家律所开展“我为径南群众办实事——百所兴百村”活动，投入 57 万元推进径南民主法治示范村（第一期）创建工作，重点推进新洲、陂蓬、双梧村建设法治主题公园、法治文化宣传长廊；省戒毒局和广东工业大学共投入自筹资金 240 万多元发展径南乡村事业、落实防止返贫和困难群众帮扶，消费帮扶农副产品 260 多万元助农增收。试点创建产业社区，利用浊水村 209.33 公顷的茶园、20 多家的茶叶加工厂及兴宁单丛茶国家地理标志证明商标，盘活浊水村 205 国道近 100 间门店，谋划打造兴宁单丛茶集散中心；与黄蜂窝茶酒产业基地、珍珠红诚意

▲ 2022 年，径南镇李果园内，村民正在采摘李子

（径南镇人民政府提供）

酒城联动发展，推进一、二、三产业融合发展；盘活利用撂荒土地资源，集约化流转16.67公顷撂荒土地。

【生态旅游】 2022年，径南镇成功创建粤东云山谷、珍珠红诚意酒城2个国家AAA级旅游景区，星耀村恒云楼入选第十批广东省文物保护单位，“兴宁珍珠红酒酿造技艺”入选省级非物质文化遗产名录，兴宁市首个介绍华侨历史的星耀村侨情展览室建成开放。依托丰富的茶叶文化资源，推广茶园生态化种植，加快茶叶产业转型升级，推动“茶旅结合、以旅兴茶”。成功举办径南镇第六届斗茶大赛，评选出径南镇“十佳名茶”。

【基层组织建设】 2022年，径南镇强化理论学习，聚焦习近平新时代中国特色社会主义思想，充分利用干部职工大会、党委理论学习中心组学习会、支部党员大会等开展经常性教育培训，全年共组织党委理论学习中心组学习13次，专题研讨4次，举办党员培训班10期。全年镇级自办案件4件，处理信访件9件，组织30多人次协助市纪委进行审查调查工作。严格执行中央八项规定，强化“四风”问题监督检查，坚持经常性谈话提醒，先后开展谈话提醒86人次，提醒谈话15人次。强化党员干部队伍建设，发动村“两委”干部提升学历，共发动13人就读大专，3人就读中专；培育村（社区）后备干部47人；全年发展党员15人。强化阵地建设，完成浊水、黄坑、章印3个党群服务中心的主体重建，指导东升村、新洲村积极创建“兴宁市星级镇街党校分校点”。

▲2022年4月30日，径南镇第六届斗茶大赛在新洲村举办

（何宇辉 摄）

【民生保障】 2022年，径南镇做好低保、五保、孤儿、独居老人等特殊群体的动态管理及医疗救助、临时救助，为537名重度残疾人、414名困难残疾人发放补贴，为187名持证残疾人提供精准康复，为11户困难归侨申请困难归侨帮扶金5.6万元；开展多项关爱妇女儿童主题活动，为困境妇女儿童争取到1.8万元救助款，汇聚社会各界爱心人士为8个贫困家庭16名贫困学子进行长期的学业资助；全面落实退役军人及其他优抚对象优待抚恤政策，走访慰问困难退役军人，并发放慰问金，为重病退役军人申请广东省应急救助金。

【文教卫生】 2022年，径南镇推动乡村教育振兴，通过创新实行封闭式管理，引进名校经验做法，径心中学中考普高率达52.2%。先后筹资400多万元对宝山小学教学楼及各类场室进行修缮，于秋季复办宝山小学，切实解决返乡群众子女“入学远、接送难”的问题。

【社会治理】 2022年，径南镇逐步健全社会矛盾纠纷预防和多元化化解机制，常态化做好扫黑除恶线索摸排核查工作，深入打击网络电信诈骗，不断完善信访工作制度，创新信访工作机制。共排查矛盾纠纷298宗，其中口头调解197宗，司法所调解99宗，村级调解成功率99%，全年受理信访案件155件，办结率100%。针对燃气“黑网点”、直排式燃气热水器等问题，开展联合检查行动3次，发现并整改安全隐患8处。配合上级部门查处1个“黑气”经营团伙，及时消除安全隐患。督促32家餐饮经营单位安装燃气报警装置，全部完成安装，安装率100%。定期对“三小”场所、出租屋、企业、养老机构、学校开展消防安全专项检查，全年检查各类场所315个，排查并整改隐患473个。持续对3家加油站、3家非煤矿山、5家燃气点、124家食品经营单位、4个旅游景点、8所学校等开展重点领域安全隐患排查，及时跟踪隐患整改落实情况。全年未发生工矿商贸等各类安全生产类事故。

【生态建设】2022年，径南镇全面落实河长制，建立健全“五清”专项行动长效管理机制，全年投入52.41万元用于河长制日常管护工作，完成全镇7宗水库大坝安全鉴定和马章河河道清淤疏浚工程；全面推行林长制工作，新开设防火林带30千米，维护防火林带25千米，防治松材线虫2666.67公顷，推进绿美古树乡村建设，投入5万元完善护林防火物资，林业生态持续向好；常态化开展禁止露天焚烧秸秆和网格化巡查管控工作，推动全镇森林防灭火工作走深走实，全年查处野外违规用火13宗，处罚金额2900元；落实耕地保护责任，严厉打击占用、破坏耕地的各类违法违规行为，坚决制止耕地“非农化”、防止耕地“非粮化”，全年复耕复种省下发图斑1291.25亩（86.08公顷）、梅州图斑1128.26亩（75.22公顷）。

（叶文娟）

■新圩镇

【概况】2022年，新圩镇位于兴宁市南部宁江下游，东邻梅县区畲坑，北连永和、径南，西靠坭陂，南接水口，总面积117.79平方千米，是省级工艺专业镇、广东省卫生镇、兴宁市工艺基地镇。辖19个建制村和1个社区，年末户籍人口4.47万人。有山地面积6530.93公顷，耕地面积1826.47公顷，其中水田面积1469.47公顷，旱畲地面积265.13公顷。粮食种植面积3533.67公顷，粮食总产量1.67万吨。工业总产值1.49亿元；公共财政收入1727万元，其中本级财政收入306万元，上级补助收入1422万元，完成财政税收306万元。

【工农业生产】2022年，新圩镇持续开展暖企行动，实施镇领导挂钩联系企业制度，走访调研指导服务企业200余次，及时收集企业反映的问题，不断擦亮工艺专业镇的特色招牌。支持工艺企业稳步发展，引导企业从单纯出口转为出口和内销并重，打造适合国内市场特色、有中国文化韵味的产品，实现国内国际双循环。2022年，全镇实现工艺生产总值1.49亿元。鼓励家庭手工作坊、商超、电子加工厂等个体经营发展，带动农村剩余劳动力就近就业，实现农民增收。现有各类市场主体1093户，新增各类市场主体126户，农民专业合作社3户。全面贯彻落实支农惠农强农政策，做好政策性水稻保险和耕地地力保护补贴的分户登记清册工作，进行水稻种植试验示范和农业新技术推广工作，做好水稻优良品种宣传推广和农作物病虫害调查、预测、宣传和防治等工作。引进福聚多、秋实生态、邹亿农业、雅利集团、天兴种植、玲丽农业、晟农、盛之源、建威农业、友成农业等12家农业企业，100亩（6.67公顷）连片以上农业基地有15个，其中西瓜基地有6个，分布在新北、蓝布、鲤湖、蓝二、新里5个村，总面积约73公顷，西瓜品种包括麒麟、帅童、特小凤等，基地年产值约2000万元。邹亿农业公司在新北村打造20公顷莲藕种植基地和10公顷鱼稻共生养殖基地，预计亩产值达上万元。

【乡村振兴】2022年，新圩镇结合镇村资源禀赋和现状条件，编制《兴宁市新圩镇乡村振兴总体规划（2021—2035年）》，获得优秀镇域乡村振兴规划全省三等奖。坚持把产业振兴作为乡村振兴的基础，持续推进脱贫攻坚与乡村振兴有效衔接。采取“一领导联系一企业”的方式引进广顺海、天兴、邹亿、秋实生态、雅利、合百草等一批有实力的企业落户新圩，大村村谋划创建福聚多现代农业产业基地，寨塘村佳宏农牧生猪养殖项目成功落地，重点打造茶星、大村、步东、寨塘村集南药、丝苗米、食用菌、生猪养殖于一体的特色农业产业示范带；新北、鲤湖、新里、崇上、石崖集西瓜、莲藕、水稻为一体的特色农业产业示范带，全面消除无集体经济收入"空壳村"，集体经济收入10万元以上的村达到73.7%。与梅州市农林科学研究院沟通联系，在新圩镇合作建立种植五指毛桃、油茶、巴戟天、食用菌、杂交水稻等特色农业产业基地项目。扎实推进驻镇帮镇扶村工作，利用帮扶队自筹171万元帮扶资金，建设一批村级光伏电站和食用菌产业基地，加强与喜多多、乐得鲜和客都优选等商超沟通联系，在梅城举办"兴宁市新圩镇乡村振兴特优农产品展示展销会暨乡村振兴助农产品推介会"活动，以销促产以产助销，带动稳定脱贫增收农民100多人，解决近500人就业，参与生产的农民年平均增收3万元以上。广东电视台、梅州电视台、兴宁电视台、《南方日报》、《梅州日报》等媒体都对活动进行农业专题采访报道。投入30多万元建设高标准乡村振兴人才驿站，将29名高校专家、乡土人才等纳入人才库中。大力实施素质提升工程，开展包括南药种植、水稻病虫害防治技术、红火蚁防治、电商培训在内的各种培训5场210多人次，借助镇委党校，组织20名村（社区）党组织书记"充电增智"，吸纳24名村致富能手加入村级党组织后备人才库，发挥村党支部书记"领头雁"、致富能手"领头羊"的示范带动作用。

【基础设施建设】2022年，新圩镇完成宁江大桥至蓝布大桥段农村公路改造工程；黎陂寨水库清淤工程开工；完成蓝布、蓝二自来水入户工作。新农村连片示范村项目稳步推进，"三镇十三村"新农村连片示范区新圩段在施工当中。

【生态建设】2022年，新圩镇切实做好森林防火工作，严格落实森林防火网格化责任，加大野外用火巡查管控，成立由镇机关应急队、护林员、村级应急队等多支力量组成的扑火队伍，定时组织业务培训。充分利用5G大喇叭、护林员流动大喇叭等方式进行宣传引导，悬挂横幅标语73条，出动广播宣传车500余辆次，发放宣传资料1.09万份。做好宁江河水口水洋断面水质达标整治工作，强化污水处理基础设施建设，在完善镇级污水处理设施的基础之上，同步推动建成双头、船添、石崖等建制村的污水处理设施以及入户管网的升级改造，解决圩镇周边及相关建制村污水排放问题。常态化对辖区内畜禽养殖户进行监管，对河流水质进行跟踪监测，要求存在环保隐患的养殖户和企业对照检查并及时进行整改。

【民生民利】2022年，新圩镇城乡居民医疗保险、城乡社会养老保险基本做到应保尽保，完成城乡居民医疗保险累计报销金额300多万元；完成城乡居民养老保险缴费4045人；完成医疗救助初审工作14人，救助金额68.569万元；为555户低保户、158户五保户发放低保救助资金308.2万元；为1081位80周岁以上老人发放高龄津贴11.5万元，为92人困难对象发放临时救助金额6.5万元。完成被征地农民社会保障工作，依法保障被征地农民合法权益，落实留存资金122.49万元，落实分配保障732人。全面普及对退役军人和优抚对象的信息采集和优待证办理。累计发放奖教奖学金15万元，

▲2022年，新圩镇鲤湖村秋实生态有限公司西瓜种植基地

（新圩镇提供）

支持全镇教育事业发展。

【社会治安综合治理】 2022年，新圩镇加大矛盾隐患排查化解力度，完善重大矛盾纠纷隐患稳控和调处机制，分别与20个村（居）委和相关企业签订综治责任书，把各类矛盾纠纷解决在基层、化解在萌芽状态。是年，全镇接访121人次，受理来访案件60件，调处60件；处理网络信访21件、政府热线“12345”共137件；化解历史积案4件，获评广东省2022年信访工作示范乡镇（街道），全年未发生影响较大的纠纷案件（事件）。常态化开展扫黑除恶斗争，严厉打击毒品犯罪、电信诈骗等违法行为，广泛推广“国家反诈中心”App下载注册工作，开展形式多样的禁毒反诈宣传活动。

【安全生产】 2022年，新圩镇常态化开展食品安全、消防安全、建筑施工安全、燃气安全、危化品安全、矿山安全、道路交通安全和森林防火安全等各类安全大检查大整治行动，加强安全隐患排查治理。开展消防安全检查企业146家，发现隐患206个，完成整改197个，整改率95.6%；开展燃气安全领域专项整治，发现安全隐患155处，完成整改155处；福利和非营利性等用气场所安装燃气报警器完成率100%；开展自建房安全隐患排查工作，排查自建房12310栋，存在有安全隐患的经营性自建房3栋，采取停止使用等措施1栋；完成削坡建房整治任务70户。开展大规模安全检查5次，排查上报较为突出安全隐患8宗，完成整改8宗；排查一般安全隐患208处，完成整改208处；发出书记督办函1份，开展举办知识讲座、培训会议2场次；组织宣传活动2次；悬挂安全标语98条，张贴安全宣传资料1.2万份。

【基层组织建设】 2022年，新圩镇开设“魅力新圩”微信公众号，推送“听学党章”有声读物、“二十大应知应会一百题”栏目，逐期推送党章学习内容。以镇委党校为主阵地，规划建设3个镇委党校分教点。其中大村村分教点被评为市级星级镇街党校分教点，组建以“党政领导干部＋村党组织书记＋企业种植大户＋优秀乡贤”为核心的多层次、多领域师资队伍，针对基层党建、党性教育、手工艺技术、乡村振兴等不同主题开展现场教学。2022年，新圩镇委党校举办各类培训20场次，培训基层党员干部超1300人次。加强对干部的针对性跟踪培养，打破干部成长“隐性台阶”，安排政治素养过硬、实践经验丰富的老同志“手把手”带教年轻干部、新进干部，创新性开设“青年讲堂”，引领广大青年干部学习贯彻习近平新时代中国特色社会主义思想。

（张广明　王　威）

■水口镇

【概况】 2022年，水口镇位于兴宁市最南端，是兴宁的南大门，东邻梅县畲江镇，西连五华县河东镇、水寨镇，南靠丰顺县，北接新圩镇，是省首批规划的中心镇之一，总面积228.85平方千米。辖38个建制村和1个社区，年末户籍人口82050人。有耕地面积2021.73公顷，水田面积1743.57公顷。粮食种植面积3182.13公顷，总产量2.14万吨，其中水稻种植面积（“两造”）2910公顷，总产量2.04万吨；水果种植面积503.4公顷，总产量2.13万吨；茶叶种植面积79.1公顷，总产量170吨。全镇财政总收入4413.66万元，其中工商税收入412.02万元。

【重点项目建设】 2022年，水口镇申报乡村振兴示范带专项债2.7亿元，并通过省发改委备案，成为兴宁市2022年第一批县级乡镇振兴示范带项目。完成广梅园地块一、二、三内剩余43.33公顷土地及房屋征收，完成长28千米共53.33公顷的管道燃气“县县通”工程、松棚铁路物流基地地块一、二、三6.67公顷取土场土地征收，推进宋声农业生态旅游项目建设，完成土地流转约4公顷、种植果木6.67公顷，完成龙谷农林科研所室外装修；推进前锋红色文化旅游基地项目土地征收（流转）扫尾工作。启动广梅园86.67公顷循环经济园、153座铁塔塔基征地拆迁工作。

【乡村振兴】 2022年，水口镇完成编制《兴宁市水口镇乡村振兴总体规划（2022—2035）》，谋划构建以“三江交汇·赤心流芳”乡村振兴示范带和古镇宜居区、红色传承区、工业发展区、特色产业区、生态旅游区为功能布局的“一带五区”发展格局；全面推进撂荒耕地复耕复种和粮食生产工作，完成复耕复种 8000 亩（533.33 公顷），其中连片大于 15 亩（1 公顷）图斑共完成约 5780 亩（385.33 公顷），水东村连片流转耕地 230 亩（15.33 公顷），其中 150 亩（10 公顷）打造稻鱼共生示范基地，村集体经济达 38 万元；兴建投资约 350 万元、占地约 2500 平方米的粮食烘干加工、储存服务中心；引进初心优品等农业企业，高标准建设洋新连片千亩现代丝苗米产业园；启动“水口是我家·环境靠大家”星期四环境卫生日活动；2 人分别获评“兴宁好人”“最美志愿者”，1 个家庭获评“最美家庭”。水口镇乡村振兴人才驿站在光夏村兴宁市党史教育馆游客接待中心成立。是年，河口村获评“梅州市百家乡风文明村”。

▲2022 年，水口镇建设的火炬型路灯亮化工程　（水口镇提供）

【基础设施建设】 2022 年，水口镇制订圩镇“一堤一桥一路一社区”中心镇提质扩容“四个一”工程项目规划并顺利开工；投入 253 万元初步完成 6 千米长的国、省道火炬形路灯建设；完成梅江河水口二桥至镇政府宽 9 米“堤路结合”工程项目路基建设，自筹 150 万元完成 2 座房屋及 8 座地上附着物征收；完成宋声 Y427 道路拓宽、单改双车道升级改造工程共计 9.6 千米；专项投入 15 万元，推进各村（社区）开展“三清三拆三整治”；投入 95.6 万元完成洋槐、达新、益华、前锋、教美 5 个村共 2.56 千米道路硬底化建设；投入 19.8 万元完成彭洞村新塘尾道路路灯亮化工程项目建设。

▲2022 年，水口镇洋新村千亩现代丝苗米产业园　（水口镇提供）

【民生实事】 2022 年，水口镇强力拆除邹洞水库投料养殖污染设施；依法拆除小丰村大规模散养生猪设施，强力推进 1000 多条生猪清栏，规范全镇区域生态养殖行为；开展植树活动，累计种植 700 棵银叶金合欢、120 棵黄花风铃木；在水口中学成立兴宁市首个教研工作站。是年，光夏村获评“广东省健康促进村”。

【平安水口】 2022 年，水口镇累计开展 20 多次会议研判信访案件，成功化解涉中央环保督察等历史信访积案10余件；投资约8万元，在圩镇及前锋、宋声、东升等村开展消防安全演练5轮；全力处置“10·2”松陂森林火灾；森林防火期间处罚18起因违反村规民约野外违规用火行为，罚没款1.44万元；全年办理行政执法案件22件，罚没款81.81万元；依法严厉打击盗采国家资源（石头）2宗，每宗按最高标准分别处罚10万元；组建半专业扑火队、应急大队、以水灭火队，提高应急处突能力；完成自建房安全排查12593栋，发现安全隐患70栋并全部整改完成，完成2022年削坡建房风险整治任务123户。

【基层党组织建设】 2022年，水口镇颁发“光荣在党50年”纪念章46枚；水口镇被梅州市委党校评定为现场教学点，梅州市处级干部、梅州乡镇党委书记、梅州市中青班等多个批次培训班前来开展现场教学；河口村成为兴宁市第一个被梅州市委组织部评选为梅州市星级镇街党校分教点的村，被评为兴宁市星级镇街党校分教点，共开展教育培训10期800人次；提升光夏村“红色村”党建示范工程软实力建设；刘光夏故居成功创建苏区精神（广东）研究中心研学基地、嘉应学院思想政治理论课实践教学基地，被评为梅州市爱国主义教育基地；完善兴宁市党史教育馆及游客接待中心配套设施，累计开展红色革命教育活动399场次，接待4435人次参观学习。

（曾嘉瑜）

■罗浮镇

【概况】 2022年，罗浮镇位于兴宁市最北部，东江河上游的东部，地处粤赣两省三县交界地区，北与江西省寻乌县接壤，西南与龙川县相接，东南与罗岗镇相邻，境内有省道226线通过，距兴宁市区约56千米，总面积274.3平方千米，约占兴宁市的1/7。辖25个建制村和1个社区，年末户籍人口5.74万人，其中乡村人口49884人、城镇人口7475人。有耕地面积2144.2公顷，水田面积2043.67公顷，山地面积2.15万公顷。是年，粮食种植面积3233.33公顷，总产量2.18万吨，其中水稻种植面积（“两造”）3116.53公顷，总产量2.14万吨；水果种植面积349.13公顷，总产量1.34万吨；茶叶种植面积8.6公顷，总产量9吨；油茶种植面积3666公顷，总产量1565吨。全年镇级财政预算内收入2489万元。

【生态环境建设】 2022年，罗浮镇严格落实网格化管理，扎实做好森林资源管护工作，全年未发生重大森林火灾。做好重点生态保护修复治理工作，投入392.85万元用于浮塘村肥猪坑废弃矿山改造治理项目。加大违法用地巡查、监管和处置力度，配合市公安局打击非法偷采稀土行为1宗。全面落实河长制，开展“五清”专项行动，对罗浮河、东江河、信东河三大河道境内的违规采砂进行巡查整治，完成罗浮镇东江水系水质保护综合整治工程项目。争取上级河道治理补助资金330多万元用于罗浮河道污染治理项目，对11个建制村和圩镇管道进行生态修复，清淤河流长度35.2千米、管道清淤长度3.7千米，确保园潭电站水质断面监测稳定达标。配合市水务局完成圩镇自来水扩网工程及15个村的村村通自来水工程。

▲2022年，罗浮渡田河风光　　（李永芳　摄）

大力推进美丽圩镇建设，投入资金180.6万元用于城乡环境卫生整治工作，全面提升圩镇人居环境水平。

【重点项目建设】 2022年，罗浮镇完成浮美村、勤光村公路桥建设和浮塘村渠道建设工程。大力发展光伏产业，在浮西村、东星村、新南村推进光伏试点项目，利用省级财政专项资金，在罗浮中心幼儿园、中心小学、石蕉小学教学楼，建设总面积1300平方米，总规模147.2千瓦的分布式光伏发电项目。向上级争取资金，加大对东江工农红军第五十团红色革命旧址修缮力度，完成罗浮镇革命烈士纪念设施整修工程项目。全力推进河惠莞高速公路麻布岗出口至罗浮连接线（兴宁段）和省道226线大桥头裁弯取直项目建设。

【基层组织建设】 2022年，罗浮镇全面加强各基层党组织规范化建设工作，升级改造浮西、蕉坑、岭南、高坑、浮北等村党群服务中心。做好发展党员违规违纪问题排查整顿工作，排查党员299人，处理“带病入党”6人。全年共培养入党积极分子33人、吸收预备党员16人、转正党员19人。开展专项培训7期，培训人员2586人次，并对在家的老党员进行“党员一对一”送学上门300多人次，对外出务工党员以在线学习、资料寄送等方式进行培训。动员村（社区）“两委”干部38人报读学历提升班。投入专项经费11万元，用于慰问困难党员群众216人，扶助党员15人，颁发“光荣在党50年”纪念章7人。持续发展壮大村集体经济，全镇25个建制村中有18个村集体经济收入达10万元以上。

【民生保障】 2022年，罗浮镇严格落实城乡最低生活保障政策，按时发放各类惠民资金。对在册低保对象590户1302人发放救助金额448.7万元，对在册特困供养对象111人发放金额121万元。完成发放残疾人生活津贴4920人次92万元，残疾人重度补贴8544人次211万元。为106名困难群众申请临时救助资金7.5万元，实现特困人员、低保家庭及精准扶贫家庭，参保率、医疗救助政策落实率达到100%。依托邮政储蓄网点实行“一卡通”方式发放精准扶贫收益、生态公益林补贴资金84.47万元。扎实做好退役军人服务保障工作，完成新增年满60周岁农村籍退役士兵的生活补助申报工作，为困难优抚对象申请临时救助资金，为重大疾病优抚对象成功申请广东省退役军人应急救助资金。深入开展暖企行动，优化营商环境，引进兴宁立讯科技公司入驻，实现群众“家门口”就业。大力推进“双百工程”建设，1个服务站、6个社工服务点全部完成挂牌。

【社会综合治理】 2022年，罗浮镇坚持统筹发展和安全，聚焦自建房、燃气、道路交通、消防、防汛防台风、危化品、建筑工地、校园安全等重点行业领域，全年开展安全生产检查142次，共排查重大安全隐患11处，均整改完毕。开展宣传活动7场，发放各种宣传资料5000余份。是年，处理广东省一体化信访信息系统转交信访42件、梅州市“12345”政务服务便民热线平台转发工单

▲2022年8月7日，兴宁立讯技术有限公司罗浮分公司开业
（罗浮镇人民政府提供）

110件，日常接访协调矛盾纠纷102起，实现倒流信访积案化解率100%。持续开展禁毒、反诈宣传活动共48场，对全镇涉电诈前科人员实行镇村干部包户包人责任制，开展滞留境外涉诈重点人员劝返工作，核减滞留人员21人。

（曾宇婷）

■罗岗镇

【概况】 2022年，罗岗镇地处兴宁北部地理中心位置，素有“北六中心”之称，是连接江西省、龙川县等地的交通咽喉，距城区43千米，东邻黄陂、黄槐，南接大坪，西连龙川，北靠罗浮，总面积151.28平方千米。辖30个建制村和1个社区，年末总人口74604人，其中农村人口62243人，城镇人口12361人。有山地1.12万公顷，耕地面积1728.67公顷，水田1585.07公顷。粮食种植面积2756公顷，总产量1.86万吨。其中，水稻种植面积（“两造”）2639.07公顷，总产量1.83万吨；玉米种植面积20.6公顷，总产量70吨。全镇财政总收入2721.91万元，财政一般预算收入102.91万元。

【基层组织建设】2022年，罗岗镇坚决落实省委“两个维护”十项制度机制，制定2022年度专题培训计划，开展读书月活动11期、青年干部夜读班9期，并将理论教育和业务能力相结合，结合主题党日学习要求，举办乡村振兴户外学习大课堂3期。把学党史体现到办实事，收集和解决群众诉求，围绕环境卫生、基础设施建设和便民服务等投入48万元解决38件微小实事。稳步推进支部建设，机关党支部、党建示范村和后进党支部结对帮扶机制，大力整顿问题党支部，下派机关更具活力、更有经验的干部驻软弱涣散村——溪联村。加强建设选人育人用人机制，推进“五小”场所建设，建成300多平方米的乡村振兴人才驿站，围绕政策宣传、电子商务、直播带货等内容开展专题培训3期。同时，发挥党员干部在社会治理中的先锋模范作用，370多名党员干部在强降雨期间奔波在各个风险隐患点间。

【乡村振兴】2022年，罗岗镇大力发展现代农业产业，立足资源禀赋，引进江西寻乌县有近30年果树栽培经验的水果种植大户，集约土地28.67公顷种植杂柑和柚子等水果。建成源清村13.33公顷的茶叶种植基地、溪一村现代农业种植基地，申报元潘油茶、霞岚坚果、富强甘薯、溪东莲藕、源清茶叶、福胜柚果6个“一村一品”项目，大农业产业基地不断巩固发展，打造蕉坑、柿子坪等4个村光伏长廊，土地收益增收明显，22个村集体收入达10万元以上，占比73.3%。大力推进复耕复种工作，确保粮食生产稳定发展，全面完成撂荒地复耕复种工作任务。不断提升驻镇帮镇扶村服务效能，推进各村建立农业合作社，发展壮大村级产业，主动对接广州市场。推动德勤公益基金会“燃梦口语计划”为罗岗中学的53名初三学生提供免费“一对一”口语教学课程。为辖区小学捐款捐物约1.25万元，发动爱心人士捐助9.15万元支持青湖小学开展“习性教育”活动，捐资4万元推动罗岗中心幼儿园高质量

▲2022年，罗岗镇水稻丰收 （罗岗镇提供）

发展，为升级梅州一级幼儿园奠定基础，捐资3.3万元充实罗岗镇教育基金。参加2022年兴宁农电商特色农产品展销会和广州市协作办组织的“消费帮扶工惠行”活动，完成约25万元的销售额。捐赠价值2.5万元的种苗支持复耕复种工作。

【生态环境保护】 2022年，罗岗镇全面落实河长、林长制，督促各村级河长加强河库巡查，各级河长共巡河618人次。开展水源地环境保护，切实守护好一河清水、一片绿林、一方生态，开展植树造林53.33公顷，完成高质量水源造林任务26.67公顷，完成低产低效油茶林改造任务533.33公顷，整治13宗森林督查违法图斑。

【安全生产】 2022年，罗岗镇坚持提升应急处突能力，全面落实安全生产责任制，开展“三小”场所安全检查417家，发现隐患336处，落实整改318处，排查居民自建房19170家，检查并安装燃气报警器44个，企业、学校未发生较大以上安全生产事故。全面压实森林防灭火责任，严格落实“包山头、守路口、盯重点、签责任、打早小”的防控措施，完成防火隔离带开设任务15千米，发放宣传资料3万多份，挂横幅200多条。同时，不断加强应急队伍建设和应急物资保障，特别防护期严格落实24小时领导带班制度，靠前驻防。

【农村环境建设】 2022年，罗岗镇全力推动“广东省卫生镇”创建工作，切实加强环境卫生整治长效机制建设，改变农村“脏乱差”现象。基础设施建设得到明显改善，充分利用上级资金和帮扶资金，完成4.99千米村道硬底化建设，自然村集中供水、城乡污水治理、村5G信号和光纤网络、镇村电商服务站点、建制村物流快递等覆盖工作稳步推进。大力提升人居环境，充分利用“三清三拆三整治”、拆旧复垦等政策，多方筹措资金，发挥村民内生动力，采取分类推进、时间倒排等方式，不断推进农村长效保洁机制，聘请保洁员93名，实行全日制工作制度，确保各村环境整洁。持续巩固“厕所革命”成效，完成全域农村厕所问题摸排整改16124户，完成13座问题厕所整改任务，无害化卫生户厕普及率均达100%，同时建立农村公厕长效管护机制，做到专人专管。

【社会综合治理】 2022年，罗岗镇党委、政府组织罗岗派出所、道安办，以全市农村派出所参与道路交通管理为契机，以造罗岗样板为目标，全面部署开展交通大整治大提升行动，以高标准、严执法、实举措，树立起“文明行车走路”的“罗岗规矩”，推动道路交通通行效率的提升。持续开展农村道路交通安全专项整治行动，查处农村道路各类交通违法行为132起，协助处理简易交通事故68起，劝导纠正电动车违法行为396起。推进农村交通劝导工作，在重点路段设立2个镇级农村交通劝导点，及时录入交通劝导日志43065条，其中宣传教育128条，录入率位居全市前列。加大农村道路交通安全宣传教育力度，组织开展农村道路交通安全“七进”宣传3次，发放宣传单3万多份，受教育群众1259人次。

罗岗镇持续巩固社会稳定，

▲2022年12月22日，兴宁市交警指导罗岗镇交通劝导组熟悉掌握交通指挥手势　（罗岗镇提供）

加强信访研判，受理答复来信来访案件72件，接待群众210人次，上访诉求处结答复率100%。建立健全严重精神障碍患者管理制度、应急处置预案和救助救治机制，登记造册在管严重精神障碍患者433人，其中危险评估3级以上患者5人，均责任到人。

【行政建设】 2022年，罗岗镇完成镇十七届人大二次会议确定的目标任务顺利办理人大议案、建议13件，办复率100%。主动公开政府信息102条。其中，新闻动态类33条，通知公告48条，其他信息21条。“罗岗发布”微信公众号发布334条。

【民生实事】 2022年，罗岗镇持续关爱妇女儿童民生实事，做好重点人群和家庭的关爱帮扶工作。同时，稳步推进民政民生工作，切实做好残疾人生活补贴、优抚对象和退役士兵各类补助发放工作。全年享受农村低保人员833户1820人，城镇低保人员30户30人，集中供养特困对象20人，分散供养对象228人，为6名困难群众发放临时救助资金3.08万元。全镇参加城乡居民养老保险24335人次，完成城乡居民养老保险年审认证8500人次。助力教育事业发展，推动兴宁市罗岗商会、罗岗教育基金会、老促会等协会发展，举行梅州市罗岗教育发展基金会奖教奖学表彰会，发放20多万元奖教奖学金。修缮红旗村红色交通站、徐坑半岭张红色教育基地等，打造爱国主义教育、革命传统教育和党史学习教育基地。

（王　颖）

■黄槐镇

【概况】 2022年，黄槐镇地处兴宁市北部，与梅县区梅西镇、平远县石正镇、江西省寻乌县交界，距兴宁城区44千米，总面积95平方千米，省道225线穿镇而过。辖12个建制村和1个社区，年末户籍人口8532户34556人，其中乡村人口21882人、城镇人口12674人。有林地面积7720公顷，耕地面积693公顷，其中水（旱）田面积581公顷。粮食种植面积925.07公顷，总产量6206吨，其中“两稻”种植面积828.27公顷，总产量5827吨；水果种植面积117.7公顷，总产量4176吨；茶叶种植面积6.47公顷，总产量12.27吨；茶油种植面积660公顷，总产量220吨。镇级财政收入1937.26万元，农民人均纯收入2.55万元。

【基层组织建设】 2022年，黄槐镇突出提升组织实力，聚焦学习宣传贯彻党的二十大精神主题主线，扎实开展学习教育培训、集中学习54场次、中心组专题学习15场次。深入实施“头雁工程”和“雏鹰计划”，选优配强村党组织书记，13个村（社区）合计有26名后备干部，2022年审批新党员13人，其中35周岁以下8人、占61%，预备党员转正17人。开展村干部能力素质和学历水平提升行动，11名村“两委”干部报名大专班。全面规范机关基层党组织换届选举工作，全年完成6个基层党支部换届选举，整顿提升1个软弱涣散村级党组织。深入实施南粤党员先锋工程，发动2254人次党员干部在疫情防控、森林防火、安全生产等基层一线服务。黄槐镇禾村分教点被评为“兴宁市星级镇街党校分教点”，全年依托镇党校及分教点开展7次专题理论培训班，共培训850余人次。

【乡村振兴】 2022年，黄槐镇常态化开展防返贫动态监测与帮扶工作，落实防返贫动态监测帮扶机制，消除风险户6户21人，开展“三类人员”奖补项目共9000元。引进种粮大户广东誉优农业有限公司，在下宝龙村、禾村村流转土地26.67公顷，打造高品质红薯、花生、丝苗米种植基地，发挥产业帮农带农作用；大力发展绿色产业，利用废弃矿山建设太阳能光伏电站，有序推进四望嶂光伏项目。投入约1390万元实施22个乡村振兴项目，其中纳入2022年度实施计划的项目7个，已竣工验收2个。投资70余万元建设乡村振兴人才驿站，大力宣传实施“青梅计划”等系列人才政策，引入10余名乡土、农业和金融等行业专家进入黄槐镇人才信息库，累计开展各类培训宣讲活动6次，组织农业技术人员下地实操培训2次。持续打造“人文宝地·油茶飘香”乡村振兴示范带，投入约130万元重建上围桥、塔下桥，

▲2022年12月16日，黄槐镇举行复耕复种推进会　（巫小姗　摄）

提升节点建设，提升美丽乡村风貌。

【镇村环境治理】 2022年，黄槐镇累计投入266万元，开展农村人居环境整治，扎实推进“三清三拆三整治”“厕所革命”工作，建设和运行垃圾收运处置体系，建立健全长效保洁机制和管护制度。全面推进“千村示范，万村整治”工作，建设“美丽村屋”12个，打造“美丽村道”5条，农房外立面改造21户。建立健全镇级污水处理厂、三村合一污水处理站、双下村污水处理站3个覆盖4个建制村10个自然村的污水处理体系，镇级污水处理厂投入使用。全面落实“林长制”，落实包片镇村干部和31个护林员的网格化管理责任，采用“护林员+无人机”新型巡查方式，查处野外违法违规用火行为8起，清林边52千米，新开设防火林带23千米，协助上级完成中央森林抚育项目247.73公顷。加强“两违”（违法用地和违法建设行为）乱象整治，累计查处乱占耕地建房2宗，拆除违法建筑5宗，整治林业违法图斑17宗，完成卫片违法图斑整治4.33公顷。

【精神文明建设】 2022年，黄槐镇推进美丽家园建设项目，槐西村2户、槐东村1户“最美家庭”美丽家园示范户创建成功并挂牌；开展文艺会演、送戏下乡、“送法进万家，家教伴成长”等活动32场次，丰富群众精神文化生活。加强镇村文化阵地建设，投入15万元，持续完善一级文化站配套设施，进一步挖掘新村村的中共五兴龙县委、五兴龙县苏维埃政府机关旧址和七烈士纪念碑和黄溪村的兴龙县委机关成立地旧址等红色资源，投入约3万元翻新修缮赤顶寨烈士纪念碑，开展红色教育实践4次。

【安全生产】 2022年，黄槐镇落实安全生产“一岗双责”责任制，努力构建安全生产长效机制。出动1200多人次，开展安全生产大检查80多场，共排查出各类安全隐患214处，现场整改168处，发出整改指令46份，100%完成整改。开展房屋隐患排查专项整治及“回头看”工作，共排查6050多栋房屋，完成1栋隐患房屋的危房改造整治。在汛期强降雨时转移124人，防范化解隐患投入30多万元完成槐东村至双龙村（Y155线）3处水毁道路修复工作。开展消防安全专项治理行动，重点推进安装智慧烟感报警器90余家，黄槐镇被评为“兴宁市2021年度安全生产和消防工作先进单位”。加大对关闭煤矿的监管工作资金与人员投入，全年查处封堵裸露井口2口，并对所有关闭矿井、矿场实行镇村干部包矿、包场监控的网格化管理。

【民生事业】 2022年，黄槐镇扎实推进五件民生实事，全力推进撂荒耕地复耕复种，投入210万元用以改善农业基础设施和复耕复种奖补，共完成复耕复种面积1200亩（80公顷）；完成农贸市场升级改造及商户迁移，推动美丽圩镇建设；加强农村削坡建房风险点整治，年底42户全面完成整治任务；推进“美丽村屋、美丽村道”建设，投入110多万元，完成槐西村中学路、槐东村农民街升级改造工作；全面推行河长制，加强河库保护治

▲ 2022 年 10 月 24 日，黄槐镇举办大型禁毒反诈宣传活动

（巫小姗　摄）

理。同时，全面落实社会救助和补贴政策，为 275 人申请医疗救助，发放救助金 97 万元，做好残疾人“两项补贴”工作；严格落实退役军人优抚政策，发放慰问金，解决临时困难。加强教育“硬件”建设，投入 90 多万元，完善学校教学设施。落实落细就业优先战略和积极就业政策，新增就业 282 人，失业人员再就业 106 人，就业大局保持稳定；各村居社工站点实现全覆盖，扎实推进“双百工程”建设，做好民生服务工作。

【文教卫生】　2022 年，黄槐镇采取多种形式丰富群众文化生活，兴宁市文化馆黄槐分馆分别到村、学校开展客家山歌、竹板歌、杯花舞等培训，非遗展览会、歌咏等比赛 6 次。黄槐镇文教旅体服务中心组织参加市长杯足球赛 1 次，组织村级篮球赛 8 次。

【社会综合治理】　2022 年，黄槐镇持续深化“平安黄槐”创建活动，加强全民禁毒反诈工作，严格落实 26 名涉电诈前科人员和 12 名出入境涉诈高危人员的一人一档管理原则；开展禁毒反诈宣传 25 次，严厉打击电信诈骗等违法犯罪行为。常态化推进信访工作，村（居）委综治信访工作站覆盖率 100%，组织召开 8 次专题会议研判化解重复信访案件，接访群众 52 人次，受理来访案件 35 件，调处 32 件；处理省一体化信访系统案件 22 件、政府热线“12345”信访件 79 件，处置率、满意率均达 98% 以上。

（潘　雯）

■ 黄陂镇

【概况】　2022 年，黄陂镇位于兴宁市东北部，东邻梅县区石坑镇，西接罗岗镇、大坪镇，南通合水镇，北靠黄槐镇，总面积 127.52 平方千米。辖 28 个建制村和 1 个社区，年末总户数 15180 户，总人口 74040 人，其中乡村人口 48179 人、城镇人口 25861 人。有山地面积 9066.7 公顷，耕地面积 1533.3 公顷，水田面积 1000 公顷。粮食种植面积 1678.3 公顷，总产量 1.16 万吨，其中水稻种植面积 1599.8 公顷，总产量 1.15 万吨。水果种植面积 191.3 公顷，总产量 4877 吨；茶叶种植面积 45 公顷，总产量 59.35 吨；油茶种植面积 2073.3 公顷，总产量 1133 吨。镇级公共财政预算收入 2828 万元。

【农业生产】　2022 年，黄陂镇推进撂荒耕地复耕复种工作，及时发现撂荒土地并组织复耕复种，全年完成可复耕撂荒耕地复耕复种工作任务 95.87 公顷。鼓励撂荒土地集约流转、代耕，引进种粮公司并引导种粮能手、专业户在甘专、甘一、径中、黄石、留陂等村流转 113.33 公顷土地发展农业生产。加强违法用地巡查监管，复耕图斑 1.05 公顷，复绿山地 0.98 公顷，大力开展垦造水田工作，继续做好留陂、振光、联丰等村老河道垦造水田项目的各项后续工作，完成 2022 年垦造水田项目选址，推动春勤村 4 公顷沙坝地垦造水田工作。

【基础设施建设】　2022 年，黄陂镇不断加大对农业及基础设施建设的投入力度，做好水库移民 2022 年度人口核定及大中小型移民资金发放工作，投入 900 万元移民后扶资金，完善径口、黄石、土墩、龙溪、甘专、联丰等移民村基础设施建设。投入200多万元开展全域自然村供水工程建设，保障人民群众饮水安全问题。投入500多万元对豺颈坑、卓形坑水库开展水库除险加固工程建设。深入开展“千村示范、万村整治”工程，有序推进中心、陶古、龙溪3个村的民居外立面改造提升奖补项目共44个；申报美丽村屋、美丽村道项目15个，完成陶塘村积庆楼、中心村绣昌围、甘专村容驷围、粒坑村文羽围等美丽村屋建设。

【行政执法】 2022年，黄陂镇行政许可申请总数为29件，予以许可29件，均及时办结；行政处罚24件；行政检查2次，均未发现存在违法行为。共调处纠纷共119件，其中达成书面协议43件，口头协议76件。通过开展“法律明白人”培训会、到学校开展知识讲座、“一村（社区）一法律顾问”提供法律咨询服务等，提高辖区内群众的法律意识。

【乡村振兴】 2022年，黄陂镇持续推进驻镇帮镇扶村工作，制定《黄陂镇乡村振兴建设项目库》，依托编制的《兴宁市黄陂镇镇域乡村振兴规划（2021—2035）》，合理规划建设项目，明确乡村振兴发展方向。投入50万元资金扶持壮大村集体经济试点村甘专村，用于太阳能光伏发电项目。全年有21个村村集体经济收入达10万元以上，占比75%。加快发展乡村新产业新业态，引导村级党组织采取“党组织＋公司＋基地＋农户”等多种利益联结模式发展村级产业，培育壮大黄陂特色农业规模，建设芋荷、柚果、南药3个种植基地，推动农特产品深加工，拓宽产品“线上线下”销售渠道，推动村级集体经济体量不断扩大、收入持续增长。抓好“一村一品、一镇一业”项目建设，发展油茶、柚果、南药、丝苗米种植等产业。

【生态建设】 2022年，黄陂镇全面落实林长制，持续做好森林防火工作，制定工作方案，建立野外违规用火巡查工作值班组、森林防灭火应急扑火队，不断加大野外用火管控力度，排查80多处森林防火隐患点，开展森林防灭火应急演练1次，开设森林防火隔离带15千米，筑牢森林防火网。落实镇、村两级河长制，开展河湖“五清”“清四乱”专项行动，投入8万多元对黄陂河河道水浮莲进行清理，按时按质完成镇村河长巡河任务，完成巡河1028人次，处理巡河发现问题3宗。加强环境保护和综合治理，落实生态环境保护属地责任，在镇域内全面开展固体废物、农村黑臭水体、饮用水源保护区生态环境安全隐患排查，禁止露天焚烧秸秆。

【文教体工作】 2022年，黄陂镇开展党的十九届六中全会精神、党的二十大精神、《习近平谈治国理政》第四卷等系列学习宣讲活动，举办镇机关干部及村委书记学习宣讲会4次，举办党的二十大精神知识竞赛1场。完善健全文物巡查监管保护机制，做好4处县级文物保护单位（刘氏总祠、刘氏始祖开七公墓、大宾公祠、泰和围）的修缮及环境卫生清扫工作。依托新时代文明实践所（站），开展志愿活动36场，参加活动1000多人。做好文化保护和传承工作，做好煎堆制作

▲2022年11月18日，黄陂镇开展森林防灭火应急演练

（黄陂镇提供）

▲2022 年 12 月 12 日，黄陂镇开展学习贯彻党的二十大精神宣讲报告会（黄陂镇提供）

工艺非物质文化遗产传承，完成乡村经典菜肴（酿黄板）编撰，展现黄陂特色历史文化色彩。举办第三届奖教奖学基金大会，表彰 216 名优秀教师和考生，奖励总金额达到 20 万元，推进教育事业稳步发展。黄陂镇代表队参加兴宁市第八届市长杯（镇）街组足球联赛进入八强。

【社会保障】 2022 年，黄陂镇新招录 25 名“双百”社工，新增 6 个社工服务点，实现镇街社工站 100% 全覆盖、困难群众和特殊群体社会工作服务 100% 全覆盖。全面落实残疾人“两项补贴”工作，举办 2022 年兴宁市就业援助“暖心活动”残疾人农村实用技术培训班黄陂专场，技能培训 300 多人。加快推进残疾人社会保障体系和服务体系建设，完成镇级残联换届工作，并建立 28 个村和 1 个社区村级残协。

【平安黄陂】 2022 年，黄陂镇立足“平安黄陂”建设，狠抓“中心 + 网格化 + 信息化”建设和“平安万家”监控体系建设，构建立体治安防控体系。以网格化管理为载体，持续做好信访案件矛盾纠纷排查化解、禁种铲毒、打击治理电信诈骗等各项工作，不断加强社会治安综合治理，提升社会治安秩序和安全生产环境。每月定期召开信访专题工作会，做好社会矛盾纠纷排查化解、社会面管控、打击治理电信网络新型违法犯罪等工作。积极调解各类矛盾纠纷，共受理信访案件 23 件，办结信访案件 19 件（剩余 4 件为重复信访案件）；受理办结“12345”热线 160 单。全力打击电信网络诈骗高发态势，实现涉电诈警情数、立案数、财损数同比三下降，涉电信诈骗滞留境外人员共 12 人，劝返 8 人。

【基层组织建设】 2022 年，黄陂镇加强村级党员干部队伍建设，建立后备干部人才库，在册 85 人，引导 20 名村级干部和后备干部进入开放大学提升学历。严抓党员发展入口关、质量关，全年吸收积极分子 85 人，发展预备党员 14 人。建成 300 多平方米的乡村振兴人才驿站，充分发挥黄陂镇乡村振兴人才驿站人才引进桥梁作用和平台服务载体作用，大力宣传“青梅计划”，围绕政策宣传、技术培训等内容开展专题培训 3 期，为乡村振兴提供人才支撑。持续推进党支部标准化规范化建设，充分发挥春勤村、黄石村党建示范点辐射带动作用，以先进党（总）支部评选为抓手，持续推动 26 个村级基层党组织实施“支部建设升级”行动，增加先进党组织，大力整顿软弱涣散村党组织 1 个。是年，龙溪村新创建为党建示范点。

（张嘉敏）

■大坪镇

【概况】 2022 年，大坪镇位于兴宁市西北部，东邻黄陂镇，南连叶塘镇，西接龙川县，北靠罗岗镇，圩镇距离兴宁市城区 29 千米，总面积 187.09 平方千米。辖 37 个建制村和 1 个社区，年末总户数 19140 户，总人口 75462 人；山地面积 122.49 平方千米，耕地面积 2318 公顷，水田面积 2133 公顷。粮食种植面积 3694.87 公顷，总产量 2.55 万吨，其中水稻种植面积（“两造”）3527.67 公顷、总产量 2.47 万吨。水果种植面积 244.67 公顷、总产量 8464 吨，油茶种植面积 2182.33 公顷、总产量1121吨。镇级财政预算收入6032.19万元。

【基层组织建设】 2022年，大坪镇完成全年20名发展党员指导性计划，发展35周岁以内党员12人、比上年增长5%，大专以上学历党员9人、增长10%，消除3年以上未发展党员建制村4个。深入实施“头雁工程”和“雏鹰计划”，培养村级后备干部队伍47人，宣传发动村“两委”干部报读学历提升“千人计划”33人，推动基层干部队伍年轻化、知识化。大坪镇委党校潭坑村分教点获得兴宁市星级镇街党校分教点。

【基础设施建设】 2022年，大坪镇新开设森林防火隔离带44.64千米，投入20多万元对全镇57.87千米防火隔离带进行维护；圩镇增加铺设沥青路6000多平方米，修复黄坑、屏汉、胜利、朱坑、下河岭多村老旧道路及硬底化，新增路灯200多盏；完成坪联大桥、坪联大道建设以及道路周边绿化，5月，坪联大桥通车。

【乡村产业发展】 2022年，大坪镇投入140多万元解决部分撂荒地耕作条件差的问题，出台奖补方案并下拨200多万元鼓励经联社或农业大户流转土地和复耕复种，全年完成复耕427.75公顷。全镇种植水稻面积1733.33公顷，种植粮食作物大豆80公顷、玉米116.67公顷、红薯113.33公顷等，合计2043.33公顷，超额完成种粮任务。2月，引进兴宁立讯技术有限公司在大坪投产，新增就业约500人。12月，举办大坪镇推进复耕复种现场会暨高山红薯开挖节活动。

▲ 2022年3月，兴宁立讯技术有限公司大坪分公司投产

（大坪镇人民政府提供）

【生态环境建设】 2022年，大坪镇制定《大坪镇生态环境监管网格化管理工作实施方案》，升级镇级垃圾转运站，狠抓环境污染治理；申报驻镇帮镇扶村资金实施项目10个，进行农村民居外立面改造提升奖补项目19个，建设“美丽村道”“美丽村屋”；协助梅州市生态环境局兴宁分局做好大坪镇废弃稀土矿山生态修复工程，成立国家储备林项目建设工作领导小组，加快推进林地林木流转和收储。

【法治政府建设】 2022年，大坪镇成立基层矛盾纠纷大排查大化解专项行动工作领导小组并制定《大坪镇开展基层矛盾纠纷大排查大化解专项行动实施方案》，调解处理大坪镇各类矛盾纠纷210件，涉及当事人数420人，调解成功案件198件，成功率94.2%以上。开展法治讲座152次，解答群众法律咨询问题100余件。

【乡风文明建设】 2022年，大坪镇表彰奖励优秀师生239人，牵线推动广州体育东教育集团捐资建成大坪中心小学食堂并投入使用，组织摩托车送考下乡活动，惠及100多人。坪光村钟进英家庭获评为2022年广东百户“最美家庭”，大坪中学古海平家庭获评为“梅州市文明家庭”“兴宁市最美家庭”，大坪中心小学黄敬桃获评为“梅州向上向善好青年”。佛坳村被评为“健康促进单位”，潭坑村150户、佛坳村150户家庭被评为“健康促进创建家庭”。

【红色小镇建设】 2022年，大坪镇全面完成罗屏汉出生地久安

▲2022年，修缮后的罗屏汉出生地久安围　（大坪镇人民政府提供）

围、黄文杰故居共2800多平方米修缮布展工作，硬底化、绿化、亮化白云村至屏汉故居道路1.2千米，完成十二肩岭古驿道活化提升小节点项目、屏汉河景观提升工程及生态停车场700平方米建设，融合红色资源在屏汉村集13.33公顷农田打造休闲体验旅游产业园。4月，罗屏汉故居被评为梅州市第五批爱国主义教育基地。

（彭延江　罗炜婷）

■石马镇

【概况】　2022年，石马镇位于兴宁市东北部，东邻径南镇及梅县南口镇，西连龙田镇、合水镇，南毗永和镇、宁中镇，北接梅县石坑镇，总面积105.75平方千米。辖26个建制村和1个社区，年末总户数9663户，总人口37288人。有耕地面积870公顷，水田面积834.87公顷，山地面积8149.6公顷。粮食种植面积1621.67公顷，总产量1.11万吨。其中，水稻种植面积（“两造”）1527.87公顷，总产量1.08万吨。镇级财政预算内收入1413.08万元。

【基础设施建设】　2022年，石马镇初步建成“传奇石马·锦绣画廊”乡村振兴示范带，投入500多万元实施圩镇人居环境提升工程，建成梅州市美丽圩镇示范镇；8个“千村示范万村整治”项目、14户农村民居“美丽村屋”项目基本完成，常态化开展生活垃圾运转及公厕管护；镇村两级卫生体系运转有序；建成镇级七人制足球场、公共汽车站并交付使用，稳步实施石马公园景点升级完善工程，扎实推进敬老院改扩建工程。

【乡村振兴】　2022年，石马镇深入推进驻镇帮镇扶村工作，投入8万多元为403户原建档立卡贫困户购买防贫救助保险。邀请专业团队制订镇乡村振兴规划、乡村振兴专项设计方案和乡村旅游发展规划（2022—2030年）；引导社会捐资126万元支持部分村、卫生院、中小学完善硬件设施，筹资70多万元全力支持石马镇创建全国医疗保障基层服务示范点；投放“惠农e贷”16笔352.6万元。立足镇村实际制定攻坚行动方案、土地清表奖补方案全面推进复耕复种工作，完成复耕复种379.78公顷；发展订单农业，制定《石马镇实施分布式光伏发电项目发展壮大村级集体经济奖补方案》《石马镇扶持牛、羊养殖业发展促进乡村振兴贷款贴息实施方案》，投入100万元奖补2个村发展光伏产业，70%建制村集体经济收入实现10万元以上。

【全域环境改善】　2022年，石马镇严格落实“河长制”“林长制”，持续抓好水污染治理，新铺设污水管网1.7千米，投入360多万元建设排水系统；突出抓好畜禽养殖污染治理，拆除X013线李塘村、洋门村段沿路20家养殖场；全面压实森林防火责任，常态化开展森林防火巡查、宣传工作，配齐无人机、鼓风机等防灭火设备，绘制村级“森林防火区域图”，制定镇村两级森林防火应急联动方案，完善村级森林防火应急预案。严格落实农村乱占耕地建房“八不准”（不准占用永久基本农田建房，不准强占多占耕地建房，不准买卖、流转耕地违法建房，不准在承包耕地上

▲ 2022 年，实施圩镇人居环境提升工程后的石马镇圩镇一角
（张森源 摄）

违法建房，不准巧立名目违法占用耕地建房，不准违反“一户一宅”规定占用耕地建房，不准非法出售占用耕地建的房屋，不准违法审批占用耕地建房）、“六严禁”（严禁违规占用耕地绿化造林、严禁超标准建设绿色通道、严禁违规占用耕地挖湖造景、严禁占用永久基本农田扩大自然保护地、严禁违规占用耕地从事非农建设、严禁违法违规批地用地）要求，实现零新增的工作目标。严格按要求完成各类图斑核实和整改工作，依法依规做好 2021 年森林督查违法图斑整治的查处及上报工作。

【民生福祉】 2022 年，石马镇严格落实城乡居民最低生活保障制度，走访慰问 720 户低保户、155 名特困人员；开展临时救助、紧急救助 10 人次 9.17 万元，发放老龄补贴 1071 人 22 万元；做好退役军人服务保障工作，不断健全特殊人群服务管理体系。充分利用镇教育基金开展奖学促教，健全完善奖学促教机制。养老保险参保 14105 人，医疗保险参保 26137 人。

【社会综合治理】 2022 年，石马镇严格落实安全生产责任制，聚焦道路交通、地质灾害、森林防火等 12 个方面扎实开展安全生产隐患排查工作，完成三级消防所工程建设和石马镇消防站建设。持续打击电信网络诈骗行为，扫黑除恶实现常态化、制度化，持续开展禁毒反诈工作；扎实开展基层矛盾纠纷大排查大化解专项行动，处理信访和“12345”热线 126 件，调解纠纷 71 宗。

【基层组织建设】 2022 年，石马镇调整中层干部 4 人、村“两委”干部 7 人；推动 16 名“两委”干部学历能力“双提升”。开展农村发展党员违规违纪问题排查整顿工作，全面完成 19 名发展党员指导性计划数（含 35 周岁以下 11 人、大专学历 8 人），党员队伍学历结构和年龄结构不断改善。投入 30 多万元升级改造蕉联村党群服务中心，深化党群服务中心规范化实体化建设。投入 10 万元完善虎石村分教点软硬件设施，该分教点被评为年度市星级镇街党校分教点。投入 100 万元维修改造原闲置侨联房产及老自来水厂办公房，完工后将新增周转房 20 多间；对镇机关老旧线路进行重新升级改造。

（林珊珊）

人物·荣誉

先进人物

部级荣誉获得者

邓伟国　1964年12月生，中共党员，兴宁市司法局三级主任科员。从事普法工作20多年，从普法工作的传统宣传，到全方位的法治宣传，他锐意创新，开辟普法宣传新阵地，结合客家元素构思从“点”到“面”宣传法律文化，着力打造法治宣传新阵地，启动校园普法新课堂，如“模拟法庭沉浸式法治讲座”“宪法大讲堂”等，打造线上+线下普法新模式，开设电视普法专栏、“兴宁普法”微信公众号、法治文艺节目，精心编制小品、民法典动画等20多种通俗易懂的法治宣传品，发表宣传文稿30多篇。通过不断创新普法形式，积极拓展阵地建设。在上级领导的支持下，在华侨中学建立广东省青少年法治教育实践基地，在神光山国家森林公园建立广东省十佳法治主题文化公园；创办普法新媒体矩阵，如“兴宁普法”微信公众号等新媒体普法平台，为群众提供多方位、多角度的法律服务。曾获广东省“五五”普法工作先进个人、梅州市“六五”普法先进个人、梅州市“三个代表”先进个人、兴宁市优秀共产党员、兴宁市优秀公务员等荣誉称号。2022年获评“全国青少年普法教育先进工作者”。

（兴宁市司法局）

曾　志　1967年12月生，中共党员，兴宁市土壤肥料研究站站长，高级农艺师。在基层从事农业技术推广服务工作32年，积极推广测土配方、耕地地力培肥、节水灌溉、新品种示范推广等先进技术。开展调查和田间试验研究，集成创新技术，将科研成果转化为应用。先后承担或参与完成省部级项目17项。2017年《沙田柚水肥一体化技术示范推广应用》项目获广东省农业技术推广奖三等奖；2019年《基于大数据库的广东省水稻蔬菜精准施肥技术推广应用》项目获广东省农业技术推广奖一等奖；2021年《猕猴桃良种及高效栽培关键技术示范》项目获广东省农业技术推广奖三等奖；与华南农业大学合作完成广东省科技专项《广东早熟李优良株系筛选和鉴定》项目——“兴华三华李”的品种审定。先后主编《兴宁市耕地地力调查与评价》论著并在中国农业出版社出版；先后在《广东农业科学》《农业与技术》《现代农业科技》等省级刊物发表论文10篇。深入农村、农户、企业，采取现场指导、集中培训、分散培训、菜单式培训等方式，对农民进行面对面、手把手地讲授和现场解惑释疑，打通农技推广“最后一公里”。2019年开始参加农村科技特派员驻村工作，累计培训2400多人次。以传帮带的方式培养年轻一代农技人员。2018年被评为“2018年广东省十佳最美农技员”，2022年被农业农村部授予“2019—2021年度全国农牧渔业丰收奖农业技术推广贡献奖”。

（兴宁市农业农村局）

厅级荣誉获得者

曾思林　1976年11月生，中共党员，兴宁市龙江建材实业有限公司工会主席、创新研发部负责人。他扎根水泥行业，专注水泥生产技术升级，凭借专业知识和生产技能，实现企业生产流程精细化及节能、降耗、减排目标。通过改造升级，龙江建材每吨水泥生产用电量大幅降低，公司产品丰江牌水泥被评为“广东省著名商标”，公司先后获“广东省总工会模范职工之家”“广东省清洁生产企业”等称号。在他的主导下，通过技术改革创新，企业先后获得兴宁市科技成果三等奖1项及实用新型专利18项，发明专利6项。作为梅州市第七届、第八届人大代表，他高度关注工业企业、实体经济发展，从基层一线角度出发，积极建言献策。曾获第六届广东省水泥行业协会先进工作者、广东省优秀工会工作者等称号。2022年获广东省五一劳动奖章。

（兴宁市总工会）

张振平　1979年3月生，中共党员，兴宁市农作物病虫测报站高级农艺师。从事基层农业技术推广工作24年，积极开展农业试验、示范、研究、推广、培训服务等工作。大力推广杂交稻良种，先后推广种植天优998、深优9516、天优3618、Y两优911、Y两优1173等20多个高产、优质、抗病组合，全市杂交水稻种植面积保持在95%以上，平均每亩增产50～100千克。积极推广良种良法，重点推广“水稻强源活库优米栽培技术”“丝苗米增香栽培技术”“水稻病虫害绿色防控技术”，每年举办技术水稻培训班5次以上，培训农业技术人员、水稻种植专业户500人次，累计培训农户1万多人次，印制“水稻绿色高质高效栽培技术”手册2万多册发放给农户。深入田间地头，为农户解决生产中遇到的困难和问题，在中国农技推广信息平台发表日志、上报农情、回答问题。积极参与水稻高产攻关工作。2016年，兴宁市与袁隆平院士团队合作创建的双季稻高产攻关项目年亩产1537.78公斤，创造双季稻年亩产世界纪录。2022年被广东省农业农村厅评为2022年“广东十佳最美农技员”。

（兴宁市农业农村局）

李林凌　女，1979年7月生，中共党员，兴宁市人民检察院党组成员、第二检察部主任、一级检察官。在工作中，她严格司法，恪尽职守，勇于担当，敢于创新，积极践行新时代人民检察官的使命。从检10多年来，累计办理各类刑事案件1500余件，最多的一年办理190余件。她带领办案组成功办理袁某等14人重大电信诈骗团伙犯罪案件，2起案值2000多万元的涉及生产、销售伪劣产品系列案等团伙犯罪案件。她以对案件办理的执着和过硬的专业素养，诉前堵死辩解点，补强证据薄弱点，多个零口供案件证据取得有效突破。作为兴宁市检察院未成年人检察工作的带头人，她结合兴宁市情和未成年人检察工作实际，提出“整合资源、构建体系、以防为主、惩救结合”的未成年人检察工作思路，争取兴宁市委政法委支持，成立17家单位为成员的“护苗行动”领导小组并印发实施意见，为未成年人提供全面综合司法保护。着力打造“公开听证”兴宁检察品牌，率先在梅州市开展羁押必要性审查和立案监督审查公开听证工作。曾获“首届全省未成年人检察业务竞赛能手”、广东省检察业务尖子、梅州市三八红旗手、梅州政法英模、优秀公诉人、优秀公务员、优秀共产党员、先进工作者等荣誉称号，荣立个人三等功1次、嘉奖3次。2022年3月，被广东省妇女联合会授予“广东省三八红旗手”称号。

（兴宁市人民检察院）

市级荣誉获得者

曾伟生　1955年12月生，兴宁市人民医院名誉院长、心胸外科特聘专家。2016年退休后毅然婉拒省内外许多三甲医院的高薪聘请，回到家乡兴宁市人民医院工作，开设心胸外科，担任首任主任。他开创“省级医院团队支撑 + 长聘专家驻点帮扶”独特模式，开辟适合山区医院发展的新路子，培养一支与省城三甲医院专科同等水平的胸外科团队。曾伟生每年手术逾 700 台，年均 300 多台三、四级手术，逾 1700 名兴宁及周边县市重大胸外科病患实现“家门口”治愈，手术质量和数量均居全省县级医院前列。在曾伟生的影响带动下，18 名专家教授到兴宁人民医院工作。2022 年被梅州市文明办评为 2022 年第一季度助人为乐“梅州好人”。

池振兴　1984 年 5 月生，兴宁市疾病预防控制中心传防科主任。自 2020 年新冠疫情暴发以来，他敢为人先，冲锋在前，主动申请加入新冠疫情流调溯源第一线。在兴宁市出现首例新冠阳性病例时，他和队员们分工合作，完成病例流行病学调查、密切接触者甄别、报告撰写等工作。池振兴一直奋战在个案调查、重点场所调查、接触者甄别追踪的一线现场，多次参与疫情风险研判，为疫情防控工作提供专业意见。同时，积极响应组织号召，支援重点地区疫情防控。2020 年获“梅州市抗击新冠肺炎疫情先进个人”“梅州市优秀共产党员”称号。2022 年被梅州市文明办评为 2022 年第三季度敬业奉献“梅州好人”。

（兴宁市文明办）

■ 逝世人物

赖佛新　（1932—2022），广东兴宁人。1964 年中国人民解放军兽医大学兽医本科毕业。曾任中国人民解放军兽医大学（后更名为“中国人民解放军农牧大学”“中国人民解放军军需大学”，现吉林大学）副校长，少将军衔。长期从事国防教育事业，在任职期间，致力于教学改革，注重教师队伍培养，狠抓学科建设，参与组织制定“教学科研管理制度”“农牧大学学科‘八五’建设规划”“农牧大学 1990—1995 年建设规划”等；参与组织的“以部队建设需要为导向的三环相融办学模式的建立、运作及效果”课题获全军优秀教学成果一等奖，参与兽医大学向农牧大学转变和新增 8 个专业的组织领导工作。2022 年 9 月 22 日，因病在长春逝世，享年 90 岁。

王佛松　（1933—2022），广东兴宁人。1979 年 11 月加入中国共产党。1951 年 9 月至 1960 年 1 月，先后在武汉大学化学系、北京俄语学院留苏预备部、苏联列宁格勒高分子化合物研究所学习。1960 年 1 月至 1988 年 9 月，先后任中国科学院长春应用化学研究所助理研究员、副研究员、研究员，研究室副主任、研究室主任、所长助理、所长。1988 年 9 月至 1994 年 9 月，任中国科学院副院长、党组成员。2018 年 9 月退休。曾任第八届、九届全国人民代表大会常务委员会委员、外事委员会委员，政协第七届全国委员会委员。在中国科学院长春应用化学研究所工作期间，在定向聚合、稀土催化及导电高分子研究方面取得丰硕成果，突破多项技术难题，1984 年被国务院评为首批“有突出贡献的中青年科技专家”。曾获国家自然科学奖二等奖、日本高分子学会国际奖等奖项。2022 年 12 月 31 日，因病在北京逝世，享年 89 岁。

黎　虎　（1936—2022），祖籍广东省兴宁市，1936 年生于北京。1959 年毕业于北京师范大学历史学系并留校任教，历任讲师、副教授、教授，博士研究生导师，享受国务院政府特殊津贴。历任中国魏晋南北朝史学会理事、秘书长、副会长、顾问等职。长期从事先秦秦汉史、魏晋南北朝史、隋唐五代史、民族史等领域的研究，开创中国古代外交制度史新领域，构建长沙走马楼三国吴简“吏民”问题、中国古史分期暨社会性质问题等学术体系。主要研究著作有《魏晋南北朝史论》《汉唐外交制度史》《先秦汉唐史论》《夏商周史话》等；发表学术论文有《“吏户”献疑——从长沙走马楼吴简谈起》《蜀汉“南中”政策二三事》《论西晋占田制的历史渊源》《汉魏晋北朝中原大宅、坞堡与客家民居》等。2022 年 7 月 6 日，因病在北京逝世，享年 86 岁。

（兴宁市地方志办公室）

■荣誉录

2022年度兴宁市获省部级以上荣誉的先进单位一览表

表16

获奖单位（部门）	授称时间	授予单位	荣誉名称
梅州市金绿现代农业发展有限公司生产部	2022年4月	中华全国总工会	全国工人先锋号
兴宁市公安局径南派出所	2022年5月	公安部	全国公安机关爱民模范集体
兴宁市福兴消防救援站	2022年8月	共青团中央	一星级全国青年文明号
兴宁市人民法院行政审判庭	2022年11月	最高人民法院	人民法院行政审判工作先进集体
兴宁市	2022年12月	农业农村部信息中心	2022全国县城农业农村信息化发展先进县

2022年度兴宁市获省直部门表彰的先进单位一览表

表17

获奖单位（部门）	授称时间	授予单位	荣誉名称
兴宁市司法局	2022年1月	广东省普法办、广东省司法厅	“视法·风尚”普法新媒体精品优秀奖
龙田镇	2022年1月	省委农办、省农业农村厅、省乡村振兴局、省委组织部、省委宣传部、省委政法委、省民族宗教委、省民政厅、省司法厅	广东省乡村治理“百镇千村”示范镇创建单位
兴宁市人民检察院	2022年2月	广东省人力资源和社会保障厅、广东省人民检察院	先进基层检察院
合水镇富和村	2022年2月	广东省卫生健康委员会	广东省健康促进村
兴宁市公安局指挥中心	2022年3月	广东省公安厅	集体二等功
国家税务总局兴宁市税务局第一税务分局（办税服务厅）	2022年3月	广东省妇女联合会	广东省三八红旗工作室
兴宁市坭陂镇团委	2022年4月	共青团广东省委员会	2021—2022年度“广东省五四红旗团委”
钟进英家庭	2022年5月	广东省妇女联合会、中共广东省委宣传部、广东省精神文明建设委员会办公室	广东百户“最美家庭”
何祥华家庭	2022年7月	广东省妇女联合会	广东省五好家庭
兴宁市人民检察院	2022年8月	广东省人民检察院政治部	2022年度全省基层院“一院两品”融合品牌

续表 17

获奖单位（部门）	授称时间	授予单位	荣誉名称
兴宁市公安局刑事侦查大队六中队	2022 年 9 月	广东省公安厅	集体二等功
兴宁市第一中学	2022 年 9 月	广东省教育厅	广东省网络安全示范校
兴宁市齐昌中学	2022 年 9 月	广东省教育厅	广东省网络安全示范校
兴宁市沐彬中学	2022 年 9 月	广东省教育厅	广东省网络安全示范校
兴宁市齐昌小学	2022 年 9 月	广东省教育厅	广东省网络安全示范校
径南镇新洲村	2022 年 9 月	中共广东省委全面依法治省委员会办公室、中共广东省委农村工作领导小组办公室、广东省司法厅、广东省民政厅	2022 年广东省“民主法治示范村（社区）”创建单位
宁新街道城南社区	2022 年 9 月	中共广东省委全面依法治省委员会办公室、中共广东省委农村工作领导小组办公室、广东省司法厅、广东省民政厅	2022 年广东省“民主法治示范村（社区）”创建单位
罗岗镇霞岚村	2022 年 9 月	中共广东省委全面依法治省委员会办公室、中共广东省委农村工作领导小组办公室、广东省司法厅、广东省民政厅	2022 年广东省“民主法治示范村（社区）”创建单位
兴宁市人民检察院	2022 年 11 月	广东省人民检察院	全省新时代“五好”基层检察院
兴宁市人民检察院	2022 年 11 月	广东省普法办	2021—2022 年全省国家机关“谁执法谁普法”优秀普法项目
兴宁市科学技术协会	2022 年 12 月	广东省科学技术协会	2022 年广东省全国科普日活动优秀组织单位
兴宁市公安局国内安全保卫大队	2022 年 12 月	广东省公安厅	集体二等功
武警梅州支队兴宁中队	2022 年 12 月	武警广东省总队	集体三等功
兴宁市种子监督管理站	2022 年 12 月	广东省农业技术推广奖评审委员会	广东省农业技术推广奖二等奖

2022 年度兴宁市获梅州市级表彰的先进单位一览表

表 18

获奖单位（部门）	授称时间	授予单位	荣誉名称
武警梅州支队兴宁中队	2022 年 12 月	武警广东省总队梅州支队	“四铁”先进单位

2022 年度兴宁市获省部级以上荣誉的先进个人一览表

表 19

单位	姓名	授称时间	授予单位	荣誉名称
兴宁市司法局	邓伟国	2022 年 3 月	中国关心下一代工作委员会、中国法学会、中共中央政法委员会、中华人民共和国司法部、共青团中央委员会	全国青少年普法教育先进工作者
兴宁市农业农村局	曾　志	2022 年 12 月	农业农村部	2019—2021 年度全国农牧渔业丰收奖农业技术推广贡献奖
兴宁市农业农村局	潘宇婷	2022 年 12 月	农业农村部信息中心	2022 全国县域农业农村信息化发展水平评价工作先进个人

2022 年度兴宁市获省直部门荣誉的先进个人一览表

表 20

单位	姓名	授称时间	授予单位	荣誉名称
兴宁市公安局兴田派出所	罗锐超	2022 年 1 月	广东省公安厅	2021 年度个人嘉奖
兴宁市人民检察院	李红琼	2022 年 2 月	广东省人力资源和社会保障厅、广东省人民检察院	先进个人
兴宁市公安局交通警察大队	罗洪波	2022 年 3 月	广东省公安厅	个人二等功
兴宁市人民检察院	李林凌	2022 年 3 月	广东省妇女联合会	广东省三八红旗手
兴宁市人民检察院	陈　涛	2022 年 3 月	广东省委宣传部	岗位学雷锋标兵
兴宁市人民检察院	陈　杰	2022 年 4 月	广东省人民检察院	嘉奖
兴宁市应急管理局	陈志标	2022 年 4 月	广东省应急管理厅	嘉奖
兴宁市龙江建材实业有限公司	曾思林	2022 年 4 月	广东省总工会	广东省五一劳动奖章
龙田镇	黄美丽	2022 年 5 月	共青团广东省委员会	广东省优秀共青团干部
兴宁市公安局兴田派出所	罗锐超	2022 年 6 月	广东省公安厅	全省警务实战教官优秀学员
兴宁市公安局兴田派出所	陈嘉颖	2022 年 7 月	广东省公安厅	全省公安机关基层一线执法执勤表现突出队员
兴宁市公安局治安管理大队四中队	陈　伟	2022 年 9 月	广东省公安厅	个人三等功
兴宁市公安局法制大队	何剑宏	2022 年 9 月	广东省公安厅	个人三等功
中国电信兴宁分公司	陈小芳	2022 年 9 月	中国电信广东公司	数字运营专员三等奖
中国电信兴宁分公司	陈丽玲	2022 年 9 月	中国电信广东公司	三千兆专员三等奖
兴宁市农业农村局	张振平	2022 年 9 月	广东省农业农村厅	2022 年“广东十佳最美农技员”
兴宁市人民法院	陈利聪	2022 年 10 月	中共广东省委平安广东建设领导小组办公室	2020—2021 年度平安广东建设先进个人
兴宁市应急管理局	曾庆东	2022 年 10 月	广东省人力资源和社会保障厅、广东省应急管理厅	广东省应急救援先进个人

续表 20

单位	姓名	授称时间	授予单位	荣誉名称
中共兴宁市纪律检查委员会、兴宁市监察委员会	陈永洪	2022 年 11 月	中共广东省纪律检查委员会、广东省监察委员会、广东省人力资源和社会保障厅	全省纪检监察系统先进工作者
兴宁市市场监督管理局	范伟华	2022 年 11 月	广东省人力资源和社会保障厅	广东省市场监督（知识产权）系统先进工作者
兴宁市政务服务数据管理局	许振波	2022 年 12 月	广东省人力资源和社会保障厅、广东省政务服务数据管理局	广东省“最美政务人”
兴宁市妇女联合会	李海霞	2022 年 12 月	广东省人力资源和社会保障厅、广东省妇女儿童工作委员会	广东省实施妇女儿童发展规划先进个人

2022 年度兴宁市获梅州市级表彰的先进个人一览表

表 21

单位	姓名	授称时间	授予单位	荣誉名称
叶塘镇	万耀明	2022 年 1 月	梅州军分区	优秀基层武装部政治教导员
武警梅州支队兴宁中队	江震文	2022 年 8 月	武警梅州支队	“四有”优秀士兵
武警梅州支队兴宁中队	郭永濠	2022 年 8 月	武警梅州支队	“四有”优秀士兵
武警梅州支队兴宁中队	熊玉涵	2022 年 8 月	武警梅州支队	“四有”优秀士兵
武警梅州支队兴宁中队	江震文	2022 年 8 月	武警梅州支队	嘉奖
武警梅州支队兴宁中队	郭永濠	2022 年 8 月	武警梅州支队	嘉奖
武警梅州支队兴宁中队	熊玉涵	2022 年 8 月	武警梅州支队	嘉奖
武警梅州支队兴宁中队	桂海武	2022 年 8 月	武警梅州支队	嘉奖
武警梅州支队兴宁中队	冯赐来	2022 年 12 月	武警梅州支队	三等功
武警梅州支队兴宁中队	傅广祁	2022 年 12 月	武警梅州支队	“四有”优秀警官
武警梅州支队兴宁中队	刘　斌	2022 年 12 月	武警梅州支队	“四有”优秀士兵
武警梅州支队兴宁中队	方天阳	2022 年 12 月	武警梅州支队	“四有”优秀士兵
武警梅州支队兴宁中队	冯赐来	2022 年 12 月	武警梅州支队	“四有”优秀士兵
武警梅州支队兴宁中队	李军霖	2022 年 12 月	武警梅州支队	“四有”优秀士兵
武警梅州支队兴宁中队	徐　锦	2022 年 12 月	武警梅州支队	“四有”优秀士兵
武警梅州支队兴宁中队	刘　斌	2022 年 12 月	武警梅州支队	嘉奖
武警梅州支队兴宁中队	方天阳	2022 年 12 月	武警梅州支队	嘉奖
武警梅州支队兴宁中队	李军霖	2022 年 12 月	武警梅州支队	嘉奖
武警梅州支队兴宁中队	徐　锦	2022 年 12 月	武警梅州支队	嘉奖
武警梅州支队兴宁中队	满嘉琪	2022 年 12 月	武警梅州支队	嘉奖

名 录

■ 2022 年兴宁市领导班子成员名单

中国共产党兴宁市委员会

市委书记：宋才华
市委副书记：洪国华
　　　　　　袁勇华（任至 7 月）
　　　　　　朱志勇（9 月任职）
市委常委：宋才华
　　　　　洪国华
　　　　　袁勇华（任至 7 月）
　　　　　朱志勇
　　　　　骆小锐（任至 8 月）
　　　　　罗文波
　　　　　刘东峰
　　　　　潘启东
　　　　　杨裕瑜
　　　　　黄志勇
　　　　　郭亚玮（6 月任职）
　　　　　蔡文健（任至 12 月）
　　　　　黄静宏（8 月任职）
　　　　　陈定鼎（12 月任职）

兴宁市人民代表大会常务委员会

主　任：邓　强
副主任：李福泉
　　　　何伟忠
　　　　廖红彬
　　　　温建文
　　　　刘瑞灵
　　　　石秀芳

兴宁市人民政府

市　长：洪国华
副市长：刘东峰
　　　　潘启东
　　　　郭亚玮（6 月任职）
　　　　罗丽平
　　　　黄伟军
　　　　陈君溢
　　　　谢明扬
　　　　吴思波

中国人民政治协商会议广东省兴宁市委员会

主　席：陈日新
副主席：罗苑铭
　　　　罗宇芳
　　　　练胜红
　　　　郑　华
　　　　陈思忠
　　　　李朝晖

中共兴宁市纪律检查委员会

书　记：罗文波
副书记：陈远辉
　　　　袁望中

兴宁市监察委员会

主　任：罗文波
副主任：陈远辉
　　　　袁望中

■ 2022 年兴宁市直和省、梅州属驻兴宁各单位及各镇（街道）领导干部名单

• **中共兴宁市纪律检查委员会机关**

书　记：罗文波

副书记：陈远辉　袁望中

常　委：曾小苑　曾世欣

　　　　刁勇辉　罗双祥

• **兴宁市监察委员会**

主　任：罗文波

副主任：陈远辉　袁望中

委　员：曾小苑　曾世欣

　　　　罗清清　黄伟平

• **中共兴宁市委办公室**

主　任：黄志勇

常务副主任：刘智丰

副主任：张奎宏

　　　　钟宇清

• **兴宁市人大常委会办公室**

主　任：李淡宗

副主任：林远文

　　　　陈志宏（11 月任职）

　　　　薛　薇（12 月任职）

• **兴宁市人大常委会监察和司法工作委员会**

主　任：陈志文

副主任：谢　慧

• **兴宁市人大常委会财经工作委员会**

主　任：邱文先

副主任：陈尚文

• **兴宁市人大常委会农业农村工作委员会**

主　任：刘文忠

副主任：李东平

• **兴宁市人大常委会教育科学文化卫生工作委员会**

主　任：罗勇辉

副主任：薛　薇（任至 12 月）

　　　　赖望珍（12 月任职）

• **兴宁市人大常委会选举联络人事任免工作委员会**

主　任：巫东海

副主任：彭文芳

• **兴宁市人大常委会城乡建设环境与资源保护工作委员会**

主　任：罗建新

副主任：张颂波

• **兴宁市人大常委会社会建设工作委员会**

主　任：童永忠

副主任：谢毅韬

• **兴宁市人民代表大会财政经济委员会**

主　任：邱文先

副主任：陈尚文　梁伟强

• **兴宁市人民代表大会社会建设委员会**

主　任：童永忠

副主任：谢毅韬　刘　凌

• **兴宁市人民政府办公室**

主　任：彭伟洪（任至 1 月）

　　　　张小海（1 月任职）

副主任：刘野青　石战宇　何森清

• **政协兴宁市委员会办公室**

主　任：陈伟东

副主任：王洪尧　刘善君（任至 7 月）

　　　　罗月华（7 月任职）

• **政协兴宁市委员会农业和农村委员会**

主　任：黄任辉

副主任：曾海青

• **政协兴宁市委员会港澳台侨外事和联络委员会**

主　任：钟　青

副主任：曾育宏

• **政协兴宁市委员会科教卫体和文史资料委员会**

主　任：陈志锋

副主任：练雄标

• **政协兴宁市委员会提案委员会**

主　任：钟胜良

副主任：陈志强

• **政协兴宁市委员会经济委员会**

主　任：刘小炎

副主任：钟建秀

• 政协兴宁市委员会社会法制和人口资源环境委员会

主　任：陈伟林

副主任：胡萍萍

• 中共兴宁市委组织部

部　长：骆小锐（任至8月）
　　　　黄静宏（8月任职）

常务副部长：孙伟权

副部长：张　标
　　　　叶小雄
　　　　李广青
　　　　何伟洪（1月任职）
　　　　袁　亮（任至4月）

• 中共兴宁市委宣传部

部　长：杨裕瑜

常务副部长：黄佑鹏

副部长：罗亮宏
　　　　刘思中

• 兴宁市精神文明建设委员会办公室

主　任：罗亮宏

专职副主任：罗　静

• 中共兴宁市委统一战线工作部

部　长：朱志勇

常务副部长：温会权

副部长：邓超明　罗红娟
　　　　曾巨文（4月任职）

• 中共兴宁市委政策研究室

主　任：张奎宏（12月任职）

副主任：罗　滔（12月任职）
　　　　黄　均（12月任职）
　　　　王　丹（12月任职）

• 中共兴宁市委政法委员会

书　记：袁勇华（任至8月）
　　　　朱志勇（10月任职）

常务副书记：钟绍红

副书记：肖浩文
　　　　张海荣

• 中共兴宁市委机构编制委员会办公室

主　任：李广青

副主任：刘秋琼　薛　锋　刘国平（3月任职）

• 中共兴宁市直属机关工作委员会

书　记：胡启宏（任至7月）
　　　　黄志勇（7月任职）

常务副书记：胡启宏（7月任职）

副书记：罗　文
　　　　张永坚

• 中共兴宁市委老干部局

局　长：袁　亮（任至4月）

副局长：赖望珍（任至12月）
　　　　杨锦茂（任至12月）

• 兴宁市人民法院

院　长：周展明

副院长：张思东　何金盛　廖思谦

• 兴宁市人民检察院

检察长：彭　宙

副检察长：赖建华　罗梅辉　石思强

• 兴宁市发展和改革局

局　长：刘导文

副局长：刘苍山　范湘萍　李新旺

• 兴宁市教育局

局　长：郭远林

副局长：曾洪生　张新金　赖福腾

• 兴宁市科工商务局

局　长：张小海（任至1月）
　　　　杨洪亮（1月任职）

副局长：李宇浪　刘　伟　欧阳勇辉

• 兴宁市公安局

局　长：黄伟军

政　委：伍海波

常务副局长：罗伟义（7月任职）

副局长：曾振文　张远平　陈胜涛
　　　　周何伟（7月任职，挂职）
　　　　陈建强（11月任职）

• 兴宁市民政局

局　长：何群标

副局长：范耀新　刘科平　曾晓波

• 兴宁市司法局

局　长：何伟洪（任至1月）
　　　　钟安胜（1月任职）

副局长：廖春芳　杨　军　黄　琴

- **兴宁市财政局**

局　长：陈思忠
副局长：朱金炎　谢志勇
　　　　陈　兵
总会计师：余彬朋（3 月任职）

- **兴宁市人力资源和社会保障局**

局　长：李顺新（任至 1 月）
　　　　何伟洪（1 月任职）
副局长：刘伟明
　　　　曾　瑜

- **兴宁市自然资源局**

局　长：陈伟东
副局长：张俊杰　李清辉
　　　　钟伟崇

- **兴宁市住房和城乡建设局**

局　长：罗　平（1 月任职）
副局长：翁戈飞　陈志彬
　　　　曾　然
总工程师：周振辉

- **兴宁市交通运输局**

局　长：吴尚华
副局长：李伟斌　陈仕辉
　　　　马平平（3 月任职）
总工程师：王　波

- **兴宁市水务局**

局　长：李坤明
副局长：陈毅光（任至 3 月）
　　　　李宇苑
　　　　陈彦云
　　　　李　聪（3 月任职）
总工程师：李　聪（任至 3 月）
　　　　　李　盛（11 月任职）

- **兴宁市农业农村局**

局　长：罗国强（1 月任职）
副局长：曾宪尧　罗志高（任至 1 月）
　　　　林　斌　廖伟坤

- **兴宁市文化广电旅游体育局**

局　长：邹燕锋
副局长：张向东（任至 1 月）　黄法平
　　　　朱碧锋（3 月任职）　陈加鹏

- **兴宁市卫生健康局**

局　长：陈秋吾（任至 1 月）
　　　　黄浩灵（1 月任职）
副局长：钟剑伟　刘远彬　罗　丽

- **兴宁市退役军人事务局**

局　长：黄启东（任至 3 月）
　　　　袁　亮（4 月任职）
副局长：罗燕丽
　　　　何龙兴（10 月任职）
　　　　钟清林（10 月任职）

- **兴宁市应急管理局**

局　长：陈志标
副局长：练伟强　黄建辉　朱远平

- **兴宁市消防救援大队**

大队长：吴增鑫
政治教导员：李建设（任至 3 月）
　　　　　　钟广兴（3 月任职）

- **兴宁市审计局**

局　长：钟剑波
副局长：罗建新（6 月任职）
　　　　刘信昌
　　　　潘志平
总审计师：陈梅红（6 月任职）

- **兴宁市市场监督管理局**

局　长：赖建文
副局长：范伟华　刘宁平　张永新

- **兴宁市统计局**

局　长：罗卫星
副局长：饶振旺　叶宏君

- **兴宁市医疗保障局**

局　长：张伟兰
副局长：钟洪彬　罗春雄
　　　　刘新河（10 月任职）

- **兴宁市城市管理和综合执法局**

局　长：黄浩灵（任至 1 月）
　　　　张向东（1 月任职）
副局长：陈小良　刘天华　李　永

- **兴宁市信访局**

局　长：曾发茂
副局长：罗小忠　张　炜　林文美（10 月任职）

• 兴宁市政务服务数据管理局
局　长：许振波
副局长：林汉辉　孙文冠
　　　　温　慰（12 月任职）
• 兴宁市招商和企业服务中心
主　任：何永添
副主任：巫嘉卫　陈世标
　　　　曾文浩（12 月任职）
• 兴宁市林业局
局　长：曾　胜（1 月任职）
副局长：卢宝炎　曾宪禹　陈兴无
• 中共兴宁市委党校
校　长：骆小锐（任至 9 月）
　　　　黄静宏（9 月任职）
常务副校长：杨颂阳
副校长：张　科　刘松茂
• 中共兴宁市委党史研究室
主　任：范益民
副主任：曾远红　黄日松
• 兴宁市档案馆
馆　长：刘学伟
副馆长：罗思洪　李小利
• 兴宁市地方志办公室
主　任：陈媛媛
副主任：沈远东
• 兴宁市融媒体中心（兴宁市广播电视台）
主　任（台长）：陈自立（任至 10 月）
　　　　　　　　陈　云（10 月任职）
副主任（副台长）：陈伟辉　李　冲
　　　　　　　　　陈凯明
总编辑：廖勇平（任至 4 月）
• 兴宁市公路事务中心
主　任：曾新胜
副主任：黄科文　李春雄
　　　　马平平（任至 3 月）
• 兴宁市社会保险基金管理局
局　长：黎伟新
• 兴宁市公共人才服务中心
主　任：曾立洪
副主任：彭汝君　袁伟方

• 兴宁市教师发展中心
副主任：曾　宇（1 月任职，主持全面工作）
　　　　黄文通（1 月任职）
　　　　蔡龙江（11 月任职）
• 兴宁市供销合作社联合社
主　任：廖裕导
副主任：罗　旋　凌　通
　　　　杨飞龙（7 月任职）
• 东莞石碣（兴宁）产业转移工业园管理委员会
主　任：马志源
副主任：钟旅平　刘　杰　刘福标
• 梅州市住房公积金管理中心兴宁市管理部
部　长：巫为民（4 月任职）
• 中国国民党革命委员会兴宁市委员会
主　委：廖强栋
副主委：曾庆浩（任至 10 月）
　　　　谢毅韬（任至 10 月）
　　　　何宇科（10 月任职）
　　　　伍映平（10 月任职）
• 中国民主同盟兴宁市委员会
主　委：张颂华
副主委：罗　高　农楚凤
• 中国民主建国会兴宁市委员会
主　委：黄任辉
副主委：陈炯番
• 兴宁市总工会
主　席：刘瑞灵
常务副主席：曾勇威
副主席：陈飞泉　陈洁红
• 共青团兴宁市委员会
书　记：王超宙
副书记：何文韬
　　　　黎文怡（7 月任职）
• 兴宁市妇女联合会
主　席：刘　凌
副主席：温玲玲　王玉芳
• 兴宁市工商业联合会
党组书记、副主席：曾巨文
主　席：杨亚文
副主席：黄海珍　曾志嫦　叶柳春　廖飞虎

罗敬东　刘名远　叶学渊　陈小平
王建民　张　弦　罗建雄　蔡幸丽
赖伟东　陈　勇　黄柏超　温利连
曾思林　刘宇鹏　吴宏丰　刘宇璋

秘书长：陈　莉

- **兴宁市科学技术协会**

主　席：黄志平
副主席：曾维添　黄德强

- **兴宁市归国华侨联合会**

主　席：欧阳秋茹
副主席：罗晋导（任至9月）　吴秋芳
杨锦茂（12月任职）

- **兴宁市文学艺术界联合会**

主　席：廖润源
副主席：罗　琳　钟俏峰

- **兴宁市残疾人联合会**

理事长：王建平
副理事长：曾　思　黄任文

- **兴宁市社会科学界联合会**

主　席：黄　辉
副主席：邓国新

- **兴宁市齐昌供水有限公司**

总经理：朱春强

- **梅州市生态环境局兴宁分局**

局　长：黄伟文（任至12月）
副局长：罗庆平　叶云星
黄育健

- **国家税务总局兴宁市税务局**

局　长：梁伟强
副局长：韩远贵
黄立权（任至7月）
丘碧华（任至7月）
张添华
孔　莹（任至12月）
刘会文（9月任职）
纪检组组长：赖铭学（任至3月）
张仕平（3月任职）

- **兴宁市气象局**

局　长：罗伟华
副局长：罗经权

- **国家统计局兴宁调查队**

队　长：廖创炜
副队长：周进军

- **中国邮政集团有限公司广东省兴宁市分公司**

总经理：庞永忠
副总经理：陈　利　邱裕洪
林春花（8月任职）

- **中国电信股份有限公司兴宁分公司**

总经理：钟　明
副总经理：华国威
邹文锋
王文学（1月任职）
王宇新（4月任职）

- **中国移动通信集团广东有限公司兴宁分公司**

总经理：曾　淇（任至6月）
黄　鼎（6月任职）
副总经理：陈天湖
黄　鼎（任至6月）
郭建新（6月任职）

- **中国联合网络通信有限公司兴宁市分公司**

总经理：林俊锋
副总经理：陈　浩（任至7月）
陈卓铭（任至11月）
刘冠辉（7月任职）

- **广东电网有限责任公司梅州兴宁供电局**

党委书记：廖晓明
党委副书记、总经理：黄治勇
纪委书记：涂文权
副总经理：卓建丰　张达洄　李　杰

- **兴宁市烟草专卖局**

局长（经理）：李文辉（任至5月）
何再超（5月任职）
副经理：刘远涛
副局长：余云中

- **广东省盐业集团梅州有限公司兴宁分公司**

经　理：彭　锋

- **中国人民银行兴宁市支行**

行　长：陈寿亮（任至9月）
副行长：王森浩
陈　荣

· **中国工商银行股份有限公司兴宁支行**

行　长：熊海昌（任至6月）

　　　　陈丽娟（6月任职）

副行长：黄新民　彭云标（任至6月）

　　　　王幸明　熊浩晖（6月任职）

· **中国银行股份有限公司梅州兴宁支行**

行　长：江晓军

副行长：黄艳红　罗拥军　李广森（任至9月）

　　　　刘敬惠　李俊伟（9月任职）

· **中国建设银行股份有限公司兴宁支行**

行　长：刘国强

副行长：王永祥　黄　洪

· **中国农业银行股份有限公司兴宁市支行**

行　长：吴国兴（任至4月）

　　　　江　敏（6月任职）

纪委书记：张拔剑

副行长：陈茂东（1月任职）

　　　　廖　程

　　　　黄宇华（1月任职）

　　　　黄春泉（任至1月）

　　　　罗永都（任至1月）

· **中国农业发展银行兴宁市支行**

行　长：熊依添

副行长：王思彬

· **广发银行股份有限公司梅州兴宁支行**

行　长：罗远峰

· **广东兴宁农村商业银行股份有限公司**

董事长：杨　帆

行　长：李文彦

监事长：刘　颂

副行长：林全达　黄尚文　黄仕锐

· **中国邮政储蓄银行股份有限公司兴宁市支行**

行　长：陈俭方

副行长：肖远忠

· **中国人寿保险股份有限公司兴宁市支公司**

副总经理：张宇辉（主持工作）

总经理助理：曾庆文

　　　　　　肖　健（任至7月）

· **中国人民财产保险股份有限公司兴宁支公司**

总经理：刘雅明

· **兴田街道**

党工委书记：石秀芳

党工委副书记、办事处主任：杨秋阳

人大工委主任：邹强兵

党工委副书记：陈新淼　吴燕锋

　　　　　　　李云聪（挂职）

党工委委员、办事处副主任：曾小华

党工委委员：潘光辉　钟国炎　刘宇云

　　　　　　陈新茂　曾　涛　罗维维

　　　　　　黄　珂（10月任职）

人大工委副主任：陈建彬

办事处副主任：周　宁　黄爱中　刘　婷

· **宁新街道**

党工委书记：吴思波（任至1月）

　　　　　　何　为（3月任职）

党工委副书记、办事处主任：何　为（任至3月）

　　　　　　　　　　　　　曾铭辉（3月任职）

人大工委主任：凌万明

党工委副书记：陈小玲　曾云清

　　　　　　　毛镜威（挂职）

党工委委员、办事处副主任：陈天文

党工委委员：许汉强　刘飞球　蒋美苑

　　　　　　刘东援　余　冰　黄慧梅

　　　　　　陈宇东　杨晓义

人大工委副主任：刘苑红

办事处副主任：刘国和

　　　　　　　何晓辉

　　　　　　　钟思婷（任至4月）

　　　　　　　陈建忠（12月任职）

· **福兴街道**

党工委书记：童东平

党工委副书记、办事处主任：黄威灵

人大工委主任：李满红（任至4月）

　　　　　　　蓝广新（4月任职）

党工委副书记：王绍雄　曾迪华

　　　　　　　邹添华（挂职）

党工委委员、办事处副主任：刘作明

党工委委员：黄秋璇　温利红　何东红

　　　　　　林海彬　曾裕龙　刘科文

人大工委副主任：林　莉

办事处副主任：刘艳琼　陈　平

- **宁中镇**

党委书记：卢志煌（1月任职）
党委副书记、镇长：彭燕妮
人大主席：罗建新（任至6月）
　　　　　袁利雅（6月任职）
党委副书记：袁利雅（任至6月）
　　　　　　刘海中（6月任职）
　　　　　　罗海东　陈　勤（挂职）
党委委员、副镇长：刘海中（任至6月）
　　　　　　　　　何博宇（6月任职）
党委委员：陈子明　钟华飞
　　　　　曾志伟　黎聪文（6月任职）
人大副主席：潘伊利
副镇长：刘裕春　袁倩景
　　　　钟　波　张燕花

- **刁坊镇**

党委书记：罗国强（任至1月）
　　　　　陈君辉（1月任职）
党委副书记、镇长：刘舫斯
人大主席：陈伟洪
党委副书记：王　健（挂职）
　　　　　　何权辉　罗学宏
党委委员、副镇长：陈伟东
党委委员：肖　维　黎文怡（任至7月）
　　　　　刘子兴　钟　炎（8月任职）
　　　　　周山客（任至5月）
人大副主席：王苑梅
副镇长：刁利娓　李子红　罗元伟
　　　　黄斯正　罗思强

- **坭陂镇**

党委书记：邓利民
党委副书记、镇长：陈君辉（任至1月）
　　　　　　　　　罗汉新（4月任职）
人大主席：曾尚辉
党委副书记：刘金灵　何浩泉
　　　　　　江世军（挂职）
党委委员、副镇长：丘文勇（任至4月）
党委委员：王建军　王小波
　　　　　王杏媚　刘　智
人大副主席：陈永文
副镇长：陈　云　刘文光　钟晓峰
　　　　周志明　王明霞　杨梓旋（任至10月）

- **龙田镇**

党委书记：刘超华
党委副书记、镇长：彭立峰
人大主席：刘茂云
党委副书记：李美容　陈奔旺
　　　　　　丘宇星（挂职）
党委委员、副镇长：杨文俊（任至3月）
　　　　　　　　　伍永锋（8月任职）
党委委员：钟志雄　李小芳
　　　　　李　艳　陈珊珊（5月任职）
人大副主席：廖强栋
副镇长：苏彦明　高伟红　罗辉红
　　　　张榆源　黄美丽

- **合水镇**

党委书记：罗　辉
党委副书记、镇长：彭文燕
人大主席：马建春
党委副书记：罗东强（挂职）
　　　　　　谢利香　刘永星
党委委员、副镇长：陈晖辉
党委委员：罗娟玲　丘振洪
　　　　　曾碧辉　罗小嫦
人大副主席：张志伟
副镇长：王新唐　刘　奔（任至6月）
　　　　刘　伟　曾森文

- **叶塘镇**

党委书记：万耀明
党委副书记、镇长：练学伟
人大主席：罗志东
党委副书记：肖雷鸣　石　宏
　　　　　　王　宏（挂职）
党委委员、副镇长：刘　静
党委委员：肖　滨　李友光
　　　　　黄　珂（任至10月）
　　　　　陈　强（10月任职）
　　　　　蔡冬玲
人大副主席：杨志浩

副镇长：黄映香　陈炯番　苏　华
　　　　罗小新　韩坚苑　曾　科

• 新陂镇

党委书记：李新强
党委副书记、镇长：苏剑辉
人大主席：张建明
党委副书记：张祖波　曾环东
　　　　　　王新民（挂职）
党委委员、副镇长：罗　滔
党委委员：刘可辉　陈宇威
　　　　　游　凤　曾文杰
人大副主席：罗永忠
副镇长：戴胜安　何伟强　邹建辉
　　　　谢孝彬　潘裕洪（12 月任职）

• 永和镇

党委书记：曾　波
党委副书记、镇长：黄勇华
人大主席：王英霞
党委副书记：李映华　李维坚（任至 5 月）
　　　　　　梁晓君（挂职）刘善君（7 月任职）
党委委员、副镇长：钟自红
党委委员：黄国青　何凯锐
　　　　　周维新　李国东
人大副主席：李标明
副镇长：张金清　王君利　谢海明
　　　　幸超峰　邓于醉

• 径南镇

党委书记：曾秋勇
党委副书记、镇长：李满红（4 月任职）
　　　　　　　　　罗汉新（任至 3 月）
人大主席：丘文勇（8 月任职）
　　　　　曾铭辉（任至 3 月）
党委副书记：廖胜光　赖海桂
　　　　　　翁胜强（挂职）
党委委员、副镇长：幸志辉
党委委员：张建雄　黄平忠
　　　　　李　欢　黄祖常（任至 4 月）
人大副主席：李国强
副镇长：杨小娟　蓝伟雄
　　　　王伟杰　朱　威

• 新圩镇

党委书记：陈　静
党委副书记、镇长：罗文峰
人大主席：何颂文
党委副书记：张宇东　杨　斌
　　　　　　张　芳（挂职）
党委委员、副镇长：陈国新
党委委员：罗新辉　杨源辉
　　　　　陈紫枚　薛　欢
人大副主席：黄晓凤
副镇长：刘端贤　范子明　彭百超
　　　　陈远辉　陈宇荣

水口镇

党委书记：许杰浩（1 月任职）
党委副书记、镇长：黄勇君
人大主席：张苑龙
党委副书记：蓝广新（任至 3 月）
　　　　　　袁　魏　温宇澄（挂职）
党委委员、副镇长：王　忠
党委委员：陈静娴　廖科华
　　　　　陈彬彬　李　瑾
人大副主席：王勇强
副镇长：黄林坚　曾繁清　王文建
　　　　蓝志华　邬思美　余炬鹏

• 罗浮镇

党委书记：曾　胜（任至 1 月）
　　　　　陈凯平（3 月任职）
党委副书记、镇长：陈凯平（任至 3 月）
　　　　　　　　　叶雄飞（4 月任职）
人大主席：叶雄飞（任至 3 月）
　　　　　冯燕妮（7 月任职）
党委副书记：潘建华（挂职）
　　　　　　赖远辉
　　　　　　王　龙
党委委员、副镇长：叶庆辉（任至 5 月）
　　　　　　　　　谢　安（8 月任职）
党委委员：刘会兰　刘新强
　　　　　丘兴浩　吴　威
人大副主席：伍　东
副镇长：陈文龙　曾环星

丘海洪（任至 5 月）
陈　强（任至 10 月）

• **罗岗镇**

党委书记：钟安胜（任至 1 月）
欧阳晓波（3 月任职）
党委副书记、镇长：欧阳晓波（任至 3 月）
刘世泉（4 月任职）
人大主席：周建平
党委副书记：陈伟忠　叶庆辉（5 月任职）
邹　胜（挂职）
党委委员、副镇长：袁庆豪
党委委员：钟松义　钟宇兵
张幸华　黄晓静
人大副主席：刘文海
副镇长：温春祥　刘嘉焕　杨伟区
张建雄　刘宁涛　何宇科

• **黄槐镇**

党委书记：蓝　彬
党委副书记、镇长：黄宇梁
人大主席：石文彬
党委副书记：邹　勇（挂职）　李建波
魏燕玲
党委委员、副镇长：陈志强（任至 10 月）
党委委员：刘成森　何海平
张　选　黄金兰
人大副主席：刘宇山
副镇长：何柳斌　潘裕洪（任至 12 月）
曾远东　林宇聪

• **黄陂镇**

党委书记：杨洪亮（任至 1 月）
袁作胜（3 月任职）
党委副书记、镇长：袁作胜（任至 3 月）
李维坚（5 月任职）
人大主席：何宏新
党委副书记：黄伟光
练海峰
李　凯（挂职）
党委委员、副镇长：钟启文
党委委员：钟伟良
温聪兴（任至 10 月）
邹晗媚（任至 3 月）
谢聪聪
彭溢男（3 月任职）
人大副主席：曾岳鹏
副镇长：叶胜良
曾远东
何小青（任至 6 月）
叶玲玲
黄文静
李师哲

• **大坪镇**

党委书记：许杰浩（任至 1 月）
刘　渊（3 月任职）
党委副书记、镇长：刘　渊（任至 3 月）
杨文俊（4 月任职）
人大主席：罗伟南
党委副书记：曾令红（挂职）
罗志雄　钟在明
党委委员、副镇长：罗　云
党委委员：廖锦均　黄凯波
何远兴　罗俏城
人大副主席：刘仕芳
副镇长：罗区元　何文强
朱楚彬　叶政平
陈宇都　彭婷婷

• **石马镇**

党委书记：罗　超
党委副书记、镇长：卢志煌（任至 2 月）
王中强（3 月任职）
人大主席：邓　锋
党委副书记：蓝　鑫（挂职）
刘仕伟
林文美（任至 10 月）
陈志强（10 月任职）
党委委员、副镇长：陈侃粦
党委委员：曾　玲　张　婷
曾金宾　张文君
人大副主席：吴宇强
副镇长：练达强　张森源
陈丹妮　钟胜强

附录

全面贯彻落实党的二十大精神 加快实现兴宁老区苏区全面振兴发展

——在市委十四届三次全会第一次全体会议上的报告

（2023 年 1 月 10 日）

兴宁市委书记　宋才华

这次全会的主要任务是，以习近平新时代中国特色社会主义思想为指导，全面贯彻落实党的二十大精神，深入学习贯彻中央经济工作会议、中央农村工作会议精神，传达贯彻省委十三届二次全会、省委经济工作会议和省委书记黄坤明来梅调研指示精神，贯彻落实梅州市委八届五次、六次全会精神，总结 2022 年工作，部署 2023 年工作，动员全市上下高举旗帜、踔厉奋发、勇毅前行，更加自觉地忠诚拥护“两个确立”、坚决做到“两个维护”，奋起直追、竞标争先，加快实现兴宁老区苏区全面振兴发展，奋力谱写中国式现代化的兴宁篇章。

一、回顾总结 2022 年工作，切实增强加快兴宁老区苏区全面振兴发展的信心决心

2022 年，是党和国家历史上极为重要的一年，也是我市极不平凡的一年。一年来，市委坚持以习近平新时代中国特色社会主义思想为指导，认真落实“疫情要防住、经济要稳住、发展要安全”的重要要求，聚精会神办好迎接和学习宣传贯彻党的二十大、高效统筹疫情防控和经济社会发展等大事，突出实体经济和乡村振兴两大重点，全市经济社会保持良好发展态势。预计全年实现地区生产总值 197.8 亿元，同比增长 1.2%，规上工业增加值 19.2 亿元，同比增长 7.5%，固定资产投资完成 78 亿元，同比下降 5.0%，进出口总额 7 亿元，同比增长 6%，以上指标增速均排在梅州市前列。

一年来，我们强党建、促提升，党的领导全面加强。坚持以政治建设统揽党的各项建设，纵深推进全面从严治党，严格执行省委坚决落实“两个维护”十项制度机制，持续巩固深化肃清李嘉、万庆良恶劣影响成果，忠诚拥护“两个确立”、坚决做到“两个维护”。坚持把习近平总书记系列重要讲话、重要指示批示精神作为学习的第一议题、贯彻的第一遵循、落实的第一政治要件。按照“全面学习、全面把握、全面落实”的重要要求，全市动员、全员参与，持续掀起学习宣传贯彻党的二十大精神热潮。市委宣传部获评为广东省基层理论宣讲先进集体。深入实施新一轮基层党建三年行动计划，高质量推进各领域基层党建。党管经济、党管干部、党管人才、党管宣传、党管意识形态等要求全面落实，新一轮市委巡察工作全面启动，反腐倡廉和党风廉政建设持续深化，全年立案 324 件，党纪政务处分 304 人，政治生态更加风清气正。

一年来，我们谋项目、保增长，经济发展稳中向好。坚持把发展经济着力点放在实体经济上，全面落实“要素跟着项目走”机制，打好增资扩产、招商引资、要素保障、政策兑现等“组合拳”，有效落实稳经济政策，经济建设实现稳中向好。医疗器械产业蓬勃发展，成功承办“广东省医疗器械高质量发展助力乡村振兴行活动”，与省药监局合作共建的广东兴宁医疗器械产业园揭牌成立，蓝韵医疗落地建设，辰浩医疗等10家企业先后试产，20多家医疗器械企业意向进驻。坚持“保规上、扶规上、育上规”并举，全年培育“小升规”企业8家、国家高新技术企业5家，市中小企业服务中心获评国家中小企业公共服务示范平台。兴宁市“电商物流+农村客货同载+商超联运”项目入选全国第三批农村物流服务品牌。全年招商引进项目19个，计划投资额80.04亿元，其中工业项目15个，计划投资额32.4亿元，同比增长173.8%。30个年度投资计划29.86亿元的省市重点正式项目超额完成，16个发债资金17.44亿元的债券项目资金全部完成支付。消费潜力不断释放，成功承办2022年广东首届县域商业促消费活动，我市入选国家县域商业行动示范县。

一年来，我们兴产业、强示范，乡村振兴有序推进。坚持以党建引领为核心、以产业发展为根本、以乡村建设为抓手、以资金统筹为保障、以文化素养为灵魂、以安全稳定为底线，全面推进乡村振兴，农业农村优先发展内生动力持续增强，被评为2022年全国县域农业农村信息化发展先进县。脱贫攻坚成果持续巩固，75户323人防返贫监测精准有效，驻镇帮镇扶村工作有声有色。粮食安全底线牢牢守住，按时高效完成68.19万亩粮食播种、11.9万亩撂荒耕地复耕复种，新建高标准农田1.5万亩。兴宁鸽、丝苗米、单丛茶、油茶、沃柑等优势产业集聚效应凸显，“兴宁茶油”“兴宁丝苗米”入选第二批全国名特优新农产品名录，我市油茶产业被授予省林业特色产业发展基地，“陈小鸽风味乳鸽”入选广东省现代农业产业园百家手信。10条乡村振兴示范带建设深入推进，“茶果飘香·醉美径南”乡村振兴示范带初具规模、活力四射，径南浊水村乡村产业社区试点建设快步推进、成效初显，全市75%以上建制村集体收入实现10万元以上。

一年来，我们抓统筹、优环境，城乡融合稳步提升。聚焦城乡统筹融合发展，坚持不懈补短板、强弱项、固根本，创文创卫快马加鞭、全面提速，城市面貌持续改善，人居环境越来越优。成功创建“广东省全域旅游示范区”，新增国家3A级旅游景区2家，市文化馆获评国家一级馆。罗屏汉、邓逸凡等名人故居如期完成修缮保护及陈列布展。县级国家森林城市创建纵深推进，森林覆盖率达67.14%，林地绿化率达99.06%。深入打好污染防治攻坚战，城市内涝治理、老城区供排水升级改造加快推进，铁山嶂废弃矿区生态综合治理修复工程等10个山水修复项目全面动工，污水处理厂扩容提质工程全面完成，农村人居环境整治成效明显。南部新城建设深入推进，梅龙高铁实现无障碍施工，新建市人民医院、高铁干线路网及站前综合广场和配套工程（一期）项目快速推进，市档案馆建成投入使用，城乡基础配套设施日臻完善，成功入选2022年度“四好农村路”全国示范县创建名单。

一年来，我们惠民生、促和谐，社会建设协调推进。始终把民生作为最大的政治，坚决兜住兜牢民生保障底线，深入实施“粤菜师傅”“广东技工”“南粤家政”三项工程，城镇新增就业4080人。“十件民生实事”全面完成，加快建设基础教育高质量发展体系，新增学位2530个，坜陂中学迁建项目全面完成，市高级技工学校创建技师学院、梅卫职校扩建等项目建设加快推进。“放管服”改革、数字政府改革建设成效明显，政务服务和营商环境持续优化。坚持统筹发展和安全，抓实抓细战疫情、防风险、保安全、护稳定、促发展各项措施，科学精准有效防控疫情，因时因势优化防控措施，最大程度保护全市人民生命安全和身体健康，最大限度减少疫情对经济社会发展的影响；抓严抓实危化品、非煤矿山、自建房、地质灾害等安全生产专项整治和“三防”应急处置等工作。平安兴宁、法治兴宁建设纵深推进，认真抓好“喜迎二十大·忠诚保平安”五大专项行动，常态化开展扫黑除恶斗争，严厉打击整治养老诈骗等各类违法犯罪行为，深入开展“无信访”单位活动，积极推进治理重复信访、化解信访积案专项工作，开展问题楼盘、涉众金融、涉农涉土等重点领域隐患排查整治，有效防范化解政治、意识形态、经济、社会等十大风险隐患，全市社会大局和谐稳定。

一年来，我们把方向、揽全局，凝聚合力团结奋斗。市委坚持总揽全局、协调各方，支持人大、政协依法依章程履行职责，加强法治政府建设，保证司法机关依法独立公正行使职权。支持各民主党派、工商联、无党派人士参政议政，加强民族、宗教、港澳台等工作，构建大统战工作格局。充分发挥工青妇等群团组织联系群众、服务群众的作用。加强党管武装工作。

这些成绩的取得，根本在于以习近平同志为核心的党中央坚强领导，在于习近平新时代中国特色社会主义思想科学指引，得益于省、梅州市的重视关心，饱含着全市各级党组织和广大党员干部的辛勤付出，离不开社会各界的鼎力支持。在此，我代表市委，表示衷心的感谢！

站在新的历史起点上，我们必须在全方位高质量发展的大势中，找准所处的历史方位，在顺势、借势、用势、拓势中守正创新、聚集合力、振兴发展。梅州市委八届六次全会提出，必须用好习近平总书记教给我们的世界观和方法论，坚持实事求是、尊重规律、系统观念、底线思维，注重长远安排与现实考量相统一、注重自力更生与借助外力相统一、注重扬长优势与补齐短板相统一、注重传承接续与改革创新相统一、注重党建工作与群众工作相统一，把国家和省支持梅州苏区发展的系列政策从“纸面”落到“地面”，将政策红利落到具体项目，转化为发展优势，把美好蓝图变为美好现实。我们要锚定高质量发展首要任务，积极抢抓梅州建设赣闽粤原中央苏区对接融入粤港澳大湾区振兴发展先行区的历史性重大机遇，用好广州天河区对口帮扶，省工信厅及广东联通、广东粤海控股集团等对口支援，省药品监督管理局与我市共建医疗器械产业园等机遇，发扬老一辈革命家当年“提着脑袋干革命”的大无畏精神，发扬广东人敢为天下先、“第一个吃螃蟹”的改革创新精神，先走一步、抢占先机、脱颖而出，全力以赴实现产业大承接、开放大发展、经济大振兴，以高质量发展的步步推进，赢得兴宁现代化建设的节节胜利。

二、全面深入学习贯彻党的二十大精神，切实增强紧跟习近平总书记、奋进新征程的思想自觉政治自觉行动自觉

党的二十大是在全党全国各族人民迈上全面建设社会主义现代化国家新征程、向第二个百年奋斗目标进军的关键时刻召开的一次十分重要的大会，是一次高举旗帜、凝聚力量、团结奋进的大会。这次大会最重要的政治成果是选举产生了以习近平同志为核心的新一届中央领导集体，最重要的理论成果是开辟了马克思主义中国化时代化新境界，最重要的实践成果是描绘了全面建设社会主义现代化国家、以中国式现代化全面推进中华民族伟大复兴的宏伟蓝图，最重要的制度成果是通过了党章修正案。党的二十大精神内涵丰富、博大精深，我们要持续在深学笃行上下功夫，进一步把思想和行动统一到党的二十大精神上来。

（一）深刻领悟“两个确立”的决定性意义，引领全市上下更加自觉同以习近平同志为核心的党中央保持高度一致。“两个确立”是新时代最重大的政治成果，是推动党和国家事业取得历史性成就、发生历史性变革的决定性因素，是党应对一切不确定性的最大确定性、最大底气、最大保证。我们要深刻领悟“两个确立”决定性意义，把忠诚拥护“两个确立”、坚决做到“两个维护”作为最大的政治、最大的大局，切实做到在思想上高度信赖核心、感情上衷心爱戴核心、政治上坚决维护核心、组织上自觉服从核心、行动上始终紧跟核心，坚决按照习近平总书记重要指示要求办，切实把“两个确立”转化为兴宁奋进新征程、建功新时代的具体举措和实际成效。

（二）深刻感悟习近平新时代中国特色社会主义思想开辟马克思主义中国化时代化新境界，引领全市上下更加自觉做党的创新理论的坚定信仰者和忠实践行者。党的十八大以来，以习近平同志为核心的党中央，坚持把马克思主义基本原理同中国具体实际相结合、同中华优秀传统文化相结合，回应重大时代课题，创立了习近平新时代中国特色社会主义思想，实现了马克思主义中国化新的飞跃。党的二十大报告以“六个必须坚持”系统阐明了习近平新时代中国特色社会主义思想的世界观、方法论。我们要认真学习贯彻党的创新理论，准确把握好习近平新时代中国特色社会主义思想的世界观和方法论，坚持好、运用好贯穿其中的立场观点方法，切实把党的创新理论贯彻落实到兴宁高质量发展各方面全过程。

（三）深刻感悟以中国式现代化全面推进中华民族伟大复兴的使命任务，引领全市上下更加自觉对标对表党的二十大重大部署加快推进兴宁老区苏区全面振兴发展。习近平总书记关于中国式现代化的系列重要论述，科学总结了我国社会主义现代化建设长期探索和实践经验，丰富和发展了世界现代化理论。我们要牢牢把握中国式现代化的中国特色、本质要求和重大原则，聚焦党的二十大提出的中心任务和战略安排，科学审视和谋划兴宁老区苏区振兴发展的历史方位、目标任务，狠抓发展第一要务，全面激发内生动力，让中国式现代化在宁江大地充分展现可观可感的现实图景。

（四）深刻感悟“三个务必”的伟大号召，引领全市上下更加自觉在新的赶考之路上展现新担当、实现新作为。“三个务必”的伟大号召，充分彰显了百年大党坚定的战略自信和高度的战略清醒，充分彰显了中国共产党人自警自励的政治智慧和求真务实的政治品格，充分体现了新时代中国共产党人强烈的历史自觉和责任担当。我们务必不忘初心、牢记使命，谦虚谨慎、艰苦奋斗，敢于斗争、善于斗争，与人民心心相印、与人民同甘共苦、与人民团结奋斗，以高超斗争本领迎接各种挑战，在新征程上向百万兴宁人民交出优异答卷。

三、坚持以党的二十大精神为指引，奋力推进中国式现代化的兴宁实践

2023 年是全面贯彻党的二十大精神的开局之年。学习宣传贯彻党的二十大精神，关键是行动，重在抓落实。省委十三届二次全会指出，要对照党的二十大的战略擘画，立足广东所处的历史方位，以高质量发展为牵引，高水平推进广东现代化建设，在新起点上沿着习近平总书记指引的方向勇毅前行。省委书记黄坤明到梅州调研要求梅州要切实把思想和行动统一到党的二十大精神上来，对照省委全会部署要求，找准新起点上现代化建设的着力点、突破口，抓住用好对接融入粤港澳大湾区等机遇，以时不我待的精神加快振兴发展步伐，努力把短板变为潜力板，在新征程上展现梅州锐意进取、奋发有为的新面貌新气象。梅州市委八届五次、六次全会提出，要以党的二十大精神为指引，以高质量发展为牵引，举全市之力建设赣闽粤原中央苏区对接融入粤港澳大湾区振兴发展先行区，推动梅州苏区加快振兴、共同富裕。这次市委全会将审议我市深入学习贯彻党的二十大精神的实施方案，把省委、梅州市委工作安排转化为兴宁具体行动。全市上下要以党的二十大精神为指引，按照党中央的决策部署和省委、梅州市委全会的工作安排，以及黄坤明书记来梅调研指示要求，更加自觉地把兴宁工作放在省和梅州市发展大局中加以谋划和推进，切实把党的二十大“规划图”细化为兴宁的“时间表、施工图、任务书”，引领全市改革发展稳定各项事业行稳致远、结出硕果。

今年工作的总体要求是：以习近平新时代中国特色社会主义思想为指导，全面贯彻落实党的二十大精神和中央经济工作会议部署，深入贯彻习近平总书记对广东系列重要讲话和重要指示精神，按照扎实推进中国式现代化，坚持稳中求进工作总基调，完整、准确、全面贯彻新发展理念，构建新发展格局，着力推动高质量发展的要求，认真落实省委和梅州市委工作安排，坚定不移狠抓发展第一要务，牢牢扭住实体经济、乡村振兴两大重点，扎实抓好科技教育人才、改革开放、绿美兴宁、文化强市、重点民生、安全发展等工作，力促经济实现质的有效提升和量的合理增长，保持社会大局稳定，推动兴宁老区苏区加快实现全面振兴发展，为兴宁全面建设社会主义现代化开好局起好步。

今年全市发展目标是：地区生产总值增长6%，一般公共预算收入增长5.5%，全体居民人均可支配收入增速与经济增速基本同步。这些指标经市委常委会研究，认为符合中央和省委经济工作会议精神，符合兴宁实际，有利于引导预期，更是兴宁奋起直追、竞标争先，加快实现全面振兴发展的需要。我们要鼓足干劲、确保完成，力争完成得更好。重点要在“九个聚力”上下真功、求实效。

（一）聚力深化改革大引擎，高起点参与先行区建设。梅州市委八届六次全会提出，要把先行区建设作为“一把手”工程来抓，我们必须举全市之力抢早抢先，早谋划、早对接、快落实，切实推动政策红利在兴宁落地见效。一方面，要全情参与先行区建设。全力落实好国家出台的总体方案和广东省出台的若干措施、梅州的实施方案，制定兴宁具体行动方案，围绕与大湾区产业协作、交通互联、人文交融、规则衔接、资源共享、市场融合、生态共建等，明确时间表、线路图，力促国家、省、梅州市确定的任务清单一一落实到位，配合梅州推动国家事权、省级事权政策尽快落地。另一方面，要全面深化改革开放。做好改革总体规划，建立健全推动改革落实的制度机制。强化经济体制改革牵引，扎实推进高标准市场体制建设，深化“放管服”改革，建设数字政府，积极参与新型农村集体经济专项改革试点工作，促进生产要素优化配置。主动融入“双区”“两个合作区”建设，积极承接产业转移。主动参与梅州综保区、国际无水港建设，加快培育跨境电商、海外仓等新业态新模式。积极拓展与汕潮揭、海西区和江西寻乌、河源龙川等周边地区的交流合作，学习借鉴招商引资、项目谋划、政策运用等方面的经验做法，推动区域协同发展。

（二）聚力制造业当家大发展，高质量构建现代化产业体系。坚持以实体经济为本，制造业当家，树牢发展思维、产出思维，把资源要素优先用到“打粮食”项目上，全力推动以医疗器械制造产业为主的实体经济高质量发展，着力打造粤闽赣边区商贸物流中心、粤东北地区特色工业城市。一要打造大产业。着眼稳链延链补链强链，推动原有电子、医药、体育产品、工艺、酿酒等传统优势产业加快转型升级，加快发展医疗器械、装备制造、电子信息、食品工业、体育运动休闲产品、光伏、蓄能等产业，着力打造先进材料百亿级产业集群。二要提升大平台。坚持高起点规划、高标准建设“一区三园”，夯实广州天河（兴宁）产业转移工业园区主平台，做强医疗器械产业园、兴宁·天河创新产业园、互联网产业园3个专业园。推动循环经济产业园规划落地实施，探索设立“飞地园区”“反向飞地”，积极承接湾区产业有效转移，大力发展总部经济，吸引湾区企业在兴宁设立区域总部、研发中心和销售中心。三要狠抓大招商。把招商引资作为“一把手”工程，领导干部亲自招、带头招，充分发挥3个驻外专业招商队“侦察兵”“突击队”作用，坚持以商引商、以链引商、以侨引商、以情招商、联合招商，探索“以投代引”资本招商模式，着力引进一批大项目好项目，力争引进工业项目总投资额超40亿元以上。四要主攻大项目。抓住用好省工信厅及广东联通、广东粤海控股集团等对口支援兴宁的历史机遇，在产业平台、产业资金、重大基础设施建设、央企落户兴宁上寻求新突破。加强与粤海控股集团的沟通协作，用心用情做好“自来水升级改造、城乡污水处理、备用饮用水源建设、抽水蓄能项目储备”等“四水文章”，加快推进市民广场周边雨污管网工程建设，全力推动水口抽水蓄能电站、罗浮渡田河引水、合水水库清淤工程落地，抓好石壁—和山岩水库水系联通项目等31个资金需求37.3亿元的2023年专项债项目申报工作。五要培育大企业。实施“个转企、小升规、规改股、股上市”市场主体培育计划，在“保规上、扶规上、育上规”上冲刺发力，培育更多“专精特新”企业和单项冠军企业。支持金雁电工、蓝韵医疗、海思智能、跃速体育、奥浦合金、恒兆科技等企业做大做强，支持华雨金属、华威化工等企业转型升级。六要营造大环境。坚持“两个毫不动摇”，树牢用户思维，积极构建亲清新型政商关系，弘扬企业家精神，及时兑现政府承诺，全面落实减税降费等政策，完善市场化、法治化、国际化营商环境，为企业提供全周期“保姆式”服务保障，让国企敢干、民企敢闯、外企敢投。

（三）聚力强县促镇带村大融合，高效益推动乡村全面振兴。以省委实施“百县千镇万村高质量发展工程”、梅州市出台配套实施方案为契机，抓住县域这个重要发力点，着力把县镇村发展的短板转化为高质量发展的潜力板。这次市委全会将审议我市的工作方案，把省委、梅州市委部署转化为兴宁具体行动。我们要发扬“马上干”精神，一天当做两天用、两步并作一步走，全力建设强富绿美新县域，推动城乡区域协调发展向着更高水平和更高质量迈进。一要全力建设梅州副中心城市。推进以县城为重要载体的新型城镇化，着力打造商业繁荣、人员聚集、产业基础扎实、经济带动能力强、公共服务配套完善的梅州副中心城市。加强新型基础设施建设，谋划建设汕梅赣高速兴宁至寻乌段，大力推进梅龙高铁、高铁干线路网及站前综合广场和配套工程（一期）、河惠莞高速公路麻布岗互通出口至罗浮连接线公路、“一江两岸”河堤公路、老旧小区改造等项目建设，增强县城综合承载能力，提升县城发展质量。二要全力建设功能较强美丽圩镇。全力把水口镇、叶塘镇打造成为兴宁县城副中心，统筹中心镇、专业镇、特色镇、建制镇建设，深化镇街体制改革，推进规划建设、基础设施、要素配置、生态环保、基本公共服务一体化，把乡镇打造成为乡村治理中心、农村服务中心、乡村经济中心。三要全力建设宜居宜业和美乡村。守牢耕地红线和不发生规模性返贫底线，抓好粮食生产和撂荒耕地复耕复种，推进高标准农田建设。牢牢抓住农产品精深加工这一关键，以“一县一园、一镇一业、一村一品”产业体系建设为抓手，推动丝苗米、兴宁肉鸽省级现代农业产业园和农业龙头企业提质增效，扎实推进油茶、预制菜省级现代农业产业园申报，支持广弘控股、梅一客、富农、金绿、米粒、绿粮等企业全面发展深加工、综合利用加工和主食加工，拓展和完善农产品加工产业链条，带动一、二、三产业融合发展。依托广东供销天兴冷链物流中心，加快总投资600万元的广东供销放心农产品直供配送兴宁市子平台建设，着力提高兴宁鸽、丝苗米、单丛茶、茶油、沃柑、南药等农产品的规模效益。以大气魄、大手笔、写大文章、做大格局的姿态和干劲，扎实推进径南浊水村、新圩大村村乡村产业社区试点走在梅州市乃至全省前列；以永和镇仁里村为示范点，全面推进10条乡村振兴示范带建设，在“拆、改、建、管”中深入推动农房风貌管控和农村人居环境整治提升，强化完善乡村治理体系，全力打造“古镇与良田共存、产业与乡村共兴”的乡村新貌。

（四）聚力基础性战略性大支撑，高标准推进教育、科技、人才协同发展。推动现代化建设，教育是基础，科技是关键，人才是根本。我们要坚持教育优先发展、科技自立自强、人才引领驱动，不断塑造发展新优势。一要努力办好人民满意的教育，推进学前教育普及普惠、义务教育优质均衡、普通高中教育特色多样、特殊教育拓展融合、职业教育融合创新发展，综合施策推进城镇小区配套幼儿园建设，积极谋划文峰学校、叶塘工业园学校、兴宁市智慧教育大数据中心等建设项目，加快市高级技工学校升级技师学院，推动梅卫职校创建广东省重点中职学校。二要深入实施创新驱动发展战略，全面构建“基础研究+技术攻关+成果转化+科技金融+人才支撑”全过程创新生态链，持续推动各种资源要素向科技创新、先进制造业聚焦融合，促进各类创新要素向企业集聚，推动企业智能化改造和数字化转型，支持企业建设产学研协同创新平台，不断激发企业创新创造活力，提升科技创新能力水平，实现科技自立自强。三要强化人才支撑，严格落实“一把手抓第一资源”责任，落实梅州“人才振兴16条”和“青梅”等五大人才计划，打好人才“引育留用”组合拳，全面激发创新创造活力。

（五）聚力绿美兴宁大行动，高要求推动生态文明建设。省委作出《深入推进绿美广东生态建设的决定》，站在人与自然和谐共生的高度谋划发展，努力探索新时代绿水青山就是金山银山的广东路径。梅州市委出台实施方案，要求深入实施绿美梅州生态建设“八大行动”，以此为引领，协同推进降碳、减污、扩绿、增长，在高质量发展中实现高水平保护。这次市委全会将审议我市的工作方案，认真落实省委推进绿美广东生态建设的决定和梅州市实施方案的部署要求，坚定不移走以生态优先、绿色发展为导向的高质量发展新路子。一要坚持提升品质抓绿化。在扩大绿量、提高绿质、增强绿效上下功夫，深入开展“绿美兴宁”大行动，科学优化树种林种结构，坚持乔灌结合，大力营建乡土阔叶混交林，不断优化林分质量，改善森林林相，高质量推进水源涵养林造林、新造林抚育、森林抚育和绿美古树乡村建设等工程，推进国家储备林项目建设，积极创建县级国家森林城市。二要敢于啃硬骨头抓治污。落实“三线一单”分区管控，深入开展垃圾清理、污染源治理、河库渠塘清理、基础设施建设、生态文明素养提升、中央环保督察整改“回头看”等“六大行动”，持续打好蓝天、碧水、净土保卫战，扎实推进山水林田湖草沙一体化保护和修复工程，重点抓好铁山嶂废弃矿区生态综合治理修复，狠抓崩岗、水土流失等隐患治理，让兴宁天更蓝、山更绿、水更清、生态更优美。三要持续优化结构抓“双碳”。积极稳妥推进碳达峰碳中和，主动参与梅州开展碳排放权交易、林业碳汇试点工作，强化能耗“双控”，调优产业结构、能源结构、交通运输结构，加快高耗能行业绿色化改造和园区循环化改造，发展绿色低碳产业。倡导绿色消费、绿色出行、绿色公益，积极开展垃圾分类，形成绿色低碳生产生活方式。

（六）聚力文化发展大繁荣，高品质推进文化强市建设。紧紧围绕举旗帜、聚民心、育新人、兴文化、展形象，把精神文明建设摆在突出重要位置，深入挖掘红色文化、客家文化，着力增强文化自信，加快建设新时代文化高地。一要大力实施习近平新时代中国特色社会主义思想传播工程。巩固壮大主流媒体，线上线下相结合，持续加强正面宣传，讲好兴宁故事，唱响主旋律，弘扬正能量。牢牢掌握意识形态工作领导权，严格落实意识形态工作责任制，扎实做好网上网下意识形态安全工作。二要以创建省县级文明城市、国家卫生城市为抓手，一体推进文明城市、文明村镇、文明单位、文明家庭、文明校园创建。全面加强新时代文明实践中心建设，大力弘扬社会主义核心价值观，开展各类主题实践活动和社会志愿服务活动，进一步弘扬文明乡风、培育良好家风、涵养淳朴民风。三要大力弘扬伟大建党精神、苏区精神，保护好利用好红色资源，讲好红色故事，赓续红色血脉。依托罗屏汉、刘光夏、邓逸凡等名人故居，十二肩岭古驿道等历史遗存、革命遗址，以及客家民俗、美食等非物质文化遗产项目，推动镇村志编修工程，持续擦亮兴宁红色苏区名片和客家文化名片。四要以成功创建广东省全域旅游示范区为契机，坚持以文塑旅、以旅彰文，大力发展红色游、生态游、乡村游，推动文旅深度融合。五要开展全民健身活动，配合梅州建设全国足球发展重点城市、足球特区，实施第二个足球振兴十年规划，切实提升体育产业发展质量、效益和水平。

（七）聚力增进民生大福祉，高层次提升均衡性可及性。树牢以人民为中心的发展思想，坚持尽力而为、量力而行，在发展中保障和改善民生，鼓励共同奋斗创造美好生活，不断实现人民对美好生活的向往。一要深入实施就业优先战略，着力促进重点群体多渠道就业；大力开展各类职业技能培训，强化就业服务和就业管理，全年新增城镇就业4000人以上。二要大力推进健康兴宁建设。按照新型冠状病毒感染实施“乙类乙管”总体方案要求，围绕“保健康、防重症”目标，做好新阶段疫情防控工作。持续推进医疗惠民、利民、便民发展，进一步健全公共卫生体系，支持市人民医院创建“三甲”医院，扎实推进中医药事业发展，全面提升医疗救治和应急能力。三要加强社会保障体系建设，规范发展第三支柱养老保险、医疗保险和救助制度。全面落实困难群众救助帮扶措施，筑牢民生兜底保障，认真落实生育支持政策，积极应对人口老龄化问题。

（八）聚力振兴发展大合力，高效能推进全过程人民民主。坚定不移走中国特色社会主义政治发展道路，坚持人民主体地位，充分体现人民意志、保障人民权益、激发人民创造活力。一要加强人民当家作主制度保障。支持和保证市人大及其常委会依法行使职权，健全“一府一委两院”监督制度，发挥人民代表大会制度在实现全过程人民民主中的重要制度载体作用。二要全面发展协商民主。支持政协履行政治协商、民主监督、参政议政职能，发挥协商民主在推动全市经济发展、环境保护、民生改善等方面的重要作用。三要巩固和发展最广泛的爱国统一战线。坚持和完善大统战工作格局，突出做好新时代“侨”的文章，发挥华侨之乡的作用，扎实做好民族、宗教、港澳、对台、侨务等工作。同时，加强对群团组织的领导，充分发挥工会、共青团、妇联等人民团体和群众组织作用。四要充分发挥人民群众力量。坚持问政于民、问需于民、问计于民，充分调动广大人民的积极性、主动性、创造性，让群众真正说得上话，让群众真正得到实惠，让群众语言真正展示力量，激发广大人民群众服务发展的无限热情，汇聚推动老区苏区振兴发展的强大合力。

（九）聚力社会安全大稳定，高水平推进平安法治兴宁建设。贯彻落实总体国家安全观，统筹发展与安全，加强和创新基层社会治理，以新安全格局保障新发展格局。一要始终把维护国家政治安全放在首位，有效防范化解政治、经济、公共安全等十大领域的风险隐患。常态化开展扫黑除恶斗争，严厉打击黄赌毒、黑拐骗、电信诈骗等各类违法犯罪，坚决守稳安全生产基本盘，提高防灾减灾抗灾救灾能力，以平时平安确保长治久安。二要积极配合梅州推进全国市域社会治理现代化试点城市建设，积极践行新时代“枫桥经验”，深入开展“零投诉”机关、“无信访”单位创建，及时把矛盾纠纷化解在基层、化解在萌芽状态。发展壮大群防群治力量，建设人人有责、人人尽责、人人享有的社会治理共同体。三要实施法治建设“一规划两纲要”，纵深推进全面依法治市。持续推进综合行政执法改革，深化司法体制综合配套改革，落实好“八五”普法规划，全面推进严格执法、公正司法、全民守法，努力让人民群众在每一个执法行为、每一个司法案件中都感受到公平正义。

四、加强党的全面领导和党的建设，为兴宁老区苏区全面振兴发展提供坚强政治保证

奋力谱写全面建设社会主义现代化兴宁新篇章，关键在党，关键在人。我们要坚定落实新时代党的建设总要求，坚持以自我革命精神，推动全面从严治党向纵深推进，以高质量党建引领兴宁高质量发展。

（一）坚决做到“两个维护”。始终把政治建设摆在首位，坚持不懈用习近平新时代中国特色社会主义思想凝心铸魂，严格落实“第一议题”制度，实施党的创新理论学习教育计划，严肃党内政治生活，切实用重大理论武装头脑，用重要思想统一行动，引导全市党员干部做到忠诚拥护“两个确立”、坚决做到“两个维护”，不断提高政治判断力、政治领悟力、政治执行力。推动党的政治建设融入全面建设社会主义现代化兴宁篇章的全过程中，做到党的政治建设与各项业务工作特别是中心工作紧密结合、相互促进。

（二）全面深化自我革命。始终坚持制度治党、依规治党，严格、全面执行党内法规制度，扎紧扎牢制度笼子。健全监督体系，以党内监督为主导，促进各类监督贯通协调，推进政治监督具体化、精准化、常态化，增强对“一把手”和各级领导班子监督实效。扎实开展十四届市委巡察全覆盖，深入推进巡视巡察反馈问题整改“回头看”工作，持续巩固提升巡视巡察成果。

（三）建强过硬干部队伍。坚持党管干部原则，把新时代好干部标准落到实处，选优配强建好各级领导班子，着力打造一支政治过硬、能力过硬、作风过硬的苏区干部队伍。注重在改革发展最前沿、项目建设主战场、急难险重第一线，培养使用对党绝对忠诚、对事业高度负责、对人民饱含深情的干部。深入实施干部现代化能力建设提升计划，加强干部斗争精神和斗争本领养成，增强干部推动高质量发展本领、服务群众本领、防范化解风险本领，贯彻落实《推进领导干部能上能下规定》，坚持优者上、庸者下、劣者汰，使干部能上能下成为常态。完善干部考核评价体系，健全激励机制和容错纠错机制，强化优秀年轻干部培养选拔，引导全市党员干部树立正确的价值观和政绩观，推动各级干部有责有权、有为有位。

（四）夯实基层战斗堡垒。坚持大抓基层的鲜明导向，以抓党建促乡村振兴和城市基层党建示范市创建为抓手，深入推进新一轮加强基层党建三年行动计划。严格落实街道“大工委”、社区“大党委”工作机制和党建联席会议制度，全面提升城市社区党委治理效能，不断增强基层党组织政治功能和组织功能，发挥基层党组织战斗堡垒和党员先锋模范作用。继续实施“头雁”工程和“雏鹰”计划。完善领导干部直接联系群众和支部工作联系点制度，抓好机关干部“回乡联村”和“双报到、双服务”工作，完善落实基层党组织“平急转换”机制。在各领域继续培育党建示范点，把全市基层党组织打造成党味最浓、党旗最红、党的基础设施最完善、党的战斗力最强的基层党组织。

（五）强化正风肃纪反腐。坚持把纪律和规矩挺在前面，严格执行中央八项规定及其实施细则精神，驰而不息纠治“四风”树新风，持续加强纪律教育、警示教育，深化运用监督执纪“四种形态”，以强烈的自我革命精神纵深推进全面从严治党。坚定不移推进反腐败斗争，一体推进不敢腐、不能腐、不想腐，对各种突出问题勇于一抓到底，不断巩固反腐败斗争压倒性胜利，营造风清气正的政治生态。

同志们，风正时济，自当破浪前行；任重道远，更需快马加鞭。让我们更加紧密地团结在以习近平同志为核心的党中央周围，全面贯彻习近平新时代中国特色社会主义思想，持续兴起学习宣传贯彻党的二十大精神热潮，守正创新、团结奋斗，干出新作为、开创新局面，为梅州苏区加快振兴、共同富裕，为广东在新征程中走在全国前列、创造新的辉煌作出兴宁应有贡献！

政府工作报告

——在兴宁市第十六届人民代表大会第三次会议上

（2023 年 2 月 23 日）

兴宁市市长　洪国华

一、2022 年工作回顾

过去一年，市政府坚持以习近平新时代中国特色社会主义思想为指导，深入学习宣传贯彻党的二十大精神，在上级和市委的坚强领导下，在市人大、市政协的监督支持下，全面落实“疫情要防住、经济要稳住、发展要安全”重要要求，积极应对复杂形势和经济下行压力，真抓实干，攻坚克难，奋力推动经济社会平稳健康发展。地区生产总值首次突破200亿元大关，比增 1.1%，增速梅州第二；进出口总额 7.14 亿元、比增 8.1%，增速梅州第一；完成固定资产投资 78.2 亿元、社会消费品零售总额 103.1 亿元、地方一般公共预算收入 9.56 亿元，总体呈现回暖向好态势。

（一）实体经济稳中有进。工业经济逆势上扬。全力“保规上、扶规上、育上规”，新增“小升规”企业 8 家，红禾朗电工等 10 个项目开工建设，恒兆科技等 23 个项目建成投产，完成工业投资 13.75 亿元，实现规上工业增加值 19.2 亿元、比增 7.1%，增速梅州第三。引进项目 19 个，计划投资总额达 80 亿元，其中工业项目 32.4 亿元、比增 173.8%。园区实力日益增强。着力“强基础、抓项目、增效益”，完成土地收储 387.6 亩，叶塘安置区二期、兴宁 • 天河创新产业园二期竣工交付，创新产业园三期等项目加快推进，园区完成固定资产投资7亿元。新进园项目 10 个、计划投资总额 17 亿元。总投资 50 亿元的医疗器械产业园启动建设，蓝韵医疗、辰浩医疗等 10 家企业先后试产，20 多家企业意向进驻。文旅商贸加快发展。成功创建省全域旅游示范区，旅游集散中心建成使用，新增 AAA 级景区 2 家、省级休闲农业和乡村旅游示范点 1 个。我市入选国家县域商业行动示范县，“电商物流+农村客货同载+商超联运”获评全国农村物流服务品牌。惠企政策有效落实。推动稳经济一揽子政策措施落地见效，新增减税降费、退税等4.4亿元。金融支持实体经济力度持续加大，存贷比达65.1%。大力推行并联审批等机制，推动省市重点项目超额完成年度投资任务。

（二）乡村振兴扎实推进。粮食安全有力保障。超额完成粮食生产任务，累计复耕复种11.9万亩，新建高标准农田1.5万亩，垦造水田817亩、新增水田指标135.4亩。现代农业稳步发展。全年实现农业总产值87.6亿元、比增5.5%。丝苗米省级产业园提质增量，肉鸽省级产业园加快建设，油茶产业获评省林业特色产业发展基地，新认定粤港澳大湾区“菜篮子”生产基地8家、省级农民合作社示范社2家，新增“粤字号”农业品牌3个，“兴宁茶油”“兴宁丝苗米”入选全国名特优新农产品名录，坭陂镇角塘村获评省“一村一品”示范村。乡村建设深入开展。持续推进农村人居环境综合整治，实施美丽村屋、美丽村道项目100个，70%以上村庄达到美丽宜居村标准，我市入选全国县域农业农村信息化发展先进县、获评“四好农村路”全国示范县创建单位。大力推进10条乡村振兴示范带建设，“茶果飘香·醉美径南”示范带初具规模。持续深化农业农村综合改革，径南浊水村乡村产业社区试点建设成效初显。扎实做好驻镇帮镇扶村工作，脱贫攻坚成果持续巩固，村集体经济收入稳步提高。市镇两级乡村振兴人才驿站实现全覆盖。

（三）城乡建设齐头并进。城镇功能更加完善。完成“三区三线”划定，基本构建国土空间规划总体格局。新档案馆建成启用，安置区建设、老城区供排水改造、中小河流治理、病险水库除险加固、碧道建设等项目扎实推进，梅龙高铁（兴宁段）加快建设，高铁站前综合广场和配套工程、官汕路改建等项目动工建设。新改建中低压配电网298公里。实现5G网络城区全覆盖。城市更新加快推进。新实施“三旧”改造174亩，新改建农贸市场4个，改造老旧小区12个，完善了一批市政道路、公共厕所、停车位、充电桩等基础设施。省县级文明城市、国家卫生城市创建工作和“两美”行动深入推进，新建垃圾分类示范社区、绿色社区各9个，城区建成区60%村（社区）实现生活垃圾分类全覆盖。实施圩镇人居环境提升工程，所有圩镇达到宜居圩镇标准，合水镇、石马镇达到示范圩镇标准。生态底色愈加靓丽。狠抓污染防治，完成农村生活污水治理年度攻坚任务，城区污水主管网实现全覆盖，全市饮用水源地水质达标率、空气质量优良率均达100%，环境空气质量在全省区县排名第九。第二轮中央环保督察案件全部办结。加快推进铁山嶂废弃矿区综合治理等山水修复项目，实施和山岩水库等一批水库清淤工程。河（湖）长制、林长制落实有力，完成高质量水源林7429亩、新造林抚育7733亩。

（四）改革创新与时俱进。重点改革持续深化。深入推进“放管服”改革和“数字政府”建设，推动行政审批事项100%网上受理、100%网上办结。加快镇街体制、国有企业、群团机关等改革，政府治理体制不断完善。深化商事制度改革，激发市场活力，新登记市场主体7296家。推进土地管理改革，积极盘活存量建设用地，批而未供、闲置土地处置总量均排名梅州第二，共“挣”取指标1936.4亩。“智慧农业”和省数字乡村发展试点县工作扎实推进，建成益农信息社386家。创新驱动持续强化。认定国家高新技术企业5家、科技型中小企业35家，市中小企业服务中心荣获国家中小企业公共服务示范平台，绿粮农业科技项目获评省科技进步奖一等奖，明珠流体公司成功申报国家知识产权优势企业，创新主体作用进一步发挥。

（五）民生福祉持续增进。疫情防控扎实有效。坚持人民至上、生命至上，因时因势优化防控举措，牢牢守住不发生规模性疫情的底线，有力有效应对输入疫情冲击，最大程度保护人民群众生命安全和身体健康，最大限度减少疫情对经济社会发展的影响。全市上下众志成城，广大党员干部、医务人员、基层工作者、志愿者等冲锋在前，在抗疫一线担当奉献。全面抓好方舱医院等“九大能力”建设，为做好疫情防控提供了坚实支撑。坚持全省“一盘棋”，积极做好支援其他地区、接收隔离人员等工作。认真做好新阶段疫情防控，狠抓医疗资源提质扩容、药品供应、重症救治、疫苗接种等工作，着力保健康、防重症，实现疫情防控转段平稳有序。民生保障坚实有力。八成以上财力用于民生领域，十件民生实事全面完成。“粤菜师傅”“广东技工”“南粤家政”工程共培训3322人次，新增城镇就业4080人。狠抓医保社保扩面征缴，常住人口基本医保参保率达100%。低保、特困供养、孤儿养育、民营养老机构伙食等标准进一步提高。镇（街）社会工作服务站点和困难群众、特殊群体社会工作服务实现全覆盖。社会事业健康发展。大力办好优质教育，新增学位2530个，中高考成绩稳步提升，高级技工学校创建技师学院、梅卫职校扩建项目加快建设，教师发展中心建成使用，第一中学、实验学校2个教育集团入选省级优质基础教育集团培育对象。大力建设“健康兴宁”，新建市人民医院完成主体建设，福兴街道社区卫生服务中心整体搬迁项目有序推进，石马镇成功打造全国医疗保障基层服务示范点。健全门诊共济保障机制，推进药品和医用耗材集中带量采购，降低就医负担。大力发展文体事业，积极配合梅州成功创建国家级客家文化生态保护区、全国足球发展重点城市，文化馆获评国家一级馆，代表梅州参赛的蹦床项目实现省运会金牌“零”的突破，新增省级非遗项目3个、省级文保单位2个。在粤东西北地区率先全面启动镇志编修，《大坪镇志》成为省地方志工作条例实施以来梅州首部出版的镇志。社会治理全面加强。严厉打击电信网络诈骗等违法犯罪，坚持扫黑除恶力度不减，全面抓好禁毒工作，大力开展“无信访”单位创建活动，积极排查化解“问题楼盘”等领域风险隐患，市域社会治理现代化建设持续向好。加强安全隐患排查整治，安全生产、食品药品监管等工作扎实有力。平安建设考评排名梅州前列，社会大局保持和谐稳定。

（六）政府建设不断改进。在“全面学习、全面把握、全面落实”上下功夫，推动党的二十大精神在兴宁落地生根。全面从严治党纵深推进，始终把政治纪律和政治规矩挺在前面，忠诚拥护“两个确立”，坚决做到“两个维护”。加强党风廉政建设，严格落实中央八项规定及其实施细则精神，驰而不息纠治“四风”。坚持向市委、市人大及其常委会报告工作，向市政协通报情况，认真办结办好建议、提案。法治政府建设持续深化，“八五”普法扎实开展，审计、统计、财政监督和政务公开不断增强。坚持常态化“过紧日子”，强化预算编制和绩效评价，统筹财力保“三保”。与此同时，国防动员、双拥优抚、民族宗教、外事侨务、妇女儿童、残疾人、气象等工作均取得新进展。

各位代表！过去一年的成绩来之不易，这根本在于习近平新时代中国特色社会主义思想的科学指引，得益于上级和市委的坚强领导，离不开市人大、市政协和社会各界的大力支持，归功于全市上下的团结奋斗、埋头苦干！在此，我代表市人民政府，向全市广大干部群众，向各位人大代表、政协委员和离退休老同志，向各民主党派、人民团体、无党派人士，向对口帮扶的天河区、对口支援的省直单位、驻镇帮镇扶村各工作队，向驻兴单位、驻兴宁部队、武警官兵、公安干警、消防救援指战员和医务人员，向关心支持兴宁发展的港澳台同胞、海外侨胞和社会各界朋友，表示衷心的感谢并致以崇高的敬意！

在看到成绩的同时，我们也清醒认识到，我市发展不充分、不平衡问题仍然突出，主要体现在：一是经济总量偏小，实体经济不强，工业支撑不够有力；二是要素保障不足，土地、资金、人才等要素制约趋紧，财政收支矛盾突出；三是民生改善有待加强，医疗卫生、教育、交通等公共服务与群众期盼还有差距；四是政务效能仍需提升，一些干部干事创业精气神有待提振，营商环境需进一步优化。对此，我们将直面问题，采取有力措施加以解决和改进。

二、2023年工作安排

2023年是全面贯彻落实党的二十大精神的开局之年，是实施“十四五”规划、开启全面建设社会主义现代化国家新征程的关键一年，做好今年政府工作意义重大。党的二十大擘画了以中国式现代化全面推进中华民族伟大复兴的宏伟蓝图和实践路径，为我们指明了发展方向。习近平总书记和党中央、国务院高度重视革命老区振兴发展，支持梅州全域建设赣闽粤原中央苏区对接融入粤港澳大湾区振兴发展先行区，极大提振发展信心，为我们带来了重大机遇。省委、省政府发出高质量发展动员令，广州天河区对口帮扶兴宁，省工信厅、广东联通、广东粤海等3个省直单位对口支援兴宁，为我们注入了强劲动力。市第十四次党代会和市委十四届二次、三次全会吹响了推动兴宁苏区加快全面振兴发展的奋进号角，市委农村工作会议暨全面推进“百县千镇万村高质量发展工程”动员大会提出了“八大行动”的工作部署，为我们明确了目标任务。我们要牢牢把握重大机遇，增强“发展思维”“产出思维”“用户思维”，坚定信心，奋发有为，以新担当新作为推动高质量发展取得新成效！

今年政府工作的总体思路是：坚持以习近平新时代中国特色社会主义思想为指导，全面贯彻落实党的二十大精神，深入贯彻习近平总书记对广东系列重要讲话重要指示精神，按照上级和市委部署要求，坚持稳中求进工作总基调，完整、准确、全面贯彻新发展理念，着力推动高质量发展，更好统筹疫情防控和经济社会发展，更好统筹发展和安全，狠抓发展第一要务，全面激发内生动力，主动融入苏区融湾先行区建设，牢牢扭住实体经济、乡村振兴两大重点，扎实抓好改革开放、城乡融合、绿美兴宁、重点民生、安全稳定等工作，力促经济实现质的有效提升和量的合理增长，推动兴宁苏区加快振兴、共同富裕，为兴宁全面建设社会主义现代化开好局起好步。

今年的主要预期目标是：地区生产总值增长6%，固定资产投资增长13.5%，规上工业增加值增长11%，社会消费品零售总额增长6%，进出口总额增长3%，地方一般公共预算收入增长5.5%，全体居民人均可支配收入增速与经济增速基本同步。

实现上述目标，重点要在八个方面展现新作为：

（一）全面激发内生动力，在“融湾入区、改革发展”上展现新作为。

用好用足政策。抢抓“苏区+湾区”叠加政策，狠抓苏区融湾先行区建设“一把手”工程，全力落实梅州实施方案，制定兴宁具体行动方案，重点在产业转移合作园区、资源要素保障、重大基础设施等方面做好谋划对接，研究推进一批重大事项、重大项目、重大平台，争取在产业协作、交通互联、市场融合、生态共建等方面获得更多支持。深化与天河区的合作共建，抢抓省直单位对口支援机遇，强化产业、资金、科技、人才等资源要素支撑，赋能产业建设、乡村振兴、民生发展。

深化改革开放。推进“放管服”改革，将教育、医疗、文化、司法、财税金融、镇街体制、行政执法等改革推向深入。加强“数字政府”建设，巩固提升“行政审批事项100%网上受理、100%网上办结”改革成效，加快推进“一件事一次办”，全面提升政务服务标准化规范化便利化水平。坚持“两个毫不动摇”，大力促进民营经济和民营企业发展壮大，持续深化国资国企改革和资源优化配置，加快城投、园投市场化实体化运作。积极“融湾入海”，加强与周边地区的交流合作，推动基础设施联通、产业联动、生态共建。发挥侨乡优势，吸引更多项目、更多外资落地兴宁。

优化营商环境。大力开展营商环境建设短板弱项提升行动，加快跟上省营商环境一体化发展步伐，以更优环境、更好服务提振市场信心、激发动力活力。强化“有呼必应、无事不扰”的服务精神，积极为企业解难题、办实事，全面构建亲清政商关系，让国企敢干、民企敢闯、外企敢投。加强各类要素保障，更好助力企业发展壮大。推行“标准地”供应、“带项目”供应、“交地即开工”等改革举措，高效配置新增工业用地，加快处置批而未供、闲置土地。发挥金融“活水”作用，加强政银企合作，加大对中小微企业融资支持力度，鼓励和吸引民间资本参与重大工程和补短板项目建设。

（二）狠抓发展第一要务，在“项目为王、产业兴市”上展现新作为。

培强产业集群。坚持制造业当家，壮大装备制造产业，发展医疗器械、电子信息、生态食品、体育休闲等特色产业，引导工艺、纺织、酿酒等传统产业转型升级，发展光伏发电、抽水蓄能等新兴产业，着力打造粤东北地区特色工业城市。用好省药监局优势资源，加快医疗器械产业园建设，动工建设蓝韵医疗创新产业园，推动汇普医药等一批意向企业尽快落地。大力实施产业提升工程，支持骨干企业增资扩产，争取新增10家以上规上企业，新培育5家年产值1亿元以上企业，力争规上工业总产值、工业投资均比增15%以上。发展数字经济，壮大工业互联网，推进互联网产业园建设和招商工作。深入推进全域旅游，加快和山休闲农旅产业园、水口镇红色文旅基地、大坪镇罗屏汉红色教育基地等项目建设，支持景区提质升级，丰富红色游、生态游、乡村游等业态，推动“旅游+”产业蓬勃发展。

建好园区平台。主动对接融入苏区融湾先行区建设，争取园区纳入梅州市承接产业有序转移主平台。加快完善配套设施，力争今年上半年建成兴宁·天河创新产业园三期，规划建设表面处理循环经济产业园，启动智慧园区、安置区三期、叶塘镇卫生院迁建项目，推进园区小学建设，全面打通园区路网，争取园区固定资产投资比增16%以上。推动企业入园集聚发展，引进15家以上企业入驻园区，动工建设兴盛玩具二期等5个项目，争取园区规上工业增加值比增30%以上、税收比增20%以上。加强园区土地管理，提高亩均效益，完成土地收储500亩以上，盘活低效工业用地1000亩以上。

大力招商引资。坚持“一把手”招商，坚定不移大招商、招大商、招好商，力争引进项目计划投资总额80亿元以上，其中工业项目55亿元以上、超10亿元工业项目2个以上。突出招大引强，力促兴宁水口抽水蓄能等重大意向项目尽快落地，争取央企落户工作实现突破，积极发展“总部经济”。创新招商模式，深化以商招商、以链招商、以侨招商、以情招商，探索“以投代引”资本招商模式，定策、定向、定标引进“打粮食”项目。健全招商项目全周期服务机制，坚决兑现政府承诺，全面保障项目落地、建设和发展。

强化科技创新。大力建设创新平台，推动产学研深度融合，加速科技成果转化，加强知识产权保护，新增2家国家高新技术企业，认定30家科技型中小企业，推动3家企业建设梅州市工程技术研究中心，引导4家企业数字化转型，打造5家“专精特新”中小企业。加大质量强市建设力度，培育更多优势产品、知名品牌。落实梅州“1+N”人才政策，深化校企共建，大力引育创新型、专业型人才。

促进消费贸易。把扩大消费摆在优先位置，支持汽车、家电、零售、餐饮等消费，着力扩大文旅、家政等服务消费，培育预制菜、新零售等新型消费。推进国家县域商业行动示范县项目建设，升级改造一批邮政寄递和商贸设施，联动发展金融、现代物流等生产性服务业，新增5家限上商贸企业，积极打造粤闽赣边区商贸物流中心。坚持“房住不炒”，支持刚性和改善性住房需求，推动房地产市场平稳健康发展。落实“五外联动”组合拳，着力做大外贸，积极参与梅州综保区、国际无水港建设，大力发展跨境电商等新业态，支持重点外贸企业提质扩产，培育一批加工贸易企业，推动进出口总额稳定增长。

（三）加快农业农村现代化，在“特色发展、全面振兴”上展现新作为。

发展现代农业。深入推进“一村一品、一镇一业”项目，大力发展农产品精深加工，促进农村一、二、三产业融合发展。加快肉鸽省级产业园建设，推动丝苗米省级产业园扩面增量，积极创建预制菜、单丛茶、油茶等省级产业园，新培育2家省级重点农业龙头企业。支持径南镇创建全国“农业产业强镇”，高标准建设径南浊水村、新圩大村村2个乡村产业社区试点。发展订单农业，建设农产品直供配送平台，完善农产品仓储保鲜、冷链物流等设施，新增湾区“菜篮子”生产基地5个以上。培育壮大兴宁鸽等“梅字号”“粤字号”农业品牌，打造“兴宁丝苗香米”区域公用品牌，新认定“两品一标”农产品2个以上。

建设和美乡村。持续整治提升农村人居环境，全域开展“五美”专项行动，深入实施“千村示范、万村整治”项目，全力创建“四好农村路”全国示范县，做好农村供水水质提升、生活垃圾处理、“厕所革命”、“三线”整治、“四旁”植绿、“五边”绿化美化等工作，深化村庄规划编制和执行，强化农房规划建设管控，提升乡村风貌，实现75%以上村庄达到美丽宜居村标准。全面加快乡村振兴示范带建设，推进古村落、美丽村庄开发，盘活乡村闲置资源，发展休闲农业、特色民宿、康养旅游等新业态，打造乡村旅游精品线路。

守牢两条底线。全面落实粮食安全“党政同责”，实施最严格的耕地保护政策，健全撂荒耕地复耕复种长效机制，推进垦造水田、农田水利设施建设，新增高标准农田2万亩，确保粮食播种面积和产量比去年只增不减，打造“粤东北现代粮食产业核心示范区”，守牢粮食安全底线。加强防返贫动态监测和帮扶措施，巩固拓展脱贫攻坚成果同乡村振兴有效衔接，守住不发生规模性返贫底线。

激发振兴活力。深化拓展驻镇帮镇扶村工作，深入开展“千企帮千镇、万企兴万村”行动，持续发展壮大村集体经济。深化农村集体产权制度改革，推进农村承包地“三权分置”改革，探索集体经营性建设用地入市改革，引导土地经营权规范有序流转。发展农业社会化服务，探索建设综合功能农村区域性服务中心。推进乡村人才振兴，推广“农村科技特派员+星创天地”等模式，发挥乡村人才驿站作用，培育一批乡土专家、新型职业农民。强化乡村治理，推动移风易俗，建设良法善治乡村。

（四）推进强县促镇带村，在“城乡一体、深度融合”上展现新作为。

完善基础设施。落实“三年工程瞄准两年干”要求，聚焦交通、水利、新基建等领域，大力谋划实施一批打基础、补短板、利长远项目，推动基础设施向镇村延伸。提速建设梅龙高铁（兴宁段）、高铁站前综合广场和配套工程，配合梅汕高速扩建，做好汕梅赣高速兴宁至寻乌段前期工作。加快官汕路改建，实施省道228线径南至龙田段、省道333线黄陂至罗岗段、省道226线兴宁东高速出口至新圩段等改造项目，推进河惠莞高速罗浮连接线、“一江两岸”等公路工程建设，力争省道226线罗浮至新陂段改建工程年底开工。做好“四水文章”，推进中小河流治理、碧道建设、灌区改造、病险水库除险加固等水利项目建设，实施合水水库清淤工程，争取年底动工石壁水库—和山岩水库水系连通工程。加快完善电网、综合能源站、信息网络、充电桩等基础设施，动工建设110千伏兴中输变电工程，新建中低压配电网99公里。

推进城镇建设。加快以县城为重要载体的新型城镇化，着力打造梅州副中心城市。严格落实“三区三线”管控，高质量完成县级国土空间总体规划编制。加快南部新城建设，有序有效盘活利用城区土地资源。科学推进城市更新，加快安置区建设，抓好一批市政道路改造、“三旧”改造、农贸市场改建等项目，改造提升8个老旧小区，谋划实施南部新城市政排水防涝项目，推进老城区供排水改造，完成市民广场周边雨污管网工程。强化乡镇联城带村节点功能和综合服务功能，加快城乡规划建设、基础设施、要素配置、生态环保、基本公共服务等“五个一体化”，把镇街打造为乡村治理中心、农村服务中心、乡村经济中心。建设美丽圩镇，实施11个圩镇人居环境提升改造项目。支持中心镇和专业镇特色化、差异化发展，把水口镇、叶塘镇打造为县城副中心。

强化精细管理。坚持建管并重，下足“绣花”功夫，提高城乡精细化管理水平。用好“数字城管”，推进智慧交通、智慧路灯、智慧停车场等项目建设，加强基层网格化管理和社区（村居）建设，提升城市治理水平。抓好“无废城市”试点建设，启动静脉产业园二期、南部新城垃圾中转站项目，建成宁新、石马两个镇级生活垃圾转运站，实现城区建成区80%村（社区）生活垃圾分类全覆盖。常态化整治“六乱”“两违”，推动“两美”行动和国家卫生城市创建工作取得新成效，力争成功创建省县级文明城市。

（五）抓好生态文明建设，在“生态优先、绿色发展”上展现新作为。

建设绿美兴宁。高标准推进绿美兴宁生态建设八大工程，全面落实林长制，抓好县级国家森林城市创建工作，推进国家储备林项目建设，科学优化树种林种结构，大力营建乡土阔叶混交林，不断优化林分质量、改善森林林相，完成林分林相改造2000亩以上、高质量水源林6200亩以上、新造林抚育1.3万亩以上。加强生物多样性保护和湿地保护。完善森林防灭火基础设施。全面完成铁山嶂废弃矿区综合治理等山水修复项目建设，年底前持证在采矿山全部建成绿色矿山。

狠抓污染防治。深入打好蓝天、碧水、净土保卫战，巩固提升第二轮中央环保督察整改成效，健全生态环境分区管控体系。加强大气面源、噪声污染精细化管理， 深入治理扬尘污染、移动源污染，确保空气质量优良率持续达标。深入落实河（湖）长制，开展宁江流域、罗浮东江水质专项治理，确保水源地水质、考核断面水质达标。加快兴宁坜陂高铁污水处理厂建设，实现市镇村生活污水处理设施全覆盖，完成农村生活污水治理年度任务。推动黄泥坑生活垃圾填埋场封场建设，实现生活垃圾渗滤液全量化处理。巩固东排沟水体水质治理成果，消除城市黑臭水体。狠抓农业面源污染治理，提高受污染耕地安全利用率。

促进绿色发展。积极稳妥推进“碳达峰、碳中和”，严格落实能耗“双控”，完成上级下达的节能减排降碳约束性指标任务。严格项目审批监管，遏制“两高”项目盲目发展。推行绿色制造，强化资源节约和循环利用。加强集体林地收储，培育新型林业经营主体，发展壮大油茶、南药等林下经济。推行采矿权“净矿”出让和矿业权竞争性出让，开展碳排放权、水权等交易，拓展矿产、水等生态产品资源化价值化。

（六）坚持以人民为中心，在“民生改善、福祉增进”上展现新作为。

加强基本民生保障。落实就业优先政策，推进“粤菜师傅”“广东技工”“南粤家政”三项工程，全年技能培训3000人次以上，城镇新增就业4000人以上，促进重点群体稳定就业。从严打击“欠薪”违法行为，坚决守住“民薪”。抓好医保社保扩面征缴，推进养老保险全国统筹、失业保险省级统筹。健全多层次社会保障体系，强化基本民生兜底保障，完善大病保险和医疗救助制度，发展商业补充医疗保险。做好社会福利、公益慈善等工作，提升城乡社会救助服务均等化水平。发展社区养老服务，建设3家综合养老服务机构（中心）。全面落实“三孩”生育政策及配套支持措施，关爱服务妇女儿童，依法保护未成年人和残疾人权益。

办好人民满意教育。落实立德树人根本任务，推进教育高质量发展。促进学前教育普惠发展，规范幼儿园办学行为，稳步推进住宅小区配套幼儿园移交启用工作，巩固提升“5080”攻坚成果。推动义务教育均衡发展，优化学区布局，启动文峰学校项目前期工作，加强乡镇寄宿制学校建设，积极创建义务教育优质均衡县。提质发展高中教育，努力实现高考成绩新飞跃。做强培优职业教育，加快技师学院、省重点中职学校创建工作。统筹办好特殊教育、开放教育、专门教育。大力推进名师名校长培养工程，完善教师考评激励机制。深入实施教育集团化办学管理模式，构建兴宁特色的城乡教育共同体。巩固拓展“双减”成果。加强防溺水、防欺凌、心理健康等校园安全工作。

发展医疗卫生事业。坚决落实国家对新冠病毒感染实施“乙类乙管”的总体方案，科学精准高效做好新阶段疫情防控，稳妥推进疫苗接种，深入开展爱国卫生运动，完善疾病预防控制和公共卫生应急体系，提高医疗救治服务能力，全力守护人民群众生命安全和身体健康。加强基层医疗卫生服务体系建设，推动新建市人民医院、福兴街道社区卫生服务中心整体搬迁项目尽快建成使用，加快完成市妇幼保健院扩容提质和市中医医院、市慢性病防治院整体搬迁项目前期工作，支持市人民医院创建“三甲”医院、第五人民医院创建“二甲”医院。传承创新发展中医药事业。深化“三医联动”改革和县域医共体建设，推进优质医疗资源扩容和均衡布局。

提升文体发展水平。深入推进国家级客家文化（梅州）生态保护区建设，加强华南教育历史研学基地、南粤古驿道、革命遗址、历史文化建筑等的活化利用，促进非遗传承发展，推进镇村志编修工作。用好新时代文明实践中心，强化社会主义核心价值观宣传教育。完善公共文化服务体系，加快图书馆新馆建设。深入实施文艺“双精”工程。办好“2023东亚文化之都·中国梅州活动年”兴宁系列活动。配合梅州足球特区、全国足球发展重点城市建设。落实全民健身计划，完善公共体育设施，提高群众身体素质和健康水平。

办好十件民生实事。民之所盼，政之所向。在前期广泛征求意见的基础上，市政府筛选出“优化生育支持政策”等12项民生实事候选项目，提交本次大会审议票决。我们将全力办好，坚持把更多财力用于民生发展，让群众生活更加美好。

（七）提升基层治理能力，在“和谐稳定、平安兴宁”上展现新作为。

防范化解风险。落实总体国家安全观，加强政治、经济、社会、民生、意识形态等领域的风险防范，着力把风险隐患化解在萌芽阶段。完善金融监管和风险预警机制，推动金融机构、上市公司稳健经营。稳步推进“问题楼盘”专项治理和“保交楼”工作。严格管控政府债务，防止新增隐性债务。

筑牢安全防线。加强“三防”、森林防灭火、道路交通、城镇燃气、自建房、危化品、消防等行业安全监管，深入排查整治安全隐患。坚决落实“四个最严”要求，压实“包保”责任，确保食品药品安全。开展自然灾害综合风险普查评估，抓好地质灾害防治、削坡建房风险排查整治，提升防灾减灾救灾、应急管理和综合救援水平。

深化社会治理。强化社会治安整体防控，推进扫黑除恶常态化，深入开展反诈、禁毒、打击走私等综合治理，严厉打击违法犯罪。发展新时代“枫桥经验”，健全矛盾纠纷多元化解机制，深入开展“零投诉”机关、“无信访”单位创建活动，集中化解一批信访问题，提高市域社会治理能力水平。纵深推进全面依法治市，扎实开展“八五”普法。完成国防动员调整改革任务，推进新一轮“双拥模范城”创建工作。支持民主党派加强自身建设。开展第五次全国经济普查。做好青年、外事侨务、民族宗教、统计、档案、工会、气象、保密等工作。

（八）建设人民满意政府，在“担当有为、务实高效”上展现新作为。

突出政治引领。把政治建设摆在首位，坚持不懈用习近平新时代中国特色社会主义思想凝心铸魂，深刻领悟“两个确立”的决定性意义，坚决做到“两个维护”，不断提高政治判断力、政治领悟力、政治执行力，不折不扣把党的二十大精神和上级决策部署、市委工作要求落到实处。

坚持依法行政。深入学习贯彻习近平法治思想，持续推进法治政府建设，推动科学民主依法决策，做到严格规范公正文明执法。加大政务公开力度，积极回应社会关切。落实全过程人民民主，主动接受人大及其常委会法律监督、政协民主监督，高质量办好建议提案。

强化务实重干。旗帜鲜明激励担当作为，落实“三个区分开来”，让“敢为、敢闯、敢干”成为鲜明导向。坚持真抓实干，注重摸实情、谋实事、出实招、求实效。发扬斗争精神，勇于竞标争先，推动全市上下比学赶超、拼搏奋进。

锻造过硬作风。坚持全面从严治党，深入推进党风廉政建设和反腐败斗争。严格落实中央八项规定及其实施细则精神，重点纠治形式主义、官僚主义。坚持长期“过紧日子”，严格审计监督和统计监督。大力创建模范机关，着力打造高效政府、服务政府、阳光政府、廉洁政府。

各位代表！逐梦惟笃行，奋进正当时。让我们更加紧密地团结在以习近平同志为核心的党中央周围，高举中国特色社会主义伟大旗帜，在上级和市委的坚强领导下，自信自强、守正创新，踔厉奋发、勇毅前行，奋力谱写中国式现代化兴宁绚丽篇章！

兴宁市贯彻落实《中共广东省委 广东省人民政府关于新时代支持革命老区和原中央苏区振兴发展的实施意见》的行动方案

为深入贯彻落实《国务院关于新时代支持革命老区振兴发展的意见》《中共广东省委 广东省人民政府关于新时代支持革命老区和原中央苏区振兴发展的实施意见》和《梅州市贯彻落实〈中共广东省委 广东省人民政府关于新时代支持革命老区和原中央苏区振兴发展的实施意见〉的行动方案》，加快推动兴宁苏区全面振兴发展，特制定本方案。

一、总体目标要求

以习近平新时代中国特色社会主义思想为指导，深入贯彻习近平总书记关于老区苏区工作重要论述和重要指示批示精神，认真落实省委“1+1+9”工作部署和梅州市委、兴宁市委的工作要求，立足新发展阶段，完整、准确、全面贯彻新发展理念，融入服务构建新发展格局，强化发展第一要务，全面激发内生动力，推动兴宁苏区加快振兴、共同富裕。到2025年，全市脱贫攻坚成果全面巩固拓展，基础设施明显改善，基本公共服务均等化水平进一步提升，居民收入增长幅度高于全省平均水平，红色文化影响力显著增强，生态环境质量持续改善。到2035年，与全国同步基本实现社会主义现代化，综合经济实力显著提升，形成红色文化繁荣、生态环境优美、基础设施完善、产业发展兴旺、居民生活幸福、社会和谐稳定的发展新局面。

二、重点工作任务

（一）发展壮大实体经济，激发振兴发展新动力

1. 加快发展制造业。坚持工业强市，按照绿色低碳发展的取向，做大做强装备制造业，充分发挥本土企业协同效应，加强企业间合作交流。进一步扩大产业规模，着力推动金雁电工、海思智能等企业增资扩产。推进高端数控机床、新能源汽车、医疗器械、新一代电子信息、新材料等领域的装备制造业发展，突破产业发展瓶颈和短板，向智能制造高端化发展，培育一批具有较大影响力和自有品牌价值的“专精特新”企业。

2. 做强工业园区。坚持工业入园、聚集发展，强化园区平台的支撑作用。深化广州天河·兴宁对口帮扶和产业共建工作。加快园区研发电商双平台建设。支持园区特色化发展，谋划建设医疗器械产业园。

3. 发展生态绿色低碳产业。顺应碳达峰碳中和要求，发展节能环保和清洁能源产业。培育发展以中医药为重点的生物医药产业。加快发展生态食品和农产品深加工业。壮大文旅产业，创建广东省全域旅游示范区。培育壮大互联网和数字经济产业，发展平台经济、共享经济，与电商企业共建农林产业链加工、物流和交易平台。

4. 提升创新驱动发展能力。强化企业创新主体地位，申报各级企业技术中心、工程研究中心和重点实验室。加强与科研院所、重点高校合作。加快推进5G网络、工业互联网等新一代信息基础设施建设，建设农业科技园和星创天地。

（二）加快基础设施建设，强化振兴发展新支撑

1. 加快构建综合交通网络。推进汕梅赣高速兴宁至寻乌段、梅河韶高速、梅州至汕尾铁路等项目前期工作。加快推进省道S226线妇幼保健院至高速公路兴宁东出口段改建工程。优化高速公路出入口布局，提升县城到高速公路出入口、工业园区、景点景区的交通线路。实施国省道升级改造，加强“四好农村路”建设。

2. 提高能源保障供应能力。加快广东省天然气主干管网县县通工程兴宁－和平－连平项目建设。因地制宜发展光伏发电、风电等清洁能源，推进公共充电桩等设施建设。创建新能源示范县、产业园区和绿色能源示范县。

3. 完善水利基础设施建设。大力推进城乡一体化水资源配置——石壁水库增效扩容改造工程、兴宁城乡一体化备用水源工程、兴宁宁江河碧道试点等重点水利工程建设。完善城市排水设施，推进老城区供排水升级改造项目。推进中小

河流治理工程建设，实施病险水库（水闸）除险加固和山洪灾害防治工程。加大农村水利建设力度，继续推进中小河流治理、水土流失治理等工程，巩固提升农村饮用水安全工程，确保按省的要求完成自然村集中供水全覆盖任务。

（三）统筹城乡协调发展，构建区域发展新格局

1. 建设梅州副中心城市。坚持以人为核心的新型城镇化，提升城市发展能级和综合承载能力。抓好高铁新城谋划建设，大力推进兴宁市高铁干线路网及站前综合广场和配套工程（一期）建设工作。以建设梅州副中心城市为目标，推进宁江公园、旅游集散中心等项目建设，完善公共服务配套。实施城市更新行动，改造老旧小区和商业街区。推进智慧城市建设，提升城市管理和社会治理水平。

2. 推进乡村全面振兴。推动巩固拓展脱贫攻坚成果同乡村振兴有效衔接，深入开展驻镇帮镇扶村工作。加大对农村低收入群体技能培训和外出务工扶持力度，组织实施“以工代赈”项目。深入开展“千企帮千镇、万企兴万村”行动，构建“跨县集群、一县一园、一镇一业、一村一品”现代农业产业体系，新建一批国家级、省级现代农业产业园和全国“一村一品”示范村镇。实施乡村建设“九大攻坚”行动，建设美丽宜居乡村。

3. 推动城乡融合发展。推动城乡要素双向自由流动，促进城乡公共资源合理配置。实施县城、小城镇（圩镇）品质提升工程，推进县城补短板强弱项工作，提升县城综合服务能力。推进中心镇和美丽圩镇建设，抓好玖崇湖、熙和湾·客天下规划建设，带动农村人口就近就地城镇化。实施县域经济倍增计划，壮大县域主导产业，深化放权强县强镇改革。

（四）持续改善民生品质，形成共建共治共享新局面

1. 加快推进教育现代化。落实“双减”政策，努力办好人民满意的教育。完善中小学和幼儿园布局，新改（扩）建一批幼儿园和中小学校，着力解决城镇大班额和公办学前教育资源不足问题，创建全国义务教育优质均衡市。推进普通高中优质特色多样化发展，支持兴宁一中、齐昌中学等学校提质促优。推进兴宁市高级技工学校升格技师学院工作。对接落实省面向重点老区苏区实施高校专项计划和地方专项计划。

2. 提高医疗卫生养老服务能力。加强公共卫生防控救治能力和卫生应急监测预警体系建设，推进市人民医院整体搬迁、市中医医院升级建设项目。实施中医临床优势培育工程和中医康复服务能力提升工程。完善光荣院硬件设施，增强供养能力，优化提升供养服务质量。加强市镇村三级医疗卫生网络建设，升级改造乡镇中心卫生院，扎实推进“一镇一院”标准化和“一村一站”规范化建设工程。完善医联体内医保结算机制。提升养老托育服务能力，促进人口长期均衡发展。

3. 提升公共文化服务水平。大力配合推进国家级客家文化（梅州）生态保护实验区建设，积极配合申报梅州客家围龙屋列入世界文化遗产。完善基层公共文化服务网络，提高公共图书馆、文化馆（站）、博物馆、非遗展示馆、村综合性文化服务中心建设和服务水平。加强广播电视传输覆盖基础设施和县级融媒体中心建设，推进客家话节目融媒体传播平台建设。完善全民健身场地设施，推进农村学校运动场所升级改造。积极承办全国性、区域性文化交流和体育赛事活动。

（五）推动红色基因传承，打造精神文明建设新高地

1. 加强红色资源保护。深入实施《梅州市红色资源保护条例》，将革命遗址保护纳入国土空间规划体系。加强对全市已列入省红色革命遗址名录的革命旧址遗迹的抢救、整理、保护和修葺。开展南粤古驿道修复和活化利用。实施烈士纪念设施提质改造行动。

2. 深化红色资源开发利用。充分挖掘红色革命遗址资源，推动红色旅游高质量发展，创建红色旅游融合发展示范区。加快完善两海会馆、兴宁市大坪镇红色革命遗址保护利用项目（罗屏汉故居、黄文杰故居）、刘光夏故居等相应的配套服务设施，积极配合申报全国红色旅游精品线

路和全国重点红色旅游区景点。加大红色文化和旅游宣传推介力度，组织特色文旅项目参加广东旅游文化节、广东旅博会等重点节庆展会活动。

3. 强化红色资源教育功能。加强红色文化研究，全面挖掘苏区重要人物、重要事件，利用革命遗址和英雄人物事迹创作更多红色文艺精品。加强青少年红色文化传统教育，推动红色文化进课堂、进教材。

（六）厚植绿色发展优势，推动生态文明新发展

1. 提升生态环境质量。统筹推进山水林田湖草沙一体化保护和修复工程项目。落实河（湖）长制，加强宁江生态修复治理，推进万里碧道建设，加强东江源头保护，配合梅州市争取建立韩江流域上下游横向生态保护补偿机制。推行林长制，创建“绿水青山就是金山银山”实践创新基地。积极申报促进生态保护修复的产权激励机制试点。

2. 加强环境综合治理。严守生态保护红线，严把产业准入环保门槛。继续开展污染防治行动，打好蓝天、碧水、净土保卫战。加快建立覆盖城乡的环保基础设施体系，推进生活污水处理设施及配套管网建设，提升产业园区环保处理能力。配合梅州市积极创建“无废城市”，实施固体废物污染防治工程。推动绿色矿业发展，加强历史遗留矿山生态修复，加快推进四望嶂废旧矿区生态修复工程，开展铁山嶂综合治理。

3. 促进绿色低碳发展。稳妥制定实施碳排放碳达峰行动方案，严格能耗“双控”，以“双碳”目标倒逼产业升级、环境升值，推动城乡建设绿色发展。明晰生态资源产权，建立生态产品价值实现机制，积极申报生态产品价值实现机制试点。大力发展低碳经济、循环经济，支持园区开展绿色化改造，推动绿色低碳技术创新、产业转型升级和清洁生产。

（七）坚持双向开放合作，拓展内外循环新空间

1. 谋划建设粤闽赣苏区改革开放创新发展试验区（兴宁片区）。以资源为依托、产业为核心、园区为载体、创新为动力，以区域交通基础设施建设为先导，以医疗器械制造为改革试验区的主导产业，做优做大装备制造、电子信息、生态特色食品等工业园区原有产业，先行推动启动区建设。着力在体制机制上大胆创新，争取“苏区＋湾区”政策叠加，打造更具承载力、竞争力的发展平台，推动实体经济长足发展。

2. 高水平扩大对外开放。深度参与“双区”“双城”和“两个合作区”建设。高水平建设“双区”的“菜篮子”“果盘子”“米袋子”“油瓶子”“茶罐子”“水缸子”。拓宽与大湾区科技资源共享渠道。深化广州·兴宁对口帮扶。推动创建革命老区高质量发展示范区。用好闽粤赣十三市党政领导联席会议及各领域各行业跨省协作机制，强化跨省合作联动发展。

3. 全面优化营商环境。树立用户思维，深化“放管服”改革，加快数字政府改革建设，打造市场化、法治化、国际化营商环境。推进“证照分离”改革全覆盖和“证照联办”“一照通行”改革。深化审批制度改革，推进行政审批标准化和审批服务便民化。深化“暖企”行动，提高政务服务水平。

三、强化实施保障

1. 加强政策转化运用。充分发挥市老区苏区振兴发展领导小组统筹协调作用，对接落实财政、投资、金融、用地、人才以及对口支援等政策。加强项目谋划和储备，争取纳入国家、省和梅州规划“笼子”。对国家、省和梅州文件未明确享受的政策，通过“一事一议”方式，争取纳入国家支持赣南等原中央苏区振兴发展部际联席会议或省和梅州老区苏区振兴发展领导小组会议议题，获得更大支持。

2. 优化土地资源配置。开展城镇低效用地再开发，争取国家支持对损毁的建设用地和零星分散的未利用地开发整理成耕地的，经认定可用于占补平衡。将符合要求的地块纳入垦造水田计划并组织实施。争取更多项目纳入省重大建设项目范围，争取用地、用林专项指标倾斜支持，土地资源优先支持实体经济特别是工业发展。

3. 加强人才培养和引进。完善创新人才政策和激励机制，全方位做好“引育用留”工作。

继续实施急需紧缺人才引进计划，加大博士等高层次人才引进力度，对接省“粤东粤西粤北地区人才发展帮扶计划”和“三支一扶”计划。深入实施“粤菜师傅”“广东技工”“南粤家政”三项工程。争取省内高校加大定向培养教师、医生、农业技术等专业人才力度。与省有关部门、省内高校、珠三角地区开展干部双向交流挂职。

（2022 年 4 月 12 日　兴发〔2022〕2 号）

兴宁市贯彻落实《梅州市实施“青梅计划”集聚优秀青年人才的若干措施》实施方案

为贯彻落实《中共梅州市委、梅州市人民政府关于加快新时代人才振兴发展的实施意见》，大力实施《梅州市实施“青梅计划”集聚优秀青年人才的若干措施》（简称“青梅计划”），扎实推动“青梅计划”各项措施落地成效，吸引凝聚更多优秀青年在兴宁就业创业，推动兴宁加快振兴、共同富裕。结合我市实际，制定本实施方案。

一、加强党管人才工作

（一）坚持党管人才原则。充分发挥党的思想政治优势、组织优势和密切联系群众优势，进一步加强和改进党对人才工作的领导。整合优化人才工作机构，配强人才工作力量。健全党管人才领导体制和工作格局，完善党委统一领导、组织部门牵头抓总、有关部门协调联动，社会力量发挥重要作用的人才工作新格局。

（二）强化责任落实。各镇（街道）各有关单位要强化责任意识，把深入实施“青梅计划”作为一把手工程来抓，明确分管领导和具体责任人，确保各项工作任务落地见效。各牵头单位要结合职能，按照责任分工和进度安排，细化政策措施，认真抓好落实；各有关单位要积极配合牵头单位，协力抓好各项工作；各单位要结合实际，推进政策创新，做好上下衔接，及时研究解决工作中遇到的新情况新问题。

（三）强化资金投入保障。积极用好中央、省扶持原中央苏区、粤东西北地区振兴发展的各项优惠政策，加大对人才工作资金支持，将梅州市“人才振兴 16 条”“青梅计划”按属地原则由市、县两级财政分级负担县级所需资金纳入兴宁市人才发展专项资金统筹，财政每年投入不少于 1000 万元。

二、主要措施及任务分工

（一）设立人才落户奖。自本措施实施之日起，对 35 周岁（含）以下高等院校、职业（技工）院校毕业生新落户兴宁（含现有兴宁户籍人才回兴、本地院校当年度应届毕业生留兴）并在兴企业（国有企业除外）就业或自主创业（符合相关条件），且缴纳社保满 6 个月的，按博士或高级职称人才 3 万元、硕士研究生或高级技师 2 万元、本科或技师 5000 元，大专或高级工 2000 元标准给予落户奖励，每人只享受一次。博士或高级职称人才年龄可放宽至 45 周岁。本奖励与其他奖励可同时享受。

牵头单位：市人力资源社会保障局、市财政局。

责任单位：市社保局、市公安局、市科工商务局、市市场监管局、市工业园管委会，各镇（街道）。

（二）开展本地毕业生留兴行动。对梅州市属高等院校、职业（技工）院校当年度毕业生在兴企业就业情况进行考核，综合当年度院校应届毕业生数量、留兴企业就业人数及比例等情况，按院校数量 20% 的比例给予 5 万—30 万元奖励。鼓励职业（技工）院校引导、推荐毕业生留兴就业，在毕业当年内，对本地应届毕业生在兴企业就业比例达到当年度毕业生总数 15% 以上的，给予 10 万—50 万元奖励；对本地职业（技工）院校应届毕业生在兴企业就业比例达到当年度毕业生总数 30% 以上的，给予 5 万—30 万元奖励。鼓励本地院校毕业生留兴就业创业，符合条件的可享受相应扶持政策。

牵头单位：市教育局、市人力资源社会保障局。

责任单位：市科工商务局、市财政局，市高级技工学校、梅州市卫生职业技术学校，各镇（街道）。

（三）吸引市外毕业生回兴发展。选择兴宁

生源较为集中的高等院校、职业（技工）院校设立引才联络站，选聘优秀学生担任联络员，建立在读兴宁生源学生信息库，加强沟通联系，不定期推送我市就业资讯、人才政策等信息，为有意愿回兴工作的在校学生提供实习、创业、就业、学术交流等支持，市财政每年安排工作经费不少于20万元。对引荐人才效果较好的引才联络站，给予最高不超过3万元工作经费补助。充分发挥引才联络站、市县人才驿站作用，开展高校大学生寒暑假兴宁行活动，引导大学生来兴就业创业。

牵头单位：团市委。

责任单位：市委组织部、市教育局、市科工商务局、市财政局、市人力资源社会保障局，市工业园管委会，各镇（街道）。

（四）加强急需紧缺人才引进。编制急需紧缺人才需求目录，重点支持我市公办学校、公办医院、职业（技工）院校、科研院所、专业性较强的事业单位和企业引进35周岁（含）以下的博士、硕士研究生、高级职称人才、高级技师、技师以及放宽学历、职称、职业资格限制的特殊人才。目录内新引进人才可享受相应生活补贴、购房补贴，生活补贴期限为5年。我市非企业类人才生活补贴标准为：博士、高级职称人才4000元/月，硕士研究生、高级技师2000元/月，技师或放宽学历、职称、职业资格限制的特殊人才1000元/月。我市企业类人才在非企业类人才生活补贴标准基础上增加1500元/月。国有企业人才生活补贴标准参照非企业类执行。工作满5年后且在兴购房的，享受相应购房补贴：博士、高级职称人才20万元，硕士研究生、高级技师15万元，技师或放宽学历、职称、职业资格限制的特殊人才10万元。我市单位新引进博士人才，其配偶在兴待业期间发放生活补贴3000元/月，补贴期限不超过3年。省属驻兴单位新引进博士人才，梅州市财政给予10万元薪酬补助，分5年发放。

编制重点产业骨干企业目录，目录内企业自主新引进的博士、硕士研究生、高级职称人才、高级技师、技师可同等享受相应待遇。上年度纳税前10名的非公有制工业企业，每年可自主推荐1—2名新引进人才同等享受相应待遇。我市公办医疗卫生机构自主新引进急需紧缺的硕士研究生、本科生（取得学士学位），均同等享受相应待遇。根据教育事业发展需要编制引才高校（或紧缺专业）目录或岗位目录，我市公办中小学校（幼儿园）、中职（技工）学校自主新引进目录内的硕士研究生、高校（或紧缺专业）本科生（取得学士学位），同等享受相应待遇。

博士可不受需求目录限制自主引进。博士或高级职称人才年龄可放宽至45周岁。

以上各类补贴均为税前。

牵头单位：市委组织部、市人力资源社会保障局。

责任单位：市教育局、市科工商务局、市财政局、市卫生健康局、市工业园管委会、国家税务总局兴宁市税务局，各镇（街道）。

（五）深化校企合作定向育才。建立由政府部门、高等院校、职业（技工）院校、商会、骨干企业参与的政校企协同育才机制。鼓励兴宁市高级技工学校、梅州市卫生职业技术学校等职业（技工）院校，围绕先进材料、电子信息、机电制造、智能家电、互联网、生物医药与健康、现代农业与食品、医疗器械等重点产业发展需求开设专业，定向培养产业人才。支持本地骨干企业与高等院校、职业（技工）院校共建创新联盟、产业学院、企业学院、企业员工培养培训基地。支持规模以上企业或者吸纳就业人数较多的企业建设一批生产性或兼具生产、教学功能的产教融合实习实训基地，常态化组织校企实习实训供需对接活动，每年评选5个左右向企业输送毕业生就业数量较多、作用发挥明显的基地，给予学校、企业各5万元的一次性培养补助。

牵头单位：市教育局、市人力资源社会保障局、市高级技工学校、梅州市卫生职业技术学校。

责任单位：市科工商务局、市财政局、市工商联、市工业园管委会，各镇（街道）。

（六）支持市场化配置人才。规划建设兴宁市级人力资源服务产业园、省人才港梅州兴宁分港，打造统一的人才供需信息发布平台。大力引进信誉度高、高端服务能力强的人才猎头和人才培训中介机构，市级新引进的人才中介服务企业，结合兴宁租金水平，3年内给予每平方米6元/月的租金补贴。鼓励企业、科研院所加大市场化引才力度，对通过猎头公司、中介机构每新引进1名省级以上重大人才工程项目人选、博士研究生、正高职称等高层次人才的，市财政给予用人单位实际中介费用50%的一次性引才补贴，同一用人单位每年最高补贴不超过20万元。对推荐青年人才到重点用工企业、高新技术企业就业且稳定就业6个月以上的，按400元/人的标准补贴经营性人力资源服务机构。

牵头单位：市人力资源社会保障局。

责任单位：市财政局、市市场监管局、市住房城乡建设局、国家税务总局兴宁市税务局，各镇（街道）。

（七）扶持青年人才就业创业。加大就业创业补贴落实力度，毕业2年内高校毕业生、中等职业学校及技工院校应届毕业生，到中小微企业、个体工商户、社会组织或到乡镇（街道）、村居社会管理和公共服务岗位就业，签订一年以上期限劳动合同或服务协议且缴纳社保6个月以上的，符合条件的可享受一次性基层就业补贴5000元。符合条件的创业者或初创企业可给予1万元的一次性创业资助、每年最高4000元的租金补贴（最长可享受3年）和总额最高不超过3万元的创业带动就业补贴。符合条件的青年人才可申领相应的就业创业补贴。

为符合条件的青年人才提供创业担保贷款并贴息，个人贷款额度最高30万元（创业带动5人以上就业的借款人，个人贷款额度可提高至50万元）；合伙经营或创办企业的可按每人最高30万元、贷款总额最高300万元的额度实行“捆绑性”贷款；符合条件的小微企业，贷款额度最高不超过500万元。创业担保贷款利率不超过LPR+50BP，由此产生的利息，LPR-150BP以下部分由借款人和借款企业承担，剩余部分财政给予贴息，每次贴息期最长不超过3年。

牵头单位：市人力资源社会保障局。

责任单位：市财政局、人民银行兴宁支行，各镇（街道）。

（八）鼓励高校毕业生服务基层。大力实施“三支一扶”“广东大学生志愿服务山区计划”等服务基层项目，引导高校毕业生扎根基层、建功立业。开展经常性走访慰问活动，关心关爱服务基层人员的工作和生活。鼓励服务满考核合格服务基层优秀人员留兴就业创业，有就业创业意愿的，由市、镇（街道）两级相关部门有针对性地提供就业创业指导和服务，符合条件的按规定享受相关扶持政策。高校应届毕业生服务我市基层期满考核合格之日起6个月内在兴就业创业的，视作新来兴人员，按规定享受相关政策。在公务员招录、市级以下事业单位招聘中拿出一定比例的岗位，面向我市服务期满考核合格的“三支一扶”人员、广东大学生志愿服务山区计划志愿者等服务基层人员定向招录。

牵头单位：市委组织部、市人力资源社会保障局、市民政局、团市委。

责任单位：市委编办、市农业农村局，各镇（街道）。

（九）实施素质提升工程。支持青年人才提升学历、晋升职称。本措施实施之日起，我市企业（国有企业除外）在职人员新考取并攻读研究生毕业后[取得毕业证书和学位证书，国（境）外毕业的须取得教育部出具的学历学位认证函]，同级财政可给予一次性2万元学费补助；我市企业（国有企业除外）在职人员新晋升副高、正高职称后连续在企业工作3年以上的，可享受同级财政一次性补贴5000元。实施青年企业家培养工程，每年组织50名左右企业经营管理人才参加集中培训。按照省规定的标准、名额组织实施“圆梦计划”，资助新生代产业工人报读成人大专、本科，资金由省、梅州市统筹解决。

牵头单位：市科工商务局、市人力资源社会保障局、团市委。

责任单位：市财政局、市农业农村局、市工业园管理委员会，各镇（街道）。

（十）促进青年安居乐业。实施青年人才团圆行动，对我市引进高层次人才或在我市企业工作的急需紧缺青年人才，其配偶在市外工作且有意愿来兴的，每年拿出一定数量的机关企事业单位岗位，按照对等对口、岗位相近、人岗相适、双向选择、适度分批的原则进行接收安置。完善人才子女教育优待政策，新引进或经认定为高层次人才的子女在我市接受义务教育的，分层次统筹优先安排学位保障就读，需从市外转入我市就读的，可享受转学优待服务。

青年人才可通过申领安家费、租房补贴、购房补贴以及单位宿舍等方式，规划建设或统筹100套人才公寓，解决住房问题。加大个人首套自住房公积金贷款支持力度，对在兴落户且在企业工作的本科生（取得学士学位），申请住房公积金贷款的，不受公积金账户余额限制，额度在最高限额基础上上浮20%；支持对象范围可根据实施情况适时调整。毕业3年内新入职我市规模以上非公有制工业企业、上市企业、新三板挂牌企业、高新技术企业、科技型中小企业的本科以上毕业生（取得相应学位）或技师且缴纳社保满6个月的，在我市无房（含已买房未装修）、单位未提供宿舍的，给予每月500元租房补贴、补贴期限不超过3年；纳入本措施第（四）项的人才不重复享受租房补贴。

牵头单位：市委组织部、市人力资源社会保障局、市住房城乡建设局、梅州市住房公积金管理中心兴宁管理部。

责任单位：市科工商务局、市财政局、市工业园管理委员会，各镇（街道）。

三、工作要求

（一）做好宣传解读。各镇（街道）各有关单位要充分利用报纸、网站、微信公众号、乡村振兴人才驿站等各类媒体或平台，采取多种形式，加强对本方案及配套细则的宣传解读，扩大政策的知晓度和影响力。

（二）加强督查指导。市委人才办根据任务分工建立台账，加强工作统筹指导，通过查阅台账、听取汇报、调研指导等方式，推动工作落实。

（三）其他事项。本方案所涉及补助资金奖励采取“一事一议”办法，按照梅州市《梅州市实施“青梅计划”集聚优秀青年人才的若干措施》文件精神执行，除明确资金来源国家或省下拨就业专项资金列支以及由梅州市财政负担的情形外的所需资金，按属地原则由市、县两级财政分级负担县级所需资金。由兴宁市委人才工作领导小组办公室会同相关职能部门负责解释。

（四）本方案自印发之日起实施，有效期至2025年12月31日。

（2022年9月26日　兴市明电〔2022〕80号）

兴宁市招商引资工作实施方案（2022—2025年）

为深入贯彻落实梅州市第八次党代会、兴宁市第十四次党代会决策部署，根据梅州市委、市政府印发《关于大力推进招商引资促进实体经济高质量发展的意见》（梅市明电〔2022〕92号）文件精神，围绕狠抓发展第一要务，聚焦聚力实体经济，切实提高“十四五”期间我市招商引资工作成效，加快构建“1331”工业发展新体系，全力推动兴宁加快振兴、共同富裕。现结合我市实际，特制定本实施方案。

一、指导思想

坚持以习近平新时代中国特色社会主义思想为指导，深入贯彻落实党的十九大和十九届历次全会精神以及习近平总书记对广东重要讲话重要指示批示精神，认真落实兴宁市第十四次党代会和梅州市招商引资工作大会的部署要求，增强全市上下“大招商、招大商、招好商”的意识，推动各级各部门聚焦招商引资主战场，以一往无前、时不我待的奋斗者姿态抓好招商引资，千方百计引进“打粮食”的产业项目，以招商引资的显著成效推动兴宁社会经济高质量发展。

二、总体目标

按照梅州市委、市政府印发《关于大力推进招商引资促进实体经济高质量发展的意见》（梅市明电〔2022〕92号）和《兴宁市工业发展“十四五”规划》（兴市府〔2021〕34号）要求，围绕我市主导产业（装备制造业产业）、特色产业（生态特色食品产业、现代轻工纺织产业和生物医药与健康产业）、新兴产业（新一代电子信息产业、新材料产业和新能源产业）

等“1331”产业集群实现引领发展目标，坚持内外资招商一体化，推动全市招商引资逐年上台阶，新签招商引资纳统项目实际投资每年增幅不低于6%。2022年至2025年，全市招商项目计划投资总额累计300亿元以上，其中：投资超10亿元工业项目5个以上，超亿元工业项目30个以上，项目当年实际投资占计划投资总额的20%以上。

三、组织机构

成立兴宁市招商引资工作领导小组（以下简称“领导小组”），由市委副书记、市长任组长，市四套班子其他成员及广州市天河区对口帮扶兴宁挂职领导任副组长，市有关单位和各镇（街道）主要负责同志为成员，负责统筹协调全市招商引资工作。市招商引资工作领导小组下设办公室（以下简称“领导小组办公室”），办公地点设在市招商和企业服务中心，办公室主任由分管招商引资工作的市领导兼任。领导小组组长每季度召开一次工作会议，研究决定全市招商引资重大事项，部署招商引资工作任务；领导小组办公室主任每月召开一次调度会议，统筹推进重大招商项目，研究解决重大问题，推动全市招商工作开展。

领导小组办公室同时设立3个招商工作队和1个招商工作专班（以下简称“专班”）。招商工作队成员在全市范围内选拔，每队3人，队长人选原则上从副科级以上干部中产生，队员人选从科员（含事业单位九级职员）以上干部中产生；专班成员3人在全市范围内抽调。专班工作地点设在市招商和企业服务中心，由市招商和企业服务中心负责统筹管理。专班主要负责承接领导小组办公室日常工作，统筹协调全市招商引资工作及领导交办其他工作。

四、工作任务

（一）市四套班子领导要发挥“头雁效应”，不定期开展外出拜访、宣传推介、项目对接活动，以上率下带动全市招商。其中市委、市政府、市人大、市政协主要领导每年分别带队外出招商不少于2次，市四套班子其他成员每年分别带队外出招商不少于4次，分管招商工作的市领导每年带队外出招商不少于6次。

（二）市招商引资工作领导小组每年将招商引资任务分解到各镇（街道）、各相关单位，落户项目纳入绩效管理体系进行考核。各镇（街道）、各相关单位要有属地意识，支持辖区内优质企业增资扩产，积极开展自主招商，引导辖区内企业内引外联，全力做好招商引资落地服务，确保项目引得进、落得下。

（三）没有承担招商引资任务的单位要积极参与配合，提供有价值的招商线索，做好招商服务。

五、工作要求

（一）各镇（街道）、各相关单位要结合各自职能工作，围绕我市产业发展方向和重点做好如下工作：

1. 强化信息收集。提高项目信息敏锐度，广泛挖掘各自体系或辖区内的潜在投资企业和外出优秀乡贤，千方百计寻信息、找线索，认真摸清底数，积极主动走访联络，并整理形成企业或项目简介，报领导小组办公室汇总，建立目标企业、乡贤企业、行业协会信息库。

2. 强化产业链招商。围绕“缺什么、招什么”，瞄准国内外500强企业、行业龙头企业、上市公司、知名民营企业等，列出意向清单，主动“走出去、请进来”，着力引进与我市装备制造、电子信息、医疗器械、轻工纺织等优势产业相配套的强链、补链、延链企业，做大做强优势产业，提升产业集聚效应。

3. 强化渠道招商。积极拓宽招商引资领域和渠道，把握广州天河对口帮扶兴宁良好机遇，发挥我市乡贤、华侨众多的优势，深化广东省兴宁商会、宁江文化促进会等重点商会、协会的合作关系，进一步加强以商招商、平台招商、驻点招商、专题招商，创新开展中介招商、顾问招商，让更多的乡贤、商会、协会、企业关注兴宁、聚焦兴宁、投资兴宁。

（二）招商工作队围绕我市产业发展方向和重点做好如下工作：

1. 通过各种形式宣传推介兴宁山水人文、区位条件、发展平台、优惠政策等投资环境，配合我市在广州、深圳等重点城市开展招商推介会、洽谈会等活动。

2. 拜访驻地及周边地区各类企业、商（协）会、科研机构等单位，针对性开展对口招商；定期邀请相关企业、行业商（协）会和机构代表来兴考察投资环境；不定期拜访、邀请乡贤，沟通联络乡情。

3. 重点跟踪投资意向明确或已来兴对接洽谈的目标企业，组织开展意向合作项目洽谈、拜访工作。

4. 收集我市重点培育发展的医疗器械、装备制造、电子信息等行业信息和国内外500强企业、上市公司、行业龙头企业投资意向信息，积极发现招商线索；收集整理广州、深圳等重点城市重大产业政策调整变化、企业资本转移等信息，建立投资信息库、客商资源库。

5. 各招商工作队每月拜访企业不少于10家（其中对接世界500强、中国500强、民营企业500强、上市公司及行业龙头企业不少于5家）、拜访所在地区商（协）会不少于2家、引荐来兴考察不少于1次。每月定期向领导小组办公室报送2—3条有价值的招商引资项目信息。

6. 各招商工作队每年在广州、深圳等重点城市策划举办专题招商推介会1场以上；引进制造业项目（不含增资扩产项目）5个以上、项目计划投资总额10亿元以上。

（三）招商工作专班在领导小组办公室领导下，做好如下工作：

1. 综合协调。负责牵头落实领导小组办公室交办的工作；统筹协调全市招商引资工作；负责统筹各类招商工作会议；汇总、分析和撰写招商工作情况的综合性材料；汇编《兴宁市招商快报》。

2. 产业政策分析和项目研判。负责收集研究本地、发达地区和周边地市重点产业的发展规划（意见）、扶持政策、招商指引等；会同市有关部门、招商工作队做好招商项目背景分析，组织重点招商引资项目研判，提出项目流转初步意见；研究分析我市招商引资承载能力，包括产业规划布局、项目建设资源要素支撑等内容。

3. 收集和发布招商信息。负责收集汇总招商项目信息，建立招商项目信息库；加强与我市重点骨干企业的沟通联系，及时掌握产业链上下游的招商信息，建立重点招商对象信息库；建立招商中介、招商顾问库。

4. 服务和管理招商工作队。负责对接服务招商工作队，协同推进客商考察、商务谈判、审批签约、登记立项等相关工作；负责招商工作队的管理考核。

5. 招商引资项目服务和管理。负责建立招商热线；落实重点招商项目提级管理制；梳理汇总项目落地难点、堵点问题，会同相关部门研究解决；建立招商项目纳统督查机制；加强对招引项目的后续跟踪服务工作，及时跟踪服务项目落地建设、投产运营；研究招商引资优惠政策，督促相关部门落实；负责全市招商引资任务下达和绩效管理。

6. 策划和组织重大招商引资活动。负责策划和组织重大投资促进、商务交流合作、专题招商推介等各类招商引资活动；制作完善兴宁市投资环境宣传资料和视频；加强与新闻媒体沟通联系，营造浓厚招商宣传氛围。

7. 领导交办的其他工作。

六、机制保障

（一）持续优化营商环境。各镇（街道）、各单位要以实际行动支持招商引资工作，主动宣传兴宁、推介兴宁，全力推动外商在兴宁投资落户。各镇（街道）、各有关部门要为落户兴宁企业提供高效便捷的服务，不断简化办事流程，提升办事效率，让企业少跑腿。市纪委监委要对招商引资过程中推诿扯皮、不作为、慢作为、乱作为的现象进行监督；违反有关规定及吃、卡、拿、要等不利于打造优质营商环境的单位及个人进行严肃查办。

（二）建立督查督办。市招商引资工作领导小组办公室会同市委督查室、市政府督查室加强招商引资工作的情况督办，实行台账管理，一月一通报，持续掀起招商引资热潮。

（三）加强经费保障。招商工作经费由市财政局负责统筹解决，各招商工作队每年安排招商经费50万元。各项经费开支需严格按照有关规定和标准执行。

（四）强化绩效评价。由市招商工作领导小组办公室牵头制定《兴宁市招商引资工作评价办法》，对各招商工作队招商引资情况进行绩效评价，对在完成重大项目中贡献突出的人员，以及完成任务的小组成员，由原单位给予个人年度考核优秀奖励（不占用单位优秀名额），并优先提拔重用、晋升职级，其他不承担任务的单位引进项目的，给予单位绩效考核加分奖励和一定工作经费补助。

（五）提升队伍能力。由市招商和企业服务中心牵头，围绕六大产业，邀请行业专家组织专题培训。通过“线上＋线下”培训，全面提升招商人员专业能力，为我市经济发展打造懂经济、懂政策、懂产业、会沟通、会谈判的高素质专业化招商队伍。

本方案自印发之日起实施，有效期至2025年12月31日。

（2022年9月28日　兴市明电〔2022〕81号）

兴宁市促进医疗器械产业发展的若干措施

第一章　总则

第一条　为深入贯彻习近平总书记关于医疗器械产业发展的重要指示批示精神，促进我市医疗器械产业发展，根据《广东省人民政府办公厅关于印发广东省推动医疗器械产业高质量发展实施方案的通知》（粤办函〔2021〕366号）等文件精神，结合我市实际，制订本措施。

第二条　本措施适用于登记注册地、税务征管关系及统计关系均在我市，从事医疗器械相关研发、生产、销售和服务的企业、社会团体、民办非企业等机构。

第三条　本措施重点支持发展家用医疗器械、医美类器械、医用耗材等产业。鼓励发展医学影像与先进治疗设备、体外诊断仪器及试剂、植（介）入器械等医疗器械产品。

第二章　扶持政策

享受本措施第四、五条奖励时，项目应符合《兴宁市人民政府关于印发兴宁市促进招商引资工作的若干措施的通知》（兴市府〔2020〕28号）相关规定。

第四条　制造业招商引资奖

（一）落地进度奖。

新落户兴宁市产业转移工业园（以下简称“工业园区”）购地的制造业项目（特指医疗器械产业，下同），以200万元／亩为固定资产投资基准强度，给予“实际购地面积×固定资产投资基准强度（200万元／亩）×1.5%”的落地进度奖，最高不超过500万元。

在项目用地签订《国有建设用地使用权出让合同》之日起，半年内动工建设的，给予项目落地进度奖总额的20%的奖励；在投资协议约定的期限内完成主要建筑物建设并通过竣工验收的，给予项目落地进度奖总额的30%的奖励；竣工后三个月内投产，并达到投资协议约定的固定资产投资强度的，给予项目落地进度奖总额的50%的奖励。

（二）固定建筑建设奖。

新落户工业园区购地的制造业项目，固定建筑实际投入金额3000万元以上，竣工后三个月内投产，并达到投资协议约定的固定资产投资强度的，给予“固定建筑实际投入金额×2%”的固定建筑建设奖，最高不超过500万元。

（三）机器设备投入奖。

新落户工业园区的制造业项目，新购置机器设备实际投入金额2000万元以上，达到投资协议约定的固定资产投资强度并在投资协议约定期限内投产的，给予“机器设备实际投入金额×2.5%”的机器设备投入奖，最高不超过500万元。

（四）达产鼓励奖。

新落户工业园区的制造业项目，按投资协议约定建成投产，符合如下条件的，给予相应奖励：

1．在项目投产次年起3年内，本市经济社会贡献量每亩首次达4万元以上，按企业当年度本市经济社会贡献量的50%，给予一次性的达产鼓励奖。

2．获得首次达产鼓励奖的企业，对比上一

次获得达产鼓励奖时本市经济社会贡献量，提高30%以上的，按企业当年度新增本市经济社会贡献量的100%，给予一次性奖励。

（五）水电补贴扶持。

新落户工业园区的制造业项目，按投资协议约定建成投产，项目投产次年起3年内，工业用水水价为0.7元/立方米（不含污水处理费），每年并按其当年度本市经济社会贡献量的5%给予电价补贴扶持，每年电价补贴最高不超过10万元。

（六）外资投资奖。

新落户实缴注册资本达1000万美元以上的制造业项目，每1000万美元给予人民币10万元的外资投资奖，最高不超过人民币500万元。

第五条　先进制造业招商引资奖

（一）物流扶持。

新落户工业园区的先进制造业项目（特指医疗器械产业中的先进制造业，下同），按投资协议约定建成投产，在项目投产次年起3年内，每年按其当年度实际发生物流费用的5%给予运输补贴。项目物流费用补贴三年累计最高不超过100万元。

补贴以纳入兴宁市税务部门征管的货物运输企业开具的货物运输发票作为核定依据。

（二）贷款贴息扶持。

新落户工业园区的先进制造业项目，按投资协议约定建成投产，按项目固定资产投资贷款利息（不包括罚息）的10%给予贴息支持，给予贴息支持的利息为项目投产次年起3年内在银行发生的固定资产投资贷款利息（不包括罚息）。项目贴息金额三年累计最高不超过100万元。

第六条　厂房免租奖

新签投资协议的承租工业园区标准厂房的企业，自签订租赁合同之日起免收12个月租金。

新签投资协议的承租工业园区标准厂房的企业，自签订租赁合同之日起，任一自然年度企业纳税额达到每年每平方米225元以上，按下列标准返还租金：

年纳税额达100万—200万元，返还该年度租金的60%；

年纳税额达200万—300万元，返还该年度租金的80%；

年纳税额达300万元以上，返还该年度租金的100%；

享受此条奖励时，企业应符合《兴宁市人民政府关于印发兴宁市产业转移工业园标准厂房管理办法的通知》（兴市府〔2021〕42号）相关规定。

第七条　产品注册奖

对取得首张二类、三类医疗器械注册证的企业，给予一次性奖励。其中，免于进行临床评价的二类注册证给予奖励20万元，需进行临床评价的二类注册证给予奖励30万元；免于进行临床试验的三类注册证给予奖励50万元，需进行临床试验的三类注册证给予奖励100万元。

第八条　产品创新奖

对产品被认定为创新医疗器械并取得医疗器械二类注册证的，按20万元/个给予企业一次性奖励；对产品被认定为创新医疗器械并取得医疗器械三类注册证的，按50万元/个给予企业一次性奖励。

第九条　经营贡献奖

对医疗器械年销售额首次突破3000万元、5000万元、1亿元、5亿元、10亿元的企业，分别给予5万元、10万元、20万元、50万元、100万元的一次性奖励。

第十条　出口鼓励奖

对医疗器械年出口额（按海关统计数据）首次突破100万美元、500万美元、1000万美元、5000万美元、1亿美元的企业，分别给予人民币3万元、5万元、10万元、30万元、50万元一次性奖励。

第十一条　行业标杆奖

（一）对首次被认定为广东省医疗器械质量信用A类生产企业的企业，给予50万元一次性奖励。

（二）对成为医疗器械国家标准、行业标准起草单位的企业，按20万元/份给予一次性奖励。

（三）对产品首次入选医用耗材集中采购目录的企业，按10万元/个给予一次性奖励。对符合条件的我市医疗器械产品优先推荐给本地医疗机构使用。

第十二条　人才引育奖

（一）对属于梅州市高层次人才和急需紧缺人才的，按《中共梅州市委　梅州市人民政府关于加快新时代人才振兴发展的实施意见》（梅市明电〔2022〕69 号）政策规定享受相关待遇。

（二）对与我市医疗器械企业签订三年以上劳动合同并缴交社保，个人年缴纳工资薪金综合所得税在 5 万元以上的，给予其本人当年度缴纳工资薪金综合所得税地方留成部分 70% 的财政补贴。每年每家企业全体员工补贴金额最高不超过 10 万元。

（三）鼓励企业与我市技工院校校企合作，定向代培医疗器械企业需要的实用人才。对与我市技工院校（梅卫职校）应届毕业生签订劳动合同、依法缴纳 12 个月以上社保的企业，按 1000 元 / 人给予一次性奖励。鼓励高校到我市设立实习实训基地。

第十三条　服务平台奖

鼓励医疗器械合同研发机构（CRO）、医疗器械合同定制研发生产机构（CDMO）、检验检测平台等专业服务公司在工业园区投资建设运营。对上一自然年度专业服务收入超过 500 万元的专业服务机构，按其上一自然年度对本市经济社会贡献量的 50% 给予奖励。

第三章　配套扶持政策

第十四条　每年安排不少于 100 万元专项经费，用于医疗器械产业宣传、举办技术对接、培训讲座、高峰论坛等活动。

第十五条　深入推进“放管服”改革工作，进一步提高政务服务质量。简化医疗器械产业项目落户程序，深化与省药品监督管理局产业共建促进乡村振兴融合机制，优化医疗器械产品的检验检测、审评审批、行政许可等流程，提效增速，缩短办理时间；提供办公场所、经费支持，争取省药品监督管理局审评认证中心及省医疗器械质量监督检验所在兴设立审评和检验分中心，助力粤东地区医疗器械产业高质量发展。

第十六条　鼓励金融机构对医疗器械企业加大扶持力度，在资金规模上给予优先配置，量身定制融资服务方案，创新贷款融资方式，提供信用、抵押、保证等多元化服务，建立企业信贷审批“绿色通道”，在工资代发、资金管理等综合业务上给予优先服务。

第十七条　鼓励成立兴宁市医疗器械行业协会，加强企业间的交流合作，建立行业信息平台，实现资源互补和共享，促进医疗器械行业规范、自律发展。

第四章　组织保障

第十八条　为加强对医疗器械产业发展工作的领导，成立兴宁市医疗器械产业发展领导小组。由分管市领导任组长，成员由市科工商务局、市市场监管局、市发展改革局、市司法局、市财政局、市人力资源社会保障局、市卫生健康局、市医保局、市工业园管委会、市招商和企业服务中心、市税务局、梅州市生态环境局兴宁分局等单位主要负责人组成。下设招商服务小组和政策兑现小组。

招商服务小组由市招商和企业服务中心主要负责同志任组长，成员由市招商和企业服务中心、市科工商务局、市市场监管局、市发展改革局、市工业园管委会、市税务局、梅州市生态环境局兴宁分局等单位相关负责同志组成，办公场所设在市招商和企业服务中心。负责审核医疗器械企业提交的《项目可行性研究报告》（或《项目投资计划书》）、《企业入驻医疗器械产业园申请表》，出具审核意见报市医疗器械产业发展领导小组审批，领导小组审批同意后，报市招商引资项目审核领导小组备案；协助通过审批的申请企业办理入驻等手续。

政策兑现小组由市科工商务局主要负责同志任组长，成员由市科工商务局、市市场监管局、市司法局、市财政局、市人力资源社会保障局、市卫生健康局、市医保局、市工业园管委会、市招商和企业服务中心、市税务局等单位相关负责同志组成，办公场所设在市科工商务局。负责审核扶持对象资格和确定奖励扶持标准，并出具审核意见报市医疗器械产业发展领导小组审批。

第十九条　符合本措施扶持政策条件的企业，按照“一年一兑现”的原则，向市医疗器械产业发展领导小组政策兑现小组提出申请，由政策兑现小组组织相关单位对申报材料进行审核，提请市政府常务会议或市委常委会会议审议通过后，由市财政按程序拨付。

企业次年度未提出申请上年度扶持政策的，视为自愿放弃，企业自行承担责任和损失。

第五章　附则

第二十条　相关名词解释

（一）“本市经济社会贡献量”，即企业在我市实际缴纳本地入库的增值税和企业所得税的地方留成部分。

（二）“固定资产投资强度”，即固定资产投资额（包括厂房、设备和地价款）除以项目购地面积。

（三）本措施所称“突破”“以上”，均包含本数，文中有特别说明的除外。

（四）本措施所称“元”，指人民币，文中有特别说明的除外。

第二十一条　对同一项目、同一事项的扶持资金需本级财政负担的，按照从高不重复的原则予以支持，另有规定的除外。

第二十二条　本措施由市科工商务局负责解释。

第二十三条　本措施自发布之日起实施，有效期三年。施行期间，如国家、省、梅州市及我市相关政策调整，从其规定。

（2022 年 9 月 30 日　兴市府办〔2022〕7 号）

2022 年兴宁市国民经济和社会发展统计公报

2022 年，兴宁坚持以习近平新时代中国特色社会主义思想为指导，全市上下持续深入贯彻落实党的二十大精神和习近平总书记对广东重要讲话和重要指示批示精神，贯彻落实国家、广东省、梅州市的部署要求，坚持实体经济为本、制造业当家，坚定推进经济高质量发展，坚定不移抓机遇谋发展，集中精力谋项目搞建设，统筹做好稳增长、促改革、调结构、惠民生、防风险、保稳定各项工作，推动经济运行稳中向好，城乡居民收入稳步增长。

一、综合

年末常住人口 77.03 万人，比上年末减少 0.76 万人。年末户籍总人口 114.98 万人，比上年末减少 0.68 万人，其中城镇人口 47.12 万人，比上年末减少 0.43 万人。全市出生人口 8800 人，人口出生率为 7.63‰，出生率比去年下降 1.62‰；死亡人口 3945 人，死亡率为 3.42‰，死亡率比去年下降 0.65‰；自然增长率为 4.21‰。人口密度 549 人 / 平方公里。

经梅州市统计局统一核算，2022 年全市实现地区生产总值（初步核算数）200.99 亿元，比上年增长 1.1%。其中：第一产业增加值 53.53 亿元，比上年增长 4.5%，对地区生产总值增长的贡献率为 113.7%；第二产业增加值 37.10 亿元，比上年增长 1.2%，对地区生产总值增长的贡献率为 19.1%；第三产业增加值 110.37 亿元，比上年下降 0.6%，对地区生产总值增长的贡献率为 -32.7%。三次产业结构比重为 26.63 ∶ 18.46 ∶ 54.91。

全年地方财政一般预算收入 9.56 亿元，下降 10.2%；其中，税收收入 4.87 亿元，下降 19.4%。全年一般公共预算支出 70.93 亿元，比上年增长 2.4%。其中，教育支出 16.91 亿元，增长 7.3%；卫生健康支出 9.46 亿元，下降 13.7%；社会保障和就业支出 15.66 亿元，增长 2.4%。

全年城镇新增就业 4080 人，就业困难人员实现再就业 250 人。年末城镇实有登记失业人员 1980 人，城镇登记失业率 2.98%，比上年末下降 0.28%。

2022 年，兴宁居民消费价格指数比上年上涨 1.8%（见表 1）。分类别看，交通和通信类上涨 4.8%；衣着类上涨 2.5%；居住类上涨 1.9%；食品烟酒类上涨 1.6%；其他用品和服务上涨 1.2%；生活用品及服务类上涨 0.8%；教育文化和娱乐类上涨 0.4%；医疗保健类下降 0.3%。商品零售价格比上年上涨 3.4%。

表 1　2022 年居民消费价格指数比上年涨跌幅度

指 标	价格指数（上年 =100）	比上年涨跌幅度（%）
市区居民消费价格总指数	101.8	1.8
食品烟酒类	101.6	1.6
衣着类	102.5	2.5
居住类	101.9	1.9
生活用品及服务	100.8	0.8
交通和通信	104.8	4.8
教育文化和娱乐	100.4	0.4
医疗保健	99.7	-0.3
其他用品和服务	101.2	1.2

二、农业

全年粮食作物播种面积 64.81 万亩，比上年增长 0.36%；稻谷种植面积 61.87 万亩，增长 2.38%；甘蔗种植面积 402 亩，下降 8.43%；油料种植面积 2.87 万亩，下降 3.04%；蔬菜种植面积 28.41 万亩，增长 5.61%；园林水果种植面积 9.14 万亩，增长 3.63%；茶叶种植面积 2.8 万亩，增长 1.08%。

全年粮食产量 29.35 万吨，与去年持平；稻谷产量 28.3 万吨，下降 0.35%；甘蔗产量 981 吨，增长 0.62 %；油料产量 0.47 万吨，下降 1.47%；蔬菜产量 87.45 万吨，增长 6.87%；水果产量 17.89 万吨，增长 0.17%；茶叶产量 2862 吨，增长 2.43%。

全年肉类总产量 6.12 万吨，增长 3.03%，其中，猪肉产量 3.73 万吨，增长 1.36%；禽肉产量 2.25 万吨，增长 6.13%。全年水产品产量 1.66 万吨，与去年持平。

三、工业和建筑业

全年实现全部工业总产值 99.03 亿元，工业增加值 24.59 亿元。规模以上工业总产值同比增长 9.1%，增加值增长 7.1%，其中，外商及港澳台投资企业总产值增长 91.8%，股份制企业总产值增长 2.6%。分轻重工业看，轻工业增长 20.2%，重工业增长 2.1%。从三大门类看，制造业增加值同比增长 7.8%，占规上工业增加值的比重为 96.4%；电力、热力行业增加值同比下降 3.5%，占规上工业增加值的 3.3%；采矿业增加值同比下降 44.4%，占规上工业增加值比重为 0.3%。

高技术制造业增加值比上年增长 49.7%，占规模以上工业增加值的比重为 19.3%，比上年提高 5.8 个百分点。其中，电子及通信设备制造业增长 72.1%，医药制造业下降 66.5%。

先进制造业增加值比上年增长 32.9%，占规模以上工业增加值的比重为 43.3%，比上年提高 9 个百分点。其中，新材料制造业增长 126.2%，高端电子信息制造业增长 82.2%，先进轻纺制造业增长 11.1%，石油化工业增长 6.7%，先进装备制造业增长 2.8%，生物医药及高性能医疗器械业下降 48.2%。

装备制造业增加值比上年增长 9.7%，占规模以上工业增加值的比重为 37.5%，比上年提高 2.2 个百分点。其中，计算机、通信和其他电子设备制造业增长 72.1%，汽车制造业增长 35.6%，电气机械和器材制造业下降 35.9%。

表 2　2022 年规模以上工业主要产品产量及增长幅度

产品名称	单 位	产 量	比上年增长（%）
高岭土（瓷土）	吨	63024.7	-8.2
大米	吨	20733.6	-5.3
冻肉	吨	25987.4	38.3
速冻食品	吨	10459.7	402.7
冷冻饮品	吨	67789.2	8.0
水泥	吨	173450.0	-19.9
商品混凝土	立方米	843640.2	-29.4
钢化玻璃	平方米	246914.9	-43.1
夹层玻璃	平方米	852773.7	303.8
眼镜成镜	副	850360.0	-37.1
家用冷柜（家用冷冻箱）	台	256013.0	5.0
印制电路板	平方米	49423.8	-24.5
自来水生产量	万立方米	3819.0	6.9

规模以上工业企业资产负债率57.91%，提高4.96个百分点；成本费用利润率0.98%，提高0.69个百分点。实现利润总额比上年增长278.5%。亏损企业亏损总额比去年下降0.4%。亏损企业亏损面20.99%。全年规模以上工业企业每百元营业收入中的成本为87.92元，比上年提高0.07元。

全市资质等级以上建筑企业29家，实现建筑业总产值 12.87亿元，比上年下降21.8%；建筑施工企业房屋建筑施工面积31.79万平方米，下降14.5%；房屋竣工面积21.98万平方米，增加3.6%。

四、服务业

全年批发和零售业增加值比上年下降6.8%，住宿和餐饮业增加值下降5.2%，金融业增加值增长4.7%，房地产业增加值下降7.2%。其他服务业增加值51.66亿元，增长3.7%，其中营利性服务业增加值13.38亿元，增长2.5%；非营利性服务业增加值38.28亿元，增长4.1%。

全年交通运输、仓储和邮政业实现增加值5.77亿元，比上年下降5.1%。公路运输方式完成货物周转量169004.87万吨公里，下降9.5%；完成旅客周转量6038.58万人公里，下降31.5%；公路客运量29.98万人，下降20.4%。

表3　2022年公路运输完成货物、旅客运输量及其增长速度

指标	单位	绝对数	比上年增(%)
公路客运量	万人	29.98	-20.4
公路货物周转量	万吨公里	169004.87	-9.5
公路旅客周转量	万人公里	6038.58	-31.5

年末全市公路通车里程3000.18公里，其中，“四好农村路”2441.28公里，高速公路111.91公里。每百平方公里公路密度为115.96公里。投入新能源公交车295辆，城乡公交线路8条，开通公交线路的建制村34个。

全市共有邮电局（所）32家，邮电业务总量1.28亿元，比去年同期增长5.3%，其中函件44.3万件，增长169.7%。报刊累计301.8万份，增长0.03%；集邮业务27.1万枚，下降15.8%。

五、固定资产投资

全年完成固定资产投资比上年下降4.7%。其中，项目投资增长18.6%。基础设施投资增长22.3%，占固定资产投资的比重为42.0%。分投资主体看，国有经济投资增长26.9%，民间投资下降28.2%，港澳台、外商经济投资下降16.4%。

在固定资产投资中，第一产业投资比上年增长266.1%，第二产业投资增长1.6%，第三产业投资下降8%。民间投资占固定资产投资的比重为41.6%。工业投资下降7.1%，占固定资产投资的比重为17.6%。基础设施投资增长22.3%，占固定资产投资的比重为42%。高技术制造业投资下降21.9%，占固定资产投资的比重为1.5%。先进制造业投资下降40.5%，占固定资产投资的比重为1.8%，其中装备制造业投资下降43.7%。

表4　2022年分行业固定资产投资及其增长速度

行业	单位	2022年比2021年增长（%）
固定资产投资总额	亿元	-4.7
农、林、牧、渔业	亿元	277.3
采矿业	亿元	-100
制造业	亿元	-10
电力、燃气及水的生产和供应业	亿元	21.1
建筑业	亿元	—
交通运输、仓储和邮政业	亿元	15.2
信息传输、软件和信息技术服务业	亿元	0.0
批发和零售业	亿元	0.0
住宿和餐饮业	亿元	0.0
房地产业	亿元	-35.1
租赁和商务服务业	亿元	-3.8
科学研究和技术服务业	亿元	0.0
水利、环境和公共设施管理业	亿元	45.8
教育	亿元	129.8
卫生和社会工作	亿元	17.4
文化、体育和娱乐业	亿元	324.8
公共管理、社会保障和社会组织	亿元	0.0

房地产开发投资23.07亿元，比上年下降35.1%。按用途分，商品住宅开发投资19.13亿元，下降34%，其中：90平方米以下住宅投资2.24亿元，增长117.4%；144平方米以上住宅投资1.71亿元，下降60.8%。办公楼投资0.05亿元，下降57.9%；商业营业用房投资1.60亿元，下降23.8%。商品房施工面积342.19万平方米，下降22.2%；商品房竣工面积32.73万平方米，下降29.6%；商品房销售面积为43.60万平方米，下降42.0%；商品房销售额25.59亿元，下降41.1%。

六、国内贸易

全年社会消费品零售总额103.11亿元，比上年下降0.9%。其中，限额以上社会消费品零售总额为5.22亿元，下降15.9%。分区域看，城镇消费品零售总额77.95亿元，下降1.1%；农村消费品零售总额25.16亿元，下降0.1%。分消费类型看，商品零售额92.53亿元，下降0.8%；餐饮收入10.58亿元，下降1.3%。

七、对外经济

全年外贸进出口总额7.14亿元，比上年增长8.1%。出口总额6.41亿元，增长9.0%，其中，“三资”企业出口2.02亿元，增长1.7%；私营企业出口4.39亿元，增长12.7%。进口总额0.73亿元，增长0.7%。实际利用外商直接投资0.53亿元，增长414.8%。

全市共有“三资”企业13家，其中工业企业5家；“三资”企业从业人员2200人，其中工业企业1790人，高技术产业企业1家，高技术企业现价总产值1248.3万元。

表5　2022年进出口总额及其增长速度

指标名称	计算单位	2022年	2021年	增长(%)
一、对外经济	—			
外贸进出口总额	万元	71355	66006	8.1
其中：贸易出口总额	万元	64066	58765	9.0
“三资”出口	万元	20182	19836	1.7
“私营企业”出口	万元	43884	38929	12.7
贸易进口总额	万元	7289	7241	0.7
实际利用外资情况	万元	5297	1029	414.8
二、“三资”企业情况	—			
企业单位数	个	13	11	18.1
其中：工业	个	5	4	25
从业人员	人	2200	1990	10.5
其中：工业	人	1790	1629	9.8
高技术产业企业	家	1	1	0
高技术产业现价总产值	万元	1248	1031	21.1

八、金融

年末全市金融机构本外币各项存款余额435.96亿元，比年初增长8.99%，其中：住户存款余额378.59亿元，比年初增长13.8%。金融机构本外币各项贷款余额270.79亿元，比年初增长10.58%，其中：短期贷款16.03亿元，增长1.43%；中长期贷款141.57亿元，增长11.25%。

表6　2022年末金融机构本外币存贷款及其增长速度

指　标	绝对数(亿元)	比上年末增长(%)
金融机构（本外币）各项存款余额	435.96	8.99
其中：住户存款	378.59	13.8
#活期存款	134.72	7.7
非金融企业存款	27.27	-0.5
金融机构（本外币）各项贷款余额	270.79	10.6
其中：短期贷款	16.03	1.4
中长期贷款	141.57	11.3

九、人民生活和社会保障

2022全市居民人均可支配收入26480元，

比上年增长 4.0%，剔除价格上涨因素，实际增长 2.2%。按常住地分，城镇居民人均可支配收入 31480 元，增长 3.2%，剔除价格上涨因素，实际增长 1.4%；农村居民人均可支配收入 21996 元，增长 4.4%，剔除价格上涨因素，实际增长 2.6%。

全年全市居民人均消费支出 20438 元，比上年增长 5.6%。按常住地分，城镇居民人均消费支出 22627 元，增长 5.2%；农村居民人均消费支出 18448 元，增长 5.7%。全市居民恩格尔系数为 40.8%，比上年增加 1.0 个百分点，其中城镇为 39.7%，农村为 42.2%。

年末全市参加城镇职工基本养老保险（含离退休）19.52 万人，比上年末增长 3.3%。参加城乡居民基本养老保险人数 38.98 万人，减少 0.3%。参加工伤保险 6.56 万人，减少 0.1%。参加职工失业保险 5.41 万人，增长 2.1%。

表 7　2022 年末全市参加各类保险人数及其增长速度

指标	2022 年参保人数（万人）	比上年末增长（%）
城镇职工基本养老保险（含离退休）	19.52	3.3
城乡居民基本养老保险	38.98	-0.3
参加职工失业保险	5.41	2.1
参加工伤保险	6.56	-0.1

全市提供住宿的民政服务机构 49 间，其中敬老院 20 间，提供住宿的民政服务机构床位数 3553 床。全年城乡社会救济对象得到各级政府临时救助人数 2560 人次，全年发放临时救济金额 223.82 万元。全市享受低保救济的困难群众 27879 人，其中，城镇 1594 人，农村 26285 人。城乡社区服务机构和设施 524 个，其中综合性社区服务中心 20 个。社会组织数量 298 个。

十、教育和科学技术

全年普通高中招生 5721 人，在校学生 16122 人，毕业生 5209 人；职业中学招生 964 人，在校学生 6686 人，毕业生 962 人；普通初中招生 12892 人，在校学生 33431 人，毕业生 11013 人；普通小学招生 10397 人，在校学生 74686 人，毕业生 12187 人；学前教育幼儿招生 6646 人，在校学生 28142 人，毕业生 11818 人；特殊教育在校学生 163 人。小学学龄人口毛入学率 100%，初中学龄人口毛入学率 111%，小学毕业生升学率 100%，初中毕业生升学率 58.5%，高中毕业生升学率 99.2%，考上大专及以上学校人数 5037 人，其中本科 2269 人。

表 8　2022 年各级各类教育招生、在校生、毕业生人数及其增长速度

指标	招生（人）	比上年增长（%）	在校生（人）	比上年增长（%）	毕业生（人）	比上年增长（%）
普通高中	5721	0.44	16122	3.92	5209	0.40
职业中学	964	-10.07	6686	-0.55	962	-14.64
初　中	12892	9.02	33431	7.23	11013	3.41
小　学	10397	-11.88	74686	-0.55	12187	-5.72
幼儿园	6646	-10.65	28142	-6.26	11818	-0.06
其中：公立	3021	-11.51	14091	-6.87	6149	-1.58
特殊教育学校	29	3.57	163	7.95	40	-6.98

全市专利授权量 475 件，下降 22.5%，其中：发明 9 件，下降 43.8%；实用新型 181 件，下降 46.6%；外观设计 285 件，增长 10.5%。年末有效发明专利 67 件，增长 19.6%。

十一、文化、旅游、卫生和体育

年末全市共有调频广播电台 1 座、电视综合人口覆盖率 99%，年末全市有线广播电视用户 3 万户。全市公共图书馆藏书 40.11 万册，博物馆馆藏物品 3595 件，全年送书下乡 6321 册。

全市接待旅游总人数 89.12 万人。其中：全市接待过夜旅游总人数 40.24 万人。国内外旅游总收入 6.63 亿元。

年末全市共有卫生机构 654 个，其中：医院 6 个，妇幼保健院 1 个，社区卫生服务中心（站）3 个，镇（街道）卫生院 17 个，专科疾病防治院（所、站）2个，疾病预防控制中心（防疫站）1个，卫生监督所（中心）1个。全市拥有病床3166张，其中：医院1831张，妇幼保健院200张，社区卫生服务中心（站）25张，镇（街道）卫生院910张，专科疾病防治院（所、站）200张，每万人拥有床位数26.3床。全市卫生专业技术人员4164人，其中，执业医师909人，助理执业医师1494人，注册护士1487人，每万人全科医生数2.62人。

全市共有标准体育场2582个，小运动场43个，各类球、场馆2031个。全年全市运动员在参加省级以上比赛中，共获奖牌18枚，其中金牌9枚、银牌2枚、铜牌7枚。

十二、资源、环境和安全生产

全年规模以上工业综合能源消费量5.02万吨标准煤。单位工业增加值能耗0.5318吨标准煤/万元，比去年上升1.9%。全社会用电15.41亿千瓦时，增长0.9%，其中：工业用电量4.73亿千瓦时，下降0.1%。

年末全市共有环境监测站1个。全市环境质量保持稳定良好，兴宁城区空气质量AQI指数优良率100%，城区空气质量综合指数2.43；全市主要饮用水源水质达标率100%，地表水考核断面中，全年水质优良（I—III类）断面比例为91.7%，IV类断面比例为8.3%。区域噪声环境质量良好，道路交通噪声环境质量好，功能区噪声达标率为100%。全年投入治理污染资金1298万元。

我市共有自然保护区4个，其中省级自然保护区3个、市级自然保护区3个，自然保护区面积达2.38万公顷。全市森林面积13.94万公顷，森林覆盖率67.14%，碳汇林改造面积495.3公顷，建成生态公益林6.92万公顷；林木采伐量9.42万立方米，比上年增长2.6%。

2022年农作物受灾面积1523.07公顷，自然灾害造成直接经济损失1.36亿元。发生各类地质灾害1起，造成死亡人数2人，直接经济损失0万元。

全市共发生各类生产安全事故5起，死亡人数5人，各类事故直接经济损失0.45万元。

注：1. 本公报中2022年数据为初步统计数。

2. 从2011年起，规模以上工业统计口径由年主营业务收入500万元调整为2000万元及以上；固定资产投资项目统计起点由计划总投资50万元提高到500万元，增速为可比口径。限额以上批发和零售业统计标准为：批发业年主营业务收入2000万元及以上；零售业年主营业务收入500万元及以上。2012年四季度，国家统计局实施了城乡一体化住户调查改革。2013年起按照新的调查口径对外发布城乡一体的居民人均可支配收入和分城镇、农村常住居民人均可支配收入数据。由于新老调查方案在调查范围、调查对象、城乡划分标准、样本抽选、计算和汇总方式、指标口径等方面变化较大，改革后新口径数据和旧口径数据存在不可比的差异。从2015年起，“地方公共财政预算收入”更名为“地方一般公共预算收入”；各项金融机构存款余额中，“单位存款”更名为“非金融企业存款”，“储蓄存款”更名为“住户存款”。

3. 地区生产总值、三次产业及相关行业增加值、人均地区生产总值绝对数按现价计算，增长速度按可比价计算；地方一般公共预算收入增长速度按可比口径计算。

4. 数据来源：本公报中城镇新增就业、登记失业率、社会保障数据来自市人力资源和社会保障局；财政数据来自市财政局；公路客运、货物周转量等数据来自市交通局；外贸进出口、外商直接投资等数据来自市科工商务局；金融数据来自市人民银行；教育数据来自市教育局；科技成果、专利数据来自市市场监督管理局；旅游、博物馆、公共图书馆、文化馆、广播、电视、图书数据来自市文化广电旅游局和融媒体中心；体育数据来自市体育局；卫生数据来自市卫生健康局；人口出生率、死亡率、自然增长率、户籍人口数据来自市公安局；养老保险、社会救助、社会组织数据来自市民政局；环境监测数据来自市生态环境局；林业数据来自市林业局；农作物受灾面积、安全生产、道路交通事故数据来自市应急管理局；其他数据来自市统计局和国家统计局兴宁调查队。

2022 年中共兴宁市委、市委办公室部分文件一览表

表 22

名称	发文日期	文号
中共兴宁市委 兴宁市人民政府转发《兴宁市委宣传部、市司法局关于在全市公民中开展法治宣传教育的第八个五年规划（2021—2025 年）》的通知	2022 年 1 月 30 日	兴发〔2022〕1 号
中共兴宁市委 兴宁市人民政府关于印发《兴宁市贯彻落实〈中共广东省委 广东省人民政府关于新时代支持革命老区和原中央苏区振兴发展的实施意见〉的行动方案》的通知	2022 年 4 月 12 日	兴发〔2022〕2 号
中共兴宁市委兴宁市人民政府关于表彰 2021 至 2022 学年度教育先进集体和先进个人的通报	2022 年 9 月 7 日	兴发〔2022〕6 号
中共兴宁市委关于认真学习宣传贯彻党的二十大精神的通知	2022 年 11 月 7 日	兴发〔2022〕7 号
中共兴宁市委关于调整市委常委和相关领导分工的通知	2022 年 11 月 18 日	兴发〔2022〕8 号
中共兴宁市委办公室 兴宁市人民政府办公室关于印发《兴宁市民政局职能配置、内设机构和人员编制规定》的通知	2022 年 4 月 26 日	兴市办〔2022〕1 号
中共兴宁市委办公室 兴宁市人民政府办公室关于重新印发《兴宁市民政局职能配置、内设机构和人员编制规定》的通知	2022 年 7 月 22 日	兴市办〔2022〕2 号
中共兴宁市委办公室 关于印发《兴宁市残疾人联合会机关职能配置、内设机构和人员编制规定》的通知	2022 年 8 月 25 日	兴市办〔2022〕3 号
中共兴宁市委办公室 兴宁市人民政府办公室关于印发《兴宁市村（社区）干部受处分（处理）后补贴减扣办法（试行）》的通知	2022 年 11 月 22 日	兴市办〔2022〕6 号
中共兴宁市委关于兴宁市镇（街道）党（工）委书记调整任免的请示	2022 年 1 月 7 日	兴委〔2022〕1 号
中共兴宁市委关于召开十四届二次全会的情况报告	2022 年 1 月 21 日	兴委〔2022〕8 号
中共兴宁市委关于 2021 年抓党建工作情况报告	2022 年 1 月 24 日	兴委〔2022〕10 号
中共兴宁市委关于 2021 年工作情况的报告	2022 年 1 月 24 日	兴委〔2022〕11 号
中共兴宁市委 兴宁市人民政府关于 2021 年度贯彻落实推行河长制工作的情况报告	2022 年 1 月 29 日	兴委〔2022〕12 号
中共兴宁市委 兴宁市人民政府关于 2021 年度安全生产和消防工作述职报告	2022 年 1 月 29 日	兴委〔2022〕13 号
中共兴宁市委 兴宁市人民政府关于 2021 年度法治政府建设工作情况的报告	2022 年 1 月 29 日	兴委〔2022〕15 号
中共兴宁市委兴宁市工会的批复	2022 年 3 月 1 日	兴委〔2022〕16 号
中共兴宁市委关于成立市政协十五届二次会议临时党委的批复	2022 年 3 月 4 日	兴委〔2022〕17 号

续表 22

名称	发文日期	文号
关于设立中共兴宁市第十六届人民代表大会第二次会议临时委员会的决定	2022 年 3 月 4 日	兴委〔2022〕18 号
关于兴宁市镇（街道）党（工）委书记任职的请示	2022 年 3 月 17 日	兴委〔2022〕20 号
关于全国“人民满意的公务员、集体”推荐报告	2022 年 3 月 21 日	兴委〔2022〕22 号
中共兴宁市委关于推荐全省纪检监察系统先进工作者的批复	2022 年 4 月 28 日	兴委〔2022〕24 号
中共兴宁市委关于独立设置中共兴宁市委政策研究室的请示	2022 年 5 月 5 日	兴委〔2022〕25 号
中共兴宁市委关于独立设置中共兴宁市委政策研究室的请示	2022 年 5 月 5 日	兴委〔2022〕26 号
中共兴宁市委关于调整部分市领导分工的备案报告	2022 年 5 月 5 日	兴委〔2022〕28 号
中共兴宁市委 兴宁市人民政府关于兴宁市坭陂镇发生宁江河堤“涌水”情况的报告	2022 年 6 月 17 日	兴委〔2022〕32 号
中共兴宁市委 兴宁市人民政府关于兴宁市石马镇马下村山体崩塌事故的情况报告	2022 年 6 月 17 日	兴委〔2022〕33 号
中共兴宁市委 兴宁市人民政府关于《广东省人民政府关于印发贯彻落实国务院扎实稳住经济一揽子政策措施实施方案的通知》的贯彻落实汇报	2022 年 7 月 25 日	兴委〔2022〕36 号
中共兴宁市委 兴宁市人民政府关于承办 2022 广东省医疗器械高质量发展助力乡村振兴行活动的请示	2022 年 8 月 16 日	兴委〔2022〕37 号
中共兴宁市委关于召开共青团兴宁市第十七次代表大会的批复	2022 年 8 月 9 日	兴委〔2022〕41 号
中共兴宁市委 兴宁市人民政府关于承办广东省医疗器械高质量发展助力乡村振兴行活动的情况报告	2022 年 8 月 22 日	兴委〔2022〕42 号
中共兴宁市委 兴宁市人民政府关于推荐第六届广东省“人民满意的公务员”和“人民满意的公务员集体”初步人选的报告	2022 年 9 月 13 日	兴委〔2022〕43 号
中共兴宁市委关于同意召开兴宁市残疾人联合会第八次代表大会的批复	2022 年 10 月 9 日	兴委〔2022〕45 号
中共兴宁市委 兴宁市人民政府关于水口镇“10•2”森林火情应急处置工作情况报告	2022 年 10 月 11 日	兴委〔2022〕46 号
中共兴宁市委 兴宁市人民政府关于 2022 年度食品安全工作情况的报告	2022 年 11 月 9 日	兴委〔2022〕47 号
中共兴宁市委 兴宁市人民政府关于水口镇“10•2”森林火灾处理和整改落实情况的报告	2022 年 11 月 15 日	兴委〔2022〕48 号
中共兴宁市委关于同意梅州市工业振兴发展突出贡献奖企业及梅州市实体经济发展杰出贡献企业家推荐对象的批复	2022 年 11 月 21 日	兴委〔2022〕50 号
中共兴宁市委 兴宁市人民政府关于邀请梅州领导出席兴宁市档案馆（新馆）建成启用揭牌活动的请示	2022 年 12 月 5 日	兴委〔2022〕51 号

续表 22

名称	发文日期	文号
中共兴宁市委 兴宁市人民政府关于 2022 年实施乡村振兴战略工作情况的报告	2022 年 12 月 30 日	兴委〔2022〕55 号
中共兴宁市委办公室关于调整市委实施乡村振兴战略领导小组的通知	2022 年 2 月 20 日	兴委办〔2022〕2 号
中共兴宁市委办公室关于调整市委全面深化改革委员会专项小组成员名单的通知	2022 年 3 月 1 日	兴委办〔2022〕3 号
中共兴宁市委办公室 兴宁市人民政府办公室关于调整兴宁市社区矫正委员会成员的通知	2022 年 3 月 2 日	兴委办〔2022〕4 号
中共兴宁市委办公室关于成立招投标工作领导小组的通知	2022 年 3 月 4 日	兴委办〔2022〕5 号
中共兴宁市委办公室 兴宁市人民政府办公室关于集中调整市领导兼任部分市直议事协调机构职务的通知	2022 年 4 月 15 日	兴委办〔2022〕10 号
关于印发《2022 年中共兴宁市委办公室理论学习中心组学习计划暨学习型党组织建设工作计划》的通知	2022 年 5 月 24 日	兴委办〔2022〕16 号
中共兴宁市委办公室 兴宁市人民政府办公室关于调整兴宁市创建国家卫生城市工作领导小组成员的通知	2022 年 5 月 26 日	兴委办〔2022〕17 号
中共兴宁市委办公室关于调整市委办公室正副主任和相关领导分工的通知	2022 年 6 月 13 日	兴委办〔2022〕18 号
中共兴宁市委办公室关于调整中共兴宁市委巡察工作领导小组成员的通知	2022 年 9 月 14 日	兴委办〔2022〕25 号
中共兴宁市委办公室 兴宁市人民政府办公室关于成立兴宁市招商引资工作领导小组的通知	2022 年 9 月 26 日	兴委办〔2022〕26 号
中共兴宁市委办公室关于印发《学习宣传贯彻党的二十大精神总体工作方案》的通知	2022 年 11 月 7 日	兴委办〔2022〕29 号
中共兴宁市委办公室 兴宁市人民政府办公室关于成立兴宁市推进赣闽粤原中央苏区对接融入粤港澳大湾区振兴发展先行区（兴宁片区）建设工作领导小组的通知	2022 年 11 月 9 日	兴委办〔2022〕30 号
中共兴宁市委办公室关于调整市委反腐败协调小组成员的通知	2022 年 11 月 11 日	兴委办〔2022〕31 号
中共兴宁市委办公室关于抓好市第十四次党代会报告重点工作任务落实的通知	2022 年 1 月 10 日	兴市明电〔2022〕1 号
中共兴宁市委办公室 兴宁市人民政府办公室关于进一步做好春节期间新冠肺炎疫情防控、应急管理、森林防火、信访维稳等工作的督查通知	2022 年 1 月 12 日	兴市明电〔2022〕2 号
中共兴宁市委办公室 兴宁市人民政府办公室关于兴宁市生态环境保护工作责任清单通知	2022 年 1 月 11 日	兴市明电〔2022〕3 号
中共兴宁市委办公室关于加强市委巡察整改督查工作的实施意见	2022 年 1 月 17 日	兴市明电〔2022〕4 号
中共兴宁市委办公室 兴宁市人民政府办公室关于认真做好市政协十五届一次会议重点提案办理工作的通知	2022 年 1 月 17 日	兴市明电〔2022〕5 号

续表 22

名称	发文日期	文号
中共兴宁市委办公室 兴宁市人民政府办公室关于成立梅龙高铁兴宁南站高铁干线路网及站前综合广场项目建设工作领导小组的通知	2022 年 1 月 17 日	兴市明电〔2022〕6 号
中共兴宁市委办公室 兴宁市人民政府办公室关于成立兴宁市城乡一体化水资源配置—石壁水库增效扩容改造工程建设工作领导小组的通知	2022 年 1 月 17 日	兴市明电〔2022〕7 号
关于成立径南镇乡村振兴“十村联动”示范项目建设工作领导小组的通知	2022 年 1 月 17 日	兴市明电〔2022〕8 号
关于成立铁山嶂废弃矿区生态综合治理修复（兴宁部分）项目建设工作领导小组的通知	2022 年 1 月 17 日	兴市明电〔2022〕9 号
关于成立兴宁市医疗器械产业园项目工作推进领导小组的通知	2022 年 1 月 17 日	兴市明电〔2022〕10 号
关于成立兴宁市工业园项目推进工作领导小组的通知	2022 年 1 月 17 日	兴市明电〔2022〕11 号
关于调整新建兴宁市人民医院项目建设工作领导小组成员的通知	2022 年 1 月 20 日	兴市明电〔2022〕12 号
兴宁市 2021 年生态环境保护责任暨污染防治攻坚战考核实施方案	2022 年 1 月 27 日	兴市明电〔2022〕13 号
中共兴宁市委办公室 兴宁市人民政府办公室关于调整兴宁市总河长、市级负责河流（流域）河长名单的通知	2022 年 2 月 9 日	兴市明电〔2022〕14 号
中共兴宁市委办公室 兴宁市人民政府办公室关于成立兴宁市推动粤闽赣苏区改革试验区规划建设工作领导小组的通知	2022 年 2 月 9 日	兴市明电〔2022〕15 号
中共兴宁市委办公室 兴宁市人民政府办公室关于成立兴宁市生态环境保护督察整改工作领导小组的通知	2022 年 2 月 9 日	兴市明电〔2022〕16 号
中共兴宁市委办公室关于做好 2022 年“行风热线”工作的通知	2022 年 2 月 18 日	兴市明电〔2022〕18 号
中共兴宁市委办公室 兴宁市人民政府办公室关于做好低温冰冻和强降雨天气防御工作的紧急通知	2022 年 2 月 19 日	兴市明电〔2022〕19 号
中共兴宁市委办公室 兴宁市人民政府办公室关于印发《市委、市人大常委会、市政府、市政协市纪委监委领导挂点服务规上工业企业和高新技术企业工作方案》的通知	2022 年 2 月 24 日	兴市明电〔2022〕20 号
中共兴宁市委办公室 兴宁市人民政府办公室关于公布《兴宁市市直部门权责清单（第一批）》的通知	2022 年 3 月 4 日	兴市明电〔2022〕21 号
中共十四届兴宁市委第一轮巡察工作方案	2022 年 2 月 23 日	兴市明电〔2022〕22 号
中共兴宁市委办公室 兴宁市人民政府办公室关于调整兴宁市林长名单及责任区域的通知	2022 年 3 月 4 日	兴市明电〔2022〕23 号
中共兴宁市委办公室 兴宁市人民政府办公室关于调整兴宁市污染防治攻坚战指挥部成员的通知	2022 年 3 月 17 日	兴市明电〔2022〕24 号
中共兴宁市委关于印发《法治兴宁建设规划（2021—2025 年）》的通知	2023 年 3 月 22 日	兴市明电〔2022〕25 号

续表 22

名称	发文日期	文号
中共兴宁市委办公室关于印发《兴宁市法治社会建设实施纲要（2021—2025 年）》的通知	2023 年 3 月 22 日	兴市明电〔2022〕26 号
中共兴宁市委办公室　兴宁市人民政府办公室关于做好《兴宁年鉴 2022》组稿工作的通知	2022 年 3 月 23 日	兴市明电〔2022〕27 号
中共兴宁市委办公室印发《2022 年落实市第十四次党代会、市委十四届二次全会重点工作任务清单》的通知	2022 年 3 月 23 日	兴市明电〔2022〕28 号
中共兴宁市委办公室　兴宁市人民政府办公室关于公布《兴宁市市直部门权责清单（第二批）》的通知	2022 年 3 月 28 日	兴市明电〔2022〕29 号
中共兴宁市委办公室　兴宁市人民政府办公室关于市领导督导挂钩镇（街道）做好当前相关工作的通知	2022 年 3 月 30 日	兴市明电〔2022〕30 号
中共兴宁市委办公室　兴宁市人民政府办公室关于成立兴宁市原驻穗办项目协调推进工作领导小组的通知	2022 年 4 月 7 日	兴市明电〔2022〕31 号
中共兴宁市委办公室做好市政协十五届二次会议重点提案办理工作的通知	2022 年 4 月 11 日	兴市明电〔2022〕32 号
中共兴宁市委办公室　兴宁市人民政府办公室关于抓好《兴宁市 2021 年度重点项目责任分工安排表》落实的通知	2022 年 4 月 15 日	兴市明电〔2022〕33 号
中共兴宁市委办公室　兴宁市人民政府办公室关于 2021 年度全市安全生产责任制及消防工作考核情况的通报	2022 年 4 月 21 日	兴市明电〔2022〕34 号
中共兴宁市委办公室　兴宁市人民政府办公室关于开展市领导直接联系村（社区）“两委”干部工作的通知	2022 年 4 月 21 日	兴市明电〔2022〕35 号
中共兴宁市委办公室　兴宁市人民政府办公室关于调整兴宁市根治拖欠农民工工资工作领导小组成员的通知	2022 年 4 月 25 日	兴市明电〔2022〕36 号
中共兴宁市委办公室　兴宁市人民政府办公室关于印发《兴宁市城乡垃圾清理清扫大行动志愿服务活动方案》的通知	2022 年 4 月 27 日	兴市明电〔2022〕37 号
中共兴宁市委办公室　兴宁市人民政府办公室关于印发《兴宁市山水林田湖草沙一体化保护和修复工程项目实施方案》的通知	2022 年 5 月 11 日	兴市明电〔2022〕39 号
中共兴宁市委办公室　兴宁市人民政府办公室关于印发兴宁市推动“广东技工”工程高质量发展实施方案的通知	2022 年 5 月 11 日	兴市明电〔2022〕40 号
中共兴宁市委办公室　兴宁市人民政府办公室关于兴宁市 2021 年度生态环境保护责任暨污染防治攻坚战考核的通报	2022 年 5 月 11 日	兴市明电〔2022〕41 号
中共兴宁市委办公室　兴宁市人民政府办公室关于成立兴宁市房屋建筑安全专项整治工作领导小组的通知	2022 年 5 月 11 日	兴市明电〔2022〕42 号
中共兴宁市委办公室　兴宁市人民政府办公室关于印发《兴宁市 2022 年督查检查考核计划》的通知	2022 年 5 月 11 日	兴市明电〔2022〕43 号
中共兴宁市委办公室　兴宁市人民政府办公室关于印发《兴宁市乡村振兴驻镇帮镇扶村资金管理使用细则》的通知	2022 年 5 月 18 日	兴市明电〔2022〕44 号
中共兴宁市委办公室　兴宁市人民政府办公室关于印发《兴宁市房屋建筑（自建房）安全专项整治行动实施方案》的通知	2022 年 5 月 18 日	兴市明电〔2022〕45 号
中共兴宁市委关于印发《市委常委会 2022 年度基层党建重点项目研判安排》的通知	2022 年 5 月 18 日	兴市明电〔2022〕46 号

续表 22

名称	发文日期	文号
中共兴宁市委办公室 兴宁市人民政府办公室关于印发《中国侨商投资（广东）大会兴宁市筹备工作方案》的通知	2022 年 5 月 24 日	兴市明电〔2022〕47 号
中共兴宁市委办公室 兴宁市人民政府办公室关于印发《兴宁市城市生活垃圾分类工作实施方案（2022—2025 年）》的通知	2022 年 5 月 24 日	兴市明电〔2022〕48 号
兴宁市高铁干线路网及站前综合广场和配套工程（含兴宁高铁站综合交通枢纽）一期征拆工作指挥部	2022 年 5 月 26 日	兴市明电〔2022〕49 号
中共兴宁市委办公室 兴宁市人民政府办公室关于成立兴宁市物流保通保畅工作领导小组的通知	2022 年 5 月 26 日	兴市明电〔2022〕50 号
中共兴宁市委办公室 兴宁市人民政府办公室关于印发《兴宁市贯彻落实省委、省政府主要领导来梅调研讲话精神工作任务清单》的通知	2022 年 5 月 27 日	兴市明电〔2022〕51 号
中共兴宁市委办公室 兴宁市人民政府办公室关于印发《2022 年兴宁市打击治理电信网络新型违法犯罪专项工作总体方案》的通知	2022 年 5 月 27 日	兴市明电〔2022〕52 号
中共兴宁市委办公室 兴宁市人民政府办公室贯彻落实《关于进一步深化税收征管改革的实施方案》的若干措施	2022 年 5 月 30 日	兴市明电〔2022〕53 号
中共兴宁市委关于认真学习宣传贯彻省第十三次党代会精神的通知	2022 年 6 月 2 日	兴市明电〔2022〕54 号
关于明确城市扩容提质和重点项目征地拆迁责任领导的通知	2022 年 5 月 31 日	兴市明电〔2022〕55 号
关于印发兴宁市撂荒耕地复耕复种攻坚行动工作方案的通知	2022 年 6 月 8 日	兴市明电〔2022〕56 号
中共兴宁市委办公室关于做好创建省县级文明城市实地考察和问卷调查测评工作的通知	2022 年 6 月 13 日	兴市明电〔2022〕57 号
中共兴宁市委办公室 兴宁市人民政府办公室关于印发《兴宁市创建国家卫生城市、省县级文明城市网格化管理责任区安排表（2022 年 6 月）》的通知	2022 年 6 月 13 日	兴市明电〔2022〕58 号
中共兴宁市委办公室 兴宁市人民政府办公室关于做好当前强降雨防御工作的紧急通知	2022 年 6 月 14 日	兴市明电〔2022〕59 号
中共兴宁市委办公室 兴宁市人民政府办公室关于成立乡镇“五小”场所和周转房保障工作领导小组的通知	2022 年 6 月 22 日	兴市明电〔2022〕60 号
中共兴宁市委办公室 兴宁市人民政府办公室关于公布《兴宁市市直部门权责清单（第三批）》的通知	2022 年 6 月 23 日	兴市明电〔2022〕62 号
中共兴宁市委办公室 兴宁市人民政府办公室关于认真做好救灾复产工作的通知	2022 年 7 月 1 日	兴市明电〔2022〕63 号
中共兴宁市委办公室 兴宁市人民政府办公室关于成立兴宁市第二轮土地承包到期后再延长 30 年省级试点工作领导小组的通知	2022 年 7 月 18 日	兴市明电〔2022〕64 号
中共兴宁市委办公室关于加强新形势下党委督促检查工作的通知	2022 年 7 月 21 日	兴市明电〔2022〕66 号
中共兴宁市委办公室 兴宁市人民政府办公室关于调整兴宁市推进新时期产业工人队伍建设改革协调小组组成人员的通知	2022 年 7 月 22 日	兴市明电〔2022〕67 号
中共兴宁市委办公室关于印发《2022 年全市开展纪律教育学习月活动的意见》的通知	2022 年 7 月 28 日	兴市明电〔2022〕69 号

续表 22

名称	发文日期	文号
中共兴宁市委办公室 兴宁市人民政府办公室关于印发《市党政领导挂点服务 2022 年度拟培育上规企业工作方案》的通知	2022 年 8 月 3 日	兴市明电〔2022〕70 号
中共兴宁市委办公室 兴宁市人民政府办公室关于印发《2022 广东省医疗器械高质量发展助力乡村振兴行活动筹备工作方案》的通知	2022 年 8 月 4 日	兴市明电〔2022〕71 号
中共兴宁市委办公室 兴宁市人民政府办公室关于调整兴宁市深化医药卫生体制改革（建设卫生强市）领导小组组成人员的通知	2022 年 8 月 15 日	兴市明电〔2022〕72 号
中共兴宁市委办公室 兴宁市人民政府办公室关于调整兴宁市根治拖欠农民工工资工作领导小组组成人员的通知	2022 年 8 月 17 日	兴市明电〔2022〕73 号
中共兴宁市委 兴宁市人民政府印发《兴宁市关于构建更加完善的要素市场化配置体制机制的实施方案》的通知	2022 年 8 月 18 日	兴市明电〔2022〕74 号
中共兴宁市委办公室印发《兴宁市关于拓展新时代文明实践中心建设的工作方案》的通知	2022 年 8 月 24 日	兴市明电〔2022〕75 号
中共兴宁市委办公室印发《关于开展镇（街道）配备巡察专干试点工作的实施方案》的通知	2022 年 8 月 8 日	兴市明电〔2022〕77 号
中共兴宁市委关于认真学习宣传贯彻《习近平谈治国理政》第四卷的通知	2022 年 8 月 25 日	兴市明电〔2022〕78 号
中共兴宁市委办公室印发《关于推动党史学习教育常态化长效化的实施方案》的通知	2022 年 9 月 14 日	兴市明电〔2022〕79 号
中共兴宁市委办公室 兴宁市人民政府办公室关于印发《兴宁市贯彻落实〈梅州市实施“青梅计划”集聚优秀青年人才的若干措施〉实施方案》的通知	2022 年 9 月 26 日	兴市明电〔2022〕80 号
中共兴宁市委办公室 兴宁市人民政府办公室关于印发《兴宁市招商引资工作实施方案（2022—2025 年）》的通知	2022 年 9 月 28 日	兴市明电〔2022〕81 号
中共兴宁市委办公室 兴宁市人民政府办公室关于印发《兴宁市森林督查违法图斑查处整改工作方案》的通知	2022 年 9 月 30 日	兴市明电〔2022〕82 号
中共兴宁市委办公室关于进一步做好网友留言办理工作的通知	2022 年 9 月 30 日	兴市明电〔2022〕83 号
中共兴宁市委办公室关于成立兴宁市县域共青团基层组织改革工作领导小组的通知	2022 年 10 月 17 日	兴市明电〔2022〕84 号
中共兴宁市委办公室 兴宁市人民政府办公室关于成立兴宁市专门教育指导委员会的通知	2022 年 10 月 25 日	兴市明电〔2022〕85 号
中共兴宁市委办公室关于进一步加强新形势下信息报送工作的通知	2022 年 10 月 26 日	兴市明电〔2022〕86 号
中共兴宁市委办公室 兴宁市人民政府办公室关于 2021 年度全市食品安全工作评议考核结果的通报	2022 年 10 月 27 日	兴市明电〔2022〕87 号
中共兴宁市委办公室 兴宁市人民政府办公室关于印发《兴宁市全面深化土地管理工作实施方案》的通知	2022 年 11 月 4 日	兴市明电〔2022〕89 号
关于开展“学习贯彻党的二十大精神 探索全面建设社会主义现代化的兴宁实践”专题调研的工作方案	2022 年 11 月 17 日	兴市明电〔2022〕91 号
中共兴宁市委办公室印发《关于在全市党员干部中深入开展党的二十大精神专题学习培训实施方案》的通知	2022 年 11 月 23 日	兴市明电〔2022〕92 号

续表 22

名称	发文日期	文号
中共兴宁市委办公室关于做好学习贯彻党的二十大精神宣讲工作的通知	2022 年 11 月 23 日	兴市明电〔2022〕93 号
中共兴宁市委 兴宁市人民政府关于印发《兴宁市推进水利高质量发展的实施意见》的通知	2022 年 11 月 23 日	兴市明电〔2022〕94 号
中共兴宁市委办公室 兴宁市人民政府办公室关于印发《兴宁市开展乡镇街道权责清单梳理编制工作实施方案》的通知	2022 年 12 月 1 日	兴市明电〔2022〕95 号
中共兴宁市委办公室 兴宁市人民政府办公室关于成立径南镇浊水村乡村产业社区建设工作指挥部的通知	2022 年 12 月 12 日	兴市明电〔2022〕96 号
中共兴宁市委办公室 兴宁市人民政府办公室关于切实做好低温冰冻防御工作的通知	2022 年 12 月 16 日	兴市明电〔2022〕97 号
中共兴宁市委办公室 兴宁市人民政府办公室关于印发《兴宁市创建“国家卫生市”工作实施方案》的通知	2022 年 12 月 23 日	兴市明电〔2022〕99 号

2022 年兴宁市人民政府、市政府办公室部分文件一览表

表 23

名称	发文日期	文号
兴宁市人民政府关于印发兴宁市加快解决不动产登记若干历史遗留问题实施意见的通知	2022 年 2 月 15 日	兴市府〔2022〕1 号
兴宁市人民政府关于汕昆高速公路揭阳新亨至梅州畲江段及梅汕高速公路梅州程江至畲江段改扩建项目规划用地控制的通告	2022 年 3 月 8 日	兴市府〔2022〕2 号
兴宁市人民政府关于印发兴宁市扶持旅游产业发展若干措施（试行）的通知	2022 年 3 月 24 日	兴市府〔2022〕3 号
兴宁市人民政府关于征收福兴街道新联村集体土地的预公告	2022 年 4 月 6 日	兴市府〔2022〕4 号
兴宁市人民政府关于征收刁坊镇罗坝等村集体土地的征地补偿安置公告	2022 年 4 月 6 日	兴市府〔2022〕5 号
兴宁市人民政府关于征收新陂镇先声等村集体土地的预公告	2022 年 5 月 19 日	兴市府〔2022〕7 号
兴宁市人民政府关于征收宁新街道横湖等村集体土地的预公告	2022 年 5 月 19 日	兴市府〔2022〕8 号
兴宁市人民政府关于征收坭陂镇新岭等村集体土地的预公告	2022 年 5 月 19 日	兴市府〔2022〕9 号
兴宁市人民政府关于调整部分市政府领导和相关领导同志分工的通知	2022 年 5 月 27 日	兴市府〔2022〕10 号
兴宁市人民政府关于高考期间实行环境噪音管制和交通管制的通告	2022 年 5 月 30 日	兴市府〔2022〕11 号
兴宁市人民政府关于印发兴宁市全民健身实施计划（2021—2025 年）的通知	2022 年 6 月 13 日	兴市府〔2022〕12 号
兴宁市人民政府关于调整部分市政府领导同志分工的通知	2022 年 7 月 4 日	兴市府〔2022〕14 号

续表 23

名称	发文日期	文号
兴宁市人民政府关于征收叶塘镇大众等村集体土地的预公告	2022 年 7 月 11 日	兴市府〔2022〕15 号
兴宁市人民政府关于征收福兴街道新联村集体土地的征地补偿安置公告	2022 年 7 月 20 日	兴市府〔2022〕16 号
兴宁市人民政府关于做好我市 2021 年退役士兵安置工作的通知	2022 年 7 月 20 日	兴市府〔2022〕17 号
兴宁市人民政府关于征收永和镇永生村集体土地的预公告	2022 年 7 月 21 日	兴市府〔2022〕18 号
兴宁市人民政府关于餐饮等行业安装可燃气体报警装置的公告	2022 年 8 月 22 日	兴市府〔2022〕20 号
兴宁市人民政府关于印发兴宁市妇女发展规划（2021—2030 年）和兴宁市儿童发展规划（2021—2030 年）的通知	2022 年 8 月 22 日	兴市府〔2022〕21 号
兴宁市人民政府关于在兴宁城区进行防空警报试鸣的通告	2022 年 9 月 9 日	兴市府〔2022〕23 号
兴宁市人民政府关于划定森林防火区的通告	2022 年 12 月 9 日	兴市府〔2022〕34 号
兴宁市人民政府办公室关于印发兴宁市人力资源和社会保障事业发展“十四五”规划的通知	2022 年 2 月 28 日	兴市府办〔2022〕2 号
兴宁市人民政府办公室关于市政府办公室正副主任和相关领导分工的通知	2022 年 6 月 7 日	兴市府办〔2022〕4 号
兴宁市人民政府办公室关于印发兴宁市市场监管现代化“十四五”规划的通知	2022 年 8 月 2 日	兴市府办〔2022〕5 号
兴宁市人民政府办公室关于印发兴宁市促进医疗器械产业发展的若干措施的通知	2022 年 9 月 30 日	兴市府办〔2022〕7 号
兴宁市人民政府办公室 2022 年法治政府建设年度报告	2022 年 12 月 22 日	兴市府办〔2022〕9 号
兴宁市人民政府办公室关于印发兴宁市卫生健康事业发展“十四五”规划的通知	2022 年 12 月 27 日	兴市府办〔2022〕10 号
兴宁市 2021 年法治政府建设年度报告	2022 年 1 月 28 日	兴市府报〔2022〕1 号
兴宁市人民政府办公室关于成立兴宁市校外培训机构专项整治工作领导小组的通知	2022 年 1 月 10 日	兴市府办函〔2022〕1 号
兴宁市人民政府办公室关于印发兴宁市镇（街道）消防委托执法试点工作实施方案的通知	2022 年 1 月 18 日	兴市府办函〔2022〕3 号
兴宁市人民政府办公室关于印发 2022 年度市政府常务会议学法计划的通知	2022 年 1 月 18 日	兴市府办函〔2022〕4 号
兴宁市人民政府办公室关于建立兴宁市水上交通安全工作联席会议制度的通知	2022 年 1 月 24 日	兴市府办函〔2022〕6 号
兴宁市人民政府办公室关于印发兴宁市“证照联办”改革工作方案的通知	2022 年 1 月 24 日	兴市府办函〔2022〕7 号
兴宁市人民政府办公室关于印发兴宁市人民政府门户网站管理办法的通知	2022 年 1 月 26 日	兴市府办函〔2022〕8 号

续表 23

名称	发文日期	文号
兴宁市人民政府办公室关于调整兴宁市药品安全监督管理工作领导小组组成人员的通知	2022 年 1 月 26 日	兴市府办函〔2022〕9 号
兴宁市人民政府办公室关于调整兴宁市人民政府教育督导委员会成员的通知	2022 年 2 月 22 日	兴市府办函〔2022〕15 号
兴宁市人民政府办公室关于大中型水库安全政府责任人和大中型水闸防汛行政责任人名单的通知	2022 年 2 月 28 日	兴市府办函〔2022〕17 号
兴宁市人民政府办公室关于印发兴宁市生态环境监管网格化管理工作实施方案的通知	2022 年 3 月 7 日	兴市府办函〔2022〕20 号
兴宁市人民政府办公室关于印发兴宁市客家文化（梅州）生态保护实验区 2022 年实施方案的通知	2022 年 3 月 14 日	兴市府办函〔2022〕21 号
兴宁市人民政府办公室关于成立兴宁市 2022 年秸秆综合利用重点县项目建设工作领导小组的通知	2022 年 3 月 23 日	兴市府办函〔2022〕24 号
兴宁市人民政府办公室关于印发小（1）型水库防汛行政责任人的通知	2022 年 3 月 25 日	兴市府办函〔2022〕26 号
兴宁市人民政府办公室关于调整市防汛防旱防风指挥部成员的通知	2022 年 3 月 31 日	兴市府办函〔2022〕28 号
兴宁市人民政府办公室关于成立兴宁市加快数字化发展工作领导小组的通知	2022 年 4 月 8 日	兴市府办函〔2022〕31 号
兴宁市人民政府办公室关于印发兴宁市人民政府 2022 年度重大行政决策事项目录的通知	2022 年 4 月 25 日	兴市府办函〔2022〕37 号
兴宁市人民政府办公室关于成立兴宁市城镇化工作暨城乡融合发展工作领导小组的通知	2022 年 5 月 12 日	兴市府办函〔2022〕43 号
兴宁市人民政府办公室关于梅州市八届人大一次会议第 20220019 号代表建议会办意见的函	2022 年 5 月 18 日	兴市府办函〔2022〕45 号
兴宁市人民政府办公室关于梅州市八届人大一次会议第 20220020 号代表建议会办意见的函	2022 年 5 月 18 日	兴市府办函〔2022〕46 号
兴宁市人民政府办公室关于梅州市八届人大一次会议第 20220025 号代表建议会办意见的函	2022 年 5 月 18 日	兴市府办函〔2022〕47 号
兴宁市人民政府办公室关于同意建立兴宁市反不正当竞争部门间联席会议制度的函	2022 年 5 月 20 日	兴市府办函〔2022〕49 号
兴宁市人民政府办公室关于成立兴宁市农村公路“路长制”领导小组的通知	2022 年 5 月 23 日	兴市府办函〔2022〕50 号
兴宁市人民政府办公室关于梅州市八届人大一次会议第 20220038 号代表建议会办意见的函	2022 年 5 月 25 日	兴市府办函〔2022〕51 号
兴宁市人民政府办公室关于梅州市八届人大一次会议第 20220044 号代表建议会办意见的函	2022 年 5 月 25 日	兴市府办函〔2022〕52 号
兴宁市人民政府办公室关于建立兴宁市校外托管机构管理工作联席会议制度的通知	2022 年 5 月 26 日	兴市府办函〔2022〕53 号
兴宁市人民政府办公室关于梅州市八届人大一次会议第 20220010 号代表建议会办意见的函	2022 年 6 月 8 日	兴市府办函〔2022〕55 号
兴宁市人民政府办公室关于梅州市八届人大一次会议第 20220013 号代表建议会办意见的函	2022 年 6 月 8 日	兴市府办函〔2022〕56 号

续表 23

名称	发文日期	文号
兴宁市人民政府办公室关于梅州市八届人大一次会议第20220024号代表建议会办意见的函	2022年6月8日	兴市府办函〔2022〕57号
兴宁市人民政府办公室关于梅州市政协八届一次会议第20220025号提案会办意见的函	2022年6月8日	兴市府办函〔2022〕58号
兴宁市人民政府办公室关于梅州市政协八届一次会议第20220085号提案会办意见的函	2022年6月8日	兴市府办函〔2022〕59号
兴宁市人民政府办公室关于梅州市政协八届一次会议第20220183号提案会办意见的函	2022年6月8日	兴市府办函〔2022〕60号
兴宁市人民政府办公室关于对梅州市八届人大一次会议第20220077号建议答复的函	2022年6月9日	兴市府办函〔2022〕61号
兴宁市人民政府办公室关于对梅州市八届人大一次会议第20220027号代表建议答复的函	2022年6月10日	兴市府办函〔2022〕64号
兴宁市人民政府办公室关于梅州市政协八届一次会议第20220148号提案答复的函	2022年6月14日	兴市府办函〔2022〕65号
兴宁市人民政府办公室关于成立兴宁市船舶碰撞桥梁隐患治理工作领导小组的通知	2022年6月16日	兴市府办函〔2022〕70号
兴宁市人民政府办公室关于印发兴宁市龙田镇2022年梅州市政府挂牌督办火灾高风险区域整治工作方案的通知	2022年6月22日	兴市府办函〔2022〕76号
兴宁市人民政府办公室关于转发市林业局《兴宁市松材线虫病疫情防控五年攻坚行动实施方案（2021—2025年）》的通知	2022年6月23日	兴市府办函〔2022〕79号
兴宁市人民政府办公室关于印发兴宁市政务服务分厅设立工作方案的通知	2022年7月19日	兴市府办函〔2022〕83号
兴宁市人民政府办公室关于建立兴宁市肉鸽省级现代农业产业园建设工作联席会议制度的通知	2022年7月24日	兴市府办函〔2022〕84号
兴宁市人民政府办公室关于印发《兴宁市防汛防旱防风防冻应急预案》《兴宁市森林火灾应急预案》《兴宁市自然灾害救助应急预案》《兴宁市地震应急预案》的通知	2022年8月10日	兴市府办函〔2022〕90号
兴宁市人民政府办公室关于成立兴宁市第三次全国土壤普查领导小组的通知	2022年8月11日	兴市府办函〔2022〕92号
兴宁市人民政府办公室关于印发兴宁市“十四五”国家重点生态功能区县域生态环境质量考核工作实施方案的通知	2022年8月16日	兴市府办函〔2022〕93号
兴宁市人民政府办公室关于印发兴宁市民办义务教育学校学位补贴实施方案的通知	2022年8月19日	兴市府办函〔2022〕96号
兴宁市人民政府办公室关于同意建立兴宁市打击野生动植物非法贸易部门间联席会议制度的函	2022年10月6日	兴市府办函〔2022〕100号
兴宁市人民政府办公室关于成立兴宁市集中打击整治危害药品安全违法犯罪工作领导小组的通知	2022年10月10日	兴市府办函〔2022〕102号
兴宁市人民政府办公室关于印发兴宁市病死畜禽集中无害化处理工作实施方案的通知	2022年10月28日	兴市府办函〔2022〕105号
兴宁市人民政府办公室关于印发兴宁市2022年省级涉农统筹整合转移支付资金（省级实际种粮农民一次性补贴）发放方案的通知	2022年10月31日	兴市府办函〔2022〕106号

索引

说明

一、本索引采用主题分析方法，款目按汉语拼音字母（同音字按声调）顺序排列。
二、文中的类目题、分目题、次分目题用黑体字标明，其余用宋体字排印。
三、索引款目后的数字表示内容所在的页码，数字后面的拉丁字母（a、b、c）表示栏别（即版面的三栏）。
四、同一主题的内容在文中多次出现的，在其款目后用不同的页码标明。
五、本索引对“2022年兴宁大事记”“年度关注”及“附录”等篇不做内容主题分析。

汉语拼音索引

A

B

C

D

E

F

G

H

J

K

L

M

N

P

Q

R

S

W

X

Y

Z

表格索引